区县概况

晋城市城区地方税务局

晋城市城区地方税务局组建于 1994 年 8 月，主要负责晋城市泽州路以西、凤台街以北和凤台西街以南、瑞丰路以西、中原街以北及西上庄街道办事处范围内的所有纳税人以及市区所有个体工商户的税、费日常管理工作。

城区区委书记张利锋到该局慰问

团结奋进的领导班子

城区区委副书记杜平观摩该局党建工作

全局现有正式干部职工 79 人，平均年龄 43 岁，其中中共党员 64 人，大专以上学历 70 人。内设 7 个科室，下设 3 个直属机构以及 8 个基层税务所。近年来，在市地税局的正确领导下，全局干部职工以“343”增收工程为核心，全面推进各项工作。

城区区委组织部部长李炎指导该局党建工作

2000—2003 年连续 4 年荣获“省级文明单位”称号，2004—2011 年连续 8 年荣获“省级文明和谐单位标兵”称号，2009 年荣获“第四届全国精神文明建设工作先进单位”称号，2010 年荣获省委“依法治理示范单位”称号，2011 年荣获省地税系统“依法治理示范单位”称号，2011 年 12 月荣获“全国文明单位”称号，2012 年荣获“省级文明和谐单位标兵”、“省级依法治税示范单位”、“晋城市文明单位与新农村结对共建先进单位”、“晋城市城区精神文明建设文明行业”等称号。

被授予全国文明单位

城区政府常务副区长高喜全听取“343”增收工程汇报

城区西上庄街道办事处——玉苑村

村党支部书记、主任　王新江

党员集中学习活动

新建住宅楼

环境优美的村建公园

重温入党誓词

关爱老年人健康

认真研究　踏实工作

玉苑村第七届农民艺术节

牛山村

支部书记 王 福

晋城市城区西上庄街道办事处牛山村，位于西上庄办事处东北部，属城郊结合部，紧邻白马寺山森林公园。全村总面积3.2平方公里，375户，910人，耕地874亩。党支部现有正式党员35名，下设3个党小组；村委下设18个村民小组，其中村民组长18名，村民代表22名。

近年来，在各级党委和政府的正确领导下，支部、村委满怀“村兴我荣，村衰我耻”的政治责任感和使命感，立足村情实际，以十八大精神为指导，深入贯彻落实科学发展观，坚持安全发展、转型发展、开放发展、和谐发展，社会主义新农村建设稳步推进，党建、村务管理、综合治理、农业发展、村镇建设、精神文明等各项工作均取得了显著成绩。在经济发展方面，借助白马寺山森林公园延伸发展的有利契机，牛山村经济持续发展的目标定位为农业生态旅游方面。牛山欢乐谷成为市民休闲避暑的好地方；乡村特色浓郁的牛山田园汽车影城成为青年朋友的好去处；传统“玫瑰”产业成为晋城市特色产业。2012年，村党支部、村委会高瞻远瞩，统筹规划，高标准，大投入，筹建了牛山黑龙潭都市农业

两委班子

女子八音会

黑龙潭龙王庙

牛山欢乐谷亲水浴场

休闲园区，重修了泽州古八景之一的“黑龙潭龙王庙”，贯通了园区与白马寺山森林公园连接的旅游公路，种植了300余亩日本核桃园，其它项目正在稳步推进。与此同时，养鸡、养羊、养猪、养牛等特色养殖产业也得到蓬勃发展。新农村建设方面，实施“老村整体搬迁工程”，实现户均一套高标准独家小院，煤层气进入农家院户，农民生产生活极大改善，村内环境焕然一新，民主自治管理不断完善，村民文化生活日益丰富，村风纯朴，社会和谐。

历年来，多次获得省级“文明村”、“妇女群众文化活动示范点”、“依法治理示范单位”和市级“先进基层党组织”、“安全文明村”、“环境优美村”、“生态园林绿化村”、“文明和谐村标兵”以及区级“五好先进示范农村党组织”、“爱国卫生先进村”等称号。

村民住宅小区

牛山玫瑰园

城区钟家庄街道办事处　文峰社区

支部书记　聂双庆

文峰社区位于晋城市区东南部。东与晋城火车站为邻，西与川东公路、怡泽园小区相接，南与白水街相畔，北与迎宾街、邮政小区相连，总面积 0.86 平方公里。社区党支部现有党员 13 名，社区内常住居民 396 户、1380 人。交通便利，地理位置极为优越。

社区两委班子在党的十八大精神指导下，进一步加大帮扶工作力度，为居民办实事，让居民成为社区建设的最大受益者。2007 年修建白水街拆迁社区居民房屋 69 户。2009 年受建设局委托修建回迁楼，2011 年完成主体工程。

文峰塔

慰问困难户

社区文艺活动

文峰社区回迁楼　　文峰社区企业

城区钟家庄街道办事处　连川社区

近年来，连川社区以转型发展为主线，以赶超发展为战略，以跨越发展为目标，动员全体居民，解放思想，凝聚共识，增强信心，埋头苦干，拓展企业经营与服务领域，为社区经济的发展注入更大的活力，各项工作迈上一个崭新的阶段。2011 年，新班子成员心往一处想，劲往一处使，完成了 3 号楼、6 号楼工程建设。

▶连川社区3号回迁楼

▶连川社区6号回迁楼

▲回迁楼奠基仪式

◀连川社区

南村镇杨洼社区

杨洼社区沿街效果图

泽州县南村镇杨洼社区位于城郊结合部市区规划范围内。社区有189户、869人。近年来，随着城市建设快速发展，两委班子审时度势，2004年成立了“亿泰房地产开发有限公司”，启动“四季花城”城中区改造项目。该项目占地230.8亩，总建筑面积227 860平方米，绿地率37.8%，工程总预算55 969.5万元。各种设施齐全，配套完善，是集教育、金融、商业、养老、医疗、文体、物业管理为一体的文明社区。

杨洼社区两委班子坚强有力、勤廉兼优、民主管理、制度健全、求真务实、为民服务，认真解决社区改造遇到的拆迁、回迁、就业问题。化解拆迁难，“说一不二”，即一个标准，干部群众没二样；一把尺子，自始至终没二样；一个口径，会上会下没二样。化解回迁难，实行三选原则，即独套首先选，两套轮遍选，多套搭配选，化解了回迁矛盾，实现了全员就业。

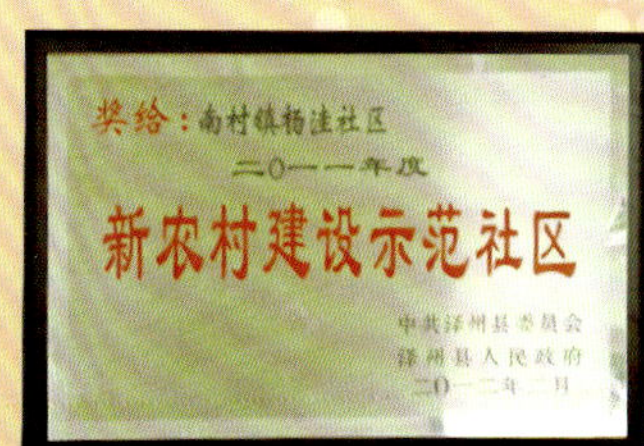

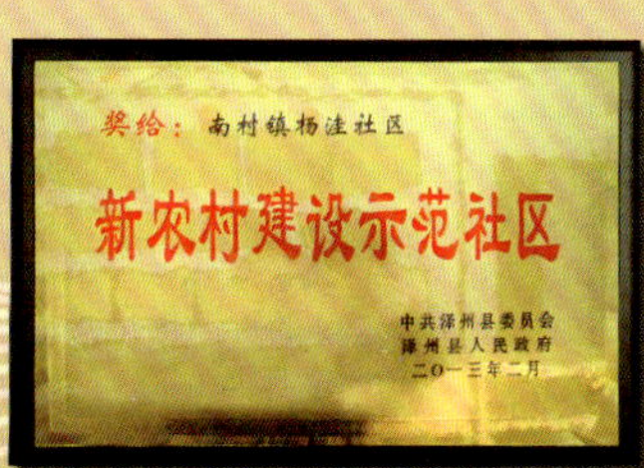

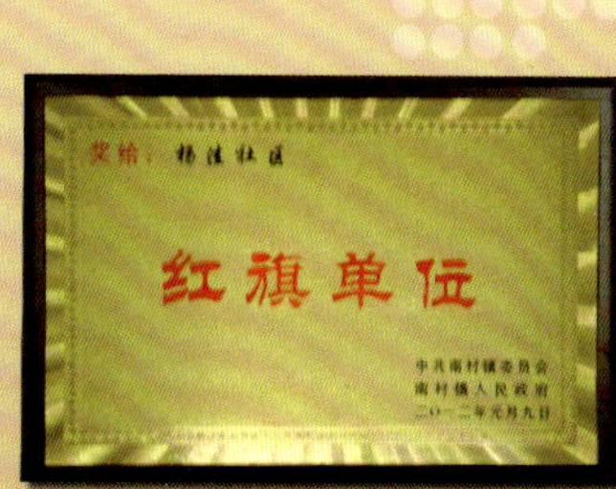

荣誉展示

环境优美的住宅楼

齐全的健身设施

老年公寓

综合大楼效果图

山西泽州天泰能源有限公司

山西泽州天泰能源有限公司是以国家、省、市推进煤炭企业兼并重组的相关政策为依据，由泽州县人民政府出资成立的地方国有独资企业，是集煤炭生产、机械制造、旅游开发、建材物流等产业为一体的中型集团公司。

集团公司旗下现有岳南、锦辰、坤达、西陈庄、和瑞 5 个煤业公司和路宝铝轮、坤达磁材、珏山旅游 3 个非煤产业。井田面积 38.95 平方公里，煤层地质保有储量 2.82 亿吨，达产达效后煤炭产能 420 万吨 / 年。公司现注册资本 2 亿元，资产总额 43 亿元，拥有职工 7000 余人。2012 年，公司全年安全生产无事故，原煤产量完成 235.24 万吨，实现营业收入 20.46 亿元，实现利税 9.58 亿元，上缴税金 5.11 亿元。

2013 年，公司将认真贯彻落实党的十八大精神，继续秉承科学发展理念，紧扣“安全稳企、效益立企、科技兴企、人才强企、文化活企”的发展理念，突出以安全生产、扩能增效和经营管理为工作重点，上规模、调结构、夯基础、增效益、促发展，真抓实干、合力攻坚，保持稳健、快速和可持续发展的良好势头。力争在“十二五”期间公司总收入突破 50 亿元，实现利税 15 亿元，努力把公司打造成为晋城市乃至山西省最具竞争力的煤炭能源企业集团。

珏山旅游景区

岳南煤业

锦辰煤业

坤达煤业

西陈庄煤矿

路宝厂区

山西泽州天泰岳南煤业有限公司

▲ 董事长、矿长、党总支书记 贾新民

山西泽州天泰岳南煤业有限公司隶属于山西泽州天泰能源有限公司，其前身是晋城市岳南煤矿，始建于1958年，系省安全质量标准化一级矿井，市、县文明单位。公司位于泽州县下村镇境内，距晋城市区26公里。现有员工2530人，企业总资产7.13亿元。

2009年，矿井经省煤炭企业兼并重组整合工作领导组办公室批准为整合保留矿井。井田面积11.668平方公里，保有资源储量7115万吨，开采3#、9#、15#煤层，矿井规模120万吨/年。矿井配套有年发运量120万吨的铁路专用线。

◀ 团结务实的领导班子

“十二五”以来，公司坚持以煤为主、多元发展，更加注重经济发展方式转变与产业结构优化调整，紧紧围绕建设本质安全型、集约高效型、科学创新型、低碳节约型、和谐发展型“五型”企业目标，以科学发展观为指导，以安全转型跨越发展为主线，着力构建“一体两翼、双轮驱动”，“地下地上、双百推动”发展战略格局。企业先后被授予省级“模范单位”、“优秀中小企业”、“改革先进单位”、“生态示范矿井”和市、县“安全生产模范单位”、“转型发展先进企业”、“煤企带动模范集体”、“超亿元纳税先进企业”、“党风廉政建设先进单位”、“企业文化建设先进单位”、“基层红旗党组织”、“和谐企业标兵”等称号。

▲ 公司办公楼

2012年，公司重点突出安全生产、矿井建设“两大任务”的承接推进，全力攻坚120万吨/年矿井建设项目，累计完成项目投资9600余万元；在100万件/年路宝铝合金轮毂项目达产见效的基础上，进一步推动立中路宝年产200万件铝轮二期工程自动化生产扩能改造，企业调产转型步伐加快；更加关注民生和加强企业文化建设，员工素质整体提升，各项工作不断取得新的进展，安全进取的势态更加强劲，有力开创了企业安全、持续、科学发展的崭新局面。

员工休闲广场

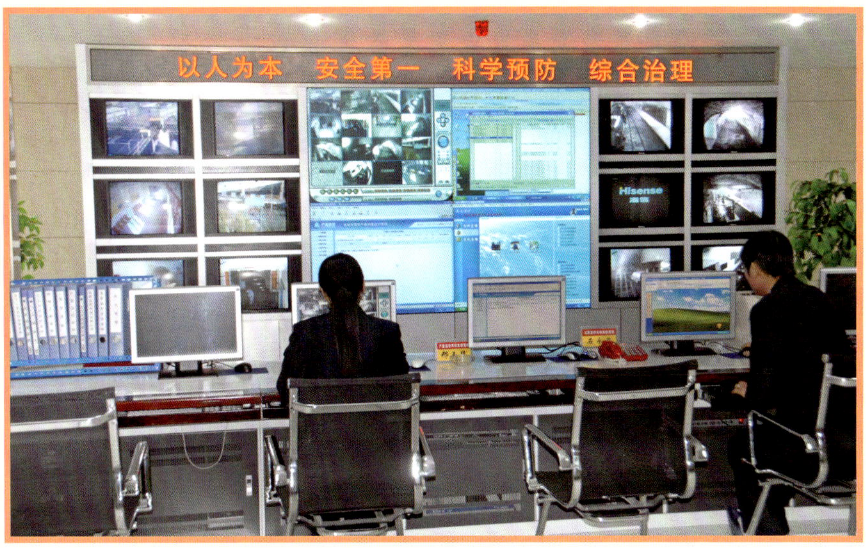

生产调度监控中心

员工培训中心

科学发展中的岳南煤业

▲ 铝轮低压铸造车间

▲ 铝轮涂装生产线

泽州县人民医院

院长、党总支书记　杜玉喜

泽州县人民医院始建于1958年，是一所集医疗、教学、科研、预防、保健为一体的综合性县级医院。1995年获卫生部“爱婴医院”称号，1997年首次通过“二甲”评审，2000年被市委、市政府授予“精神文明先进单位”。2005年再次通过“二甲”评审。是长治医学院、晋东南卫校的教学医院。

近年来，医院规模不断扩大，占地面积达24 532.64平方米，建筑面积达20 295.65平方米，开放床位529张。主要建筑有门诊楼、住院楼、影像楼、放射楼等，新建了层流手术间，购置和引进了GE1.5T核磁共振、飞利浦128层螺旋CT、直线加速器、DR、飞利浦彩超、贝克曼全自动生化分析仪、德国“狼牌”电视腔镜系列、美国贝克曼全自动微粒化学发光免疫分析仪等设备。

医院全体员工坚持“办平民医院，用良心服务，做三好医生”的办院方针，始终坚持为患者提供快捷、安全、有效、经济、优质的一流医疗服务。

门诊楼外景

医疗会诊

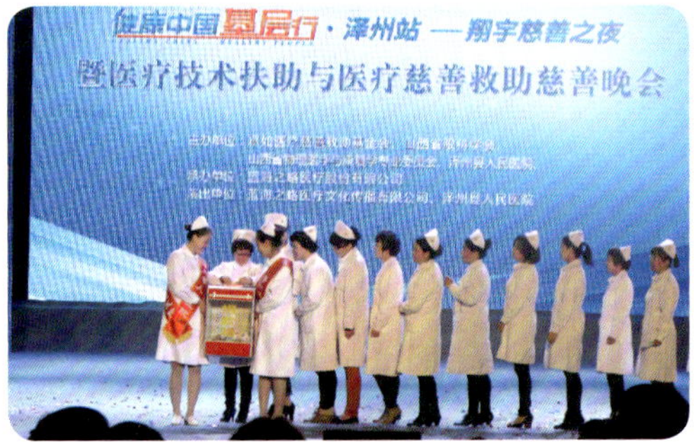

爱心捐款

服务承诺

义诊服务

晋城市硕阳光电有限公司

年产 700MW 太阳能光伏产业垂直一体化产品项目

董事长　王志强

晋城市硕阳光电有限公司成立于 2010 年 9 月，位于泽州县南村工业园区，主要从事太阳能光伏产业垂直一体化产品的研发、生产和销售。年产 700MW 太阳能光伏产业垂直一体化项目，总投资 10 亿元，占地 150 亩，其中一期投资 6 亿元， 现已投产，达产达效后，可实现生产总值 22 亿元，利税总额 4.5 亿元。二期投资 4 亿元，预计 2013 年建成。项目全部建成达产达效后，可实现生产总值 60 亿元、利税总额约 10 亿元，同时安排 1000 人就业。

该公司积极响应省委、省政府“争先发展、转型发展、跨越发展”的号召，项目全部选用当今世界上太阳能光伏领域最先进的设备、工艺技术，大大提高了各种原料利用率，真正做到绿色生产，符合循环经济理念。同时，公司在国内、外聘请了光伏领域的有关专家和教授，加强了对产品技术的研发，对进一步推动区域产业结构调整将起到积极的促进作用。

单晶炉

清洗机

线切机

铸锭炉

工程介绍 >>

光伏发电在牧区农场的应用

光伏发电在军队中的应用

光伏建筑一体化

光伏发电在交通警示领域的应用

光伏发电在通讯领域的应用

阳城县

县委书记 冯志亮

县长 王晋峰

阳城县位于山西省东南部，太行、太岳、中条三山交汇处，是太行与中原的交接地。全县总面积1968平方公里。辖10镇7乡1个办事处、467个行政村，总人口38.4万人。耕地58.2万亩，人均1.5亩。森林覆盖率达51.1%，人均绿地面积10.9平方米，被命名为山西省园林县城。

阳城县气候温和。属暖温带大陆性季风气候，平均气温11.7℃，平均日照时数2400小时，无霜期180天左右。多年平均降水量627毫米。

阳城县资源丰富。已探明矿产资源有20余种，其中煤炭、陶瓷粘土和铝钒土储量丰富。可利用水资源15.8亿立方，属华北地区相对富水区。有动植物资源1100多种，列入国家一、二级保护品种的有40余种，有野生中药材300余种，是全国四大山茱萸产地之一。境内旅游景点众多，有以“中国北方第一文化巨宅”、国家5A级景区皇城相府为代表的古堡民居建筑群，有以国家级森林公园、国家4A级景区蟒河为代表的山水风光，还有以亚高山草甸而闻名的析城山为代表的喀斯特地貌奇观。

阳城一中

城东新区

九女仙湖

皇城相府

蟒河

阳城县历史悠久。远在周朝就开始栽桑养蚕，金元时期冶炼铸造在全国领先，明清时期陶瓷成为贡品，琉璃工艺品被用在北京故宫屋脊和十三陵的殿堂顶冠上。自隋朝实行科举制度以来，先后出过 2 名宰相、4 名尚书、123 名进士、325 名举人，南宋有与李唐齐名的大画家萧照，清代有主持编纂《康熙字典》的文渊阁大学士陈廷敬、著名数学家张敦仁，康熙、雍正年间文化鼎盛，与陕西韩城、安徽桐城同为文化发达之乡。阳城县还是革命老区，1946 年至 1949 年曾是太岳行署领导机关和八路军太岳军区司令部驻地，先后有 6 批 700 多名干部支援全国革命。

惠泽公园

新型建材

相府庄园

滨河小区

走进 阳城新凤城

▲ 县人大常委会副主任、镇党委书记 原天信

▲ 党委副书记、镇长 王宽红

凤城镇位于阳城县中部腹地，镇域总面积 182.6 平方公里，辖 57 个行政村、1 个城镇居委会、25 个镇直企事业单位，常住人口 14 万人，其中农业人口近 6 万人，是山西省人口第二大镇、全省 52 个“全国重点镇”之一。

凤城镇交通便利，矿产资源丰富，人文历史悠久，文化底蕴深厚，三庙（孔圣庙、关帝庙、水草庙）两园（烈士陵园、西池园林）一院（潘家十三院）等人文自然景观异彩纷呈，“两封国公”、“八座双隆”、“十凤齐鸣”、“十凤重鸣”、“六福客栈”、“鸣凤戏班”等历史佳话传说传颂古今，涌现出“全国先进基层党组织”岳庄村党总支、“全国文明和谐村”水村村等先进典型，先后被评为全国“亿万农民健身先进乡镇”，被国务院发展研究中心农村部、农业部农村经济研究中心授予“先进乡镇”，成为山西省“党风廉政建设先进乡镇”、“环境优美乡镇”、“精神文明建设先进镇”、“文化先进镇”。

▲ 团结奋进的党政领导班子

近年来，镇党委、政府以党的十八大精神为指导，抢抓转型综改、扩权强县和纳入中原经济区三大战略机遇，瞄准建设“全县最具实力的经济强镇、最具魅力的宜居城镇、最具活力的三产大镇、最具影响

力的人文名镇”的发展目标，以山溪陶瓷年产200万吨干粉生产线、红太阳年产750万平方米墙地砖生产线、人人家购物广场等为代表的一大批招商引资项目扎实推进；以市级重点工程南关馨苑商业住宅小区、西关甄阳巷城中村改造、环城凯斯顿酒店、东海岸酒店等城乡统筹一体实体项目为载体的“一城四区”城市建设和园区建设初具雏形；以强化创新驱动、助推转型升级为目标的《古城漫游记》、《六福客栈》等文化创意产业提升“四宜四强山水园林新凤城”品牌；以“结对帮扶、强基固本”为主题的大型农机具赠送、举办农村支部书记论坛、“喜迎十八大、舞动新凤城”大型广场舞、“喜迎十八大、基层看变化”重点工程巡展、两轮“五个全覆盖”等为代表的一大批惠民工程全面兑现、成效明显、影响深远。2012年，全镇农村经济总收入达到39.9亿元，农民人均纯收入达到8518元。

▲ 环城凯斯顿大酒店

▲ 中博会签约项目：山溪陶瓷年产200万吨干法制粉生产线

▲ 全国十大窑炉：红太阳年产750万平方米墙地砖生产线

▲ 大型农机具赠送活动

町店战斗纪念园

大宁九三纪念楼

阳城县町店镇

町店镇位于阳城县城北部10公里处的芦苇河畔，总面积61平方公里，辖20个行政村、14 891口人，耕地24 960亩。

町店镇煤炭、煤层气资源丰富，水资源充足，交通便利，是具有深厚历史文化底蕴的“山西省历史文化名镇”。境内有闻名三晋的白岩书院，有风景秀丽的崦山风景区，有被学者认为是《水浒传》中梁山原型的义城山寨。抗日战争中，著名的“町店战斗”就发生在这里。

荣誉证书

町店镇

突出贡献乡镇

近年来，町店镇党委、政府按照“两元支撑（煤炭、煤层气），多元发展”的思路，紧扣工业新型化、农业现代化、市域城镇化、城乡生态化发展目标，大力招商引资，强力推进工程项目建设，芦苇河生态工业走廊町店区域初具规模。2012年被县委、县政府授予“突出贡献乡镇”称号。

崦山风景

华北第一柏海—崦山柏林

治理后的芦苇河义城段河道

晋陶高档日用瓷项目

舜天达煤层气液化项目

亚美大陆潘庄煤层气开采项目

三英精细材料项目

农民专业合作社产品展示

沁水县郑村镇

党委书记 王海军

镇长 牛正太

郑村镇位于沁水县城东南60公里处，总面积92.64平方公里。前身为郑村乡飞进人民公社，1959年4月成立，1960年8月改称郑村人民公社，1984年改为郑村乡。2001年1月撤乡建镇。全镇辖20个行政村，59个自然村，5454户（其中农户4935户），总人口2.1万人，耕地26 970亩。属低山丘陵区，由东西走向的三条山脉和郑村、湘峪两条大沟组成。年均气温在12.4℃~12.5℃，气候温暖，水源充足，无霜期长，主要农作物有小麦、玉米、花生、红薯等，一年两作。农民收入以工矿企业为主，境内有规模以上企业51个。有3座煤矿，年生产能力360万吨，气井703眼。主要旅游景区有湘峪三都古城、王街樊山陈廷敬墓地、避暑行宫、老母庵、沁水县第一次党代会会址（后河道仁庙）等。先后获得山西省文明和谐乡镇、山西省“百镇建设”镇、城乡清洁工程示范镇、新农村建设先进乡镇、全市“三化”协同推进示范区等称号。

2012年，全镇社会生产总值完成23.4亿元，同比增长27.9%；农民人均纯收入达到10 316元，人均增收2629元，增长34.2%；粮食产量10 514吨，油料111吨，肉906吨，羊群饲养量12 727只，蜂1165箱。

文化活动

移民工程全景图

沁水县 郑村镇

南山森林公园

绿化建设

大象肉鸡产业化项目

河道治理工程

寄宿制小学

三都古城全景

山西阳城阳泰集团晶鑫煤业股份有限公司

公司党委书记、董事长 郭志雄

公司领导层认真贯彻落实“三重一大”决策制度

切实保障职工群众对企业生产经营的知情权、监督权和表达权

党员干部素质教育常抓不懈

阳泰集团晶鑫煤业股份有限公司有70多年的发展历史，是阳城县重点骨干企业之一。现有员工1600余人，拥有固定资产4.5亿元，下设一座60万吨生产矿井、一座120万吨基建矿井、一个60万吨洗选系统、一个年产6000万块煤矸石制砖建材公司、两个综合服务性非煤分公司、一个整合关闭待转产矿井。

近年来，公司坚持多元化发展道路，步入了转型跨越发展的快车道。在资源匮乏、条件艰苦的情况下，大力实施“科技兴煤、科技强安”战略，不断加大安全装备和技术投入，矿井生产机械化程度达到100%，资源回收率达到80%以上；矿井安全避险“六大系统”全面建成并投入应用，安全生产调度指挥中心整体效能达到市、县先进水平，质量标准化建设进入一级矿井行列，安全生产基础环境显著改善；设计规模为120万吨的接替井武甲煤矿的井巷开拓和基础设施建设快速推进，“十二五”期末可建成投产；坚持以煤为基、多元发展，年产6000万块煤矸石制砖项目和60万吨洗选系统高效运行，生产辅助和综合服务性经营实体健康发展，地面非煤产业资产总额突破4000万元，综合竞争力持续增强。

公司先后获得全国“安康杯竞赛优胜单位”，山西省“文明和谐单位”、“园林单位”、“生态示范矿井”、“模范劳动关系和谐企业”、“安全生产工作先进单位”、“模范职工之家”，晋城市“和谐企业标兵”、“模范单位”，阳城县“红旗单位”等称号。

园林化办公区

矿区生态文明建设成效显著

120 万吨接替井武甲煤矿现代化生产后勤设施基本完备

精心营造朝气蓬勃、清廉文明的企业文化氛围

安全高效的现代化综采工作面

安全生产实现全天候信息化监测监控和调度管理

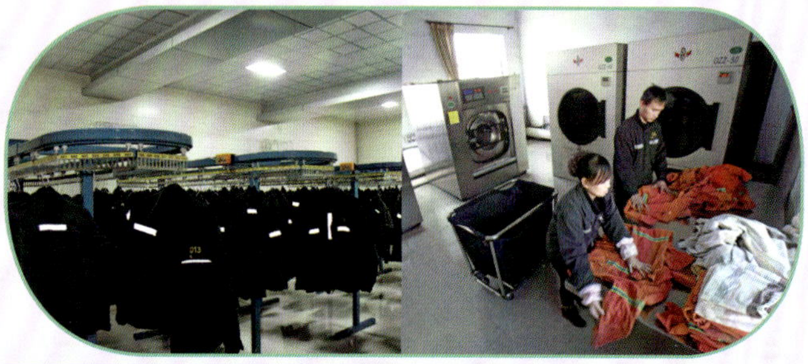

职工劳保工作服实现集中清洗和统一配发

年产 6000 万块煤矸石砖自动化生产线

山西阳城阳泰集团义城煤业有限公司

董事长 马跃进

总经理 常小强

山西阳城阳泰集团义城煤业有限公司是原阳城县泰晟煤业有限公司兼并阳城县汉上煤业有限公司的重组矿井，坐落在县城北12公里处的芦苇河畔，位于町店镇境内，与义城忠义古寨相毗邻，距侯月铁路八甲口集运站6公里，八芹公路、大宁煤矿煤炭铁路专线穿境而过，交通便利，是晋城市西部重点骨干矿井之一。

义城煤业的前身为阳城县地方国营义城煤矿，始建于1989年10月，1995年12月投产。20多年来，不甘落后的义矿人积极响应国家“关小改中建大”的方针，高瞻远瞩，科学决策，历经两轮资源整合，生产能力由21万吨/年提升为90万吨/年。井田面积达到8.1493平方公里，保有资源储量7111.6万吨，地质资源储量8185万吨，批准开采$3^{\#}$、$9^{\#}$、$15^{\#}$煤层，正在开采的$3^{\#}$煤层平均高度5.93米，属低硫、低灰、高发热量的单一无烟煤，是优质的化工和动力用煤。

内部刊物

公司现有干部职工966人，其中党员75人，大中专毕业生334人，中初级职称人员12人，共设32个科室。公司干部职工在董事长马跃进、总经理常小强的带领下，以党的十八大精神为指引，认真贯彻落实科学发展观，积极探索“以煤为基，多元发展”的新途径，勇于承担市、县重点工程建设任务，朝着建设安全、高效、和谐、生态的现代化矿井目标阔步前进！

团结奋进的两委班子

入井带班

安全宣誓

监控中心

储煤筒仓

工前操

党务企务公开查询台

主题雕塑

拔河比赛

文艺汇演

山西阳城阳泰集团尹家沟煤业有限公司

总经理　王国宏

山西阳城阳泰集团尹家沟煤业有限公司位于阳城县凤城镇尹家沟村西，是阳城县阳泰集团实业有限公司下属的一个年生产能力45万吨的煤矿企业，是山西省城镇集体工业联社50强成员企业，是晋城市30家经济发展龙头企业之一。

公司占地34亩，建筑面积1177.5平方米。井田面积3.267平方公里，批准开采3#、9#、15#煤层，资源保有储量1864.7万吨。

近年来，公司全体干部职工以科学发展观为指导，以安全、稳定、跨越式发展为目标，转变思路，开拓创新，凝心聚力，拼搏进取，连续十年实现安全生产无事故，公司的经济效益逐步增长，各项工作稳步推进。

抓好安全生产是企业健康发展的基础和保障，关注民生是企业可持续发展的战略和途径。2012年底，在资源匮乏、生死存亡之际，公司毅然承担起县城集中供热项目的主体工程，实现由以煤为基单一发展模式向多元化发展的蜕变，公司实现转型发展的新突破。公司先后成立了蓝煜热力有限公司和蓝天商贸有限公司，形成建设、运营、管理一条龙服务体系，为企业的转型发展迈出了一大步。

团结奋进的领导班子

生产区入口

矿领导深入一线办公

矿区公园

职工早操

安全监控室

矿区夜景

集中供暖工程

矿区夜景

监管服务

宏观调控

2011年工作

2011年，编制完成《晋城市“十二五”规划纲要》，出台《晋城市“十二五”规划实施意见》，对4大类42项指标、14类72项工作任务、41个专项规划进行任务分解。向市人大及其常委会报告全市国民经济和社会发展计划草案及计划执行情况、重大项目建设情况和固定资产投资情况。开展经济运行态势监测预测，及时发现经济运行中存在的突出问题，提出对策建议。对扫尾销号项目和新开工项目资金实行捆绑使用，协调、督促建设资金按时足额到位，市级投资额达65 000万元。修订完善《晋城市国民经济动员建设军民融合式发展“十二五”规划》，开展工业动员和套餐制作潜力调查，完成四家化工企业和一所大专院校的潜力调查填报工作。开展第四次全市国防动员潜力调查，对全市潜力调查工作进行责任分解和汇总。

综改试验区建设

召开市县转型综改先行试点工作会议，编制《晋城市资源型经济转型综合配套改革试验行动方案(2011—2012年)》，推进先行试点工作。省级试点高平市的行动方案编制完成并上报省综改办，市级试点泽州县的行动方案完成初稿。金匠科技创新园主干道等基础设施建设完工，富士康、金鼎煤机、中道能源、硕阳光电等一批高新技术企业开工建设；巴公循环经济园开展循环化改造，园区内冶炼—铸造—机加工—装备制造、煤—化工—建材循环经济产业链初步形成。“一县一企”试点工作全面展开，每个县(市、区)遴选1个省级试点和1个市级试点。围绕产业转型、生态修复、城乡统筹、民生改善四个领域，选择23个影响大、带动性强、见效快的重点项目加以推进，14个项目开工建设，7个取得明显成效。推进建设用地分配方式改革，实行单位GDP用地考核制度，用地指标根据项目需求统一调配；对煤矸石、沉陷区、废弃工矿地整治形成的土地实施用地指标置换，优先用于转型标杆项目建设；深化城乡建设用地增减挂钩试点，积极探索建立跨区域耕地占补平衡的市场化土地供给机制。吸引各商业银行、基金公司等机构设立分支机构，鼓励民间资金发展战略性新兴产业，缓解转型发展项目融资难问题。实施推动转型发展“十百千”工程，着手培育10个上市企业、100名优秀企业家、1000个转型项目。

项目建设

全市共安排省市两级重点工程项目169项,总投资1463.2亿元,计划完成年度投资348.52亿元。年底实际完成投资466.3亿元,同比增长48.6%。全市共完成落地项目148个,累计完成落地金额723.6亿元。148个落地项目开工52项,共完成投资38.6亿元。全市完成"十二五"项目储备1786个,总投资9978亿元。其中:煤、电、化、气等产业项目257个,投资总额4447亿元,占全部储备项目总投资的44.5%。农林水、城建环保、交通等社会事业项目储备1105个,投资总额2320亿元,占全部储备项目总投资的23.2%。高新技术、装备制造、建材、轻纺、服务业等产业类项目414个,投资总额3233亿元,占全部储备项目总投资的32.3%。开展煤炭可持续发展基金项目、2010年教育卫生领域项目、对临汾市"四气"项目、2010年中央投资项目4次稽查活动。建立项目信息和信用信息公开平台,公布项目信息130条、新闻信息25条(包括政策文件、工作动态信息、通知公告等)。

循环经济

编制完成《晋城市"十二五"循环经济发展规划》,探索晋城市发展循环经济的"晋城模式"。天泽煤化工集团股份公司、山西天地王坡煤业有限公司、阳城国际发电有限公司3家企业列入省级循环经济试点单位。制定《晋城市国家循环经济标准化试点工作实施方案》。开展社会领域节能工作,推广高效照明产品70万支。兰花集团利用高浓度二氧化碳生产纳米碳酸钙项目、陵川鑫源冶炼有限责任公司煤气综合利用发电项目、物资回收总公司再生资源回收体系、沁水佳诚新型建材公司年产1.5亿块煤矸石烧结空心砌块项目、山西恒力公司利用粉煤灰年产45万立方米砼砌块项目、晋城市旧城区街巷路灯节能改造项目、沁水历山原生态农耕文化LED灯具节能等循环经济重点项目进展顺利。

体制改革

医药卫生体制改革方面,高平市实施城镇职工医保、城镇居民医保和新型农村合作医疗制度,实现应保尽保;公立医疗机构实现基本药物"零差率"销售;启动"中国农民健康行动",12个乡镇12个村538名农民参加。资本市场方面,由传统间接融资向市场化直接融资转变,拓宽融资渠道,优化融资结构,降低融资成本;沁和能源集团有限公司与广发银行股份有限公司合作,由广发银行作为主承销商,首次在中国银行间债券市场注册10亿元短期融资券。沁和能源集团有限公司2011年第一期5亿元短期融资券发行利率为5.7%,低于同期银行贷款利率0.61个百分点,年可节约财务成本600多万元。社会改革方面,从1月1日起,再次提高城乡居民最低生活保障标准,城市居民最低生活保障标准每人每年最高可达3552元,农村居民最低生活保障标准每人每年最高可达1704元;购书补助卡发放范围扩大

到全市所有最低生活保障对象，83 078名农村最低生活保障对象可使用购书补助卡买书。

招商引资

全市累计引进项目128个，总投资2934亿元，已开工项目66个，总投资1368亿元。

产业发展

出台《加快生产性服务业发展的优惠政策》、《关于促进物流业健康发展政策措施的实施意见》，建立物流产业动态监测制度，加快推进豪德、兰花、晋运等大型物流园区和配送中心建设。上海任阳进出口公司投资3.5亿元的白马寺山森林公园太行明珠游乐城项目落地。

2012年工作

2012年3月4日，召开全市综改试验区推进、发展改革工作、项目落地年动员和重点工程表彰大会，安排部署发改系统工作。做好年度计划的编制和经济运行监测工作。市发改委与人行、银监部门联合制定出台《关于进一步加强政银企合作、助推晋城转型跨越发展的指导意见》，与建行山西省分行签署《银政战略合作协议》。根据协议，建行山西省分行将向晋城市城市建设、三农、民生等领域项目及小微型企业56个项目提供约440亿元的信贷金融支持。全市固定资产投资完成655亿元，同比增长29.9%。市级年度投资98 000万元。争取煤矿安全改造、中央中小企业技改资金、农村公路危桥改造、供热、水污染治理、循环经济、社会领域节能、科技教育、旅游文化等方面项目资金4.8亿元。11月17日，国务院批复《中原经济区规划（2012—2020年）》，晋城市正式纳入中原经济区规划。

综改试验区建设

全力推进综改试验区建设。一是创办《综改工作动态》和转型综改试验论坛。二是编制完成《2012年综改行动方案》。三是积极推进标杆项目建设。上报18个转型标杆项目，5个标杆项目列入省计划，争取资金4500万元。富士康科技工业园A区项目列入省级标杆项目。四是积极组织开展"一市两园"试点工作。晋煤集团高硫煤洁净利用循环经济工业园、晋城市新能源科技创新园确定为晋城市"一市两园"试点，享受省"一市两园"政策优惠。五是实施开展转型综改"十百千"工程。初步评选出第一批30名转型领军人物和50个转型项目。

项目建设

全市共落地项目633个，完成落地投资额1256.7亿元，占全年落地任务122.4%。市发改

委到全市270个重点工程建设现场开展六轮调研,对省市重点工程和市级政府投资项目发放“催办函”248份,解决重点工程和重大项目存在问题200多个。270项省市重点工程完成投资778.1亿元,占年度计划的132.8%,同比增加311.8亿元,同比增长66.9%。其中,省级重点工程完成231亿元,完成年度计划的134.5%,全省排名第一。加强项目落地工作检查,建立纪检监察、政府督查、媒体监督“三位一体”监督检查机制,严肃追究“吃拿卡要”、延误项目落地的行为。对2011年度使用中央预算内资金的35个项目进行稽查。开展约谈整改工作,整改落实29个项目68个问题。

循环经济

狠抓循环经济重点项目,泽州县荣盛丰建材厂年产30万立方米粉煤灰加气砼砌块生产线建设、兰花集团利用高浓度二氧化碳生产纳米碳酸钙、陵川鑫源冶炼有限责任公司煤气综合利用发电、物资回收总公司再生资源回收体系、沁水佳诚新型建材公司年产1.5亿块煤矸石烧结空心砌块、山西恒力公司利用粉煤灰年产45万立方米砼砌块等项目进展顺利。推广高效照明产品79.5485万支。出台《晋城市固定资产投资项目节能评估和审查实施意见》,备案节能登记表50余项,审查批复节能文件7项。编制《晋城市低碳试点工作初步实施方案》,申请低碳试点城市。11月26日,晋城市被确定为第二批国家低碳城市。

招商引资

加强招商引资项目储备,收集项目160个,总投资2150亿元,项目内容涵盖工业园区、城市建设、文化旅游、煤化工、装备制造、农业开发及农副产品加工、服务业等行业和产业。牵头会审储备项目250个,总投资2170亿元,会审招商引资拟签约项目共144个,总投资约2340亿元,拟引资2325亿元。组织参加第七届中博会、第四届能博会、上海嘉定科博会、世界晋商大会,引进项目188个,总投资1898亿元,拟引资1859亿元。

产业发展

积极推进高新技术产业发展。7月16日,召开高新技术项目推介会,推介涉及电子信息、环保、农业、生物医药、先进制造、新材料、新能源与节能等领域的200多个项目。启动“气化晋城”工程,推动煤层气产业发展。审查晋城华港、格瑞克等10余家煤层气企业从业资格。做好低热值发电项目专项规划备选项目的摸底和上报工作。“十二五”期间,全市列入省规划的低热值煤发电项目2个,总装机2400兆瓦。其中沁水低热值煤发电厂装机2×600兆瓦,胡底煤泥煤矸石电厂装机2×600兆瓦。鼓励支持发展瓦斯发电,沁水晋煤瓦斯发电有限公司寺河二号井10兆瓦瓦斯发电项目核准批复,兰花大宁瓦斯发电项目完成验收。侯甲、武甲、王坡3个煤矿瓦斯发电项目投入试运行,全市瓦斯发电装机达到35万千瓦。根

据国家产业和晋城化肥生产行业的实际情况，下发《关于暂停受理审批新建和单纯扩大产能的化肥生产项目的通知》，要求市县两级投资主管部门，暂停受理企业申报的新建和单纯扩大化肥产能的化肥生产项目。编写完成《2012年度服务业发展报告》，出台《晋城市现代服务业“十二五”发展规划》、《晋城市现代物流发展战略规划》（2010—2020），在全省率先制定《晋城市服务业发展目标责任考核办法》。开展服务业领军人物申报评选活动，42个企业法人进入“服务业领军人物”初选名单。编制完成《金村现代服务业集聚区总体规划方案》，邀请上海相关部门和专家对该规划方案进行论证。9月25日，晋城湖滨餐饮股份有限公司（湖滨股份）在天津股权交易所挂牌上市，成为全省首家进入资本市场融资发展的服务行业企业。凤展时代广场建成开业，铭基财富广场、赛博数码科技广场、高平市大酒店、沁水五星级酒店等重点服务业项目开工建设。

（市发改委）

国土资源管理

2011年工作

2011年，严格落实市、县、乡、村、户五级耕地保护责任制，层层签订目标责任书，深入开展保护耕地宣传教育活动，圆满完成全市288.13万亩耕地和247.95万亩基本农田保护任务。土地开发整理复垦工程共立项88个面积2.7万亩，补充耕地验收报备9612亩，建设项目用地做到占一补一、先补后占，在沁水县境内为太中银铁项目异地补充耕地3150亩。严格执行“两公告一听证”(“两公告”即征收土地方案公告和征地拆迁补偿安置标准公告；“一听证”即以村为单位组织被征地农户进行听证，征求被征地农户和拆迁对象对征收土地方案和征地拆迁补偿安置标准的意见)和征地补偿费预存制度，切实维护被征地农民合法权益。市国土资源局被市委、市政府表彰为2011年度“服务招商引资工作先进单位”、“支持重点工程建设先进单位”、“安全生产先进单位”。

重点工程用地

全年上报建设用地报件21批次(件)7437.27亩，总供地181宗14 483亩，比“十一五”年均供地量多4000亩，为晋(城)高(平)一级公路、豪德二期、人民广场改造、唐一新能源、融高太阳能、金鼎煤机、保障性住房等一批省、市重点工程提供用地。实施城乡建设用地增减挂钩与矿业用地整合利用两项改革试点，泽州巴公增减挂钩项目区全省首家通过评审，4个增减挂钩试点县(市)12个项目区方案全部获省批复，批准周转指标2402亩，超计划400亩；上报6县(市、区)煤矿土地整合利用实施方案，申请周转指标6756亩，沁水县方案经省国土资源厅评审。加快推进北石店区城市化改造工程，新开工3个城中村改造工程，完成2个改制企业13宗270.8亩土地资产处置、显化资产6517万元。征收国土资金27亿元。

矿产资源管理

已换发短期采矿许可证的123座煤矿，全部完成储量核实报告和开发利用方案，上报103矿矿山环境恢复治理方案和75矿土地复垦方案，逐矿核实、清缴采矿权价款，率先在全省为到期的123矿办理采矿许可证延续登记，煤矿整合兼并重组整体工作进度走在全省前列。

地质灾害防治

向社会公告全市84个重要地质灾害隐患点县、乡、村三级责任人及监测人的名单、手机号码，在阳城县坡底村进行突发性地质灾害Ⅲ级响应应急演练，联合气象部门开展汛期地质灾害气象预警预报，增设35个、刷新73个地质灾害隐患点警示标志，市、县、所三级实行24小时值班监测制度，完善地质灾害群测群防网络，全市未发生一起地质灾害险情事故。申请省级补助资金1497万元，市级补助资金755万元，启动泽州县红卫—后河大型滑坡隐患治理和阳城县凤城镇坡底村滑坡治理两大地质灾害防治工程。

基础业务

市级土地利用总体规划获批实施，县级规划完成编制，乡级规划完成修编待审。初步建成全市农村土地利用框架数据库，完成21个建制镇地籍调查和市级土地权属界线接边试点工作。城区、沁水县国土资源遥感监测“一张图”建设率先通过省验收，泽州县进入试运行。全年公开出让国有建设用地使用权71宗2224.56亩，通过市场配置资源方式新设置石灰石等小型建材类采矿权17宗。完成煤层气、煤化工两个行业用地核查，涉及25个单位130宗8379.65亩。完成矿产资源开发利用情况年检、探矿权年检、采掘储量动态监测、回采率考核及28个煤矿采掘工程控制网建设，莒山煤矿、岳南煤矿获得国土资源部矿产资源节约与综合利用奖励资金700万元。陵川县王莽岭国家地质公园申请国家地质遗迹保护经费552万元。完成“数字晋城”地理信息空间框架建设项目“一个平台（信息公共平台）、三个系统（基础测绘、公共平台、公共服务三套数据）”，编制金村、南村、高都3个片区59平方公里1:500地形图测绘项目和《晋城市地图册》，建成市、县测量标志管理数据库。市国土资源局被省国土资源厅表彰为2011年度工作优秀单位；荣获全国测绘系统依法行政先进单位、国土资源管理系统推进依法行政先进单位及2011年全省测绘管理工作第一名。

执法检查

开展排查治理宣传“三项活动”、关闭矿检查督查、私挖滥采重点区域排查、冬季“严打”等行动，严厉打击非法采矿行为。全年共立案查处土地、矿产违法案件24起，拆除违法建筑物403平方米、没收2288平方米，收回土地10.7亩，收缴罚款57.54万元，党政纪处分8人，移送司法机关处理5人。沁水县、陵川县分别与临汾市翼城县、长治市壶关县建立定期通报、差时巡查、相互走访制度，高平市实行设立观察哨、三人小组监管措施，遏制非法采矿行为。

2012年工作

2012年,市、县、乡政府层层签订目标责任书,将耕地保护纳入各级政府年度目标考核体系。大力实施土地开发整理工程,通过验收111个项目9746亩;准备验收9个项目826亩;正在施工73个项目8262亩;上报5个省级土地开发项目10 057亩,批准立项4个8060亩;完成"市级入库备案0.6万亩"和"1.25万亩新增耕地任务中0.65万亩需落实到省级开发项目"任务。组织实施15个市级基本农田示范区项目,面积13 160亩,总投资3598万元,完成8个项目4800亩。圆满完成省下达的288.45万亩耕地和247.95万亩基本农田保护目标,以及1.25万亩新增耕地任务。

重点工程用地

全市共上报农用地转用和征收土地38批次(件)9447.61亩(含开发区1431亩);全年总供地235宗14 609.86亩。4县(市)启动城乡建设用地增减挂钩工作,获批使用指标2402亩;上报6县(市、区)矿业用地整合方案,申请周转指标6404亩,获批1209亩;晋城市被确定为工矿废弃地调整使用首批试点市,安排实施工矿废弃地复垦4600亩,完成500余亩。盘活利用存量建设用地3556亩。提高土地利用效益,新上项目投资强度普遍达到亩均300万元以上。全市共征缴煤炭资源价款54.8亿元、土地出让金15.79亿元、矿产资源补偿费4.66亿元。

矿产资源管理

全市127座应换证煤矿的换证资料全部通过审核,煤矿兼并重组换发长期采矿许可证工作全面完成。开展2011年度矿山企业开发利用年度检查,对全市136个持证煤矿和135个持证石灰岩矿进行全面检查和抽检;对全市44个生产煤矿的采掘动态进行跟踪检查,按月按季进行图纸交换,并由资质单位逐矿进行井下实测,编制《矿山储量年报》。对320个关闭煤矿井口进行全面排查,对全市持证石场埋设界桩。完成7座省级发证非煤矿山换证登记工作和煤层气开发利用现状调查。

地质灾害防治

市政府出台《关于进一步加强地质灾害防治工作的实施意见》,6县(市、区)政府发布《突发性地质灾害应急预案》和《2012年地质灾害防治方案》,组织应急演练6次,在《太行日报》公布91个重要地质灾害隐患防灾责任人、监测人的名单、电话号码,实现重要地质灾害隐患点"一册一图一档"管理,发放"防灾明白卡"473份、"避险明白卡"4745份。汛期在全市

开展地质隐患点汛前排查、汛中检查、汛后核查，和气象部门联合开展地质灾害气象预警预报。开展地质灾害治理项目库申报工作，投入资金5000余万元，推进泽州县南岭乡红卫——后河滑坡、阳城县凤城镇坡底村滑坡、陵川县西河底镇吕家河村滑坡、沁水县胡底村滑坡等8个地质灾害治理项目。

基础业务

调查工矿废弃地1917宗地2.8万亩，可复垦1.76万亩；调查压煤村庄585个，现状乡村建设用地9.94万亩；调查空心村用地1374个2.05万亩；调查未利用地959宗7.2万亩。全市登记土地11 496宗、发证11 347宗，登记率、发证率分别达到100%、98.7%。建立市级农村土地利用数据库，并通过省国土资源厅验收。落实专项经费500万元，编制完成《一张图工程及综合信息监管平台建设技术实施方案》、《一张图工程及综合信息监管平台建设需求方案》，通过市政府信息中心评审。王莽岭国家地质公园和沁水历山、阳城析城山两个省级地质公园规划分别获得部、省批复。“数字晋城”项目通过国家验收，并向社会发布推广。

执法检查

开展2011年度土地矿产卫片执法检查，全市违法比例为0.82%，8宗违法用地进行整改，实现“零约谈、零问责”目标。引进高科技手段，以3S技术（地理信息系统、卫星定位系统、移动通信系统）为依托，以卫星遥感为支撑，在重点区域建成21个远程无线视频监控网点，严密监控非法采矿行为。开展土地执法交叉检查、春季执法百日行动、进一步严厉打击非法违法采矿行为专项行动、安全生产百日大检查等行动，全市共立案查处土地、矿产资源违法案件26起。受理信访事项61件，到期办结率100%。

（市国土资源局）

审 计

2011年工作

2011年,全市审计机关共对财政、金融、社会保障、政府投资建设项目、经济责任等类别的413个项目(单位)进行审计或审计调查。共查出违规金额202 798万元、损失浪费金额544万元、管理不规范金额653 323万元。应上缴财政119 785万元,应减少财政拨款或补贴945万元,应归还原渠道资金1715万元,应调账处理6318万元。审计提出建议474条,被有关部门和被审计单位采纳290条。

财政审计

完成市、县两级共156个单位的财政预算执行情况审计,并按照省审计厅安排,结合预算执行审计,对全市基层医疗卫生基础设施建设专项资金、农村新型合作医疗专项资金、社会养老保险基金等3项专项资金进行审计或审计调查。完成对阳城、高平、陵川3个县(市)和部分乡镇的2009、2010年财政决算审计。重点查处收支不实、专项资金管理不严等问题。

县级地方政府性债务审计

完成对全市六县(市、区)县本级地方政府性债务审计。按照“见账、见人、见物、逐笔、逐项审核”的原则,对六县(市、区)总计近13亿元的县级政府性债务余额进行逐笔核实取证。

领导干部任期经济责任审计

市、县审计机关对33名县处级、72名乡科级领导干部和部分国有及国有控股企业负责人进行任期经济责任审计,查出违规金额23 084万元、管理不规范金额107 327万元,对被审计领导干部履行经济责任情况作出评价,对存在问题的相应责任进行划分。

建设项目审计

按照省审计厅安排,开展对中小学校舍安全工程竣工决算、晋城环城高速公路西北段竣工决算审计。市审计局对14个市重点工程建设项目的竣工决算进行审计,各县(市、区)审计局对部分本级重点建设项目进行审计。全年全市共审结项目106个,核减工程款1.1亿元。

企事业单位审计

完成邮储银行晋城分行2010年度资产负债损益审计。重点审查邮储银行及下属各分支机构开展信贷业务、存款储蓄业务、中间业务情况及支持服务“三农”情况。对市、县共9所非营利性公立医院的2009、2010年度财务收支情况进行审计。重点审查各医院医疗收费、药品采购等业务环节，查出乱收费、乱加价等违规问题金额583万元。并分析问题形成的原因，提出进一步完善医疗机构的补偿机制、规范大型医疗设备的配置和管理、健全和完善价格调整机制、规范药品招标采购程序等审计建议。

其他审计

市、县两级审计机关对全市公办普通高中债务情况进行调查。对全市基层医疗卫生机构截至2009年底的长期债务情况进行审计。市审计局对高平市2008年至2011年6月底被征地农民养老保险政策制定和执行情况，以及被征地农民养老保险基金的管理和使用情况进行审计调查。对市煤气开发利用中心等6户市属公共事业企业2010年度政策性亏损及效益情况进行审计。组织实施市本级2003—2010年煤矿企业兼并重组补偿资金、能源基金、煤炭可持续发展基金和资源价款拨付使用情况的专项审计调查。

信息化建设

市审计局审计视频会议系统投入使用。全市有98名审计人员通过审计署现场审计实施系统（AO软件）辅助审计认证考试。

2012年工作

2012年，全市共审计及审计调查652个单位，查出违规金额429 135万元、管理不规范金额1 174 370万元，经审计应上缴财政93 932万元，应归还原渠道资金24 408万元，应调账处理金额28 550万元，向有关部门移送处理事项3件，提交审计信息151篇，被审计单位制定出台相应的管理制度、措施39项，被采纳审计建议678条。市审计局被省委干部下乡领导组授予“定点扶贫先进单位”、被市人民政府授予“支持重点工作建设先进单位”、被市精神文明建设指导委员会授予“文明单位标兵”等称号。

财政审计

在市本级2011年度预算执行审计中，查出违纪违规及管理效益方面存在的问题103个，违纪违规金额总计208 531.88万元，对2个单位进行通报批评，对3个单位给予警告，收缴资金1199.97万元、收缴罚没款2191.58万元，督促各被审计单位上缴财政资金19.09亿

元、拨付滞留的财政资金5597.25万元、调整账务4219.26万元。

领导干部任期经济责任审计

对160名县、乡级领导干部进行任期或任中经济责任审计,共查出违规金额35 566万元、管理不规范金额21 836万元,对被审计领导干部履行经济责任情况作出评价,对所存在问题的相应责任进行划分。

建设项目审计

市审计局共审计建设项目28个,审结11个,审结项目投资总额160 427.49万元,查出违纪违规问题金额63 725.32万元,工程价款核减率近10%。

专项审计

全市审计机关先后实施社保资金审计、农村中小学布局调整情况审计调查、城镇保障性安居工程审计等重大全国性审计任务。根据审计结果,市委、市政府将失地农民全部纳入社保体系,进一步扩大社会保险覆盖面,全市人口基本实现应保尽保,提高补助标准,晋城基本医疗等社会保险待遇为全省最高,催征补征社会保险费2亿多元;促进城乡教育均衡发展,新配置70辆校车投入使用,实行普通高中教育免学费全覆盖希望工程等重大惠民措施。

跟踪审计

市审计局对2012年"方便晋城"十大工程、部分基本建设重点项目、"一区六园"工业园区建设等26个重大投资项目进行跟踪审计。查出部分项目用地手续不完善,未落实项目资金6474.05万元,因前期工作不够严谨等原因导致需追加投资8200万元,共计1416.2万元的工程未经过招标程序,部分工业园区管理机构不健全、未列入财政预算、产业方向同质化明显等问题,市政府对此进行督查督导,纠正有关建设单位错误行为,保障项目和园区建设的顺利实施。

案件查处

在对市区"城中村"改造项目跟踪审计中,查出主管部门坐收坐支土地出让收益4.53亿元、部分单项工程高估冒算1742万元、应缴未缴税金1252万元、挪用国有房屋销售款12 085万元、国有资产流失2000多万元的重大违法违纪问题,引起省纪委和市委、市政府高度重视,市国土资源局原局长被移送司法机关处理,其他责任人也受到相应的处分。

(市审计局)

安全生产监督

2011年工作

2011年，全市共发生各类事故833起，死亡247人，为省控指标的96.5%；其中，生产安全事故249起，死亡89人，为省控指标的94.7%。全市发生工矿商贸企业（不包括所辖区域内的省属及中央驻晋煤炭企业的煤矿死亡人数）事故9起，死亡12人，为省控制指标的60%；其中，煤矿事故4起死亡4人，占省控指标12人的33.3%。全市发生道路交通事故610起，死亡228人，为省控指标的97.9%；其中，生产经营性道路交通事故155起，死亡72人，为省控指标的97.3%。全市发生消防火灾事故208起，死亡2人，为省控指标的200%，其中，生产经营性火灾事故未造成人员伤亡。全市发生铁路事故5起，死亡4人，为省控指标的200%（全部为路外事故）。全市发生农业机械事故1起，死亡1人（省控指标为0）。发生一次死亡3人以上事故2起，死亡7人，为省控制标的50%。

全市地方煤矿百万吨死亡率为0.078，比省控指标低66.2%；亿元地区生产总值事故死亡率为0.25，比省控指标低14.7%；工矿商贸从业人员10万人安全生产事故死亡率为1.875，比省控指标低37.5%；道路交通万车死亡率为5.625，比省控指标低30%；特种设备万台死亡率为0（省控指标为0.67）。

安全监管

编制完成《晋城市安全生产"十二五"规划》。根据分级负责、属地管理原则，落实危险化学品、烟花爆竹、非煤矿山、冶金机械等企业分管领导和监管小组成员，落实率达到100%，并全部进行公示；在危险化学品和非煤矿山实行安全生产挂牌责任制，直接与市、县（市、区）主要领导挂钩，强化有权必有责，用权受监督，出事受追究的安全监管责任制。市安监局成立7个调研督导组，深入六县（市、区）和市直企业，开展落实企业主体责任调研督导，分别召开危险化学品、非煤矿山、冶金机械、职业健康等方面企业主体责任落实座谈会，基本摸清全市各类企业在落实主体责任方面存在的问题。继续组织危险化学品、非煤矿山、烟花爆竹、民爆物品、冶金机械等行业企业法人代表，向政府、社会和企业全体员工进行安全生产承诺，承诺率达到100%。调查处理了"1·6"山西兰花科创股份公司唐安煤矿锚索伤人事故、"1·7"天泽煤化工集团公司煤气化厂尿素车间触电死亡事故、高平市"4·1"道路交通

事故,高级技工学校“7·13”新建教学楼施工工地伤害事故、“6·18”晋城市春晨兴汇实业有限公司高炉煤气中毒事故,12名责任人受到行政处分,1名责任人追究刑事责任,对事故单位行政处罚20万元。高平市7天内连续发生4起事故,市安监局与高平市政府负责人进行约谈。

标准化建设

市安监局制定《关于深入开展安全生产标准化建设的实施意见》,成立市级安全生产标准化创建工作领导组,把标准化建设工作列为各县(市、区)安监局、开发区安监办年终安全生产目标考核项目。在危险化学品、非煤矿山、冶金机械等行业选出基础比较好的企业,开展安全生产标准化创建。提出“企业主体、中介服务、部门推进、政府扶持”的标准化创建原则和“以奖助推、市县统筹、先达有奖、后达不奖、不达关闭”的奖惩办法,市财政拨款396万元,奖励完成安全生产标准化创建的企业。全年,通过中介机构审查认定的非煤矿山标准化五级企业78家,冶金等工贸行业标准化三级企业76家。

执法检查

全年共检查危险化学品、烟花爆竹企业273家次,完成全年计划的238.7%;检查非煤矿山企业230家次,完成全年计划的195.5%;检查冶金机械等行业企业101家次,完成全年计划的141%;检查民爆物品企业21家次,完成全年计划的126%;职业安全健康监管方面,完成职业危害申报400家,完成使用有毒物品作业场所职业卫生安全许可7家,检查作业场所职业危害产生企业58家,检查使用有毒物品企业35家,检查劳动防护用品使用企业58家,检查劳动防护用品生产经营企业20家。共查出隐患1903余条,立即整改1622条,限期整改281条,下达各类行政执法文书和现场检查记录755份。根据省、市政府统一部署,组织开展百日安全生产大检查,全市各级各部门共检查各类企业6640家,排查隐患9426条,查处各类非法违法生产经营建设行为1439起,关闭取缔非法企业19家,责令违法企业停产整顿122家,追究相关责任人员261人。

专项整治

市政府办公厅下发《关于在全市继续深入开展安全生产专项整治的通知》、《关于印发全市化工行业深化安全生产专项整治工作方案的通知》,按照“企业全面自查自整,县(市、区)政府组织检查,市有关部门抽查检查,省行业主管部门垂直督导”的方式,在全市企业开展专项整治。危险化学品方面,市、县两级共督查检查企业110家,对43家生产企业、13家建设项目进行全面督查检查,发现问题417条,整改368条;烟花爆竹方面,市安监局抽查烟花爆竹批发企业5家,查出隐患30项,全部整改到位;非煤矿山方面,各县(市、区)政府共查

出各类隐患1241条，完成整改1075条，整改率达86%，市安委办查出各类隐患873条，完成整改846条，整改率达96%。

安全许可

在危险化学品方面，完成128座加油站经营许可证延期换证审查、9家危险化学品生产企业安全生产许可证延期审查。全市危险化学品甲种经营单位持证率达93%，危险化学品生产企业持证率达98%。完成13家乙种经营许可证延期换证，9家乙种经营许可证颁证；非煤矿山方面，共发放安全生产许可证84家，全市非煤矿山持证率从27%上升到82%；职业健康方面，累计许可有毒物品企业39家，完成400家企业职业危害申报备案。对22个重大危险源进行辨识评估，其中煤矿6个，危险化学品16个；对153个企业进行安全评价，其中煤矿31个，非煤矿山15个，危险化学品85个。市政府出台《关于加强建设项目安全设施"三同时"监督管理工作的通知》，对危险化学品建设项目加油站设立审查4件、设计审查4件、竣工验收11件，对生产企业建设项目设立审查3件、设计审查5件、竣工验收6个。市安监局被省政府授予"依法行政示范单位"称号。

综合监管

市安监局先后组织召开安委会例会11次、专题会议6次、其他安全会议2次，研究部署安全生产各项工作。建立考核内容、考核标准、考核办法为主要内容的"三位一体"安全生产责任目标考核考评体系，把事故死亡人数等安全生产控制指标和安全生产管理工作目标，全部细化量化，分解到各县（市、区）、各有关单位，并层层签订各类安全生产责任书。与市交通运输局、市公安交警支队、市客运管理处、市汽车运输公司等单位召开道路交通安全座谈会，加大安全综合监管力度。

安全乡村创建活动

市安委办成立专门领导组，召开全市创建安全乡村活动安排部署工作会议，下发《关于开展安全乡村创建活动的通知》，在全市开展安全乡村创建活动。各县（市、区）、乡镇（街道）都进行了相应的组织部署。全年参加安全乡村创建系统培训的乡镇、村级安监员达2800多人次，12个乡镇、625个行政村通过达标验收。城区安委办、泽州县安委办和城区南街办事处、泽州县下村镇、阳城县凤城镇等8个单位评为山西省2011年度创建安全乡村先进单位。

应急管理

加强和完善市、县两级应急机构建设，市应急救援指挥中心开始独立办公，六县（市、区）、兰花公司、天泽公司充实人员，强化应急救援专兼职队伍，健全应急救援物资，提升应

急救援能力。修订《晋城市安全生产事故灾难应急预案》和4个部门应急预案，规范生产安全事故应急预案编制、审核、备案工作，32家市直企业的应急预案在市安监局备案。督促市安委会成员单位和各县(市、区)组织开展安全生产应急救援演练活动313次，应急救援队伍和从业人员应对各类突发生产安全事故的处置能力得到提高。对全市各类生产经营单位应急管理工作进行专项检查，共抽查各类生产经营单位83家。

宣传培训

围绕“安全责任，重在落实”主题，开展手机短信宣传教育活动，发送安全提示手机短信200多万条；开展电视公益广告宣传教育活动，组织市煤炭、质监、住建、交警、消防等六部门，播出为期一个月的公益广告；开展警示教育宣传活动，组织主要安委会成员单位在太行日报开设专栏，宣传安全知识，刊登典型案例，进行警示教育；开展安全法律法规、安全文化、安全知识进机关、进企业、进社区、进校园、进乡村、进家庭“六进”活动；开展“千企万人”安全宣誓活动，在村村镇镇张贴标语、出版板报，制作贴近日常生活的特色宣传品；开展宣传咨询日活动，市领导发表电视讲话，在报纸上刊登署名文章。在太行日报等各类新闻媒体发表稿件78篇，刊发各类安全生产信息74期，印发《晋城安全通讯》12期；加强市安监网站建设，发表安全生产信息200余条。开展安全生产教育培训，共培(复)训危险化学品、烟花爆竹、非煤矿山、冶金机械等行业企业主要负责人、安全管理人员、特殊工种等9200人次，同比增加35%。

2012年工作

2012年，全市共发生各类事故803起，同比减少30起，下降3.6%；事故死亡238人，同比减少9人，下降3.6%，为省控指标的90.8%。分行业看：道路交通事故599起，同比减少11起，下降1.9%；事故死亡227人，同比减少1人，下降0.4%，为省控指标的94.2%。工矿商贸企业事故6起，同比减少3起，下降33.3%；事故死亡8人，同比减少4人，下降33.3%，为省控指标的53.3%。其中：煤矿事故3起，同比减少1起，下降25%，事故死亡5人，同比增加1人，上升25%，为省控指标的71.4%；非煤企业发生事故3起，同比减少2起，下降40%，事故死亡3人，同比减少5人，下降62.5%，为省控指标的37.5%。消防火灾事故195起，同比减少13起，下降6.3%；未造成人员伤亡，同比减少2人，下降100%。铁路事故3起，死亡3人，超省控指标1人。其他行业未发生死亡事故。较大以上事故3起，为省控指标的75%。

全市地方煤矿百万吨死亡率为0.1116，比省控指标低31.3%；全市亿元地区生产总值事

故死亡率为0.238，比省控指标低4.4%；全市工矿商贸从业人员10万人安全生产事故死亡率为1.33，比省控指标低16.7%；全市道路交通万车死亡率为6.39，比省控指标低0.9%；全市特种设备万台死亡率为0(省控指标为0.67)。

安全监管

下发《关于加强建设项目安全设施"三同时"监督管理工作的通知》，召开全市建设项目安全设施和职业卫生"三同时"监管工作会议2次，全面启动全市安全生产"三同时"监管工作。冶金等工贸企业方面，对全市116个新、改、扩建项目进行摸底调查和专项检查，7家企业完成备案；危险化学品方面，对14家建设项目安全设施设计和竣工验收进行审查；非煤矿山方面，对44家新建项目安全设施设计进行审查；职业卫生方面，受理8家，办理8家。

标准化建设

加强标准化的推广普及工作，244家冶金等工贸企业签订评审合同，216家企业完成现场评审，182家企业进行了公示，超额完成省安监局和市政府下达的107家创建目标；危险化学品方面，申请受理32家生产企业、188家经营企业，核准3批52家企业达到三级标准，提交评审报告56家，烟花爆竹批发企业申请8家，提交评审报告5家；非煤矿山方面，通过中介机构审查认定标准化五级企业78家，公示认定标准化企业51家。

执法检查

各级各部门共组织检查组3369个次，组织人员18 823人次，检查企业10 177家，治理纠正违规违章行为7872次，警告184次，责令停产停工70家，行政拘留45人，移送刑事追究15人，行政罚款108.5万元。市安监局共检查危化、烟花爆竹、民爆物品、非煤矿山和冶金等工贸行业435家，占全年计划的112%。查处各类安全隐患和问题1197条，下达各类行政文书486份，立案调查3起，行政罚款33.2万元。合并开展百日安全生产隐患大排查专项行动和百日安全生产活动，成立以分管副市长为组长的百日安全生产活动领导组，在全市19个行业开展百日安全生产活动。市委、市政府抽调安监、煤炭、教育、国土、住建、交通、公安交警等部门力量，组成7个安全生产综合督查组，对全市安全生产工作情况开展督查检查。活动期间，全市发生各类生产安全事故190起，死亡57人，同比下降11.6%。

专项整治

组织开展危险化学品、烟花爆竹、非煤矿山和冶金等工贸行业专项整治。共督查检查危险化学品、烟花爆竹、民爆物品、非煤矿山和冶金等工贸行业企业820家，查处隐患2900条。此外，还相继开展元旦、春节、五一、中秋、十一以及省、市"两会"等重大节日期间的安全检查，汛期安全生产专项大检查，冶金等工贸行业交叉检查，劳动防护用品专项检查，安

全生产风险抵押金缴纳及安全生产费用提取和使用情况的专项检查等。

安全许可

在危险化学品方面,完成22家加油站和13家危险化学品生产企业的安全许可证延期审查,完成16家危险化学品经营许可证颁证工作;非煤矿山方面,发放安全生产许可证84家;职业健康方面,完成使用有毒物品作业场所职业卫生安全许可新颁发企业3家,延期换证企业9家,完成350家企业职业危害申报。

综合监管

组织召开安委会例会12次,电视电话会议6次,安全生产紧急会议、专题会议6次,研究部署安全生产各项工作。继续推行公开承诺落实主体责任,危险化学品、非煤矿山等重点行业(领域)企业法人代表承诺率达100%。积极探索安全生产专家服务机制,补充完善安全生产专家库,增聘应急救援、职业卫生、煤层气、机械和综合管理等多方面的专家95名,全市安全生产专家组成员达到191名。全年共出动专家47余人,配合安全生产执法检查107次,查出现场和管理隐患6700余条。

安全乡村创建活动

在全市继续开展创建安全乡村活动,全市2294个乡村通过安全乡村监管体系建设达标验收,占到全市乡村总数的98.6%;1231个行政村完成安全乡村的命名任务,占到全市乡村总数的52.7%;在高平市马村镇、陵川县崇文镇等7个乡镇启动创建国家级安全社区建设活动。

应急管理

全面推进县(市、区)应急管理平台建设,开展市属企业应急资源摸底调查工作,编制《晋城市应急救援指挥平台系统对接方案》。下发《关于进一步规范全市生产安全事故信息报告时限和内容的通知》,出台《关于生产安全事故信息接报处置工作规定》(试行),编写《生产安全事故信息报告法规汇编》,并组织各级各部门等相关人员200余人开展专题培训。完善各级各行业监管部门综合预案、专项预案、现场处置方案,指导和督促各级各类生产经营单位完善企业预案,加强预案审查和备案管理,强化应急救援预案管理。审查合格的生产经营单位应急预案备案登记48家。市安监局在陵川县金隅水泥有限公司组织开展全市非煤矿山应急救援演练,参演观摩人数200余人。全市各级各部门累计举办各类应急救援演练368次。参与“2·25”重大道路交通事故、沁水县沁和能源集团侯村煤矿“9·7”瓦斯燃烧较大事故的调查处理和“2·25”重大道路交通事故、陵川县陵修路“3·2”较大道路交通事故、泽州县境内宛周线“3·13”甲醇泄漏事故、长晋线“6·11”较大道路交通事故、陵川县境

内“10·25”危货车辆侧翻粗苯泄漏事故等5起事故的抢险救援，对陵川县金隅水泥有限公司“8.15”事故和泽州县大通铸业有限公司“11·2”事故按照《一般事故挂牌督办办法》进行挂牌督办。

宣传培训

组织开展手机短信、电视公益广告、主流媒体、警示教育周、主题宣传咨询日、应急救援演练周、安全社区创建等宣传教育活动，发送安全提示手机短信40万条；组织煤炭、质监、住建、交警、消防等部门，播出为期一个月的公益广告；在《太行日报》刊发“安全生产月”专版，开设安全生产月专栏等。累计在《太行日报》等新闻媒体发表稿件200余篇，刊发各类安全生产信息116期，印发《晋城安全通讯》12期。开展“法律法规送到家”活动，制作《安全生产责任制公示牌》、《企业生产法规（摘要）》挂幅、《安全法规汇编》、《安全生产检查表》，在《太行日报》进行刊登，并分级分档逐企发放《安全生产法律告知书》。改版升级市安监网站，加强日常信息发布，完善信息调度、应急指挥、培训考试等8个栏目，增加安全社区、安全新闻汇总、政策指南3个栏目，制作“学习党的十八大精神”、“保持党的纯洁性教育”、“全市安全生产工作会议”、“安全生产月”和“建立安全生产隐患排查治理体系”等重大活动专题页面。累计发布各类信息1222条，访客数量达52 326人次，浏览信息数量179 316条次。市、县、企三级分别对安全管理人员、特殊工种和全员进行多层次培训，累计培训22 000余人次。

（市安监局）

食品药品监督

2011年工作

2011年,全市食品药品监管系统深入推进食品药品监管各项工作,全力打造食品药品安全放心城市,全市食品药品市场秩序持续好转,未发生任何重大食品药品安全事故。

食品监管

开展"迅雷一号"、"迅雷二号"餐饮食品安全专项整治行动,监督检查餐饮服务单位2678家(次),下达监督意见书3789份,持证率由整治前的44%上升至100%。开展秋季学校食堂整治"扫雷"行动,消除学校食堂及周边小餐饮食品安全方面存在的隐患和问题。全年查处餐饮单位违法违规案件61起,上缴国库罚没款43.6万元。

长效机制

在全省率先推行餐饮服务食品安全监管"脸谱"公示制,对全市2400余家餐饮服务单位进行"脸谱"公示,发放"笑脸"公示牌423个。在市区部分学校食堂和前进路、红星街餐饮单位试点推行"透明操作法"制度。结合餐饮企业违规撕分制,对全市2358家餐饮服务单位实行动态量化分级管理,比率达到98%以上。全国爱卫办"创卫"技术评估组的食品安全专题评估报告中,对市食品药品监督管理局餐饮服务食品安全监管工作"三项制度"给予高度评价。组织监管人员赴浙江义乌实地学习考察,借鉴先进经验,推动监管工作。组织举办保健食品"两个管理办法"专题培训,提升监管人员业务水平。9月7日,国务院纠正行业不正之风办公室《工作动态》第13期刊发市食品药品监督管理局"创新监管体制机制,强化餐饮食品安全监管"工作经验。

专项整治

开展保健食品、化妆品专项整治行动,对572家保健食品、化妆品经营企业进行监督检查,重点检查化妆品购进渠道、标签标识、产品合格标记、仓储条件等环节,针对相关经营企业未建立进货台账、进口化妆品无中文标识、进口化妆品无进口备案凭证或进口批准文号、销售超过使用期限化妆品、销售假冒化妆品等问题,依法予以严厉查处,立案3起,上缴国库罚没款1.04万元。

药品监管

市食品药品监督管理局开展新版GMP培训，促进2010年版《中国药典》实施，对367个品种的检验能力进行核查。严格药品质量源头追溯，对328名外埠药品销售人员资质进行核查登记。组织市区70家药品经营企业开展“卖良心药　做诚信人”公开承诺活动，与药品经营企业现场签订《药品经营质量安全承诺书》。定期监测媒体刊播药品广告情况，向工商部门移送违法药品广告12个。全年监督检查涉药涉械单位1350余家，立案124起，上缴国库罚没款49.2万元。在全国药品安全专项整治行动综合检查验收中，晋城市名列全省第二。全年完成药品检验35个品种497批次，完成全市90个品种批次的国家基本药物抽样任务。强化药械不良反应（事件）监测工作，收集上报药品不良反应5712份，医疗器械不良事件337份，全省排名第二。严格实施药品零售企业审批制度，全年受理审批20家，办理变更事项30项。为12家医疗器械专营企业审批换证。“创卫”期间，推出小餐饮专项整治“四免费”政策，即免费办理《餐饮服务许可证》、免费办理健康证、免费发放台账记录本和档案盒、免费发放制度牌，共受理餐饮服务许可申请1176家，免费发证1155个。7月，“晋城市食品药品综合监测中心”投入使用，项目总投资1753.2万元。

2012年工作

2012年，市食品药品监督管理局开展餐饮服务食品安全整顿，强化药械市场安全监管，提升食品药品安全保障水平，打造食品药品安全放心城市。

食品监管

开展“瘦肉精”、违法添加罗丹明B工业染料等专项监督检查7次。联合教育部门召开专题会议，就落实学校食堂食品安全监管“十六条”提出具体要求，消除学校食堂食品安全隐患。协调住建部门开展建筑工地食堂食品安全专项整治“春雷”行动，工地食堂餐饮服务许可、食品从业人员持证上岗、食品采购可追溯率均为100%。“五一”和中秋、国庆期间，联合旅游文物部门开展旅游景区餐饮服务食品安全专项整治。

专项整治

在全市范围内开展保健食品非法添加违法宣传专项整治、化妆品违法使用禁限用物质违规标识专项整治以及保健食品化妆品安全隐患百日大排查三项专项行动，检查保健食品、化妆品生产经营企业527家。开展保健食品临时经营许可，发放《保健食品临时经营审核通知》120份。开展打击利用互联网发布信息、非法收售药品行为整治等专项行动8次。

对4月30日前上市的478批次胶囊剂药品进行检验,责令企业召回存在问题的胶囊剂药品和边缘产品,共销毁胶囊剂药品255.927万粒。

全市食品药品监管系统立案387起,上缴国库罚没款149.7万元。完成餐保化和药械抽样694个品种(批次)。收集上报药品不良反应报告9031份,百万人口平均数排名全省第一,上报医疗器械不良事件935份,全省排名第二。

监管机制

推行网格化监管、格式化检查、痕迹化管理监管模式,出台《晋城市餐饮服务食品安全监督管理事权划分实施方案》和《网格化监管工作实施方案》。印发《餐饮服务食品安全日常监督检查制度(试行)》,制定格式化检查表,统一检查内容,明确监督职责,落实痕迹管理。继续推进餐饮服务食品安全"脸谱"公示制、违规行为撕分制和透明操作法三项制度,提升监管效能。在全国食品药品监管系统首创餐饮服务食品安全监管"12345"一线工作法,被国家药监局网站和《中国医药报》登载推荐。制定《晋城市餐饮服务从业人员培训考核办法》,明确规定考核对象、内容和方法,应用"人机对话"形式强化考核效果。全市2052名餐饮服务单位负责人、食品安全管理员和8322名餐饮从业人员通过机考,获得餐饮服务从业资质,提升企业食品安全第一责任人意识以及从业人员的食品安全意识和守法经营意识。

药品监管

以药品GSP认证核查为抓手,规范药品流通秩序。全年认证药品经营单位69家,跟踪检查253家。加强药品仓储在线管理和电子监管平台建设,确保基本药物流通环节和医疗机构药品质量安全可靠。药品广告监测实行电子监控与专人值守相结合,定期报告违法广告信息,定期移送违法违规广告,全年向工商行政管理部门移送严重违法药品广告43起。

(市药监局)

物价管理

2011年工作

2011年，全市物价部门认真贯彻落实国家管理通胀稳定物价政策要求，保证全市价格总水平的基本稳定。市政府下发《关于稳定当前物价的紧急通知》，出台《晋城市人民政府市场价格调控工作联席会议制度》、《晋城市社会救助和保障标准与物价上涨挂钩联动机制工作方案》，居民消费价格涨幅继续回落，全市居民消费价格指数累计涨幅为4.9%，比全省平均涨幅低0.3个百分点。3月，受日本地震影响，市区发生抢购食盐风波，市物价局启动价格应急预案，实行食盐及生活必需品价格日报告制度，组成6个价格监督检查组开展食盐价格专项检查，迅速平息了食盐抢购风波。5月，全市猪肉价格出现持续上涨，市物价局完善价格监测、加强市场价格巡查、加大价格信息公开力度，积极协调相关部门，扶持生猪生产，为沁水三利实业、高平金茂养殖等5家养殖厂争取省级价格调节基金335万元，增加市场供给，稳定猪肉价格。市物价局获全省物价系统法制宣传教育工作先进集体和晋城市依法行政十佳单位。

价格监测

发布蔬菜、农资、猪粮比等10大类108种商品价格日常监测报告348期，采集价格数据6300余个。发布粮油副食品、生猪价格应急监测报告720期，采集价格数据79 500余个。上报省物价局各类价格监测数据8713个，上报率和准确率均达到100%。

价格监督

开展煤焦领域清费治乱、食盐市场价格、医药卫生服务价格，银行业金融机构免除部分服务收费政策执行情况，房地产交易收费、酒店旅游景区价格、教育收费等专项检查，共查处价格违法案件247件，价格违法总金额749.51万元，实施经济制裁总金额704.63万元（其中：退还用户31.66万元，没收违法所得661.54万元，罚款11.43万元）。追缴煤炭专项基金和水资费700万元。在元旦、春节、五一、国庆等重大节假日，重点对粮油、肉、禽、蛋、菜、奶、农产品等重要食品价格，液化气、成品油等民用能源价格，景点门票价格，以及商场超市、宾馆酒店等经营场所明码标价情况开展价格巡查，共出动检查人员560人次，发放宣传资料11 280份，检查256家经营单位或个人，下发提醒告诫书48份，依法处罚8家经营单位。

案件查处

全市物价部门共受理价格咨询投诉案件535件(其中价格咨询432件),立案查处103件,实施经济制裁总金额78.38万元(其中:没收违法所得3.17万元,退还消费者73.06万元,罚款2.15万元)。5月,对群众举报较多的物业服务收费进行集中整治,共检查市区物业公司14家,纠正其不合理收费行为。

价格改革

整合皇城相府和珏山、青莲寺、太极湖景区的门票价格,珏山、青莲寺、太极湖三景区实行门票联票经营。将晋城—青岛、晋城—邯郸等13条线路客运票价调整到省定标准。在阳城县建立出租汽车运价油价联动机制,在不适宜调整运价的条件下,价外收取燃油附加费,每车次1元。

价格管理

建立商品房销售价格备案制度,要求开发商销售商品房必须实行“一套一标价”和“一价清”制度。对住宅建设规划区内的车库(车位)、高层住宅小区的前期物业收费行为进行规范。高平市对物业收费实行“菜单式”管理,出台《住宅物业收费登记标准的通知》。上调廉租户货币补贴标准,每人每月每平方米上调2元,每人全年可领取1440元,多领取补贴360元,每户全年最多可领取4800元,多领取1200元。金驹煤电化股份有限公司、兰花大宁发电有限公司等10家发电企业上网电价由0.38元/千瓦时提高为0.509元,为煤层气发电企业年增加效益约1.8亿元。开展收费许可证、经营性服务收费登记证年审和换发新证工作。实行收费许可证、经营性服务收费登记证与收费批准文件相对照,收费票据与收费许可证、经营性服务收费登记证相对照,收费票据与财务报表、账簿相对照,收费票据与收费相关资料相对照,收费票据与票据购领证相对照的“五对照”制度。

价格认证

全市各级价格认证中心共受理刑事、民事、行政等各类价格鉴证事项1864件,鉴证金额达3.5亿元,其中市价格认证中心价格鉴证363件,鉴证金额达1.3亿元。

价格宣传

市物价局编撰《晋城物价》78期,编辑《晋城市场与物价》双月刊6期,刊登文章33篇,转载各类政策、文章90多篇,发布各类价格信息100多条次。在市广播电台开办《物价与民生》栏目,每周四上午10点至11点播出,全方位宣传价格法律法规和价格政策。

2012年工作

2012年，全市居民消费价格总指数（CPI）为102.4%，低于2011年同期2.5个百分点，分别低于全省和全国平均水平0.1和0.2个百分点，完成年初市政府确定的市场物价总水平涨幅不超过4%的工作目标。运用359万元价调基金对粮油肉菜实行优惠供应，稳定春节市场物价。争取省级价调基金545万元，扶持9家生猪、蛋鸡养殖和蔬菜种植企业，扩大企业生产规模；对市区供水、供热、供气、公共交通补贴等公用事业支出实行补贴。

价格监测

共采报各类价格监测数据7万余条，在市级主要媒体第一时间发布相关价格监测信息435期。

价格服务

完成小麦、生猪等9项农本调查，为农民种植、销售提供科学依据。通过“12358”价格举报电话，为民解答价格问题608件。

案件查处

开展教育、医疗、旅游、涉农、涉煤收费等专项检查，共查处价格违法案件218件，实施经济制裁总金额815.98万元；查处“12358”价格举报案件66件，退还消费者金额77万元。

价格改革

全市首批涉及公立医院改革的3个县（市）取得阶段性成效。沁水县实行药品零差率，取消药品加成；阳城县对50种单病种实施限价管理；高平市提高诊查费、护理费等体现医护人员技术劳务价值的收费项目，降低大型设备检查、检验费等体现政府办医公益性质的收费项目。在全市稳妥实行居民阶梯式电价政策，对高平等4个县（市）现行的行政事业、工业、经营服务用水和建筑用水价格统一执行非居民生活用水价格。对申请整个供暖季不用热的居民用户，暂不收取基本热费。

价格管理

实施商品房销（预）售价格申报备案制度、商品房“一价清”制度、商品房“一套一标价”等三项制度，将已经备案的商品房价格在“晋城价格信息网”上公示。对管理的225项行政事业性收费项目上万个收费标准进行梳理规范。停收涉及13个部门经营服务性收费25项，降低涉及24个部门经营性服务收费标准37项，年可减轻企业和居民负担近4000万元。做好煤炭价格稽查工作，全年共征收煤炭稽查管理费395万元。

价格认证

全年共完成各类价格鉴证、认证业务1517起,认证金额28895万元。

(市物价局)

工商行政管理

2011年工作

2011年，全市企业总数达到17 815户，其中，私营企业10 808户；个体工商户50 785户；农民专业合作社2192户。同比分别增长9.4%、12.6%、15.7%和29.6%，增幅均超过全省平均水平。

市场主体登记

简化煤矿企业整合重组后的登记注册手续，为企业提供便利。全市煤炭企业由原来的385家重组整合为129家，45家办理营业执照，84家办理企业名称预先核准。通过股权出质、动产抵押、商标出质、信用贷款等投融资平台，帮助中小企业、个体工商户融资9.25亿元。全面推行网上年检，全市应参加年检企业13 679户，通过年检企业12 584户，年检率为92%。

商标注册

组织参加第五届山西品牌节，围绕“品牌战略与转型发展”主题，全市40家驰名、著名、重点培育商标企业参加展出，市工商局被省工商局授予第五届品牌节“综合优秀奖”、“优秀组织奖”、“优秀主题日活动奖”。全年新增注册商标340件，认定省著名商标17件，全市注册商标总量由2005年的160件增加到2148件，有效山西省著名商标78件。“兴晋钢”牌商标被国家工商总局认定为中国驰名商标，全市中国驰名商标达到3件。沁水县制定出台《关于实施商标战略推进品牌兴县的实施意见》，将驰名、著名商标的奖励资金分别提高到50万元和20万元，每年安排资金20万元用于商标注册和宣传工作。高平、阳城工商局开展广告助农活动，为涉农企业的特色产品进行免费宣传，提升品牌竞争力。

市场监管

全市工商系统办理各类案件3196件，创新推行3项食品安全长效监管机制。加强流通环节食品安全整治，开展食品添加剂、地沟油等八大专项执法行动，查处假冒伪劣食品案件346件。严把食品经营主体市场准入关，全年办理食品流通许可证8371户，占各类食品经营主体的91%。投资40多万元，为全市560户食品批发户、超市和商场安装食品电子台账监管系统，实现流通环节食品安全电子监管系统全覆盖。对全市150家食品批发户1000余辆食

品配送车进行登记备案。在全市所有食品批发、零售户中推行“一票通”,明确食品流向渠道。阳城县工商局积极探索食品经营户信用分类监管,实现市场监管和社会管理工作的有机结合,以及流通环节食品安全网格化监管的做法得到省工商局肯定。开展“双打”专项行动,查处各类制售假冒伪劣案件247起,案值达60余万元。查处不正当竞争案件和限制竞争案件30起,商业贿赂案件6件。加大广告市场监管力度,查处案件309件。全市6县(市、区)的85个社区、2185个行政村全部开展创建“无传销社区、无传销村镇、无传销院校”活动,严厉打击传销行为。开展查处取缔无照经营专项执法行动,立案查处377起,规范办照459户,取缔406户。打击合同欺诈行为,查处案件79件。泽州县工商局获“山西省工商行政管理系统依法行政示范单位”称号。

队伍建设

全年举办业务知识培训70余期。组织开展案卷评查工作,各级法制机构核审案件2884件,评查一般程序案件37件。继续开展“办案能手”评选活动,10人被授予“全市工商行政管理系统办案能手”称号,10人被授予“全市工商行政管理系统优秀法制员”称号。

消费者权益保护

建立消保科、消费者协会、12315消费者申诉举报中心“三位一体”工作联动机制。推进12315“五进”规范化建设和“一会两站”建设,全市建立“消费维权服务站”444个,实行12315全市统一受理、分级处置机制,实现12315热线全天候服务,全市工商部门和消费者协会受理消费者申诉、投诉、举报4172条,有效调解1000条,为消费者挽回经济损失123万元。全力打造12315优质服务平台,通过当地媒介渠道,进行“消费提示”、“消费警示”,引导消费者健康、安全消费,向消费者发布各类消费提示33次。陵川县工商局通过12315流动维权车,为消费者提供零距离流动维权服务。

信用体系建设

完成晋城市信用体系建设联合征信系统升级改造工作,成员单位增加到11家。“网上登记、网上年检、网上办案”目标基本实现,录入各类信用信息10.63万条,锁定解锁企业信息70 862户次。在全省率先建立晋城市市场中介组织信用信息网。根据全市工程建设领域突出问题专项治理工作需要,在晋城红盾信息网上增设工程建设领域项目信息和信用信息公开共享专栏。通过晋城红盾信息网,及时发布市场监管、服务发展、消费维权、依法行政、队伍建设等方面的工作动态与服务信息。12月29日,晋城红盾信息网被评为“晋城市2011年十佳网站”。

非公经济组织党建工作

4月7日，晋城市委常委会议研究决定，成立“中共晋城市非公有制经济组织工作委员会”，在全省系统率先成立市级非公工委。年底，6个县（市、区）全部挂牌成立非公工委。51户非公企业组建中共党组织，全市非公企业组建中共党组织数量达到424户。全市个体工商户组建中共党组织数量达到144个。工商系统向非公企业派驻党建指导员27名。

2012年工作

2012年，全市企业总数达到19877户，其中内资企业4785户，私营企业12 039户，农民专业合作社3053户，增幅均高于全省平均水平。

市场主体登记

落实《山西省人民政府办公厅关于发挥工商职能作用促进创业就业的实施意见》和《个体工商户条例》，放宽行业限制、出资登记、主体登记、名称核准、经营范围核定、场所登记、集团登记。优化企业登记流程，重点就审批时限、办事流程、执法办案程序和自由裁量权等进行认真梳理，合并审批事项6项，缩减办事流程1项，户外广告登记审批时限由12天缩短到3天。市工商局注册资本100万元以下的企业登记权限下放到城区工商分局，个体工商户营业执照和个体工商户《食品流通许可证》审批发放权下放到基层工商所，最大限度方便企业和群众就近办事。

市场服务

一是大力支持小微企业发展，发挥其在推进全民创业、吸纳劳动力就业等方面的作用。为小微企业减免费用约26万元。开展股权出质登记和股权出资登记工作，帮助企业办理股权出质登记18户，股权出质额14 110万元，担保债权总额27 607.43万元。二是鼓励、扶持下岗失业人员、高校毕业生、残疾人员、退役军人和返乡农民工创办个体工商户，开辟“绿色通道”，优先为其办理注册登记。落实优惠政策，自其在工商部门首次登记之日起，3年内免收个体工商户注册登记类和证照类费用，扶持其创业就业。为享受规费减免的创业者办理个体户营业执照占符合减免政策条件申请人的比例达到100%。三是主动介入国有、集体企业的改组改制工作，为国有企业公司制改造、结构性调整、布局性重组、组建企业集团等提供政策支持和登记服务。四是做好服务“三农”工作，推进“经济组织强农”工程，培育农村市场主体发展，设立农民专业合作社登记绿色通道。新登记农民专业合作社824户，全市各类农民专业合作社总数达到3053户，出资总额超过22亿元。

市场监管

开展食品安全专项执法行动,查办食品安全案件315件。严把食品经营主体市场准入关,全年办理食品流通许可证10 835户。在全省率先推进食品安全电子监管长效机制建设,确保食品批发企业、大中型超市能够正确使用“食品安全电子监管软件”。对全市503家食品批发户、1278辆食品配送车、10 000余种产品进行登记备案。开展“双打”专项行动,查处各类制售假冒伪劣案件97起,案值达43万余元,罚款金额37万余元。查处不正当竞争案件9起,商业贿赂案件2件。继续加大广告市场监管,查处案件193件。开展查处取缔无照经营专项执法行动,立案查处562起,规范办照771户,取缔25户。打击合同欺诈行为,查处案件40件。

队伍建设

全年举办业务知识培训16期。各级法制机构核审案件2297件。开展全市工商系统办案能手考试,取消9人办案能手称号,9人新获“全省工商行政管理系统办案能手”称号。

消费者权益保护

全系统共受理消费者咨询、申诉、举报3434件,为消费者挽回经济损失162.3万元。通过太行日报、晋城在线、晋城人民广播电台、晋城红盾网等媒体,向消费者发布各类消费提示15次。

非公经济组织党建工作

全市共有正常开展经营活动的非公企业8034户,共组建非公党组织564个,其中,单独组建党组织194个,联合组建党组织370个。市非公经济组织工委办公室配齐工作人员,各基层工商所全部成立非公党建工作指导站,省、市、县、所四级机构网络全面贯通。创办“晋城非公经济组织党建网”,组织非公党建指导员进企业宣讲、解读。

(市工商局)

质量技术监督

2011年工作

2011年，市质量技术监督局围绕“恪尽职守抓落实、提升质量促发展”的工作思路，坚持引导推动和强化监管相结合，质监工作迈上新台阶。市质量技术监督局继续两年获“省级文明和谐单位”称号，被省质量技术监督局授予“特种设备安全生产专项整治先进单位”称号；被市委、市政府授予“完成安全生产工作目标先进单位”、“政风行风评议先进单位”、“红旗党组织”、“先进基层工会”等称号。

质量工作

完成全市宏观质量状况分析报告。4月29日，召开全市质量工作会议，市政府与省质监局签订《关于促进晋城转型跨越发展，推进新型能源和工业基地建设合作备忘录》。组织8家企业参加山西省质量奖评选，山西兰花科创股份有限公司入围全省10家重点企业。加大质量信誉等级企业奖励力度，奖励城区质监分局、泽州县质监局经费64万元。

食品监督

全市质监系统履行食品监管职能，推进食品安全监管工作，做到“六个严格”。一是严格落实领导“一岗双责”责任制和监管人员责任制。各级各单位成立安委会，食品安全监管人员，达到63人，落实食品安全监管经费110万元。二是严格实施市场准入、隐患排查、责任事故约谈等制度。为59家食品生产企业换发食品生产许可证。三是严格开展专项整治，突出乳制品、肉制品、酒类、食用油、食醋、食品添加剂六类重点产品，督促企业提高安全生产管理水平。撤销2家乳制品企业的生产许可证，实施三聚氰胺风险监测抽样89批次，均检测合格，其他食品生产企业未发现重大违规行为。四是严格落实企业主体责任落实，《食品安全承诺书》签订率达到100%。全年举办培训班23期，培训食品监管部门负责人和监管人员130人次，企业负责人和从业人员216人次。率先在全省推行“食品安全走进企业大讲堂”，主动上门办讲座、搞服务，及时宣传食品法律法规和新标准。五是严格监督抽检和突发事件处置。提高抽检频次，扩大抽检范围，全年巡查企业624家次。1月23日，晋城市牛牛乳业有限公司擅自违法生产低劣乳制品事件发生后，市质量技术监督局出动执法人员及时进行处置。六是严格逐级督导检查制度。制订《督查方案》、《监督检查计划》、《食品监管

明察暗访制度》,对县级局和食品生产企业督查8次,对发现的问题提出整改和处理意见。

特种设备监察

一是推行法定代表人承诺制,督促企业落实安全生产主体责任。全市993家特种设备生产使用单位全部签订《安全生产承诺书》。二是以深化专项整治为载体,加强监管惩处。开展特种设备安全大检查、"两会"期间安全检查、煤气发生炉安全检查、"中博会"期间安全保障、"打非"专项行动和特种设备安全百日行动等专项治理。三是建成山西省(晋城)城市车用气瓶监督检验中心,6月投入运行。四是组织实施应急救援演练。开展安全事故应急救援演练9次,内容包括客运索道断电停运、高压储气井泄露、锅炉缺水事故等。五是特种设备安全管理标准化试点建设取得成效。完成16家特种设备安全管理标准化试点单位的创建工作。六是开展科技兴安试点工作。4月19日,市质量技术监督局向市政府提交《关于建立车用气瓶电子标签动态监管系统和推行电梯黑匣子安全预警系统的请示》,受到市政府的重视,并拨付资金45万元,用于推进车用气瓶电子标签动态监管系统建设,封闭运行后未粘贴电子标签的车辆将无法加气,逐步淘汰不符合安全技术条件的车用气瓶。

标准化工作

4月1日,召开晋城市国家级循环经济标准化试点城市建设动员大会。9月,国标委、国家发改委专家组对晋城市循环经济标准化体系和试点推进工作进行调研。规范农业标准化示范项目建设,编制示范项目任务书,督促示范区按计划实施。10月,泽州黄小米种植标准化示范区、沁水虹鳟鱼养殖标准化示范区两个省级农业标准化示范项目和泽州国家级山楂栽培与加工标准化示范项目,通过省质监局农业标准化示范区检查验收考核组验收。6月1日,由沁水蓝焰煤层气公司负责起草的国家标准《车用压缩煤层气》发布实施,11月1日,国家标准《民用压缩煤层气(煤矿瓦斯)》发布实施,填补中国煤层气产业无国家标准的空白。10月25日,山西铭石煤层气贮运物流服务标准化,通过省质监局验收。11月,珏山旅游景区被国标委确立为国家级旅游服务标准化试点。

计量工作

在中小企业开展计量保证能力评价工作,提高计量检测能力。晋煤集团金鼎股份有限公司、王台科工贸公司等企业生产车间计量室获得认证。对市热力公司、煤炭高新计量检定站等16家建标单位进行证后监督检查,对部分单位不符合项要求其限期整改,规范建标单位检定行为。开展煤矿等行业安全计量专项监督检查,对全市40家煤矿、3家石油石化企业、16家化工企业、9家加气站、6家冶金企业进行监督检查。共检查安全防护类在用计量器具3499台件,其中具有有效期内检定证书的计量器具3398台件,抽查合格率为97%。

认证认可工作

认证认可工作以证后监管为重点，审核列入监督评审计划的实验室24家，对10家获证实验室进行专项监督检查。组织150余人参加省质监局举办的培训，提升实验室的检测能力和水平。组织30多家企业召开座谈会，发放宣传单2200余份。加强对涉农3C产品、儿童玩具、安全玻璃、低压电器等产品的专项监督检查，12家3C企业全部巡查整改。启用两个网上信息报送系统，提高信息化水平。

打假工作

开展“3·15”、“农资打假下乡”、“清新居室百日行动”、“双打”等活动，全市质监系统共出动执法人员2630人次，检查生产经销单位535家，查处案件64起。12365投诉举报中心共接听有效电话268个。开展对农用产品、建材、能源产品、食品以及其他与消费者健康相关的日用消费品等7大类产品共计25类商品的质量监督检查工作。地方产品质量监督抽检产品108个批次，合格率达100%。监督检查商品企业448个，检验商品批次916批次，合格909个批次，批次合格率为99.2%。对493家企业生产、经销的1222个批次产品进行监督抽查，合格1215批次，批次合格率为99.4%。

检测手段

市检测所、泽州县检测所被省质监局确定为省级检验检测机构能力建设示范单位。市检测所更新温湿场校准装置、真空干燥箱、原子吸收仪等设备，通过国家实验室认可评审。质检总局准许市特检所从事蒸发量每小时小于20吨的蒸汽锅炉和额定热功率小于14兆瓦的热水锅炉的能效测试，是山西省唯一一家通过审查验收的地市级特检机构；气瓶和球形储罐检验两个新增项目，通过质检总局核准，晋城市特种设备检验水平走在全省前列。

2012年工作

2012年，晋城市顺利通过国家循环经济标准化试点城市建设中期评估，循环经济标准体系涵盖六大支柱产业各个环节。市政府设立“市长质量奖”，奖励经费由市财政统一安排。市质监局被省质监局表彰为“2006—2011年度全省质量技术监督工作先进集体”，被市政府表彰为“安全生产先进单位”；市质监局、泽州县质监局、阳城县质监局被省文明委表彰为“2010—2011年省级文明和谐单位”，全市质监系统被市文明委表彰为“2010—2011年度精神文明建设文明行业”。

质量工作

召开全市宣传贯彻落实《质量发展纲要》工作会议和专题座谈会,明确责任部门。9月8日,市政府第十八次常务会议讨论通过《晋城市政府市长质量奖管理办法》。在全市开展"质量兴县"和"质量兴企"活动,申报山西省名牌企业10家,申报质量信誉企业35家。完成《2011年晋城产品质量状况分析报告》、《煤化工行业质量状况分析报告》。

食品监督

组织开展元旦、春节食品安全大检查,非法使用工业明胶加工食品彻查严打,中秋、国庆两节专项检查,食品生产加工领域安全隐患风险大排查等整治活动,全市质监系统出动执法人员1200余人次,检查食品生产加工企业(包括食品生产小作坊)690余家次,未发现食品生产加工企业存在重大的食品安全问题。层层签订食品安全监管工作目标责任书,在监管上做到"六个落实"(即落实监管机构、监管人员、分管领导、监管经费、办公场所和监管职责)。推广晋中市试点工作经验,将食品科、稽查分局、检测所51名工作人员列入食品安全监管网格化中,形成食品安全监管、稽查、检测三位一体的大格局。严把市场准入关,受理食品生产许可共29家,现场核查28家,未发生一起超期办理情况。4月,对7个县(市、区)局(分局)食品安全监管工作进行督查,对20个食品生产加工企业进行落实质量安全主体责任监督检查,共发现企业存在问题300余条,全部责令企业进行整改。

特种设备监察

组织开展冶金行业起重机械专项治理、气瓶"两站"专项治理、煤化工企业在用压力管道普查建档、"两节"期间保障大型游乐设施和电梯安全等活动。联合市教育局、市安监局开展学校在用特种设备安全隐患大排查和煤气发生炉安全大检查。共出动执法车辆1096辆次、执法人员3643人次。对1139家特种设备进行排查,共涉及各类特种设备11 316台(不含压力管道和气瓶),共发现安全隐患1343项,1205项整改到位。组织全市1158家特种设备单位签订全省统一的《特种设备使用单位安全主体责任承诺书》,制定应急救援预案并定期组织演练。推行特种设备使用单位安全管理标准化,建成16家试点单位。车用气瓶电子标签动态监管系统运行顺利,全市6050余只车用气瓶粘贴电子标签;加快特种设备作业人员考试基地建设,实现理论考试机考化和实践考试模拟化。

标准化工作

编制《晋城市循环经济标准化试点建设工作指南》,10月通过循环经济标准化试点市的中期评估;建立晋城市循环经济标准信息平台,开设政策法规、标准公告、标准体系建设、标准库等栏目,循环经济相关标准可免费查询下载。确定高平食用菌工厂、泽州省级万吨食

用菌、泽州县小庙岭种猪场、阳城县无公害谷子4个示范区为省级农业标准化示范区；《煤层气废弃井处置指南》通过煤标委审查，《煤层气术语》编制完毕；联合中国石油大学，完成4个行业标准编制工作。山西蓝焰煤层气集团有限责任公司通过省级标准化良好行为试点企业确认审查；启动珏山旅游景区国家级旅游服务标准化试点工作，完成《山西省珏山风景名胜区旅游服务规范》地方标准的草稿编制。

计量工作

开展电子计价秤专项整治行动和加油机防作弊监督检查，共检查50家集贸市场、25家大超市、230家商店的1200多台计量器具，检查全市181家加油站在用加油机627台，查处在用加油机无防作弊功能加油机12台、未启动防作弊功能加油机65台。开展计量知识下乡、农资计量维权、开放计量检定机构等活动，形成“以经营者自我承诺为主、政府部门推动为辅、社会各界监督”的三位一体诚信计量运行机制。加强能源计量工作，在4家水泥企业开展能效对标工作。开展能源计量达标行动，全市50家重点用能单位全部达到国家和省能源计量规定的要求。对在用的特种设备使用的安全类防护工作计量器具开展专项监督检查，23家企业组织自查，检查全防护用强检计量器具18 000台件，现场抽查企业8家，抽查400台(件)，抽查合格率达90%。受理6家计量建标许可申请，受理考核计量标准(含复查)申请19项，开展21家计量检定机构检定工作监督检查。强化商品量计量监管，监督检查、检测农资、食品等50家企业40类1200批次产品的定量包装和过度包装。

认证认可工作

继续组织开展管理体系认证监督检查，监督检查管理体系认证企业20余家。对山西彤康食品有限公司等11家食品农产品认证企业进行食品农产品认证监督检查。继续加强获证实验室资质认定管理工作，重点对机动车检测机构进行日常监督检查；对48家获证实验室的证书有效性及能力、体系是否持续有效的情况进行重点梳理检查，对12家实验室资质认定机构的档案进行更新；收缴3家获证机构超期的证书和CMA印章。组织35个实验室50余人参加省质监局组织的实验室内审员培训。

打假工作

组织开展“双打”、重点农资、建材产品专项执法打假、“质检利剑行动”、依法整治非法超限超载百日专项行动等专项执法检查10余次。出动执法人员2037人次，检查生产经销单位703家，查处案件10起，查获违法货值20.41万元。12365接听有效电话357个，受理投诉47起，处理完毕43起。开展“3·15”消费者权益保护日等专题活动，发放宣传资料30 000余份(册)，接受质量咨询300次、免费检测计量器具515台(件)，接受群众咨询2000人次，受

理举报6起。开展农用产品、建材、能源产品、食品及日用消费品等35类428家企业的产(商)品质量监督检查,共抽检产(商)品922个批次,合格915个批次,批次合格率为99%。

检测手段

国家煤层气质检中心筹建取得实质性进展,办理规划设计条件通知书、建设项目选址意见书、规划意向图、建设项目环境影响报告、建设项目用地预审、地质灾害危险性评估报告等相关手续,并通过可行性研究论证。山西省(晋城)城市车用气瓶监督检验中心气瓶检验等增项资质核准通过,累计检验5964只,检出报废气瓶51只,合格气瓶全部发放电子标签。市检测所投资150万余元进行检测设备购置和实验室硬件改善,建立石油产品检测室,5项计量标准通过复查考核,新增原子吸收仪和氧气吸入器2项计量标准。市特检所新增仪器设备10台,检验检测设备达到197台(套)。热工测试工作全面开展,测试锅炉能效11台。

(市技术监督局)

盐政管理

2011年工作

2011年，共组织开展食盐安全日常检查8次，专项检查4次，出动执法人员1468人次，检查乡镇198个次、村庄480个次，食盐零售点853家，饭店350家，学校食堂60个次，食品加工单位38家，奶牛养殖生态园1家，发放各类宣传资料6000余份。查获私盐5.26吨，没收私盐0.89吨，假标、假袋各2000个，查处涉盐案件3起，收缴罚金3900元，没收盐产品变价款445元。

创建食盐安全示范村

继续在全市开展“食盐安全示范村”创建活动，共创建食盐安全示范村26个，食盐安全协议单位（学校）4所，发放食盐80.775吨，全部为营养系列盐，价值216 647元。惠及人口29 400余人，人均3.03公斤。

私盐惯犯常永庆案

4月19日23时，高平市神农镇派出所、高平市工商局执法人员在长晋二级公路团池段检查时，查获一辆满载食盐的三轮车，现场查看其运输食盐的相关手续，货主和承运人均没有食盐运输许可证，执法人员随即将车辆扣留至高平市工商局，并通知高平市盐政管理站。4月20日晨，市盐务分局接到信息后立即派盐政人员赶往高平市工商局，扣押私盐及运输车辆，并将货主和承运人带至高平市盐政管理站进行询问。经询问，贩运私盐的货主常永庆系高平市原村乡常庄村人，2001年因贩销私盐被处以劳动教养1年。4月19日下午，常雇用高平市原村乡交河村人张麦财，驾驶三轮车到长治市长子县盐业公司，购进500克硒强化营养盐4吨，准备贩运至高平市销售，在返回途中被查获。该起跨区域贩销私盐案件，共查获500克硒强化营养盐4吨，假标2000枚，假袋2000个，运输私盐的农用三轮车1辆，打掉长期在高平市辖区销售私盐的窝点。

东上村个体户销售工业盐牛肉丸案

6月16日，市盐务分局联合工商、食品药品监督部门对东上村个体加工销售牛肉丸使用非碘盐的行为依法进行检查。通过现场勘查、取证、讯问笔录，对现场查获使用盐进行半定量测试，确认为无碘工业盐。随后，在其住所发现工业精盐40公斤（散装，产地为河南平顶

山小神鹰盐业公司,包装上印有明显的“严禁食用”字样)和河南焦作500克小包装盐26袋13公斤。对当事人买枝花作出依法没收全部盐产品,责令其改正经营行为和罚款400元的处罚决定。

宣传活动

3月15日,围绕“消费与服务”主题,开展形式多样的宣传活动。设立相关法律法规和多品种营养盐咨询台,发放食盐知识宣传单,对照实物向群众详细讲解真假食盐的识别方法,在《太行日报》刊登关于《食用碘盐消除碘缺乏病危害和维护食盐专营市场》公告。5月15日,围绕“坚持科学补碘,预防碘缺乏病”主题开展宣传活动。现场接待消费者咨询800多人次,发放食盐法律法规宣传单、多品种营养盐宣传单5800余份。

质量检测

盐业公司共调入盐产品3750吨,134个车次,抽检25份盐样,公路直调盐未发生质量问题。3月28日,对沁水县胡底乡李庄村、贾寨村,郑庄镇北庙沟村、孔必村,十里乡孝良村、上泊村,龙港镇南沟村、柿元村,苏庄乡当处庄村、董家山村进行居民户食用盐入户抽检,采集盐样100份,现场进行半定量测试。检测结果非碘盐率0%,碘盐覆盖率100%,碘盐合格率98%,合格碘盐食用率98%。6月9日,对城区二圣头村、回军村、晓庄村、钟家庄村、西上庄村、白水村、泽州县金村、铺头村、凤凰山村、霍秀村进行居民户食用盐入户抽检。发现二圣头、回军、钟家庄等村用户大部分用的是400克的纸塑包装盐,晓庄、西上庄等村用的是500克的绿标加碘盐,也有一部分用户使用硒盐。晓庄村发现一户使用散装袋盐,当场半定量检测无碘,属于私盐。质检人员对其进行说服教育,并劝其到正规超市购买盐业公司销售的合格盐。采集盐样100份,碘盐覆盖率99%,碘盐合格率100%,合格碘盐食用率99%,非碘盐率1%。9月7日,对高平市永录村、晁山村、东沙村、董寨村、南李村进行居民户食用盐入户抽检。用户全部使用高平盐业公司销售的500克袋装硒盐,未发现私盐、散装盐。采集盐样100份,碘盐覆盖率100%,碘盐合格率100%,合格碘盐食用率100%,非碘盐率为0%。

平息市民抢购风潮

3月17日8时,受日本地震引发海啸所产生的影响,一些不明真相的群众听信谣言,在市区各大小超市、批零店出现抢购食盐现象,导致部分零售网点断档脱销,随后盐业分公司食盐专营店也开始排队购盐,购盐者不断增加。市盐务分局迅速与盐业分公司沟通,由盐业分公司组织人员在食盐专营店和孟匠仓库销售食盐。盐务分局第一时间编写公告,立即向市政府信息中心、市电视台、太行日报、市消协提供公告内容,借助媒体提醒广大市民不要听信谣言,跟风抢购。9时许,分局不断接到群众举报,称在市区有个别零售商户借机哄

抬食盐价格。盐政人员迅速赶赴现场，在泽州路、书院街、古矿新区等地段的33家批零超市进行检查，其中5家超市私抬盐价，及时给予纠正，当场要求零售商将多收的盐款退还给消费者，并向购买食盐的群众做出“食盐价格不会涨，盐业公司货源储备充足，不会脱档”的承诺。14时许，市盐务分局向市政府汇报当前出现的抢购食盐情况和采取的应急措施。市政府组织市盐务局、市盐业公司、市商务局、市工商局等部门，及市电视台、太行日报社等新闻媒体，召开关于“市民抢购食盐专项工作部署”会议，明确提出四点要求：一、盐业公司要保证货源供应充足，及时调运食盐，不脱销不断档；二、要确保食盐市场价格稳定；三、盐务部门会同商务、物价、公安、工商等有关部门对不法商贩哄抬盐价、囤积居奇、购销私假盐的行为进行严厉打击；四、各新闻媒体要加强宣传报道，及时进行辟谣。盐务分局联系各县盐业公司、盐政站，了解市场销售及广大群众来电咨询情况，及时掌握市场动态。各县盐业公司采取市民限购食盐办法，遏制哄抬物价行为。市盐业公司在食盐专营店及两个超市销售食盐，对消费者提出的相关问题予以解答。在市区范围内主要街道、居民生活小区、各大小超市、移动营业厅、联通营业厅、银行、农贸市场、蔬菜市场等人群密集区张贴公告。18日8时，前往盐业公司专营店购买食盐的市民明显减少，10时左右基本没有排队现象，市民不再抢购食盐。盐务分局继续在全市范围内开展检查、张贴公告，实时监控市场动态。18至20日，对市区17条主要街道，10个居民生活小区，4个矿区，35家大中型超市等人群密集区进行摸排，共张贴公告700余份。17日抢购期间，全市销售食用盐约592吨，是平时的20多倍，18日销售食用盐约246吨，是平时的8倍，19日销售趋于正常，抢购食盐现象基本得到平息，公司配送人员陆续将食盐送往各零售网点，至此抢购风波完全得到平息。

2012年工作

2012年5月15日开始，开展为期2个月的“三查二打一配送”专项整治行动，共检查盐业市场6次，出动执法人员131人次，执法车辆35辆次，检查超市、店铺238家，餐饮服务125家，农贸市场10个，查获涉盐违法案件5起，没收盐产品877公斤，收缴罚款3200元。查处贩销长治精盐案2起，查获贩运精盐车辆1台。

OMG配方盐案

晋城盐务分局查处晋城市益博尔商贸有限公司OMG配方盐案，益博尔商贸有限公司不服处罚决定，于5月28日向晋城市中级人民法院提起上诉。7月3日，晋城市中级人民法院对OMG配方盐案进行开庭审理，法院认为双方争议集中在对配方盐中氯化钠含量的测定

上,决定报由高级人民法院进行司法鉴定。11月8日得到检测结果:OMG配方盐幼童型盐氯化钠含量86.40%;OMG配方盐孕妇其他人群型盐氯化钠含量85.23%,均超过《山西省食盐管理条例》所规定的盐产品中氯化钠的含量,证明OMG配方盐属于盐产品。

规范购盐渠道

6月5日,晋城盐务分局、市食药监局、工商局、教育局、质检局、住建局联合下发《关于进一步规范食品生产流通及餐饮服务单位购盐渠道的通知》,要求8月初至9月底,在全市各食品生产企业、流通企业、餐饮服务单位以及各类学校、建筑工地食堂,开展为期两个月的规范食盐购进渠道专项活动,规范食盐购进渠道。市食安委牵头成立食盐市场专项整治行动领导组,成员有市食安办、市盐业分公司等家单位。共出动检查人数378人次,车辆120台次,检查单位813家,其中食品生产企业4家,餐饮酒店94家,超市120家,批发市场15个,小商店270个,小吃店57个,醋厂4个,便利店22个,调味店35个,粮油店17个,早点摊138个,学校食堂30家,单位建筑工地食堂7家。13家门店有销售私盐行为,查扣私盐1.125吨;10家个体经营户使用不合格食盐,查扣工业盐170公斤、河南精盐28.4公斤、贩销私盐车辆1台。

市场整体状况

全市盐业市场整体情况良好,销售劣质盐、无碘盐行为基本消除。年初盐业公司不再出售500克精制盐,开始推广新品种低钠盐,低钠盐与精制盐相比,价格高、分量少,致使消费者出现抢购精制盐现象,个别超市趁机私自抬高精制盐零售价。本地各商店库存精制盐销售完毕后,长治精制盐倾销至本市。对此,盐务分局采取措施在城区、泽州县、高平市、陵川县持续不断开展食盐市场检查,主要是控制精制盐价格及查没外地精制盐。以城乡结合部、农村、居民生活小区为主,对小作坊、小摊点、小餐饮、小食品、饭店、集贸市场,挨门逐店进行检查,并将检查的时间、地点、门店名称、集贸市场的检查情况详细登记。共开展检查15次,检查超市、门市部270家,饭店、路边小摊点456家,纠正超市抬高盐价行为5家,查处销售长治精制盐超市16家,没收盐产品0.91吨。

创建食盐安全示范村

按照村民健康用盐意识强,自觉抵制私盐,不购买私盐;全村碘盐覆盖率、合格率、合格碘盐食用率"三率"100%达标;村里办理"食盐零售许可证"的放心碘盐专营店达到2~3家,不得购销假冒伪劣食用盐等创建标准,全市创建食盐安全示范村29个,发放食盐50.25吨,价值165 825元,惠及人口16 269人,人均3.08公斤。

质量检测

晋城盐务分局对新标准生产的碘盐和之前生产的碘盐分别取样，按照新旧检测标准进行检测，共取样23份，按旧标准检测8份，新标准检测15份，大部分为江苏瑞丰来盐，小部分为湖北孝感来盐，经定量检测碘含量达100%，符合国家标准。开展居民用户食用盐抽检，在城区、高平市、阳城县、泽州县分别取样100份，经检测，碘盐覆盖率达99.75%，碘盐合格率达99.75%，合格碘盐食用率达99.5%，整体情况良好。

宣传活动

在“3·15消费者权益日”和“5·15防治碘缺乏病日”，围绕“科学补碘，健康一生”主题进行宣传。现场接待消费者咨询600多人次，发放食盐法律法规宣传单、多品种营养盐宣传单2400余份。

（市盐务局）

事业单位登记管理

2011年工作

2011年，开展2010年度事业单位法人证书检验，全市年检事业单位1655家，检验合格1561家，年检合格率94%。登记事业单位56家，变更登记732项，注销登记4家。按照“一户一档”建档要求，分户分类分件对登记档案进行整理，面向社会提供咨询、查询服务。

2012年工作

2012年，市事业单位登记管理局将市直事业单位法人年检与办理组织机构代码证相结合，统一在市政务大厅办理，严格执行首问责任制、一次性告知制、限时办结制以及服务承诺制，全年年检430家，合格427家，合格率为99.07%。设立登记29家，变更登记201项，注销登记2家。

试点工作

7月27日，全省事业单位法人治理结构试点工作推进会召开后，出台《晋城市事业单位法人治理结构建设试点实施方案》，全市共选择试点单位15个，其中市直事业单位2个，各县（市、区）事业单位13个，开展法人治理结构试点工作。至年底，所有试点单位的《事业单位法人治理结构建设试点工作方案》经过审批，市直和各县（市、区）试点单位的理事会筹备工作基本完成。出台《关于开展事业单位现场核查试点工作的通知》和《关于开展〈事业单位法人年度报告书〉公开工作试点的通知》，选择公益服务类的事业单位进行实地核查试点工作和《事业单位法人年度报告书》公开工作试点，推进登记管理的中心工作转向监督管理。

（市事业单位登记管理局）

经　济

经济和信息化

2011年工作

2011年，全市经信系统围绕转型跨越发展主线，强化经济运行的监测监控，推进产业结构调整和发展方式转变，加强节能降耗和淘汰落后产能，实施技术创新，加快工业园区建设步伐，开展招商引资，省、市目标任务全面完成。

工业经济运行

规模以上工业企业完成工业增加值567亿元，增长18%。销售收入和实现利税继上年分别突破千亿大关和两百亿大关后，继续高速增长，完成销售收入1251.46亿元，增长30.7%，实现利税274亿元，同比增长26%，实现利润180.23亿元，增长26.7%。新型工业化水平达到47.6%。单位GDP综合能耗下降3.51%。

项目建设

按照"开工一批、投产一批、达效一批"的要求，全市确定100项工业转型和30项重点工业项目，至年底，100项工业转型项目开工建设82项，开工率达82%，50项建成投产。30项重点工业项目开工建设25项，开工率达83.33%，17项建成投产。全年签约工业项目15个，涉及电子信息、高端装备制造、医药等行业，总投资达1662.5亿元，其中富士康晋城科技工业园A区、富士康金匠工业园、兰花·华润药业、晋煤集团金鼎煤机制造等6个项目开工建设，富士康晋城科技工业园A区项目部分投产，开创全省产业项目建设周期最短、投资见效最快范例。

节能降耗

围绕单位GDP综合能耗下降3.5%的目标，以结构节能、技术节能、管理节能和社会节能为主线，推进节能降耗工作。一是推动技术节能。重点组织实施"兰花化肥分公司节煤节电改造"等50个节能技术改造项目。二是推进合同能源管理。天脊高平公司、晋丰煤化工公司采用合同能源管理的模式，实施循环水系统节能和循环水系统节电改造项目，降低工艺能耗。三是严格能评审查。组织开展全市年综合能耗3000吨标煤以下的固定资产投资项目的能评监察。四是淘汰落后产能。列入2011年山西省淘汰落后产能计划的1座高炉、3条水泥生产线、3套印染设备、6套轻工设备和关闭小企业计划的11户小企业，全部完成拆

除或关闭。

运行保障

加强煤电油运综合协调,为工业较快发展提供保障。一是加强电力需求侧管理,执行差别电价政策,推动淘汰落后产能工作顺利进行。与省经信委、省电力公司协调用电负荷,解决电力需求缺口,满足全市经济社会发展和居民生活用电。金匠220千伏、田石110千伏输变电工程正在建设中,建成后可满足入园企业用电需求。二是加强与运输部门的协调沟通,增加运力。全年外运出省煤炭2847万吨,外运化肥450万吨,外运焦炭94万吨,外运炉料54万吨。三是增加煤炭供应,确保电力、化肥生产企业的原料需求。四是着力解决项目发展资金,加强与银行联系,主动为银行与企业牵线搭桥,为工业企业技术改造项目资金与流动资金供给争取银行的支持。加大争取国家、省发展资金支持力度,全年共争取省级以上各类资金10352万元,较2010年增长141%,绝对额增加6060万元。

服务民生

根据市政府的安排,按时、按质、按量完成城乡低收入农户冬季免费供煤工作,供煤68万吨,比省定目标多供11万吨。供煤质量、标准均高于往年,没有一起掺杂使假、缺斤短两、以次充好、上访告状事件发生。

技术创新

江淮重工和凤凰实业技术中心被认定为省级技术中心。太行机械公司等9户技术中心被认定为全市第六批企业技术中心。全市各类企业技术中心达到39户,其中国家级1户,省级9户,市级29户。完成3项省级重点技术创新项目验收和1项省级新产品鉴定工作。兰花科创的"高架自移超前液压支架"等23项新技术创新项目列入省技术创新项目,4个项目得到省技术创新资金支持。

园区建设

市委、市政府多次召开园区推进工作会议,确定市委常委每人负责一个园区,加快园区建设,布局框架初步形成。"一区六园"(一区即晋城经济技术开发区,六园即北留周村煤电化工业园、巴公装备制造工业园、高平煤焦化工业园、沁水新能源产业工业园、金匠新兴产业工业园、片池现代煤化工工业园)规划面积达到133.23平方公里,入驻工业企业62户,总资产达到735.1亿元,职工人数达到63 341人,工业园区拉动作用初步显现。全市"一区六园"完成工业增加值124.8亿元,增长72.5%,占到规模以上企业的22%。

2012年工作

2012年，全市经信（国资）系统围绕“稳增长、转方式、促发展、保稳定”总任务，把握“两个坚定不移”主旋律，坚持“稳中求进、好中求快”总基调，狠抓各项工作落实，全市工业经济呈现出发展较快、争先进位的态势。

调研成果

立足全市工业基础及行业发展趋势，深入研究煤炭、煤化工、煤层气、电力基础产业与新兴产业之间的关联和要素变化对彼此之间及全市工业经济的影响，形成《技术引领转型创新驱动跨越》、《透过产业结构分析节能降耗》、《透过煤炭营销研判经济走势》、《关于晋城市煤化工产业发展的思考》等一批研究成果，进一步完善推进工业经济转型跨越发展的思路。

运行保障

建立经济运行重大问题报告、应急处理和主要原材料及产品价格快报制度，按周收集发布15种主要原材料和21种产品价格变动信息，按月调度重点项目投产情况，按旬调度全社会用电量和工业用电量，加强电力需求侧管理，控制高耗能企业过快增长，确保居民生活和企业正常生产用电需求。加强与运输部门的协调沟通，增加运力。全年外运煤炭2675万吨、化肥518万吨、炉料115万吨、焦炭66万吨。2012年，全市规模工业增加值增长14.6%，分别高出全国、全省平均水平4.6、2.7个百分点，全省排名第三。其中阳城县增长19.7%，居全市第一；泽州县、沁水县增长15.1%，并列第二。

产业发展

围绕建设“山西新的重要增长极和新兴产业重要支撑基地”的目标，加大项目建设力度，加速推进传统产业上档升级、新兴产业发展壮大。一是巩固提升资源类产业。煤炭产业，全社会原煤产量8526万吨，产量下降6.7%，但工业增加值、销售收入、利税及利润分别占到规模工业的73.7%、56.9%、86.5%、85%。电力产业，国投热电一期2×30万千瓦机组投入运营，晋煤能源公司2×13.5万千瓦煤矸石发电和中电明秀发电一期工程进展顺利。煤化工产业，兰花集团20万吨己内酰胺、晋煤集团百万吨甲醇制清洁燃料项目奠基开工，天泽煤化工集团40·60技改项目进展顺利。煤层气产业，晋煤集团天煜煤层气项目一期30万立方米工程建成试运行。至年末，全市煤层气地面抽采井达到5500口，年抽采能力40亿立方米。二是加快发展非资源类产业。装备制造产业，弘鑫公司、大通公司的20万吨球墨铸管、福川

制铁30万吨精密制件一期工程、榕鑫12万吨精密铸件等项目建成投产,金鼎煤机、力宇燃气动力制造等项目正在建设。陶瓷产业,舒耐奇公司的发热地板生产线建成投产,晋陶高档日用瓷、三英陶瓷辊棒项目正在建设,陶瓷产业形成规模化、集群化、循环化、高端化发展态势。电子信息产业,富士康科技工业园A区建成投产,光通讯连接器、照相模具、自动化数控机床等高科技产品向全球供应。新材料产业,明辉光伏高档石英坩埚、科威矿用技改等项目建成投产,海诺高性能空心玻璃微珠材料项目正在建设。医药食品产业,金田公司食用菌标准化生产加工等项目建成投产,兰花·华润药业、摩根汇丰陵川中药材深加工项目正在建设,陵川中药材交易中心正式运营。三是各县(市、区)非煤主导产业集群正在形成。城区争取财政资金3000万元扶持骨干企业做强做大,生物医药产业初具雏形。泽州县重视冶铸及装备制造、现代煤化工等产业链条培育。化肥、钢铁、铸管、配件的产能分别达到200万吨、270万吨、100万吨、50万吨,工业增加值占全县规模工业的比重超过50%。高平市推进煤电化工业园、轻工食品工业园、装备制造工业园、高新技术园四大园区建设,四大园区落户企业30余家,总资产150亿元。阳城县重点发展陶瓷主导产业,推进芦苇河工业走廊建设,引进企业7家。陵川县引进摩根汇丰中药材深加工项目。沁水县引进力宇燃气动力制造园项目。开发区引进金鼎煤机制造等项目。全市确定的30项重点工业项目,28项开工建设,20项建成投产,累计到位资金34.5亿元,累计完成投资44.3亿元。100项工业转型项目,83项开工建设,52项建成投产,累计到位资金124亿元,累计完成投资134亿元。

节能降耗

建立节能降耗长效机制,实施“能耗强度、能耗总量”双控制,推动各县(市、区)、各重点企业节能“自我调控、自主调节”,实行季度“红黄绿”三色预警和节能措施跟踪报告制度。强化技术节能和管理节能,组织实施节能项目52个,完工42个,年可实现节能量96万吨标准煤。完成合同能源管理项目5个,实现节能量3564吨标煤。主要耗能产品单位能耗明显下降,吨原煤综合能耗、吨合成氨综合能耗、炼焦工序能耗、吨水泥熟料综合能耗、电厂火力发电标准煤耗、吨钢综合能耗同比分别下降6.52、3.34、1.27、8.95、1.3和3.69个百分点,其中前五项指标均低于全省平均水平,部分产品单位能耗达到全国先进水平。淘汰落后产能,关闭小企业4家,列入山西省2012年工业淘汰落后产能计划的电力、水泥、印染行业8户企业全部按进度完成任务。全年淘汰机电设备66台、水泥产能110万吨、电力装机容量1.2万千瓦、印染220万米。加大对企业资金、政策支持力度,向省推荐节能和资源综合利用项目13个、新型墙材项目2个,其中5个项目得到省级财政1145万元资金支持。争取市级节能专项资金1000万元,重点支持10个项目建设。

技术创新

申报省级技术创新项目4个，获得补助资金200万元。新增省级企业技术中心1户，新认定市级技术中心10户，至年底，全市共有各级技术中心49户，其中国家级1户、省级10户、市级38户。

企业改革

国企改革方面，市凤源食品公司破产工作稳步推进，市粮食局长治贸易公司改制工作进入资产处置阶段。开展2011年度国有资产统计评价和企业产权登记年检，共年检企业124户，办理国有产权登记9户，完成晋城市安全技术信息服务中心、晋城市教育用品服务中心清产核资以及绿洲公司在开发区的土地和厂房评估认定工作。

（市经信委）

煤 炭

2011年工作

2011年,全市地方煤矿完成原煤产量5119.25万吨,同比增加494.15万吨,增幅为10.68%;实现现价工业产值376.56亿元,同比增加90.33亿元,增幅为31.56%;实现现价销售产值343.40亿元,增幅为28.68%。

安全生产

全市地方煤矿发生安全生产死亡事故4起,死亡4人,事故起数同比增加1起,死亡人数同比减少6人,死亡人数占省控指标的33.3%,未发生较大事故,煤炭百万吨死亡率为0.078,比省控指标低0.153。

兼并重组

全市煤矿兼并重组正式协议签订率99.6%;名称预核准完成率100%,进驻接管到位率100%;采矿许可证换证率100%;整合关闭矿井140座,关闭到位率100%。全部应补偿资金209.93亿元,按协议进度到位资金173.03亿元,按协议进度到位率100%,通过省政府组织的专项验收。

矿井建设

全市68个重组整合建设项目,除大宁金海煤矿因情况特殊无法启动外,批复地质报告67个,批复初步设计63个,批准开工63个,开工率94%。新竣工验收和联合试运转矿井10座(泽州坤达90万吨/年、高平前和120万吨/年、高平裕兴90万吨/年、高平游仙山90万吨/年、高平南河90万吨/年、阳城伏岩90万吨/年、阳城大西60万吨/年、阳城大桥45万吨/年、沁和中村90万吨/年、沁水沁裕45万吨/年),新增产能810万吨/年,累计竣工验收矿井13座,有效产能达1080万吨。重组整合建设进度走在全省前列,4月18日,全省煤炭基本建设暨重组整合项目建设现场会在晋城召开。

人员素质

扎实推进"人本安全、培训教育、素质提升"工程,煤矿"六长"(即生产副矿长、机电副矿长、通风区长、安全副矿长、总工程师、矿长)均具备煤炭专业大专以上学历,学历准入达标率为100%;B类安全生产管理人员具备煤炭专业中专以上学历1463人,学历准入达标率为

100%。全员培训45 344人，2200人参加关键岗位中专学历教育。

行业管理

对41座生产矿井的煤炭生产许可证进行年检，年检率为100%，一次性合格率为95.12%；对18户公路经营、20户储（售）煤场的《煤炭经营资格证》进行年检，年检率为100%，合格率为65.67%。煤炭纠察执法覆盖面达100%，生产矿井采煤机械化程度达到100%，掘进机械化程度达到80%，矿井采区煤炭资源回采率达到70%。

责任落实

市煤炭局组织开展"安全生产年"和"煤矿企业安全生产主体责任落实年"活动，在全省率先实行建设矿井煤矿和施工单位领导双带班制和生产矿井工作面搬家期间领导双带班制，并将带班计划在晋城在线和市煤炭局网站公布；全面推行煤矿安全生产承诺制，每月制定报送安全无事故措施方案，矿长每周牵头组织开展不少于2次的隐患大排查，实施瓦斯防治责任约谈制度和煤矿副总工程师审核备案制。组织开展6次专项突击检查，保证煤矿和施工单位领导入井带班，落实矿长和施工单位项目经理外出请假等规定。完善煤炭主体企业的管控模式和运行机制，强化主体企业规范化管理，实行主体企业每周对所属煤矿至少检查1次，分管安全领导每季度至少全面检查1次，推行主体企业领导参加煤矿安全调度例会和主体企业安检员在煤矿特殊作业阶段驻矿监管。强化各级监管责任，实行监管部门、主体企业领导安全生产挂牌责任制并在主要媒体公告，完善安全科室包保责任风险抵押制度，实行五人包保小组工作月度报告制，加大履职跟踪监督力度。对煤矿领导任期内发生1起一般事故、2起一般事故、3起一般事故的，明确责任追究措施。对未造成人员伤亡的保利平山煤业火灾事故，按照"四不放过"（即事故原因未查清不放过、事故责任人未受到处理不放过、事故责任人和周围群众没有受到教育不放过、事故制订切实可行的整改措施没有落实不放过）原则进行调查处理，处理相关责任人23名。利用手机短信平台，及时发布各地煤矿事故信息68条，进行安全警示预警。

标准化建设

开展"安全标准化达标年"活动，建成省级质量标准化矿井39座，其中一级11座（含国家质量标准化矿井5座），二级28座，所有生产矿井调度室均达到省级三级以上标准。高平前和、沁和中村等5座建设矿井，竣工验收前均达到省级以上安全质量标准化建设标准。主要做了三方面工作：一是提升装备水平。以"六大系统"为重点，推广先进适用技术，按规定足额提取安全费用，46座煤矿新建广播通信联络系统，有序推进紧急避险系统建设，6座高瓦斯矿井使用千米钻机和大功率钻机，3座煤矿新安装瓦斯引排装置，20座煤矿完善通风实

时监测装置。二是夯实基础管理。煤矿每周开展一次安全质量标准化专项检查,每月进行一次自验评分。建立煤矿重大危险源辨识评估档案,批复的49座矿井中根据重大危险源等级划分,四级22座,三级21座,二级3座,无重大危险源矿井3座。深化瓦斯治理,对5座高突矿井进行“专家会诊”,完成72座煤矿的瓦斯等级鉴定,8座煤矿的煤层瓦斯涌出量预测,39座煤矿的瓦斯地质图编制,35座煤矿成为瓦斯治理示范矿井。对单月瓦斯超限2次以上的东峰、望云、白沟和永安4座煤矿进行隐患责任约谈。审核上报生产矿井地质报告5个,规范放顶煤工作面管理,批复设计24个,验收工作面24个。开展防治水专项培训、技术会诊和专项治理,正常生产和建设的矿井均编制《矿井水文类型划分报告》,按要求配置专门探放水设备。开展煤矿安全生产周期统计并在主要媒体公示,推广兰花北岩、泽州岳南等9座煤矿安全生产连续时间5000天以上矿井的安全工作经验。三是深化安全整治。先后组织开展节后复产复工验收、春季安全大检查、“一通三防”大会战、百日安全大检查、防治水专项检查、建设矿井专项检查、民爆器材专项检查、安全监控系统专项检查等一系列隐患排查治理和安全整治活动,组织开展3次县级交叉检查,配合省煤炭厅开展7次省级督查。市煤炭局累计出动安全执法检查人员2710人次,检查煤矿861座次,排查治理隐患2821条,责令煤矿停产停工整顿13座次。

应急救援

严格执行安全生产应急值守和信息报告制度,修订完善市级煤矿安全生产事故应急预案。所有煤矿企业针对本单位安全生产主要灾害和薄弱环节开展一次应急救援演练,在玉溪煤矿组织开展市级煤与瓦斯突发事故应急救援演练。组织实施保利平山煤业火灾救援,大阳煤矿火区启封、泽州追山林场森林灭火、高平市“7·2”抗洪抢险等救援服务。市军事化矿山救护大队基地扩建工程完成投资332万元。

2012年工作

2012年,全年地方煤矿生产原煤4479.09万吨,实现现价煤炭工业产值256.69亿元,同比减少119.87亿元,减幅为31.83%。地方煤矿原煤外运量2678.34万吨,同比增长0.39%,其中,铁路外运量1457.46万吨,同比降低6.20%,公路外运量1220.88万吨,同比增长9.59%。

安全生产

全市地方煤矿发生安全生产死亡事故3起,死亡5人,事故起数同比减少1起,死亡人数

同比增加1人，死亡人数占省控指标7人的71.42%，煤炭百万吨死亡率为0.1116，比省控指标低0.051。市煤炭工业局被表彰为“山西省煤炭系统模范单位”，荣获“山西省五一劳动奖状”。

兼并重组

除大宁金海煤矿外，重组整合矿井全部开工，建设规模6030万吨/年。年度新增投资71.46亿元，新转产验收矿井7座，产能495万吨/年；竣工验收矿井1座，产能90万吨/年；联合试运转矿井6座，产能规模390万吨/年。

矿井建设

开展煤矿安全生产“基础建设年”活动，实施山西省煤矿“六个新标准”（即《山西省煤矿办矿企业标准》、《山西省煤矿建设标准》、《山西省煤矿建设施工管理标准》、《山西省煤矿管理标准》、《山西省煤矿安全质量标准化标准》、《山西省煤矿现代化矿井标准》），生产矿井采煤机械化率达到100%，掘进机械化率达到87%，矿井采区煤炭资源回采率达到71%。建设矿井竣工验收时均达到质量标准化要求，33座生产矿井通过市级标准化验收，其中一级15座，二级12座，三级6座。瓦斯治理水平进一步提升，建成3个瓦斯治理示范县和48座瓦斯治理示范矿井，全年抽采瓦斯6.77亿立方米，利用3.03亿立方米，利用率为44.75%。

人员素质

全市8500余人参加煤炭专业学历提升教育，其中中专7020人、大专1040人、本科500人、研究生69人。煤炭专业技术职称评审174人（市级），职业技能资格鉴定4577人。

行业管理

出台强化主体企业运营管理、规范煤矿“六长”任职管理、煤矿企业主要负责人安全生产责任考核办法等一批新规定，推行电子版执法文书，制定行政处罚自由裁量权实施细则，强化执法行为监督，规范行政执法行为，提高行业管理质量。

责任落实

制订出台煤矿企业主要负责人和A类管理人员任职管理办法等规定，完善矿长、施工单位项目部经理和监理企业总监外出请假制度，开展煤矿主要负责人安全责任考核，通过实施备案管理、计划公示、调整审核，强化煤矿领导、施工项目部领导入井带班制度，制定月度安全无事故实施方案，落实企业安全生产主体责任。出台《关于加强煤炭主体企业安全管理工作的意见》，开展办矿企业等级审核，建立主体企业领导入井检查审核备案制和主体企业每周全面检查覆盖制，解决了泽州天泰能源公司主要领导兼职、陵川崇安能源公司对部分矿井安全接管不到位和煤运系统市县两级煤矿安全管理体制不顺畅等主体企业不实的

问题。细化煤炭部门领导安全生产挂牌责任履职规定,规范安全责任科室监管检查分包责任制,加强五人包保小组考核和驻矿安监员日常管理,明确各级监管检查的频次,推行特殊时段驻矿监管,加大突击检查次数,构建市煤炭工业局督查、县煤炭工业局检查、五人包保小组巡查和安监员驻矿盯守安全监管体制。加大事故责任追究力度,对1年内发生2起一般事故、发生较大事故、瓦斯事故、水患事故的矿井一律免去主要负责人职务,并依据事故调查组责任认定严肃处理。对存在未经批准擅自组织生产或建设的,比照事故矿井处理。对瓦斯、水患、机电隐患治理不力的,一律进行责任约谈。

标准化建设

开展煤矿安全生产“基础建设年”活动。学习、推广白国周班组管理法、神华宁煤集团“四五六”班组管理模式、同煤塔山“人人都是班组长”、岗位操作“手指口述”等先进经验,探索兰花北岩煤矿安全伙伴责任共担管理法、科兴申家庄煤矿“细、实、严、情”四环相扣班组管理法等管理办法。开展“3·18安全警示日”、“安全生产月”和煤矿重大安全生产事故警示教育活动。积极推行采煤方法改革,沁水端氏和阳城竹林山2座煤矿实施一次采全高工艺改造,10余座建设矿井变更初步设计,调整为一次采全高工艺;优化通风系统,阳城竹林山等10余座煤矿采煤工作面采用“U+U”通风,高瓦斯煤矿全部实行专用回风巷。开展瓦斯治理实验室建设,推广地面钻井瓦斯抽采技术。简化辅助运输系统,推广使用梭车运输,实现辅助运输连续化。开展灾害研究和技术攻关,阳城、沁水编制了矿区瓦斯防治技术研究报告,所有煤矿编制了水文地质类型划分报告,配备防治水助理,40余座煤矿同中国矿大、太原理工大学和河南理工大学合作开展矿井水害防治技术研究,防治水实现物探先行、钻探验证、化探跟进重大技术进步。推进煤炭工业化与信息化深度融合,完成市煤炭工业局监控信息综合平台和煤炭专网建设,安装完善瓦斯监控系统81个,产量监控系统45个,入井人员定位系统60个,无线通信系统45个,煤矿安全监管执法与决策系统(执法网)37个。30座煤矿完成紧急避险系统设计,7座建成并通过验收。4座“两化融合”(即信息化和工业化高层次的深度结合)试点矿井工作有序推进,做到监测实时化、控制自动化。在高平前和煤矿召开质量标准化矿井建设推进会,在阳城县伏岩煤矿召开重组整合矿井建设推进会,在华润大宁煤矿召开瓦斯治理攻坚推进会。6月,组织煤矿矿长赴神东集团大柳塔、上湾、布尔台和同煤集团塔山煤矿参观学习。8月,组织煤矿质量标准化办公室主任80人,分六批参加省煤炭厅举办的新标准培训班。至年底,年度竣工验收的7座建设矿井均达标,生产矿井全部通过标准化验收。

应急救援

坚持应急管理机制、机构和队伍三并重，严格落实安全生产应急值守和信息报告制度，各级修订完善应急救援预案。6月，分级组织开展应急救援演练活动1次，市级在兰花集团莒山煤矿组织开展煤矿水害事故应急救援演练。加强救护队伍建设，培（复）训煤矿辅助救护队员628人，市救护大队和高平救护中队继续强化战备值班、救护训练和应急处置能力，高平救护中队在全省救护技术比武中取得创伤急救三等奖。华润大宁煤矿，兰花公司唐安、伯方煤矿，阳城竹林山、伏岩煤矿，泽州王坡煤矿，沁水永红煤矿等7支矿井专职救护队通过山西煤监局质量标准化验收。

安全整治

按照“严标准、依程序、重细节、求闭合”原则，开展煤矿安全生产执法行动。先后组织开展春季、夏季、秋季、冬季执法行动，“一通三防”大会战，雨季“三防”、民爆物品专项整治、建设矿井专项整治、百日集中清理整顿行动、“四严”（严明责任、严细质量、严格整治、严肃追究）百日安全无事故活动等，市煤炭工业局共出动执法人员4413人次，检查煤矿1105座次，排查治理隐患8409条。在定点包片检查的基础上，组织7次市级专项突击检查，2次县市交叉检查和科室交叉检查，配合省煤炭厅开展5次大规模联合督查检查。制订73项煤矿安全生产行政处罚自由裁量权标准，完善《现场检查记录》等执法文书并全面推行电子文书，建立执法每月报告制度。对存在瓦斯超限作业的沁水平山煤矿、不按规定探放水的泽州坤达煤矿、施工现场管理混乱的泽州华阳等15座煤矿责令停产停工。组织开展生产矿井结对帮扶建设矿井安全活动，生产矿井领导每月到被帮扶建设矿井开展隐患全面排查不少于2次，派驻帮扶小组开展集中指导，安排建设矿井安全人员到生产矿井挂职锻炼学习，生产矿井领导现场检查指导建设矿井318座次，帮扶解决问题1908条。

（市煤炭局）

煤炭运销

2011年工作

2011年,山西煤销集团晋城有限公司完成煤炭销量2148.7万吨,煤炭产量161.7万吨,基建进尺44 086米,实现收入193.4亿元,利润2.14亿元,上缴市、县政府调节资金4.2亿元,上缴税金7.86亿元。

资源整合

按照省、市资源整合的要求,市公司强化工作督导,并成立专项工作小组,县公司加大谈判力度,整合工作基本完成。裕兴、南河、大西、峪煌4座矿井实现联合试运转,产能达到285万吨/年。10月,关岭山煤矿实现联合试运转。年底,裕兴、大西、峪煌3座联合试运转矿井通过转产验收。

安全管理

加大安全投入和职工队伍培训,突出一通三防、瓦斯治理、防治水和顶板管理等安全工作重点,健全质量标准化动态达标和市公司班子包矿监督管理制度,执行矿领导带班下井制度,推行"白国周班组管理法"和"手指口述"、"岗位描述"工作法,加强安全隐患排查整治和重大隐患挂牌督办。

物流体系

市煤运公司与晋煤集团、亚美大宁煤业公司沟通协商,将所有地方煤炭纳入全市统一经销。在陕西设立采购中心,开展境外煤集中采购。全年采购量达140万吨。共签订2012年地方煤炭采购合同2857万吨,同比增长13.3%。城区煤运公司整体转型为华煜物流配送公司,自购和整合社会车辆近700台,并配套建立GPS定位和网络信息调度平台,实行"三提供"和"五统一"服务模式,初步建立起专业化的公路承运机构。沁阳兰煜煤场完善体制流程,采购源头从晋城扩展到陕蒙,市场触角从河南延伸到华东、华南。高平贺岗煤场集仓储、洗选、加工等功能于一体,成为市域"煤炭超市"新亮点。帮助广西物流等大用户设立驻晋办事处,提供"零距离"服务,及时组织货源,保障供应稳定。共与30家终端大用户建立长期战略合作关系。

非煤产业

市煤运公司收购晋城市佳信煤机制造有限公司，与北京扬德环境工程公司达成瓦斯发电战略合作协议，成立专业负责煤矿后勤服务的实业公司，开辟新的非煤领域。汽车销售公司组建重卡4S店，被集团公司确定为公务和物流用车指定供应商，全年销售汽车212台。晋城大酒店组建系统酒店业网络预订平台和“一卡通”消费体系，与太原等地的多家星级酒店建立战略合作联盟。陵川黄围山景区开发绿色种植、养殖特色，加大景区开发和营销力度。兰煜房地产公司完成“兰煜花园”小区工程建设，启动高端住宅小区“兰煜龙湾”项目。

2012年工作

2012年，山西煤销集团晋城有限公司实现营业收入165亿元，同比减少28.8亿元，减幅14.8%。实现利润总额6.15亿元，同比增加3.52亿元，增幅134%。煤炭运销总量完成2136.72万吨，同比增加154.04万吨，增幅7.77%。其中公路销量完成1439.46万吨，铁路销量完成697.26万吨。生产原煤341.88万吨，同比增加180.22万吨，增幅111.48%。累计完成基建进尺59 082米，同比增加14 996米，增幅34.02%。

矿井建设

与各大银行对接，通过银行贷款、融资租赁等方式筹集矿井建设资金50亿元。招聘煤矿中高层管理人员和各类专业技术人员230余名，270余名专业技术人员进行学历提升，选拔260余人到煤炭院校深造，为煤炭产业发展储备人才。邀请煤炭专家对各煤矿工队和“六长”进行综合考评。26座煤矿办理长期采矿证，采矿证换领工作走在全集团和全省前列。

安全管理

成立安全生产监督管理局、地测防治水中心。完善安全质量标准化、安全风险抵押、安全费用提取等一系列制度。先后投入资金1700余万元，购置物探仪21套、200米钻机9台。

物流体系

沁阳“煤炭超市”销售已突破150万吨，济源“煤炭超市”销售近50万吨。铁路销售大用户比例达到60%以上，铁路外运量由三分之一提升至50%。筹建沁阳“煤炭超市交易大厅”，对全市129座地方煤矿的煤质、煤价、运价、用户信息等进行汇总，力争打造集“人流、车流、信息流”于一体的煤炭交易和信息化平台，为煤炭物流贸易提供支撑。

（山西煤销集团晋城有限公司）

电　力

2011年工作

2011年,全年售电量达到112.45亿千瓦时,同比增长12.32%,全省排名第五。电网建设投资、平均电价、综合线损率、市场占有率、电费回收率、资金归集率、劳动生产率等生产经营指标均超额完成预定计划。全年实现连续安全生产302天,创历史新高。

业务创新

转变安全生产方式,推广"大检修、集中检修、状态检修"联合生产管理模式,开展220千伏曲堤、凤城站"大检修",减少停电时间和现场作业时间,最大限度保证电网正常运行。加强电网主设备改造和薄弱环节补强工作,完成芹池1#主变更换,丹河、东沟两站列入2012年改造计划,220千伏晋城主电网运行水平明显提高。解决重点区域变电站供电能力不足与用电负荷增长的矛盾,针对丹河220千伏变电站主变负载率高、老旧设备卡脖子、故障频发的情况,结合福盛建材等企业的用电需求,充分挖掘现有电网资源,由企业出资,在原线路杆塔的基础上将北福线钢芯铝绞线更换为碳纤维导线,提高线路供电能力,实现用电负荷向北义城等负载相对较低变电站的转移。

电网建设

对晋城电网"十二五"发展总体规划以及城市电网、煤矿双电源等专项规划进行动态调整,与市规划设计院共同编制的《晋城市中心城市电网专项规划》,获全省优秀城乡规划设计一等奖,被省住建厅列为全省业内推广范本。全面推进重点工程建设,开展两项特高压、4项220千伏、22项110千伏工程的前期工作,220千伏泽州东、新一轮农村电网改造等在建工程如期进行,完成500千伏海会站新建、220千伏凤城站增容、芹池站主变更换、110千伏下村站增容改造、晋城南部电网完善等一批重点工程。晋城地区第二座500千伏变电站——海会站投入运营,对改善电网结构具有重要意义,标志着晋城主干电网供电能力和大电网安全稳定运行水平迈上一个新的台阶。

创优供电

围绕全市招商引资和项目建设重点工作,坚持把创优供电环境、满足项目建设用电需求,作为公司的基本职责和重要使命,在加快相关电网工程建设的同时,进一步加大对重点

工程的支持力度。在富士康A区项目建设中，加快推进110千伏开发区主供电源建设的同时，及时制定临时供电方案，推进临时供电工程建设，解决用电燃眉之急。在为民服务方面，强化“你用电、我用心”服务理念，推广银行批扣等多元化收费方式，开展互动电视收费项目建设，率先组建全省首个能效服务活动小组。开展内部评价、客户满意度调查、电力开放日、媒体互动、行风评议等活动，服务节能减排、拓展个性化、差异化服务等方面走在全省系统前列。

自身建设

加强党的建设、企业文化建设和人才队伍建设，深化“为民服务创先争优”活动，引深党员“三卡”、“双培双带”等特色工作，开展“廉洁从业我们在行动”主题实践活动，与市检察院联合成立全市首个“预防职务犯罪工作站”，在全省首家编制《廉政风险预警防控工作作业指导书》。组织开展职业技能比武、送教进班组、师带徒等专业能力提升活动，打造“青蓝同辉、帮带成长”人才队伍建设品牌。在山西省电力公司“奉献在岗位、建功十二五”晋级发展杯技术技能比武中，农电、财务、变电运行、通信四个专业都取得团体前三名的成绩。深化民主管理，率先引入职工代表竞选制度，开展合理化建议征集评审活动，妥善解决涉及职工切身利益的热点、难点问题。

2012年工作

2012年，完成电网建设投资8.04亿元，建成投运110千伏及以上输变电工程5项，在建工程6项，新增变电容量760兆伏安。售电量累计完成133.93亿千瓦时，同比增长19.11%，增速全省第一，总量跃居全省第四。平均电价、综合线损率、市场占有率、电费回收率、资金归集率、劳动生产率等生产经营指标均超额完成预定计划。公司荣获山西省五一劳动奖状、晋城市劳动竞赛集体一等功、省公司先进单位称号。

业务创新

针对城网建设管理存在的突出问题，扭转电网建设走廊紧张、站线选址困难的被动局面，城市电网与市政公司中低压项目前期工作由4个月缩短至40天，实现市政建设改造与电网走廊的同步建设，市政府出资1500万元用于市区重要通道电网建设，节约电缆管沟建设费用7000万元。解决影响和制约电网发展的难题，完成特高压工程调整猕猴自然保护区、功能区所等属地协调任务。面对电网资源严重不足、难以满足双电源供电要求的局面，坚持长远规划与解决现实问题相结合，整合各项煤矿需求，制定煤矿双电源专项规划。与

晋煤、煤运等大集团用户充分论证,确立以集团为主体、所属煤矿共同出资、集团统一管理的“共建共管”新模式,节约公用变电站35千伏间隔15个,减少电网投资1.2亿元。

电网建设

推进“大运行”体系建设,坚持以调度业务与变电设备运行集中监控、集约融合为目标,组织编制《“调控一体化”监控信息标准》,成为省公司变电站调控数据交互管理规定资料性目录的重要内容,在全省范围内推广实施。结合“大检修”体系建设,分析研究晋城地区高负荷率的特点,探索电网改造工程系统化管理新机制,完成4台220千伏变压器的返厂更换工作,承担省公司变压器返厂大修工程管理及技术规范的编写工作。针对晋城地区采空区多、影响输电线路安全运行的实际情况,总结多年来的采空区治理经验,提出采空区运行维护及处置技术等理论。市政府和各县(市、区)政府召开电力设施保护专题工作会议,加大输变电设备保护力度,在全省电力系统率先建立以政府为主导的电力设施保护长效机制。共制止线下建房、大型机械施工、煤矿开采、外力破坏等各类违章行为160余处,优化电力设施运行环境。

规范化管理

针对辖区用户用电特点,开发应用客户受电工程综合管控系统平台,为报装工作提供技术辅助支撑。针对不同用户的缴费需求,大力推广银联批扣、自助终端、网点代收等多种收费方式,在全省首家开通互动电视缴费项目。针对晋城地区新能源发展潜力较大的有利条件,充分发挥能效服务小组作用,与山西晋和利赢节能公司密切合作,开展能效状况调研,积极推进能效管理活动,取得阶段性成果。

(市供电公司)

城镇集体工业

2011年工作

2011年，全系统实现工业总产值628 484万元，同比增长71.9%；工业增加值完成437 174万元，同比增长90.0%；销售收入436 183万元，同比增长52.2%；实现利税252 024万元，同比增长94.4%；实现利润180 877万元，同比增长115.2%；亏损2923万元，同比下降36.2%。2011年6月，市城镇集体工业联合社获“全国集体经济先进联社”称号。

项目建设

新建、扩建、续建项目33个，其中1000万以上26个，5000万以上14个，1亿以上7个，2亿以上6个；新型产业和转型项目14个；三产服务企业2个。12个项目达产达效。引进和签订合作意向项目8个，阳城诺威化工、陵川侨鑫铸造等5个项目落地建设。煤炭企业扩建改建项目8项，地面项目25项，当年累计完成投资13.96亿元，新增效益2.37亿元。煤炭企业完成扩建改造项目4个，3个投产达效；地面转型项目5个建成投产；招商引资项目5个，完成落地建设2个。至年底，24户规模企业，销售收入亿元以上的达11户，实现利税达亿元以上的7户。全省城联系统确定的50强企业、40个名优产品、30强县级联社中，晋城分别占19个、6个和5个。

企业改革

一是稳步推进企业改制。21家地面企业进入“双置换”改制程序，8家完成资产置换和清算工作，各项社会保险办理完毕，进入托管中心。煤炭企业筹资2300万元，帮助13家企业走出困境。新安置下岗职工就业860多人。二是优势企业多元发展。高平牛山煤业与山西太平洋投资有限公司融资成立“高平蝴蝶兰生产基地”，与上海华杰物流有限公司签署共建物流园区的合作意向；高平龙顶山煤业有限公司龙丰医药大厦落成搬迁，与全国大型医药集团达成合作协议，建设高平最大的医药物流配送中心；高平平泉煤业有限公司投资5000万年产18万吨的饲料深加工项目即将开工。陵川兴源河公司投资5100万兴建年产10万吨PVC专用钙、侨兴铸造公司投资5791万元的5万吨球墨铸件、双河钙业投资2000万元的20万吨活性氧化钙等项目开工建设。地面企业7个新型转型项目达产达效。三是县域城镇集体经济繁荣发展。高平市六大煤企资源整合后，煤田面积、产能扩大一倍，形成高标

准现代化矿井集聚群；阳城县地下地上并重，整体实力再上新台阶；陵川县大力提升主产，推进转产，10个地面企业初现生机；城区大力度招商引资，商业集群体系初显，安置就业3000多人；泽州县巩固支柱产业，发展地面企业；沁水县大上项目，集体经济地位提升。全系统全年资产增值达18.5亿元，兴办、增资11个项目。

安全生产

全系统安全设施投入8300万元，重点投入主巷道、采掘面和通风、救援、消防系统等设施。开展隐患排查治理，查出各类隐患2430条，其中立即整改2190条，限期整改240条。全系统连续四年实现安全生产无事故。

2012年工作

2012年，完成工业总产值382 282万元，同比增长11.1%；完成工业增加值273 972万元，同比增长13.2%；实现销售收入356 143万元，同比增长10.9%；实现利税总额156 888万元，同比增长10.6%；完成利润总额118 922万元，同比增长6.9%；市城镇集体工业联合社连续6年被省城联社评为“优秀城联社”。

项目建设

全系统共有新建、在建项目25个，总投资41亿元，累计完成投资17.2亿。其中4个煤炭项目全部完工，5个骨干矿井通过验收转入正常生产，1个洗煤厂项目竣工。全系统非煤项目18个，共完成投资3.6亿元。其中5个项目完工，6个项目将产品推向市场。

企业改革

全系统累计筹措转型发展资金2000多万元，帮助16家企业走出困境。新安置下岗职工就业和社会就业人数达4360人。年内兴办、增资项目11个，13个企业明晰产权。新增固定资产投资14.2亿，联社资产总额达108亿，比2011年增长22.2%，当年资产增值达24亿元。

（市城镇工业联合社）

民营经济

2011年工作

2011年，全市民营经济增加值完成526.45亿元，同比增长19.52%；总产值完成1537.36亿元，同比增长22.77%；营业收入完成1346.88亿元，同比增长21.97%；实现利润总额完成115.73亿元，同比增长12.65%；上缴税金完成75.48亿元，同比增长17.83%；提供劳动者报酬95.07亿元，同比增长18.91%。其中，规模以上工业企业增加值完成101.12亿元，同比增长34.42%；销售收入完成323.55亿元，同比增长39.69%；实现利润总额完成20.69亿元，同比增长16.11%；上缴税金完成19.01亿元，同比增长18.59%。

运行特点

发展速度稳中有快。全市民营经济以19.52%的速度发展，平均增幅高出2010年0.52个百分点。特别是规模以上工业企业增幅高达34.42%，高出增加值增幅14.9个百分点，拉动了全市民营经济的发展。

全民创业成效明显。以创业园区和创业孵化基地建设为抓手，引导推动全民创业。各县（市、区）积极搭建创业发展平台，制定鼓励创业政策，加大资金扶持，年内全市新增各类企业和经济组织2500多家，新增就业岗位3万余人，均超出年度目标任务。

项目调产力度加大。加大非资源类产业项目投资，重点实施“155”项目推进工程，即主抓100个新建技改项目、50个自主创新项目和500个科技导向型创业项目。在100个重点项目中，80%为非资源类产业项目，项目总投资220亿元，其中投资在亿元以上的项目32个，至年底完成投资118亿元。新能源、新材料、精密铸造、装备制造、电子电器、生物医药、太阳能光伏等现代新型产业迅速崛起。

招商引资成果丰硕。按照“牵手大集团、对接大上海、融入大中原”的思路，全市民营经济不断提升对外开放水平，招商引资取得显著成效。富士康金匠工业园、白马寺山太行明珠游乐城、纽威精密数控机床、皇城相府中道能源、沁水枫彩苗木等项目相继开工。全年累计引进项目50个（富士康除外），引资241亿元，到位资金48亿元。

研发平台建设起步。针对全市研发公共服务平台建设滞后、中小企业研发投入不足、成本高昂、人才紧缺的实际，与上海市研发公共服务管理中心多次洽谈，达成以团体注册方

式加入上海市研发公共服务平台的意向,在此基础上,全面启动全市研发公共服务平台建设。

发展环境

立足营造领导重视、政策扶持、部门关注、典型带动,加快民营经济转型跨越发展的良好氛围。一是筹备召开全市民营经济工作会议,全面总结“十一五”以来的工作成就和发展经验,安排部署2011年及“十二五”民营经济转型跨越发展的目标任务、工作重点和具体措施。二是组织举办全市民营企业家迎新春和庆中秋座谈会,表达市委、市政府坚定不移推动民营经济发展的决心信心和对民营企业家的特别关爱。三是起草《关于推进民营经济转型跨越发展的意见》、《关于实施中小企业上市梯度培育工程的意见》、《关于加快服务体系建设的意见》等政策文件,出台《全市中小企业、民营企业治乱减负工作的意见》,开展入企收费登记督查工作,加大政策支持力度。四是完成“晋城市十佳民营企业”、“晋城市十佳民营企业家”“晋城市民营企业50强”活动评选,表彰“十大杰出创业青年”、“十大杰出创业女性”和10家“优秀中介机构”,命名43家“诚信企业”,在全市树立民企发展标兵和服务民企模范,民营经济发展环境更加宽松。

产业结构调整

重点抓了100个新建技改项目、50个自主创新项目和500个科技导向型创业项目。为企业申报国家发展专项资金项目15个、国家工业技术改造资金项目4个、省煤炭可持续发展基金项目5个、省中小企业发展专项资金10个,申报扶持资金累计986万元。至年底,100个重点项目完成投资118亿元,占总投资的58%;50个自主创新项目完成投资32亿元,占总投资的67%;500个创业项目完成投资25亿元,占总投资的83%。

招商引资

加快推进全市民营企业“对接大上海、融入长三角”战略,组织召开全市民企招商暨项目建设推进会,先后组织200余人赴上海、苏州、杭州、广州、南京等地,对优势转移项目进行考察对接。城区编印了《招商项目手续办理流程指南》,高平市派出20多支小分队与上海对接,阳城县召开中国名校(院所)成果转化项目发布会,沁水县推行企业与审批部门、与收费单位“两个不见面”工作法等。9月,组织全市18家企业、40余种产品参加第八届中国国际中小企业博览会,共签订各类协议合同20项,引资4.2亿元,贸易成交额1.32亿元。全年累计引进项目50个(富士康除外),引资241亿元,到位资金48亿元。

“十百千万”工程

继续推进“十百千万”(即用两到三年时间,建设10个创业基地,培养100名创业领军人

物、1000名创业带头人和10 000名创业者，提供10万个就业岗位）全民创业工程，泽州县大力推进南村铸造园、巴公汽配园、化工园区建设的同时，规划建设了丹河沿线无公害蔬菜基地、环城高速畜禽养殖基地、南部山区干果经济林和蚕桑基地等“五大基地”；高平市出台《关于金融系统支持全民创业优惠政策》，组织编制马村煤电化、三甲装备制造、河西轻工食品、米山高新技术四大园区建设规划，财政拨款1亿元专项用于园区建设；沁水县鼓励小微型企业发展，在原有300万元发展资金的基础上，又增加1000万元专项资金等。

人才服务

对全市百余家重点民营企业的人才状况进行走访调研，编制完成《晋城市民营经济“十二五”人才规划》。7月，举办全市中小企业、民营企业专业技术人才培训班，300多人通过答辩和评审。建立民营企业技术难题与专利技术对接平台，面向社会征集技术专利，针对性地为企业提供技术诊断和咨询服务。

银企合作

召开全市金融支持中小企业发展推进会，出台《关于金融机构支持中小企业发展的指导意见》，与人行联合启动“晋城中小企业融资网”，与建设银行开展战略合作试点工作，缓解中小企业融资压力。

安全监管

市中小企业局下发《2011年全市中小企业安全生产工作实施意见》、《关于加强节假日期间全市中小企业安全生产管理工作的紧急通知》等文件12个，召开非煤矿山安全生产例会4次，深入非煤矿山企业督查6次，加强安全隐患排查，严把复工复产验收关口，严厉打击非法采矿行为。全市非煤矿山企业安全生产无事故。

发展面临压力

企业效益增速趋缓。全市民营经济虽然实现了19.52%的增长速度，但实现利润却远远落后于增加值增幅，只达到12.65%的增幅，相差6.87个百分点。主要是原材料价格上涨、生产成本上升、劳动力成本和银行利率提高，降低企业的利润空间。

结构性矛盾依然突出。从产业构成看，传统产业比重过大，产品结构雷同，导致过度竞争，使得行业效益低下；新兴的非资源类产业仍处在起步发展阶段，还不能形成足够的替代效应。从投资构成看，外来投资增长快速，增幅较大，大项目、好项目多为外资项目，相对来讲，本土资金启动乏力，再加上数量较大本土资金外流，容易引起投资结构失衡。

生产要素制约加剧。一是土地供需矛盾突出。企业用地需求陡增，大量新建、扩建项目由于土地问题得不到解决而难以落地；二是融资难问题依然严峻。央行多次加息并连续

提高存款准备金率，年末虽有松动但态度谨慎，再加上本地资本市场发育滞后，资金链供应趋紧，使得中小企业融资压力加大。三是自主创新能力不足。受人才、资金、技术等条件限制，民营企业自主创新能力较弱、自身转型能力不足，难以适应现代市场竞争需要。

2012年工作

2012年，全市民营经济增加值完成621.52亿元，同比增长18.06%；总产值完成1771.75亿元，同比增长15.25%；营业收入完成1593.84亿元，同比增长18.34%；实现利润144.95亿元，同比增长25.26%；上缴税金86.94亿元，同比增长15.18%；提供劳动者报酬107.66亿元，同比增长13.24%。其中，规模以上工业企业增加值完成134.11亿元，同比增长27.01%；销售收入完成402.71亿元，同比增长23.46%；实现利润33.34亿元，同比增长46.25%；上缴税金24.84亿元，同比增长20.90%。

运行特点

发展速度基本平稳。一季度全市民营经济增速达到19.99%，二季度回落至18.23%，全年平均增幅为18.06%，较年初略有回落。但规模以上工业在一批重点项目的拉动下，保持了较高的增长幅度，增幅达到27.01%，超出全市民营经济平均增幅近9个百分点。

主导产品稳定增长。在全市重点监测的30种产品中，有19种产品实现不同程度增长，其中增长幅度较大的有：杂粮系列增长115.83%、生铝矾土增长56%、耐火砖增长48%、糠醇增长47.15%、成品钢材增长31.27%、服装增长29.03%、粗钢增长24.09%；其他增长的还有：水泥预制件增长18.95%、淀粉增长17.18%、生铁增长16.78%、铸铁件增长12.93%、建筑陶瓷增长11.80%、型煤增长11.38%、成品中药增长10.24%等，产销衔接较好。

项目拉动成效明显。全市民营企业累计完成投资165.7亿元，同比增长36.3%，其中100个重点项目年内完成投资74.6亿元，凤展新时代广场、清慧制造二期、福川制铁、红太阳建瓷、新奥燃气等57个项目建成投产；新上小微项目1896个，完成投资29.2亿元，70%以上项目当年投入运营。技改和新上项目直接拉动全市民营经济增幅9.7个百分点。

招商引资再创新高。全年以上海为主要招商目的地，通过组织企业参加各类经贸洽谈会、展览会、招商会，共签约项目146个，总投资657亿元，拟引资618亿元。如投资72亿元的富士康A区项目、投资53亿元的广东力宇燃气动力制造项目、投资32亿元的华龙城市商业综合体项目、投资12亿元的三英精细材料等一批招商引资项目相继落地，是近年来招商力度最大、签约项目最多、引资额度最高的一年。

出口创汇大落大起。全市民营企业上半年出口产品交货值完成17.21亿元,同比下降13.66%。但随着下半年富晋精密、泫氏铸业等出口大户形势的好转,出口交货值大幅攀升。全年出口产品交货值累计完成51.77亿元,同比增长30.69%,比上半年加快44.35个百分点。

营造发展环境

一是筹备召开全市发展壮大民营经济推进大会,就推动民营经济发展壮大进行再动员、再部署。二是市委、市政府出台《关于加快中小微企业发展的实施意见》,从放宽准入、财税支持、缓解融资、土地供应、技术创新、人才建设、组织领导等九个方面作出30条硬性规定。三是与市人大联合开展中小企业"一法一办法"执法检查,重点就各级各部门贯彻《中华人民共和国中小企业促进法》、《山西省实施〈中华人民共和国中小企业促进法〉办法》以及各级有关鼓励支持中小企业、民营经济发展的优惠政策情况进行调研督查。四是与市减负办联合开展"企业减负专项行动",分行业在重点企业建立"企业负担监测点",向企业发放《晋城市中小企业权益保护手册》、《晋城市涉企行政事业性收费项目目录》1500余册,改善中小企业发展环境。五是全面启动中小企业公共服务平台建设,与上海市研发公共管理中心达成在晋城建设"服务驿站"协议,争取国家和省专项扶持资金304万元。此外,欣鸿海科技、德通电子、吉利尔潞绸织造、昌平煤机等33家企业接受国家和省中小企业专项扶持资金1962万元。

产业结构调整

按照市政府"打造过10亿、50亿、100亿企业发展旗舰"的要求,集中精力抓100个重点新建技改项目。100个重点项目总投资201.1亿元,累计完成投资139亿元。中道能源、三英精细材料、福川精密铸件、大通铸管、海诺科技、欣鸿海热敏电阻、红太阳墙地砖生产线等57个龙头项目建成投产。全年建成10亿元以上民营企业4家,其中50亿元以上企业2家(福盛钢铁年营业收入达104亿元、富晋精密74亿元)。草拟《关于推进中小企业兼并重组的实施意见》,提出企业兼并重组的指导思想、基本原则、目标重点及具体措施。培育科技型"小巨人"企业,对列入年度"小巨人"计划的企业进行重点扶持,全年新增亿元以上民营企业13家,累计达到65家。开展企业标准化建设试点,清慧汽配、大通铸业、金工铸业、兴达铸件等15家企业首批通过验收。

招商引资

牵头组织全市民营企业先后参加第十二届中国金属冶金展、第七届中国中小企业APEC技术交流暨展览会、第九届中国国际中小企业博览会。通过参加各类经贸洽谈会、展

览会、招商会,共签约项目146个,总投资657亿元,拟引资618亿元。富士康A区项目、力宇燃气动力制造项目、华龙城市商业综合体项目、三英精细材料项目、路宝铝轮毂二期扩建项目、欣鸿海科技LED驱动电源二期项目、中视钢铁交易中心二期项目等一批招商引资项目相继落地。

"十百千万"工程

全市新建和规范建设小企业创业基地12家,其中沁水县小企业创业基地、高平市中小企业创业园被认定为"山西省中小企业创业基地"。积极为创业项目提供服务,把1000家具有发展潜力的创业项目,推介给各有关单位、中介服务机构,全年新增各级各类民营经济组织9300余家(包括个体工商户),新增就业岗位3万余个。

人才服务

组织重点民营企业参加"2012国家中小企业银河培训工程",举办四期"晋城民营经济大讲堂",与上海复旦大学科技园签订互建培训基地协议,组织全市45家装备制造企业在上海举办"晋城市装备制造业领军人才培训班",与上海交大"上海'专精特新'中小企业领军人才培训班"、上海理工大学科技园举行交流对接等。开展年度专业技术职务评聘工作,1011人通过中初级培训考试和职务评聘,31人申报高级。

银企合作

在沁水推出"中小企业助保金制度",六个县(市、区)共建立5000万元贷款风险补偿资金,建行为纳入"中小企业融资池"中的50余家企业授信4.45亿元,其中沁水、泽州、陵川3县发放贷款1.5亿元。

安全监管

指导全市176家非煤矿山企业全部建立安全生产档案,完善应急预案及各项规章制度,开展复工复产、专项整治、打非治违等专项行动,累计排查隐患258次,发现和整改问题463条。

发展面临压力

一是保持稳定增长的压力。煤、焦、铁、钢、铸等重点行业在全市民营经济中占一半左右的份额,但受国内外复杂的经济形势影响,市场疲软、有价无市的状况一直没有大的改观,发展前景仍然不够明朗,其他行业也不同程度受到市场影响,保持稳定增长的压力较大。

二是调产转型的压力。改造提升传统产业是中小企业、民营企业调产转型的重要任务之一,但传统产业的不景气不仅影响了资金的来源,而且在一定程度上挫伤了企业自主投

资的积极性，直接影响了调产转型的步伐。

三是提质增效的压力。在主导产品价格下跌的情况下，劳动力、融资、管理等生产经营成本不降反升，使企业利润空间受到大幅挤压。企业要摆脱困难，根本出路就是转变增长方式，提高质量效益，而这一点又恰恰是中小企业、民营企业的短板。如何依靠科技进步和劳动者素质提升来实现发展，对中小企业、民营企业来说是一个现实而又严峻的挑战。

四是资源环境约束的压力。一方面是资源型、粗放型的产业结构受到产业政策的限制，另一方面土地、资金、技术等瓶颈制约难以突破。

（市中小企业局）

经济发展研究

2011年工作

2011年，市政府发展研究中心组织开展城镇化工业化互动发展研究、农民增收课题研究、加强和创新社会管理研究，完成晋城打造辐射周边两小时经济圈的“一个基地、三个中心”分析研究报告。

《晋城经济》刊物

由市政府主办、市发展研究中心承办的双月刊《晋城经济》，赠阅交流范围扩大到全国140多个城市。配合重大活动，开设专辑增刊。围绕“加快转变经济发展方式”、“转型跨越发展”、“推进城乡一体化”等主题进行探讨研究。改进栏目设置，打造特色期刊，设置加快转变发展方式、转型发展、和谐发展、特色城镇化、县域经济、农民增收、新农村建设等主题栏目。配合建党90周年，增设“庆祝建党90周年专题”。

举办“晋城发展论坛”

围绕加强和创新社会管理、农民增收和城镇化与工业化互动发展三个主题举办发展论坛3期，邀请市相关企业、政府部门负责人以及多年来对晋城市经济社会发展关心、关注的专家学者展开讨论。每期论坛结束后，对论坛形成的观点进行汇总、梳理，并报市领导参阅。对论坛举办情况在《太行日报》经济版、《晋城发展研究》、晋城在线、晋城发展研究网等媒体进行公开报道。

办好《晋城发展研究》

《晋城发展研究》围绕综改试验区建设经验与启示、幸福指数、农民增收、中原经济区等几个方面内容进行解读。全年出刊24期。

办好晋城发展研究网

晋城发展研究网积极宣传市委、市政府的发展思路、战略部署和工作举措，网站内容日日更新，运行正常。

成果论证

组织邀请市发改委、经信委、农委等多个职能部门和有关专家，召开课题评审会3次，对《城镇化工业化互动发展研究》、《农民增收课题研究》和《晋城加强和创新社会管理》三大课

题进行评审论证。

2012年工作

2012年,组织开展建设区域性休闲度假旅游中心、晋城市建设区域性金融中心、关于创新管理体制加快开发区发展3个课题研究。

办好《晋城经济》

《晋城经济》提高稿件的质量和水平,围绕全市工作重点,每期突出反映一个主题,在服务经济、服务社会、服务民生等方面发挥了积极作用。开展稿件评比活动,评出一、二、三等奖,并予以表彰。

办好《晋城发展研究》

《晋城发展研究》围绕建设区域性金融中心、环境产权、云计算技术、聚焦温州改革实验区、统筹城乡发展背景下的农村土地承包经营权流转制度等几个方面的内容,出刊20期。及时向市委、市政府领导、县(市、区)及市直有关部门提供与晋城市经济社会发展密切相关的国内外信息,为晋城提供发展经验借鉴。

举办"晋城发展论坛"

围绕建设区域性金融中心、建设休闲度假旅游中心两大课题为主题举办发展论坛2期;以如何对接《中原经济区规划》,推进晋城"一争三快两率先"为主题,举办论坛1期。并将论坛形成的观点,在《晋城发展研究》、晋城发展研究网等媒体进行公开报道。

(市经济发展研究中心)

兰花科创股份有限公司

2011年工作

2011年,公司累计完成工业总产值82.27亿元,同比增长37.03%。完成工业增加值52.42亿元,同比增长23.91%。完成销售收入76.08亿元,同比增长30.91%。实现利税31.47亿元,同比增长22.48%。实现利润21.12亿元,同比增长23.23%。上缴税金16亿元,同比增长25.6%。每股收益2.91元,同比增长26.5%。公司总资产152亿元,净资产87.2亿元。

2011年,生产煤炭601.28万吨,销售煤炭531万吨,平均生产成本215.86元/吨,平均综合售价933.6元/吨,产品毛利率73%,保持全国行业先进水平。生产尿素140.47万吨,销售尿素137万吨,尿素平均生产成本1903.72元/吨,平均售价2039.17元/吨,吨尿素原料煤、燃料煤、动力电消耗为731公斤、330公斤、972度,煤化工企业整体减亏3.21亿元。

资源整合

确立"十二五"期间"强煤、调肥、上化、发展新能源新材料"的发展战略。煤炭产业规划增加资源储备10亿吨,推进新建年产240万吨玉溪煤矿、90万吨百盛煤矿、90万吨同宝煤矿、90万吨口前煤矿、120万吨永胜煤矿、90万吨宝欣煤矿、60万吨兰兴煤矿6座总产能540万吨资源整合矿井,改造提升现有洗煤厂新增产能240万吨。煤化工产业结合化肥厂搬迁调整产品结构,规划的年产20万吨己内酰胺、6万吨聚甲醛、30万吨硝基复合肥、7万吨己二酸、5万吨三聚氰胺、350MW多晶硅片、1000MW太阳能电池及组件项目通过山西省经信委立项备案。玉溪煤矿累计完成投资5.5亿元,主、副斜井和进、回风立井进入揭煤阶段,资源整合矿井全部开工。

技术创新

围绕提高产业水平、节能减排、提高资源回收等重点,确立技术开发项目17项,总投资2460万元,当年完成投资2000万元。"煤矿井下湿式喷射混凝土技术与装备的研究"项目经中国煤炭工业协会鉴定达到国际先进水平。"煤矿装备维修、维护和大修(MRO)支持系统开发及应用研究"获中国煤炭工业协会科技进步三等奖。"综放工作面随动超前自移支架技术研究"、"三下压煤安全开采可行性研究"两个项目被列为山西省企业重点创新项目,有5项科技成果入围晋城市2007—2011年科技进步奖获奖名单。全年开发专利39项,申报专利

20项，受理6项，获得授权33项。

安全环保

投入安全专项资金1.17亿元，安全工艺装备水平与安全硬件保障能力得到提高。公司煤矿全部进入国家级安全高效矿井行列，伯方煤矿和望云煤矿被命名为安全高效特级矿井，地面企业建设三级安全标准化企业进展顺利。环保减排和绿色矿山建设投入4943万元，实施生产生活污水治理、矸山治理、生态恢复治理等环保项目50多个，煤炭、化肥化工生产企业全部完成清洁生产审核，环境行为现场评价等级全部为蓝色，项目建设环保“三同时”和环境影响评价执行率为100%。安全环保操作人员持证上岗率为100%，全年未发生重大安全环保责任事故。

和谐发展

实施每10股送5股转5股派现金6元分红方案，国有持股由25 767万股增加到51 534万股，当年获得先进分红1.55亿元，累计获得分红8.5亿元。公司职工年人均收入达到5.73万元，同比增长1.48万元，增幅为34.8%，国家规定的“五险一金”等各种政策性保险全部按时足额缴纳，全年支出各种福利设施建设费用2000万元。承办晋城市首届煤炭行业职工职业技能大赛。安排原晋钢“4050”人员156人，接收复转军人140人，招聘大中专学生344人，储备煤炭化工类人力资源404人。对市区和矿区周边群众提供冬季取暖“低价煤”，让利近亿元。

2012年工作

2012年，公司全年完成工业总产值76.12亿元，同比下降7.48%。完成工业增加值54.84亿元，同比增长4.61%。实现销售收入76亿元，同比基本持平。实现利税32.23亿元，同比增长2.41%。实现利润23.06亿元，同比增长9.17%。每股收益1.63元，同比增长12.05%。上缴税金15.6亿元，同比减少2.9%。公司总资产203.7亿元，净资产103.2亿元。

2012年，生产煤炭577.5万吨，销售煤炭627.7万吨，平均生产成本252.10元/吨，平均综合售价833.97元/吨，煤炭成本控制和毛利率仍然保持行业先进水平。生产尿素157.56万吨，销售尿素152.8万吨，尿素平均生产成本1850.91元/吨，平均综合售价2129.45元/吨，全年实现利润1.08亿元，同比减亏2.3亿元。生产二甲醚21.87万吨，销售二甲醚21.7万吨。

技术创新

全年实施科技创新项目17项，实际投资2069万元。年增加经济效益1200余万元。全

年开发专利34项,申报专利21项,获得专利授权20项,获得省部级科技成果两项。

安全环保

共投入资金7654万元,实施污水治理、矸山治理、生态恢复治理等项目24个,环保“三同时”和环境影响评价执行率100%,未发生环境污染事故和环境纠纷案件。

和谐发展

全年投入安全经费1.4亿元,各生产矿井全部通过省二级以上安全质量标准化验收,化肥化工企业全部达标三级安全标准化企业。

上市情况

上市股票,每股收益为1.63元,在沪深两市所有股票中排名46位,在沪深两市34家煤炭上市公司中排名第2位,在山西省34家上市公司中排名首位。综合实力在中国上市公司500强排行榜中比2011年位次前移6位至第425位,公司股票继入选上证180、沪深300指数后,又入选上证50指数样本股。荣获中国蓝筹上市公司“金鼎奖”,“2012年度中国上市公司市值管理百佳”、“2012年度中国上市公司资本品牌百强”等称号。

项目建设

投资8.4亿元,控股收购兰花集团芦河、沁裕两座90万吨整合矿井。全年在建项目10个,累计完成投资22亿元。新建年产20万吨己内酰胺项目,完成投资2.3亿元,完成了土地平整、桩基、强夯和锅炉等大型长周期设备的招标采购。新建玉溪煤矿,完成投资7.5亿元,主副斜井、进回风立井完成揭煤,变电站、瓦斯抽放泵站、地面联合建筑等投入使用,井巷工程进入二期工程建设。其他8个收购整合煤矿项目,完成投资10.23亿元,矿井建设一期工程基本完成。

融资

9月24日,30亿元债券融资获得中国证监会发审委审核通过,11月12日,30亿元资金全部到账,成为当年全省第一家完成再融资的单位。发行债券期限5年期,与同期银行贷款相比,每年可节约财务费用支出3360万元,5年可累计节约财务成本1.68亿元。

(兰花科创股份有限公司)

财政税务

财 政

2011年工作

2011年,全市财政总收入完成181.8亿元,同比增长18.6%,其中市本级完成43.3亿元,同比增长33.9%。一般预算收入完成67.9亿元,同比增长22.4%,其中市本级完成23.4亿元,同比增长25.5%。全市一般预算支出完成113.2亿元,同比增长26%,其中市本级完成28.9亿元,同比增长19.7%。财政总收入总量排全省各市第五,增幅排第八;一般预算收入总量、增幅均排第七。

各县(市、区)财政收支情况:按财政总收入规模排序,高平市36.5亿元、泽州县34.2亿元、沁水县26.1亿元、阳城县25.3亿元、城区8.4亿元、开发区4.4亿元、陵川县3.6亿元;按财政总收入增速排序,开发区35%、城区30.9%、陵川县30.7%、沁水县17.3%、泽州县16.1%、高平市16%、阳城县1%;按一般预算收入规模排序,泽州县10.8亿元、高平市10.3亿元、阳城县7.8亿元、沁水县7.2亿元、城区5.2亿元、开发区2.0亿元、陵川县1.3亿元;按一般预算收入增速排序,城区38.7%、开发区36.6%、陵川县21.8%、阳城县19.9%、高平市19.6%、沁水县16.1%、泽州县16%。按一般预算支出规模排序,高平市17.8亿元、泽州县16.4亿元、阳城县15.3亿元、沁水县11.5亿元、陵川县9.7亿元、城区8.6亿元、开发区4.9亿元;按一般预算支出增速排序,开发区423.1%、阳城县30.3%、陵川县29.6%、城区28.3%、高平市24.1%、泽州县15.7%、沁水县14.7%。

运行特征

财政收入总体保持平稳较快增长。从财政总收入走势看,一季度增长15.1%,4、5月份受汇算清缴上年企业所得税较多以及上年基数较低等因素推动,累计增速提高到22%、26.9%;受部分重点税源企业开工不足影响,6月末、7月末分别回落到17.1%、14.1%;随后分月稳步回升,8月末为18.6%、9月末为19.0%、10月末为24.3%;年末受节能减排及上年同期基数较高等因素影响,增幅略有回落,11月末为21.8%,年末为18.6%,全年总体保持了平稳较快增长态势,与地区生产总值及规模工业增加值走势基本衔接。

一般预算收入增速快于财政总收入增速。全市一般预算收入增速快于财政总收入增速3.8个百分点,全市一般预算收入增速快于上划中央收入增速6.2个百分点,快于上划省

级收入4.1个百分点,一般预算收入占财政总收入的比重同比提高1.2个百分点。主要是各项行政事业性收费纳入预算使非税收入增速快于税收收入增速10.6个百分点,地方税种收入增速快于共享税种收入增速12.4个百分点,收入质量进一步提高。

经济运行良好拉动税收较快增长。从经济运行的总体情况看,全市结构转型步伐加快,推动了高新技术、装备制造产业税收分别增长48.7%和39.2%;工业经济运行效益总体提升,规模工业企业利润同比增长27.4%,带动企业所得税增长24.8%;固定资产投资力度持续加大,全年增速达到28.5%,带动了营业税增长21.1%,其中,建筑业和房地产业营业税分别增长30%和96.6%。在煤炭价格上涨超过20%的情况下,煤炭生产行业税收增长26.6%,但下游的电力、化工行业税收分别下降41.5%和22.4%,煤炭行业税收占财政总收入比重由上年57.5%提高到61.3%,全市税收结构单一化程度有所加重。

民生等重点支出得到切实保障。全市各级财政部门加大对民生事业的投入力度,财政支出结构更加优化。与民生事业直接相关的财政支出同比增长32.5%,拉动一般预算支出增长20.8个百分点,占一般预算支出的比重达到67.1%,同比增加3.4个百分点,其中:教育支出22.9亿元,同比增长21.6%;社会保障支出13.7亿元,同比增长24%;医疗卫生支出9.4亿元,同比增长51.5%;住房保障支出4.6亿元,同比增长7倍;城乡社区事务支出7.8亿元,同比增长19.6%;农林水事务支出13.5亿元,同比增长24.3%;文化体育与传媒支出2.6亿元,同比增长35.1%。

基层基础建设

通过"人员向基层调配、技术向基层普及、经费向基层倾斜",推动县、乡财政基本实现"四有"(有机构、有队伍、有制度、有经费)"四化"(财政管理制度化、财政业务流程化、财政工作法制化、财政手段现代化),加强基层基础建设,率先进入全国基层基础建设先进行列。先后出台《加强财政基层基础建设的实施意见》、《加强会计基础规范化建设的实施意见》、《财政基层基础建设及会计基础规范化建设考核验收方案》、《会计基础工作规范化考核办法》、《财政基层基础建设考核办法》,召开全市基层基础建设推进会,对县乡210名财政人员进行专业化培训,发放各类专用教材1200本,为每个乡镇财政所配备一台电脑,聘请省级专家对财政所建设进行具体指导,全市30%的乡镇财政所达到标准化验收要求。

信息化建设

市财政局完成中心机房建设项目,财政数据的网络传输能力和运行环境的安全保障能力得到提升。完成市级财政业务应用支撑平台和市级CA认证系统建设,办公平台和业务平台初步完成程序设计,开始调试网上预算编制、集中支付、收入收缴、工资统发、电子清

算、办公自动化、文件传输、预算指标管理、预算单位资金管理等业务运用。完成县级财政业务应用支撑平台建设,进入试运行阶段。

资金管理

市财政局对各类扶持经济发展资金效果进行评估,暂停或整合一批风险资金、结余资金、闲置资金,以及使用率较低的资金,完善经济建设专项资金管理办法,建立相关使用监督机制。出台《晋城市市直部门争取上级发展资金考核奖励办法》,开展市级财政借出款项清理,推行国有企业及国有资本金经营预算管理,促进国有资本金保值增值。制定《晋城市加快发展县域主导产业实施专项资金竞争性分配的意见》、《晋城市市级财政扶持社会组织发展暂行办法》、《晋城市科技研发资金管理办法》。农业方面,市级财政安排生产性支农资金1.7亿元,同比增长38.8%,重点支持设施蔬菜建设、农业产业化龙头企业发展、扶贫攻坚工程、造林绿化工程、应急水源建设工程、农村饮水安全工程、小型农田水利建设、大水网建设、农村购置补贴、农业灾害防治、畜牧业发展、农业综合开发。工业方面,安排资金3030万元,扶持61个工业制造类项目,拨付资金5278万元,用于240户中小企业的特色产品开发及出口、技术改造、融资担保、拓展市场、转产转型。服务业方面,安排资金1265万元,扶持51个现代服务业项目;安排资金740万元,扶持54个商贸物流业项目。富士康工业园区建设方面,调拨资金3.3亿元,支持富士康A区项目厂房建设,转贷3亿元地方政府债券资金支持工业园区配套建设,拨付资金1592万元用于二期工程启动,拨付1392万元用于工业园区工人生活补贴。科技项目方面,安排资金4700万元,扶持262项科技项目,主要用于工业项目攻关及开发、农业科技成果引进及推广、产业技术及实验平台。困难企业救助方面,向各类困难企业拨付资金7043万元,解决21户困难企业4000多名职工的生活补助、职工救济、取暖等,支持原省属国有重点煤炭企业子弟学校分离办学,妥善安置职工1285人,减轻企业负担。

金融服务

市财政局出台《晋城市财政专户资金存放商业银行管理办法》,引导商业银行加大对地方经济发展的支持力度,确保财政资金保值增值。为市中小企业担保公司增加资本金7000万元,拨付风险准备金1000万元,并争取国家担保补助资金563万元,当年担保融资6亿多元,缓解中小企业贷款难问题。建立财政金融联席工作机制,定期研究财政金融领域问题,加强财政金融合作。会同金融监管部门,对国债承销银行进行检查,对全市融资性担保公司进行规范整顿,对商业银行、信用社、担保机构分四大类十九个方面进行绩效评价,促进规范经营。对全市金融机构及信用担保机构的资产经营情况进行专题调查,基本掌握全市

金融业发展情况。

民生投入

全市用于与民生直接相关的支出同比增长32.5个百分点。市委、市政府承诺的“十件实事”及“农村街巷硬化、农村便民连锁商店、农村文化体育健身设施、中等职业教育免费、新型农村社会养老保险”五个全覆盖工程资金全部落实到位。提高五项保障水平,安排27亿元政府资金,确保城乡低保生活补助、重点优扶对象生活补贴、散居孤儿生活费、残疾人补贴、救灾、公益性岗位和再就业补贴等七项民生支出需求;拨付2亿元财政资金,保障和提高11.6万名城乡低保五保对象补助水平,城市低保年人均提高300元、农村低保年人均提高264元,农村五保年人均提高534元;拨付3.45亿财政资金,提高全市城乡居民医保财政补助标准,由年人均120元提高到200元;拨付5014万元财政资金,提高全市城乡居民基本公共卫生服务经费财政补助标准,由人均15元提高到25元。加大教育投入,拨付2572万元财政资金,免除2.6万名职高、中专学生学费,职高人均免费1200元、中专人均免费2100元;拨付4699万元财政资金,提高23.5万名农村义务教育生人均公用经费标准,小学生由300元提高到500元,初中生由500元提高到700元;拨付420万元财政资金,提高1.7万名农村寄宿制学校困难学生生活补助,小学生由500元提高到750元,初中生由750元提高到1000元;拨付1617万元财政资金,支持普通高中助学金制度,1万多名困难学生按照人均1500元标准享受就学资助,覆盖面达到20%;拨付1177万元财政资金,对全市403所不足100名学生的农村中小学给予经费补助。建立城乡低保金与物价上涨相挂钩联动机制,安排资金8543万元为城乡低保、农村五保、优抚对象、失业人员、困难学生等六类人员发放价格临时补贴,为2.9万城市低保户每人发放一次性取暖补贴1000元,为11万名城乡低保五保对象发放临时性补贴,城市低保每人504元,农村低保每人336元。优先保障贫困山区乡镇卫生院财政需求,设立专项资金,对43家实际在岗人员8人以下、就诊率不足同类卫生院二分之一的偏远贫困山区乡镇卫生院,每院补助经费10万~15万元。对经营困难的43家农村敬老院,按集中供养人数人均2000元给予冬季取暖和经费补助,1490位农村五保老人享受到集中供养保障政策。对边远山区7784名教师增发交通补贴778万元。对市域边界26个乡镇给予每镇10万元的工作经费补助。同时,积极落实转移支付政策,市级财政向陵川县新增转移支付资金1亿元,主要用于帮助解决财政供养人员工资足额发放、保障机构正常运转、扶持贫困地区产业发展;向城区新增转移支付资金5495万元,主要用于解决中小学教育经费不足、保障市场供应、防洪隐患治理及生态环境改善。

财政服务

改版“晋城财政信息网”，创办《晋城财政》杂志、《晋城财政报告》（内刊）、《晋城财政运行监测》（内刊）、“晋城财政信息”（简报），为财政系统开展工作、社会公众知政问政、党政机关科学决策提供服务。强化财政分析和财政信息发布，先后向财政部、省财政厅、市委、市政府发布财政信息300余期、700余条，提供各类数据资讯、特情分析、财经动态、重点调研200余篇。与复旦大学公共经济研究中心对接，签订战略合作协议，复旦大学公共经济研究中心将晋城市列为国家级中标课题试点市。印发《市财政局首问负责制、限时办结制、勤政廉政承诺制》、《改进工作方式提高服务水平实施办法》，制定“首问负责制、一次告知制、限时办结制、AB角工作制、公开承诺制”，清理简化办事程序60余项；各窗口单位制订便民服务指南，完善内部稽核、制衡、相互纠错机制；清理撤并22个财政专户，取消39项收费项目。

2012年工作

2012年，全市财政总收入完成213.5亿元，同比增长17.4%，增收31.7亿元，其中市本级完成49.1亿元，同比增长13.2%，增收5.8亿元；全市公共财政预算收入完成82.9亿元，同比增长22.1%，增收15亿元，其中市本级完成29.4亿元，同比增长26%，增收6亿元。全市公共财政预算支出130.4亿元，同比增长15.2%，增支17.2亿元，其中市本级支出33.5亿元，同比增长16.5%，增支4.7亿元。分征收部门看：国税部门完成107.1亿元，增长11.6%；地税部门完成85.7亿元，增长20.7%；财政部门完成21.4亿元，增长35.2%；政策性退税-0.7亿元。

各县（市、区）财政收支情况：按财政总收入规模排序，高平市42.3亿元、泽州县37.5亿元、沁水县32.6亿元、阳城县30.4亿元、城区11.6亿元、开发区5.7亿元、陵川县4.3亿元；按财政总收入增速排序，城区37.7%、开发区30.3%、沁水县25.2%、阳城县19.9%、陵川县18%、高平市16.1%、泽州县9.8%；按公共财政预算收入规模排序，泽州县12.5亿元、高平市11.9亿元、沁水县9.1亿元、阳城县8.8亿元、城区7.0亿元、开发区2.7亿元、陵川县1.5亿元；按公共财政预算收入增速排序，城区34.9%、开发区33.8%、沁水县25.2%、陵川县20.4%、高平市16.0%、泽州县15.2%、阳城县13.4%。按公共财政预算支出规模排序，高平市20.7亿元、泽州县20.2亿元、阳城县17.3亿元、沁水县14.1亿元、城区11.3亿元、陵川县11.0亿元、开发区2.3亿元；按公共财政预算支出增速排序，城区29.3%、泽州县23.5%、沁水县21.8%、高平市16.0%、陵川县13.6%、阳城县12.9%、开发区-53.7%。

运行特征

财政收入总体保持平稳较快增长。全市财政总收入和公共财政预算收入均超额完成年度工作目标,增幅分别超出省考核目标1.4个和6.1个百分点。全市财政总收入超出全省平均增幅0.2个百分点,总收入规模排名由2011年的全省第5位前移至第4位,增速排名由2011年的全省第8位前移至第7位;公共财政预算收入规模和增幅均位居全省第7位。纵观全年,在宏观经济下行压力加大的情况下,财政总收入增幅一季度末为33.6%、上半年末为30.1%、三季度末为27.8%,年末为17.4%,虽逐步趋缓但始终处于平稳较快的增长区间。

主体税种收入保持较快增长。全市企业所得税完成62.9亿元,增长44.8%,增收19.5亿元。企业所得税高速增长的主要原因:一是汇算清缴上年企业所得税同比增长116.6%,增收9.5亿元;二是亚美大宁外方股东转让股权收益企业所得税入库一次性增收4.03亿元。营业税完成17.0亿元,增长26.2%,增收3.5亿元。增值税完成88.2亿元,增长2.7%,增收2.3亿元。上述三大税种共增收25.3亿元,占财政总收入增收额的79.8%。

民生重点支出实现快速增长。市、县两级财政用于教育支出同比增长33.2%、社会保障与就业支出增长34.8%、医疗卫生支出增长20.3%、住房保障支出增长1.7倍、农林水事务支出增长18.7%,加上文化体育传媒、交通运输、城乡社区事务和节能环保等,与人民群众生活直接或密切相关的支出总计78.1亿元,占公共财政预算市县两级财力支出的70.8%,比2011年提高1.5个百分点,同比增长24.2%,高出全市公共财政预算支出增幅9个百分点。

财政改革

以科学化管理为目标,积极推进财政改革。一是创新财政专项资金分配方式。对非资源类县域主导产业6000万元专项资金、33项科技项目资金、10项文化项目资金和节能项目资金实行竞争性分配。二是调整规范市县财政体制。提出“放权强区、扩权强县”的调整规范财政体制意见,此次体制调整是在2007年体制调整的基础上,取消县级对市的递增上解,建立新的增收奖励机制,鼓励各县(市、区)多收多得,加大对各县(市、区)财力转移力度。对城区、开发区调整实行“属地入库、比例分享”的财政收入征收分成办法。三是建立绩效评价机制。成立绩效管理科,出台《晋城市财政支出绩效评价管理办法》等4项制度,建立第三方中介机构评价库、专家库、项目库、预算单位基本情况数据档案库;选择城市亮化工程、村庄园林绿化等六个项目资金进行绩效评价。四是深化国库集中收付制度改革。积极推进集中支付改革、公务卡制度改革和非税收入收缴管理制度改革。原市直单位会计结算中心与国库支付科进行职能整合,成立晋城市国库集中支付中心,市县两级全面完成会计集中核算转轨工作。推动市县两级所有预算单位所有财政性资金全部纳入国库集中支付管

理，完成国库集中支付电子清算系统建设，实现财政资金电子清算。同时，扩大公务卡结算范围，将支出项目由8项扩大到13项，公务卡结算纳入公务卡管理系统，实现信息化管理，市级公务卡制度改革覆盖市本级所有预算单位；各县（市、区）全部启动公务卡制度改革，部分县（区）将改革沿至乡级。市本级非税收入收缴管理信息系统全面上线运行，县级非税收入收缴管理改革正在进行。五是深入推进财政资金的精细化管理。按照出台的《市级部门（单位）财政拨款结余资金管理办法》，加大清理预算单位历年滚存结余资金力度，共收回沉淀于部门（单位）的各类财政资金1亿元；及时组织清理当年预算安排因各种原因未能执行的预算指标，共收回各类财政资金4.6亿元，两项举措共收回总预算资金5.6亿元，按规定程序重新安排使用。规范政府采购工作，全年完成政府采购预算13.5亿元，实际采购额12.1亿元，节约财政资金1.4亿元，节资率10.11%，市本级采购预算8.1亿元，实际采购额7.3亿元，节约资金0.78亿元，节资率达9.73%。推进财政投资评审工作，全年评审项目334个，评审资金26.56亿元，审定投资23.74亿元，审减资金2.83亿元，审减率达到10.64%。推进资产管理与预算管理的有机结合，对资产购置、出租出借、处置等方面进行规范，促进资产配置的均衡与公平。

基层基础建设

市、县两级财政部门对3040名乡村财会人员进行专业化培训，对全市84个乡镇（办事处）财政所进行验收。

信息化建设

改造提升信息网络机房，实现机房环境远程动态监控，机房环境异常变化短信报警，应用远程改变机房环境、启动服务等现代技术；“晋城财政信息网”发布各类信息6000余条，在线访问人数累计达到21万人次，被评为“2012年度晋城市十佳网站”。实现公文处理环节全面信息化管理，电子公文传输实现省、市、县联网。实现门户单点登录、预算指标管理、预算指标对账、结余资金管理、国库集中支付、电子清算、工资管理、公务卡管理、财政统管资金管理、银行账户管理、非税收入收缴管理、行政事业单位资产信息管理等12个管理系统全部建成整合上线，财政、预算单位、人行及代理银行实现联网运行。积极推进财政数据模型建设，实现数据纵横对比。各县（市、区）相继开展机房建设、网络建设、数据安全建设等基础设施建设，完成县级应用支撑平台上线工作，实现县级财政业务系统统一，实现县到乡财政的联网和到预算单位的联网工作，形成上联到市省、下联到乡、平联到预算单位的财政业务办公网络。

资金管理

农业方面，安排生产性支农资金27 515万元，同比增长33.37%，重点支持乡镇所在地村庄的绿化、干果经济林种植户奖补、连翘经济林育苗奖补、贫困村产业发展和基础设施建设、“一村一品”产业项目发展、日光温室大棚和春秋大棚、粮食丰收工程、“513”加工龙头等企业的贷款贴息、农田水利建设和水土保持工程建设和畜牧产业扶持。工业方面，安排1.3亿元专项资金，用于支持中小企业发展、节能技改和产业转型。科技项目方面，安排资金3900万元，支持289项科技项目。招商引资方面，安排工作经费2281万元，用于“四个千亿”项目对接、233项重点工程和100项工业转型项目建设。服务业方面，安排资金1433.5万元，支持服务业限上企业和商贸物流业项目建设。创业方面，安排资金3867.5万元，重点支持创业人才项目孵化基地建设、创业库建设、创业培训、创业贷款、人才招募等工作。社团组织方面，通过申报、审核、公示等程序，下达扶持资金340万元，对62个符合扶持条件的社团组织进行政府资助。融资担保方面，市级担保公司融资业务总量达5.9亿元，常规性融资担保金额5.7亿元，政策性贷款担保金额1732万元。加大争取资金力度，特别是国家、省重点扶持的保障性住房、水利项目、农村环境整治、污水处理及管网建设等领域的项目，全年共争取到上级各类资金1.94亿元，同比增加1.23亿元，增长173%。

财政服务

推行“一般事情迅即办结、重要事情三天办结、复杂事情七天办结、疑难事项及时报告”工作法。对首办负责制、限时办结制、超时默认制、勤政廉政和监督管理等方面作出12条规定。制定《集中财力办大事应急保障预案》，建立起快速反应机制，急事急办、特事特办、限时结办、跟踪服务。

（市财政局）

国 税

2011年工作

2011年，全市国税系统共组织各项收入99.6亿元，同比增长10.15%，增收8.79亿元。其中，与地方财力挂钩收入完成96.23亿元，同比增长10.06%，增收8.79亿元。

政策落实

全年共受理审核企业退（免）税申报300多户次，出口额6.04亿美元，退（免）税2.49亿元。

依法治税

全年组织自查、检查572户（次），累计查补税款2.34亿元。

纳税服务

开展个性化宣传、咨询、辅导、培训和“阳光审批”，推广多元化办税方式，落实“一站式”服务。建成标准化办税服务厅6个，在沁水县国税局召开全市纳税服务现场会。开通“税企交流平台”，建成市县两级税企QQ群9个。

税收征管

完善风险指标体系和评估模型建设，加大数据分析力度，探索税源专业化管理，提高征管质效，市国税局征管科被省劳动竞赛委员会记“集体二等功”。加强税种管理、税收核查和一般纳税人认定管理，开展出口退税预警分析，提升税政基础管理水平。进行税收票证调研，修订《专用发票管理风险监控办法》，保证发票及时供应，做好普通发票换版、检查工作。探索并规范委托代征、大型商场及专业市场管理。城区国税局签订委托代征协议38户，逐户建立征管模型、清册台账。

2012年工作

2012年，全市国税系统共组织各项税收收入111.44亿元，同比增长11.88%，增收11.83亿元，占省计划的100.28%。其中，与地方财力挂钩收入完成107.59亿元，同比增长11.80%，增收11.36亿元，占市计划的100.11%。市国税局获“山西省五一劳动奖状”。

政策落实

落实税收优惠政策和结构性减税政策，全年共抵扣固定资产进项税额3.22亿元；落实优惠政策减收4.67亿元，为出口企业退(免)税5.7亿元。市国税局被市政府表彰为创建国家级创业城市先进集体。

依法治税

开展宣传教育、行政处罚案卷评查、稽查案件监督，市国税局在全省国税系统2011年度依法行政工作考核中名列第一，被中共山西省委表彰为“依法治理示范单位”。落实税收行政执法责任制，规范88个执法事项、269个执法环节、1152项执法行为。开展“一局一项”和商贸企业管理执法检查，加大税收执法督察力度。构筑执法风险防控体系，各基层单位全部实现“执法零过错”。落实税务行政管理责任制，强化行政决策落实的监督。

纳税服务

全市国税系统构建多元化纳税服务体系，办税服务厅全部完成标准化建设，建立税企QQ群、“纳税人之家”，召开税企交流座谈会。实行多元化申报纳税方式，90%以上纳税人使用财税库银横向联网系统缴税，车购税实行POS机刷卡缴税，网络自助办税大幅推广，试点使用自助办税终端。清理简并涉税报表资料，推行无纸化办税，七项税收业务即受即办。简化办税程序，实行简易申报，“两个减负”有效落实。市国税局和6个县(市、区)国税局均被确定为政风行风免评单位。

税收征管

加强征管基础建设，强化征管数据分析应用，定期编发《征管数据报告》。依托组织机构代码共享系统开展管户巡查。加强纳税评估工作，市国税局评估模型受到省国税局通报表扬。在全省率先实现手工发票“零开具”，市国税局推广机打普通发票的做法在全省推广。推进税源专业化管理，建立风险特征库，成立市、县两级风险管理专业团队，根据《税收风险报告》，开展有针对性的风险应对。加强煤炭行业税源专业化管理，评估入库税款4.79亿元。强化商贸企业风险管理，制定《增值税专用发票管理风险监控办法》，建立逐级负责的责任体系，市、县两级定期召开分析例会，分析管理风险并制定处置措施，防范商贸企业虚开虚抵增值税专用发票行为。信息化建设完成金税三期网络改造工作，市国税局自行开发的车购税完税证明二维条码防伪系统得到省国税局肯定。加强所得税管理，征收山西亚美大宁能源有限公司间接股权转让企业所得税4.03亿元，《中国税务报》头版头条报道市国税局的做法，并编入国税总局案例交流汇编，在全国非居民税收管理工作会议上进行交流。省国税局在晋城市召开全省股权转让现场交流会，进行交流推广。

(市国税局)

地 税

2011年工作

2011年,全市地税系统共组织各项收入98.26亿元,同比增长20.16%,绝对额增收16.49亿元,其中:各项税收收入完成71.03亿元,为年计划的114.74%,同比增长32.28%,绝对额增收17.33亿元;煤炭可持续发展基金完成18.41亿元,为年计划的100.06%;其他非税收入共完成8.83亿元,同比增长15.49%。全市地税一般预算收入完成37.81亿元,同比增长28.37%,绝对额增收8.35亿元。占全市财政一般预算收入比重达到55.66%,比2010年提高2.58个百分点。市地税局荣获山西省五一劳动奖章,被省劳动竞赛委员会荣记一等功。在全省地税系统年度目标责任考核中,排名第二。

税收征管

推进一级稽查改革,全市各级稽查部门共检查纳税单位530户,查补收入1.78亿元,其中查处少缴税款百万元以上的企业9户,查补收入1606万元。加强税收预警分析,强化重点税源监控,监控企业917户,监控收入比重达到85%以上。年所得12万元以上纳税人自行申报工作继续全省领先,全市自行申报人数达4013人,居全省第二,超任务完成比例全省第一。2010年,企业所得税汇算清缴工作顺利完成,共汇算1426户,补缴入库4.05亿元。"两税"比对工作不断加强,查补入库税款189万元。实现规费精细化管理,出台《晋城市重点费源企业监控管理办法》,对94户重点企业规费征缴情况进行监控。地方教育附加、采矿排水水资源费顺利开征。对全市资源整合后的139座煤炭生产企业进行大规模排查,全面掌握基金费源变动情况,建立起市、县、所三级纵向联动分析机制。完成全省地税系统煤炭基金报表软件的任务设计及数据测试试点工作、车船税试点工作、城建税教育费附加监控软件试点工作。全省存量房评估系统试运行暨现场推进会在晋城市召开,晋城市房地产税收征管工作受到表扬。

信息管税

共有12 917户纳税人实现财税库银电子缴税横向联网,占全市正常管户的60.79%,累计扣税10.32万笔、7.02亿元。实行网上申报的企业达4896户,占全市查账企业的54.29%。完成2.55万户、69.93万份征管档案的扫描录入工作。在省地税局年度征管质效考评中,市

地税局综合表彰率为全省第一,其中税务所前10名占5个,管理科前10名占4个。在全省优秀税收管理员选拔中,共有20名税收管理员入选,入选比例全省第一。网络发票管理系统推广和发票换版工作进展顺利,800多户企业安装开票软件。

依法行政

78条涉税意见建议被市政府及有关部门采纳。开展执法过错责任追究、行政执法案卷评查、执法风险评估等工作,初步完成市级税收规范性文件清理。城区地税局被省委表彰为"依法治理示范单位",城区地税局和沁水县地税局被省地税局表彰为"首批依法治税示范单位"。

课题调研

在省地税局《税收理论与实践》发表各类税收调研文章74篇,在省地税局、市委、市政府以上部门发表信息1200余条。完成《促进地方一般预算收入加速增长的财税对策探讨》重大课题研究,提出"三步走"策略,因地制宜实施"343"工程的构想。

纳税服务

在6个办税服务厅设立纳税服务中心,对10个办税服务厅进行规范化建设。开通网上办税服务厅,消除时空限制,拓宽服务渠道。开展十大税收宣传活动,其中"我身边的税收"征文活动、"诗书笔会"活动、"税收宣传低碳行"活动,分别获全省"2011年税收宣传月优秀创新项目"一等奖、二等奖和优秀奖,获奖比例全省第二。

2012年工作

2012年,全市地税系统各项收入115.31亿元,增长17.35%,增收17.05亿元,其中:各项税收完成85.75亿元,增长20.74%,增收14.73亿元,为年计划的104.45%;煤炭可持续发展基金完成19.6亿元,增长6.47%,增收1.19亿元,为年计划的101.55%;其他非税收入完成9.95亿元,增长12.77%,增收1.13亿元。提供全市公共财政预算收入44.48亿元,增长17.65%,增收6.67亿元,占全市财政公共预算收入的53.66%。

"343"增收工程

全市地税系统大力实施"343"增收工程(即三大产业、四项举措、三项税收政策),税收贡献开始显现。一是地税服务的"三大产业"开始大步领跑。地方制定的相关规划、政策措施借鉴吸收"343"增收工程主要内容,促进相关产业上档升级。全市文化会展产业做大做强,旅游休闲产业强势崛起,金融产业发展方兴未艾,全年旅游总收入153亿元,增长

68.21%；金融业提供营业税1.62亿元，增长46%。二是“四项举措”试点效应逐渐显现。实施企业主辅业务分离举措方面，直属三分局促成晋煤集团将其铁路运输有限公司由分公司改制为子公司，月增营业税50万元；实施餐饮企业扩大外延统一对外提供服务举措，晋城湖滨股份经营范围由餐饮业拓展到现代农业、专业后勤等方面，全年缴纳营业税251万元，增长76.78%；实施外地施工企业办证或挂靠当地举措，城区政府出台《加强外地建筑施工企业税收管理办法》，组织对外地施工企业进行执法检查，增加收入4025万元；实施壮大本地吸引外地物流企业举措，全市全年物流业提供营业税1.04亿元，增长49%。三是争取“三项”税收政策得到上级支持。特别是争取煤层气资源税收政策取得新进展，省财政厅、省地税局联合行文向财政部和国税总局提出申请。市地税稽查局围绕“343”增收工程开展检查，查补收入中，公共财政预算收入比重达58.8%；直属一分局加大发票供应力度，特别是对大型餐饮企业足额供应；直属二分局加强委托代征税款管理，29户企业共代征建筑业税款1789万元，增长52.78%；直属四分局推动皇城集团下属四矿绿化修路等劳务归村委负责，增加营业税300多万元；直属五分局推动金辇大酒店整合兼营业务，缴纳营业税675万元，增长41.6%；开发区分局帮助“兰花卡”获得业务许可，发行量达1150万元，实现地方税收77万元；泽州县地税局向县政府提出整合营运车辆意见，推动各乡镇成立运输公司，统一管理，每年可增加税收1200余万元；高平市地税局大力推动企业主辅分离，长平煤业、唐安煤业、前和煤业分别成立了服务类子公司，半年时间缴纳地方税费217万元；阳城县地税局力促阳泰集团成立财务公司，每年可增加地方税费150万元；陵川县地税局支持地方政府发挥生态优势，打造中部地区最具吸引力的旅游休闲度假中心，全年全县旅游业税收收入101万元，同比增长102%；沁水县地税局推动地方政府组建铁路运输公司，承担全县境内所有煤炭企业的煤炭运输，每年可实现地方税收1200万元。通过“343”增收工程，直接增加地方公共财政预算收入达亿元以上。

依法行政

对1450份文件进行规范性清理，对八类41项行政处罚自由裁量权进行规范，对结构性减税、房地产业管理等工作进行执法督察。开展法制宣传教育等活动，编印《税务干部常用法律手册》。沁水县地税局被省委表彰为“省级依法治理示范单位”，3个县（区）地税局被省局表彰为“依法治税先进集体”。

税源管理

省地税局重点税源监控企业1045户，监控税款比重达到85%以上。自行设计的全市系统煤炭税收监控报表软件成功启用。稳步推进财税库银电子缴税工作，全市电子缴税企业

达到14 375户,扣税11.66万笔、15.84亿元。搭建财产行为税四级监控平台,实现信息实时有效监控,共采集信息22万余条,查补房、土两税2714万元,两税比对查补税费2900余万元。车船税试点工作实现突破,收入增幅高出全省6.53个百分点。12万元以上个人所得税申报工作连续四年全省领先,全市自行申报人数为4539人,居全省第二。完成2011年度企业所得税汇算清缴工作,共汇算1588户,缴纳企业所得税40.54亿元。全市158户煤炭兼并重组企业清算过半,清算税款5.85亿元。持续深化房地产税收一体化管理,存量房评估工作继续走在全省前列,率先将评估范围覆盖全市乡镇,共采集2205个行政村信息。实现市、县、所三级煤炭基金源泉控管,创新实施基金已缴证明多方换票管理办法。全省规费征管软件成功试点取得成功。全省规费专项检查,市地税局是唯一零追缴的市级单位。

税收征管

市地税局率先提出服务型管理、辅导型稽查理念,推出“约谈式”检查、“辅导式”检查、“调研式”检查和“提纲式”自查等稽查方法。全市稽查部门共查补收入1.37亿元,其中“辅导型”稽查收入比重占85.28%。新综合征管软件全面启用。网上申报和机打发票推广取得新进展,网上申报户达到9588户,占查账征收户的90.15%;1625户纳税人使用机打发票,占发票领用户的59.26%。

税收服务

在地税系统全面推行真情服务。市区范围涉税事项实现“同城通办”,53个征收单位安装POS机,开通12366纳税服务热线,开办纳税人学校,开展十大税收宣传活动,《一切因为您》作品代表省地税局参加全国税收宣传动漫大赛,获全国唯一的最佳动漫人物设计奖。全年累计减免税收8.28亿元,免征5833户纳税人发票工本费146万元。完成纳税信用等级评定工作。全省系统纳税人满意度调查,市地税局得分89.5分,位居全省前三。

讲评活动

开展“督查落实年”活动,形成全员讲评、季度例会等具有自身特色的督查落实机制。季度例会实行多会合一,精简程序,力求实效。坚持开展全员工作讲评,征收、管理、稽查人员每月必讲,其它人员一季一讲,上级定期参加基层讲评。讲评形式不断创新,讲评内容不拘一格,稽查案例讲评、税收政策讲评、专题业务讲评、关联单位联合讲评、上下级双向讲评成为常态。

宣传调研

市地税局在全省地税系统首家实现“三代”税款及手续费计算机动态管理。科研信息工作继续领先,在省地税局网站发表信息2113条,名列全省第一;在《税收理论与实践》发表调研文章68篇,名列全省前三。市地税局被授予全市“平安建设先进单位”。

(市地税局)

金融保险

银行业务

2011年工作

2011年末，全市金融机构人民币各项贷款余额为633.45亿元，比年初增加110.53亿元，增长21.14%；全市金融机构人民币各项存款余额为1498.34亿元，比年初增加172.75亿元，增长13.04%。

信贷调控

人行晋城市中心支行出台《关于扩大直接融资，全力支持晋城经济转型跨越发展的指导意见》，鼓励支持企业改进融资方式，扩大直接融资占比。与市妇联联合出台《晋城市妇女小额担保贷款管理办法》，举办2011年晋城市妇女创业项目推荐会，推选28个项目作为贴息支持对象，现场发放贷款156万元；与财税部门联合制定《晋城市推进经济转型跨越发展财税扶持办法》，支持中小企业加快转型发展步伐。9月30日，开通晋城市融资网，在银行与企业间搭建资金与项目对接桥梁，解决中小企业融资难的问题。加强信贷投放监控与评估，重点对法人金融机构月度信贷投放计划执行情况进行监测，通过季度经济金融形势分析会、座谈会、约见谈话、信贷风险提示等形式，定期对全市经济、金融运行情况进行通报，引导金融机构合理把握信贷投放节奏。

金融服务

引导市兴业银行、招商银行等确立市场定位，创新中小企业授信、抵押担保、信贷流程，推动全市中小企业信贷业务快速发展；支持农村信用社开展金融支持农村青年、大学生“村官”、妇女创业服务活动。鼓励晋城银行围绕小微企业“短、频、急、小”的资金需求特点，量身定做信贷产品8个，年内发放小微企业贷款7.1亿元，余额达33.4亿元。引导支持大中型企业通过资本市场和银行间债券市场进行直接融资。6月，由广发银行承销的沁和煤业集团10亿元短期融资债券的第一期5亿元完成发行；10月，由市农行为晋煤集团发行的第一期33亿元中期票据获人总行批准发行；在高平市选择5～10家优秀中小企业，通过银行交易商协会发行中小企业集合票据。

信贷投放

综合运用货币政策工具，对信贷投放重点和节奏进行科学引导。一是加强票据业务管

理。引导金融机构大力发展票据业务,为企业短期资金需求提供信贷支持。全年,辖区内各金融机构共签发银行承兑汇票61.62亿元,同比增加39.09亿元;累计办理贴现209.73亿元,同比增加55.38亿元;票据贴现余额为15.41亿元。申请再贴现资金1.3亿元,解决辖区法人金融机构支持三农和中小企业资金短缺问题。二是加强利率监测管理。制定《晋城市利率定价风险评估制度》、《晋城市利率备案制度》,对辖区内4个县(市)民间借贷利率和8家小额贷款公司贷款利率监测,继续推进法人金融机构shibor建设,做好民族贸易和民族用品生产优惠利率贷款的管理工作,按季完成山西绿洲民族经济贷款贴息补贴。三是加强存款准备金管理。做好金融机构存款准备金率6次上调工作,及时了解和掌握辖内法人金融机构存款准备金的缴存情况和变动情况,对少缴存款准备金的农村信用社等金融机构进行处罚,并对违反存款准备金管理办法的金融机构进行通报。四是加强金融市场监管。对晋城银行、泽州县农村信用联社全国银行间拆借市场业务进行监测。

风险防范

规范煤炭、电力、煤化工等重点行业的数据来源、台账设立、风险分析和预警提示,为辖区各金融机构防范信贷风险提供信息渠道和交流平台。组织修订完善晋城市金融稳定协调小组联席会议制度,定期召开成员单位联席会议。整合中心支行征信、反洗钱、结算等信息资源,编发金融稳定简报,并与晋城银监分局加强金融监管信息交流,定期对监管指标进行分析评估。修订完善《晋城市金融突发事件应急预案》,各县(市)支行举办金融稳定应急管理培训,银行、证券、保险机构负责人300余人参加。提高辖区银行、证券、保险业金融机构的风险防范能力。对全市6家农村信用社法人治理结构、不良贷款清收、已置换资产处置、股金管理等方面工作进行抽查,对检查中发现的问题进行通报。成立中心支行"两管理、两综合"工作领导组,制定出台《晋城市金融服务与管理指引》、《中国人民银行晋城市中心支行综合执法检查管理办法》和《晋城市金融机构综合评价办法》、《新设金融机构开业服务与管理内部操作流程》,受理光大银行晋城分行的开业申请,对兴业银行晋城支行进行现场综合执法检查。

征信系统建设

全年累计发放贷款卡6774个,其中当年办理贷款卡431个,配发担保人贷款卡287个。对贷款卡档案实行一户一册的管理方式,全市共年审贷款卡1505个。开展中小企业信用体系建设,及时通报金融机构征集中小企业信用信息的进度、资料质量等情况。在沁水县开展中小企业信用体系试验区创建活动,整合中小企业、工商、法院、税务、质监、环保等部门的信用评价标准,推进部门间信用信息共享。到12月底,全市累计征集中小企业信用信息

4343户，其中，当年新征集52户。更新中小企业信息1385户，占应更新中小企业的32.23%。加强征信宣传，开展春节、元霄节“两节”征信知识宣传、农村青年信用示范户宣传、全国第四个“信用记录日”征信知识宣传、征信专题宣传月等活动，向群众赠送征信宣传资料和《百姓征信知识问答》、《信用拓宽致富路》、《谁动了我的信用》等书籍，共散发宣传折页10万余份，发放征信知识宣传资料70万余份，制作宣传版面200多幅，张贴征信宣传海报1000多张，接受征信知识咨询2万余人次。全面推动农村信用体系和金融生态环境建设，全市农村信用社155个网点开展信用体系建设，建立信用档案21.19万户，评定信用户19.99万户；开展建设信用体系宣传、教育、培训83次，涉及农户21.72万户，累计发放贷款109.56亿元，贷款余额38.69万元。

反洗钱工作

评估全市金融机构2010年度履行反洗钱职责情况，划分业绩等次，实施分类监管，对金融机构的普遍监管向重点监管转变。下发《关于进一步规范银行业金融机构客户身份识别工作的通知》，完善客户身份基本信息、规范代理业务操作。加强新设机构反洗钱管理，对招商银行晋城分行、兴业银行晋城支行、高平市太行村镇银行等业务人员进行培训。组织编写《反洗钱现场检查工作手册》，制定各项具体业务的现场检查方法和操作要旨。3月29日至30日，举办2011年现场检查实务培训班。5月9日至9月9日，对14家机构进行现场检查。11月7日至26日，对2010年被查的13家机构进行跟踪检查。出台《2011年晋城市金融机构反洗钱宣传月活动实施方案》，组织全市600余个金融机构网点开展以“预防洗钱犯罪营造和谐社会”为主题的反洗钱宣传月活动。举办“晋城市第四期金融系统反洗钱理论与实务培训班”，培训学员135名。召开反洗钱联席会议和情报会商会议，深化反洗钱交流与合作。

外汇管理

外汇改革。落实核销制度改革政策，开展企业进出口逾期未核销清理工作。共清理出口逾期未核销61笔，金额219万美元；清理进口逾期未核销46笔，金额1.49万美元；全市贸易出口收汇核销69 021万美元，同比增长114%。开展外汇年检工作，鼓励外资企业通过会计师事务所端口报送外汇年检数据。应参检企业29家，报送企业25家，通过年检企业25家，企业参检率为86%，通过率为100%。落实贸易信贷登记管理制度改革政策，调查辖内大中型中资企业短期融资需求，建议符合条件的中资企业申请短期外债指标，扩大中资企业融资渠道。落实国际收支交易主体网上申报政策，辖区交易主体网上申报率达100%。

外汇监督。对辖区相关银行、外商投资企业资本金结汇情况进行检查，了解资本金结

汇政策在银行、企业的执行效果。开展进口单位贸易进口及付汇情况核查,对进口项下出现异常情况的进口单位开展现场调查,对政策执行过程中出现的问题进行现场纠改解决。开展国际收支统计申报的现场核查,确保申报数据的完整性。考核辖内银行执行外汇管理规定情况,对出现问题的银行进行约见谈话。

跨境资金监测。及时了解银行、企业业务处理异常情况,对其实施动态监控。利用服务贸易项下非现场监管系统,对服务贸易外汇收支进行监测、分析和预警,并按时报送监测情况。对个人结汇资金来源和购汇资金去向进行分析、监测和预警,及时制止和纠正监测中发现的一些苗头性问题和做法。利用账户统计分析监测系统,对银行报送的经常项目账户数据的准确性进行监控,及时通知银行进行差错数据处理。

外汇宣传。组织开展以“宣传打击‘热钱’成果,普及外汇政策法规”为主题的“诚信兴商”宣传月活动,共出动人员260余人次,发放宣传资料3万份,制作宣传版画19块,滚动显示电子宣传标语600余条,发送手机短信280余条,300余人参与网络知识竞答。

支付结算

1月17日至2月28日,在全市开展改善农村支付服务环境集中宣传月活动。以转账电话为基础,以惠农卡为载体,以银行网点网络系统为支撑,继续实施小额支付结算转账电话村村通工程,实现“机到村”、“卡到户”、“钱到账”目标。截至12月底,农业银行在1998个行政村安装转账电话3248部,“机到村”率达100%;为44万户农户发放惠农卡44万张,“卡到户”率达100%;授信农户1490户,授信金额6926.3万元,为675户农户发放小额贷款3189.5万元。试点县高平市的小额支付转账电话村村通工程村覆盖率达到100%。晋煤集团财务公司在全省首家以直联方式上线电子商业汇票系统。对中国工商银行晋城分行及其下辖的4个机构网点,开展以支付结算管理、人民币银行结算账户业务、票据业务、银行卡业务、支付系统及支付信息报送等为内容的支付结算综合执法检查,对存在问题的3家金融机构行政处罚2万元。完成晋城银行所有网点、高平太行村镇银行、晋煤集团财务公司加入支付系统、电子商业汇票系统、变更支付系统行名、加入人民币银行结算账户管理系统、联网核查公民身份信息系统和申请票据制版相关资格的审核验收工作。开展“天网—2011”专项行动,制定《晋城市打击银行卡违法犯罪工作协作暂行办法》,联合公安部门和各金融机构开展打击银行卡犯罪大型宣传活动。

国库管理

在全市国库系统开展“标准化操作竞赛”活动。建立财政体制主要参数报备制度,制定“晋城市辖区财政体制及共享分成比例参数明细表”,加大对税收入库的监督检查。在全省

率先实现各级国库、所有银行、国税、地税机构税收收入缴库业务横向联网“全覆盖”，建立税款征收入库“快车道”。扩大国库直接支付范围，全市通过小额批量支付工具支付涉农补贴资金1097万元，惠及农户1509户。全市各级国库全部完成国库集中支付改革，纳入改革的预算单位914个，占全部预算单位总数的72.2%，办理国库集中支付业务占财政支出业务总量的92%。开展“国债下乡”活动，修改完善《晋城市国债下乡指导意见》，全年全市国债下乡总额度达3800万元，范围覆盖辖区40个乡镇，受惠农民近8000人。

反假币工作

建立金融机构人民币组织管理、制度体系、人员配备、残币任务、硬件设施、窗口服务、社会监督百分制综合评价体系。召开全市人民币现金收付业务座谈会，建立银企对接直通平台，促进残损人民币的快速回笼。与市公安局联合组织开展大型反假宣传月活动2次，设立街面宣传点250个，大小票、残损币兑换便民服务点860个，电子屏宣传点206个，散发宣传资料10万份，悬挂、张贴宣传标语900余条，出动宣传人员2400余人次，面对面接受咨询1000余人次，受教育群众达1.5万余人次。全年共收缴假币4046张，金额36.6万元，同比下降44.5%。

统计调研

将新设立的高平太行村镇银行、光大银行晋城分行和13家小额贷款公司纳入金融统计信息监测系统，与保险业、证券期货业建立报表联系制度。全年共生产金融统计月报12期，统计季报4期，完成中小法人金融机构日报265期。整理汇编2001至2010年晋城市金融发展状况资料，客观反映“十五”和“十一五”期间晋城市金融业务发展状况。开展晋城经济金融形势分析，生产月度分析12篇，货币监测分析报告12期。开展全行性系列调研活动2次，完成调研课题33个。承担完成上级行下达的重点课题4个，临时快速调查13项。编发《晋城金融信息》161期。

2012年工作

2012年末，全市金融机构人民币各项贷款余额为768.98亿元，比年初增加135.53亿元，增长21.4%；全市金融机构人民币各项存款余额为1719.16亿元，比年初增加220.82亿元，增长14.74%。

信贷调控

出台《贯彻落实“十项重点推进”工作的八点意见》、《关于金融支持全市重点项目建设

的指导意见》、《关于进一步加强银政企合作，助推晋城转型跨越发展的指导意见》和《关于加快中小微企业发展的若干意见》，鼓励支持金融机构围绕全市经济转型发展，重点做好对高新技术产业、装备制造业、旅游和现代服务业建设项目的信贷支持。制定出台《关于进一步强化金融服务、支持晋城民生发展的指导意见》、《关于建立金融支持薄弱环节多元化长效机制的实施意见》和《关于进一步规范妇女小额担保贷款、促进妇女创业就业的通知》，汇编《晋城市金融支持薄弱环节典型事例》，宣传、鼓励和引导金融机构构建差异化、特色化的金融支持薄弱环节发展模式。对法人金融机构月度信贷投放计划执行情况进行监测，通过季度经济金融形势分析会、座谈会、约见谈话、信贷风险提示等形式，定期对全市经济、金融运行情况进行通报。

金融服务

支持农业银行、建设银行、晋城银行、兴业银行在中小企业授信、抵押担保、信贷流程上开展服务创新，支持创业服务活动，大学生“村官”创业贷款余额达176.8万元，妇女创业贷款余额达1512万元；下岗失业小额担保贷款余额达548.5万元。建设银行推出小企业“助保金”免担保贷款业务，为56户小企业发放贷款2.44亿元。指导交通银行与交银信托公司合作，通过信托理财方式为晋煤集团融资6.82亿元；指导建设银行引入华泰保险公司为晋煤集团设立项目债券权投资26亿元。全年全市金融机构为企业开办非信贷融资达162.9亿元，较各项贷款新增额多27.4亿元。

信贷投放

全年辖区内各金融机构共签发银行承兑汇票144.6亿元，同比增加83亿元；累计办理贴现273亿元，同比增加63.22亿元。争取支农再贷款限额2.81亿元、中小金融机构再贷款1亿元、再贴现1亿元。加强利率监测管理，对辖区六个县(市)民间借贷利率和23家小额贷款公司贷款利率进行监测，按季完成山西绿洲、九州玻璃民族贸易贷款贴息补贴。做好金融机构存款准备金率下调工作，对少缴存款准备金的高平联社、陵川太行村镇银行进行处罚。对主要经营指标达标的泽州、高平农村信用联社、泽州浦发村镇银行实行下调1个百分点的优惠政策。对晋城银行、泽州县农村信用联社全国银行间拆借市场业务进行监测和现场检查。

风险防范

制定《晋城中支金融消费者权益保护实施办法》、《晋城中支金融消费者权益保护工作方案》，保护金融消费者的合法权益。出台《关于开展建立县域保险业监管模式的实施方案》，探索开展保险监管工作。加强重点行业及关联金融风险监测工作，开展对法人金融机

构现场评估检查，加强对“影子银行”的监测。做好中央银行专项票据兑付后续监测工作，对农村信用社票据兑付后续监测中泽州、高平联社存在的问题，与其负责人进行约见谈话。对2家农村信用社的法人治理结构、不良贷款清收、股金管理等情况进行现场检查。聘请第三方中介机构对原晋城市城市信用中心社抵债资产进行价值评估。开展金融稳定再贷款损失认定工作，撰写金融运行报告和金融稳定报告，并上报太原中心支行。

征信系统建设

全市累计发放贷款卡7290个，其中当年办理贷款卡545个，年审贷款卡1773个。全面启动机构信用代码推广应用工作，全市人民银行系统共发放新增机构信用代码证3224份，发放率达到100%；各银行业金融机构发放存量机构信用代码证18 684份，发放率达到93%以上。全市累计征集中小企业信用信息4401户，其中，当年新征集54户。取得银行授信意向中小企业达到325户。全市农村信用社195个网点开展建设信用体系宣传、教育、培训99次，涉及农户13.86万户；建立信用档案26.73万户，已评定信用户21.97万户；累计发放贷款126.83亿元，贷款余额36.75亿元。推动资信评级，评级机构进驻企业43家，完成对晋城银行40家企业资信评估与调查，进驻高平市3家小额贷款公司进行评级。加强征信宣传，全市共出动宣传人员500余人次，发放宣传资料10万余份，解答公众咨询2000余人次，全年到人民银行查询个人信用报告人数达1062人次。

反洗钱工作

收集、分析洗钱及相关犯罪案例，向辖区金融机构发布洗钱风险提示12期。加强反洗钱非现场监管，评估全市金融机构2011年度履行反洗钱职责情况。加强新增机构反洗钱管理，对光大永明人寿保险、通联支付和银联商务进行非现场监管，指导兰花大酒店与晋煤集团财务公司完成数字证书的申请换发。确定12家被查机构名单，其中银行机构9家，保险机构3家，对现场检查中发现的问题依法罚款20万元。对农业发展银行晋城分行等3家金融机构进行反洗钱跟踪检查，对光大银行晋城分行等2家金融机构进行现场督导。组织全市金融机构开展“反洗钱宣传月”活动和以“警惕网络洗钱陷阱，增强反洗钱意识”为主题的宣传活动。9月17日至18日，在阳城县举办“晋城市第五期金融机构反洗钱理论与实务培训班”。

外汇管理

外汇改革。对列入主体监管的28家企业实施分类管理，加大出口逾期未核销数据的清理，简化外汇市场准入管理，推进电子银行个人结售汇业务发展，辖区开办电子银行个人结售汇业务的银行达到5家。

外汇监督。定期开展大额交易、特定项目的专项核查，提高辖区国际收支统计申报数据和结售汇统计数据质量。鼓励外资企业通过会计师事务所端口报送外汇年检数据，全市应参检企业27家，实参检企业27家，企业参检率和通过率均为100%，会计事务所代申报率为100%。

跨境资金监测。对8家企业、11家金融机构，开展资本金大额结汇、外债结汇、服务贸易外汇收支等专项检查，查出各类违规问题64笔，金额4596.8万美元，立案5起，罚款39万元。

外汇宣传。全年开展外汇政策宣传4次。

支付结算

全市金融机构共办理电子商业汇票承兑业务21笔，金额2290万元。安装转账电话4433部，发放惠农卡442 462张、福农卡564 650张。银行卡助农取款服务点达到3851个，取款10519笔，金额240.27万元。指导市建设银行合作办理新型农村社会养老保险的代缴和代发工作，在城区、沁水县和阳城县共完成代缴业务10万人次，代缴资金3400余万元。对2011年账户检查中存在问题的6家金融机构罚款9万元；对农业银行的4个网点开展为期2个月的支付结算综合执法检查，对2家违规金融机构罚款5万元；山西兰花大酒店有限公司获得人总行颁发的支付业务许可证，成为晋城市唯一一家、山西省第二家合法的多用途预付卡发卡机构。与公安部门联合开展打击银行卡违法犯罪宣传活动。

国库管理

开展国库业务系统突发事件应急演练。推动国库会计数据集中系统(TCBS)上线。联合晋城市财政局建立财政国库业务管理网络平台，上线试行财政资金电子清算管理系统，实现财政资金的高效无纸化拨付和资金清算。扩大横向联网签约率，全年通过TIPS系统累计扣税21.09万笔，金额103.18亿元。利用小额批量支付专用工具办理涉农补贴国库直接支付业务4项1525笔，金额307万元。

反假币工作

落实中心支行分管领导现场督导制度、货币金银部门主要负责人跟班作业制度和货币金银部门分管负责人实时监控制度，修改完善制度3项，废止过时制度1项。探索建立符合农村特点的“1+3”残损人民币回收工作新机制，全市回收残损人民币248 798万元，其中回收20元以下残损人民币45 398万元，同比增长128.1%。累计投放10元以下小面额货币4.63亿元，同比增加1.7亿元，增长57.8%；投放1角硬币677万元。开展反假币进校园活动，在全市6个县(市、区)的84个乡镇、209所中小学校，宣传230余场，接受宣传的中小学生达8万余人。全年全市共收缴假币4080张，金额37.5万元。

银企合作

在晋城融资网开辟“发挥金融支持作用助推晋城转型跨越发展”栏目，新设“金融支持动态”、“创新产品”、“成效展示交流”和“金融理财服务”4个板块，展示融资产品261种，向全社会推荐宣传诚信中小企业49家，发布全市经济金融领域发生的重大事件和动态747篇。网站发布的融资信息87条，都得到银行等融资机构的答复解决；推荐的192项优秀中小企业项目中，有45个项目获得金融机构贷款支持，贷款额达39 099万元；答复客户网站咨询留言61条，处理客户投诉5起。网站融资服务机构涵盖全市银行、小额贷款公司、担保公司、典当行，金融机构会员数达181家，有322家小、微企业和个人注册为网站会员，网站点击量达18.6万次。

统计调研

建立支行向中支上报电子版金融统计信贷收支报表制度，与银监部门实现数据信息资料交流的规范化和常态化，组织推广山西省小额贷款公司统计管理信息系统，印制《晋城金融业务统计资料汇编》，共生产金融统计月报12期，统计季报4期，完成中小法人金融机构日报240期。开展晋城经济金融形势分析，生产月度分析12篇，货币监测分析报告12期。按季开展晋城市社会融资规模监测统计，定期监测全市十大行业信贷投放情况，编发《晋城金融数据信息》14期。开展全省亮点工作金融家问卷调查3次，承担并完成上级行下达的重点课题4个、临时快速调查8项，自主完成晋城市银行业金融机构2011年经营效益情况调查分析、金融支持小微企业政策解读与晋城实践2个专项调研课题，开展以“金融支持晋城经济转型综改”等为主题的全行性重点调研活动2次，形成调研报告19篇。编发《晋城金融信息》172期。

（市人行）

银行监管

2011年工作

2011年,晋城银监分局建立重点工作立项制度,制定“2011年重点工作分解表”。建立监审协作工作机制,探索建立银行监管与银行内审相互协作的工作机制,制定出台《晋城市银行、银监监审协作试行办法》,降低监管成本、提高监管效率。

融资平台建设

全市共有市、县两级融资平台7家,贷款余额22.24亿元,较年初减少1540万元。晋城市城市经济发展投资有限公司制定规范公司的具体意见,完善平台公司组织架构,做实做大净资产规模。其他平台公司通过追加担保、完善内部管理等措施,提升抗风险能力。按照“成熟一家、退出一家”的要求,实行退出机制。前三季度对交行支持的晋城城投平台公司进行现场检查,并督促平台公司追加辖区内的大型企业兰花集团承担担保连带责任保证。加强存量贷款风险管理,严控新增贷款,年内新增2.8亿元贷款均符合要求。

房地产贷款风险防控

引导各银行业机构严格执行房地产有关信贷政策,做好辖区房地产市场和信贷运行趋势的监测和分析,并开展调查研究,形成《房产新政对三线中小城市房地产市场调控效应开始显现》的调查报告,化解房地产贷款风险,做到风险可控。

调查研究

共编发调研信息54篇,被省领导批示肯定4篇。

案件防控

制定出台《晋城市银行业金融机构案件防控全员警示教育活动方案》,结合近年来农村信用社发生的重大案件编印《农村中小金融机构案例选编》教材,严防同质同类事件发生。制定“合规文化建设年”、“日常案防基础工作”、“全员警示教育活动”三项活动督查表,将案件防控各项工作要求和内容逐一进行量化分解,出台《辖区城市商业银行案件防控工作实施方案》,明确全年“六个方面”督促内容和工作要求。组织辖区银行业机构高管人员、重要岗位负责人到晋城市廉政教育基地参观学习,提高对案件防控工作重要性的认识。

改革创新

鼓励大型银行在县域增设网点，工行、交行、农发行银行服务网点向县域延伸。指导新设立的股份制商业银行通过设立自助设备和贴身客户经理，延伸其网点服务，支持光大银行晋城分行开业，鼓励晋城银行设立太原分行、晋城分行、高平太行村镇银行。支持邮储银行试点金融包片服务，使邮政金融切实服务于农村、农业、农民。晋城银行明确“城市草根银行”的发展定位，走“个、微、小”转型发展之路，1—9月份，晋城银行小微企业贷款户数和余额分别占到总户数的94.75%和贷款总额的45.67%，小微企业贷款成为主导业务。督促农村信用社做好股权改造工作。

“三农”服务

支持小企业发展，加大“三农”贷款投放。制定出台《晋城市银行业推进小企业金融服务指导意见（试行）》，开展“增强四长联动，促进中小企业融资”活动，召开全市金融服务中小企业推进会，全省首家地市级融资网站“晋城融资网”正式上线运行。出台《晋城市银行业金融机构中小企业金融服务工作考核评比办法》，激励银行业机构调整经营模式、改善信贷结构，实现银企双赢。三季度末，全市小企业贷款余额较年初增加26.79亿元，增长34.77%，高于全市贷款增速16个百分点。督促农村中小金融机构，把农户、农村小企业作为信贷优先支持重点，根据农业生产的季节性特点和农副产品生产销售周期，支持春耕备耕等特定时点贷款需求，各季均衡投放，确保“三农”贷款的有效资金供给。1—10月份，涉农贷款余额较年初增加29.4亿元，增长14.51%。

风险防控

按月监测各机构新增单户贷款情况，对存在超比例的机构及时预警。下发《关于严禁农村中小金融机构发放大额超比例贷款的通知》，督促辖区六家农村信用联社逐户建立贷款集中度压降台帐。对不断发放超比例贷款的进行行政处罚，共处罚金150万元，各机构贷款集中度上升势头得到遏制。

不良贷款监管

大型银行突出“双控”（银行的一种支付方式，由交易双方共同控制），重点关注“关注类贷款”的迁徙变化情况和“新增贷款”的资金去向两个部位的变化情况。农村信用社突出“双降”（不良贷款余额和不良贷款率下降），严把贷款“准入关”和“数量关”。1—10月，全市各银行业机构不良贷款余额较年初减少3.38亿元，不良贷款较年初下降1.56个百分点，不良贷款实现“双降”目标。

非法集资处置

召开晋城市处置非法集资领导组工作会议,下发《关于调整晋城市人民政府处置非法集资领导组成员名单的通知》。制定出台《晋城银监分局开展防范和打击非法集资集中宣传教育活动实施方案》,组织各银行业金融机构开展为期一个月的防范和打击非法集资集中宣传教育活动。

2012年工作

2012年,注重推行审慎的准入政策,实行市场准入预沟通机制,开展准入监管合理性调查,注重对金融服务承受力和满足度的调查分析。全年共办理各类准入事项166件,其中:高管人员准入事项72项,机构准入事项82项,新设机构7家,特事特办5项。

融资平台建设

全市共有市、县两级融资平台6家,4家实现现金流“全覆盖”,1家申报“全覆盖”。

房地产贷款风险防控

各银行业机构认真执行房地产有关信贷政策,年末,全市房地产贷款余额较年初减少1.74亿元,不良率低于各项贷款不良率1.16个百分点。

金融服务

新增贷款150.76亿元,创历史新高。加大对小微企业和“三农”经济支持力度,加强银政企对接,多方联动助推小微企业金融服务工作,督促涉农机构树立以县域为中心、以“三农”为重点的市场定位,加大信贷支农力度。全年,小微企业和“三农”贷款均实现“两个不低于”(涉农和小企业信贷投放,增速不低于全部贷款增量,增速不低于上年)目标。

银行改革

农村信用社股权改革和农村商业银行改制工作取得进展,农村信用社基本完成资格股转化任务。成立高风险社风险处置领导小组。确定高平联社为农村商业银行改制重点机构,确保高平联社改制农商行工作规范有序开展。尝试开办4家社区银行。大型银行市级分行均成立小企业专门服务部门。

监督管理

注重非现场监管,共召开监管通报会6场(次),约见银行业机构负责人谈话17人(次),发出监管警示书和风险提示书10份,指导现场检查立项1项。注重提高现场检查质效,共完成重点检查项目21项,检查机构317家,发现问题467个,涉及违规金额36.07亿元,提出

纠改堵漏监管意见284条。督促各银行业机构加大对违规责任人的处理力度，共处理责任人85人，其中警告68人，记过8人，开除9人。注重加强监管服务，按季召开辖区内银行业机构联席会议，分析形势，通报风险，促进良性互动。

自身建设

全面完成地方法人机构2011年度监管评级工作。督促晋城银行对各项内控制度进行梳理和规范，督促农村信用社完善制度建设，针对以往发案教训，制定58项制度、25条高压线，严控操作风险。各银行业机构均按要求向社会公示“七不准”（不准以贷转存、不准存贷挂钩、不准以贷收费、不准浮利分费、不准借贷搭销、不准一浮到顶、不准转嫁成本）、“四公开”（收费项目公开、服务质价公开、优惠政策公开、效用功能公开）内容，建立举报监督机制，公布新修订的收费价目名录，收费项目减少10类、1309项。

案件防控

落实《银行业金融机构案件防控工作考核评价办法》，按季召开案件防控工作联席会议，实施案件防控积分管理制度，严格排查“九种人”（有“黄、赌、毒”行为的人，个人或家庭经商办企业的人，大额资金炒股的人，家庭负债较大或银行有贷款的人，无故不能正常上班或经常旷工的人，交友混乱、经常出入高档消费场所的人，在职工作超过强制休假、轮岗规定时限的人，有不良记录或犯罪前科的人，已经出现违规操作的人）和涉及社会融资行为。全年银行业没有发生案件，预防各类风险事件37起。

（市银监局）

银行机构

中国工商银行晋城市分行

2011年工作

2011年,实现拨备前利润4.36亿元,同比增加5000万元,完成省分行下达任务的90.15%。本外币全部存款余额212.1亿元,净增6.58亿元(不含理财)。人民币全部存款210.6亿元,净增12.56亿元,其中:储蓄存款107.1亿元,净增11.62亿元(含理财6.8亿),完成省分行下达任务的145.3%;对公存款(含同业)103.5亿元,净增9353万元。人民币各项贷款余额87.9亿元,减少2.83亿元,其中:公司贷款减少6.39亿元;小企业贷款净增2.42亿元,完成省分行下达任务的48.42%;个人贷款净增1.14亿元,完成省分行下达任务的68.86%。

中间业务

全年实现中间业务收入1.48亿元,同比增加4754万元,完成省分行下达任务的106%。成功营销中电明秀5亿元资产管理业务,实现首期财务顾问收入2130万元。为晋煤集团审批资产管理业务5亿元,为皇城相府审批资产管理业务5亿元。发行理财产品2亿元。销售私人银行专属产品7.61亿元,实现收入898万元,同比增长3.8倍。拓展实物和交易类销售,贵金属交易及代客贵金属买卖实现收入510万元,同比增长3.2倍。与招商银行、浦发银行签订代理签发银行汇票业务,拓宽收入渠道。将福盛钢铁授信额度由7.68亿元增加到10亿元。全年办理进口信用证32819万美元,同比增长113%。为富晋精密工业(晋城)有限公司办理进口代付业务16.2亿日元,实现各类中间业务收入894万元。信用卡实现收入1700万元。

理财产品

全年个人理财类产品销售78.8亿元,完成任务的222%。代理保险快速发展,实现综合保费收入3.2亿元,完成任务的126.4%。

机构业务

全年发行社保卡35万张。与市公积金管理中心初步达成发行联名卡意向。相继推出军队公务用卡、军人保障卡和军人理财产品,保持军队存款100%市场占比。晋煤集团存款

较年初增加2.5亿元,财务公司存款日均增量4亿元,完成任务的146%。完成皇城相府银企互联项目,加快对其日均3亿元存款归集进度,与市财政局、中国电信晋城分公司、沁和能源集团公司等客户初步达成银企互联、票据池业务合作意向。

贷款业务

全行累计发放贷款44.6亿元。实施“中型企业拓户工程”,5月,在全市开展为期5个月的三项资产业务劳动竞赛活动,为晋城煤运公司发放流动资金贷款5000万元、天脊中化高平化工有限公司办理商品融资2000万元。为唐一新能源公司发放全省首笔新能源贷款5000万元。为晋城市电力燃料有限公司发放回购型国内保理业务1.2亿元。完成兰花玉溪项目5亿元贷款审批,增加晋煤集团本部及财务公司9.3亿元授信额度。小企业贷款余额突破5亿大关,小企业、个贷余额总占比达10.03%,较年初提高4.27个百分点,累办贸易融资9.6亿元。票据累贴额达23.2亿元,为全年任务的101%。

风险防控

全年共进行服务检查12次,累计对150人次进行积分处理,连续三年保持“零”有效投诉。3月,凤翔支行营业室被省分行授予“中国工商银行山西省分行旗舰营业网点”称号。制定《基层主要负责人案防日常基础工作实施细则》,强化检查监督力度,抓好风险点的防控治理。全年进行现场、非现场检查591次,非现场视频累计检查717小时。加强重点部位安全防护和重点环节安全检查,预防ATM、网络电信诈骗案件21起。加强信贷业务基础管理,加大不良贷款清收力度,不良贷款率控制在0.05%以内,未发生案件和重大责任事故。

2012年工作

2012年,全行实现拨备前利润44 900万元,同比增加1345万元,完成全年任务的85.96%。人民币全部存款238.6亿元,净增28亿元,其中:储蓄存款120.4亿元,时点净增13.3亿元,完成全年任务的135.7%,日均净增10.3亿元,完成全年任务的134.7%。对公存款(含同业)118.2亿元,时点净增14.7亿元,完成全年任务的96.4%。人民币各项贷款98.2亿元,净增10.2亿元,其中:公司贷款86.7亿元,净增7.8亿元,完成全年任务的54.16%。小企业贷款6.8亿元,净增1.2亿元,完成全年任务的31.61%。个人贷款4.0亿元,净增8200万元,完成全年任务的55.71%。

中间业务

全年实现收入16 409万元,同比增加1565万元,完成全年任务的86.41%。办理晋煤集

团1.5亿元资产管理业务、沁和能源集团1.2亿元理财委托贷款和天脊集团高平化工公司3亿元资产管理业务。全年累计为晋煤集团办理理财委托贷款4.5亿元,实现收入5000万元。共办理票据托管105亿元,通过质押签发银行承兑汇票3.3亿元,实现收入43.5万元。加大企业年金市场拓展,收入同比增长92%,与兰花科创公司续签企业年金协议。与晋城银行合作的理财资金托管余额达39亿元。办理结构性存款4.9亿元,实现收入76万元。拓展私人银行客户市场,累销私人银行产品72 501万元,实现收入673万元,较2011年同期增加161万元。加大法人理财产品营销力度,销售额达7.4亿元,完成全年任务的46%,全省排名第二。开展贵金属"开门红"劳动竞赛和专项营销,实物类销售278公斤,排名全省第一。做好汽车分期付款业务,探索家装、柜台租赁分期付款新领域,与居然之家、喜临门家居签订合作协议,扩大分期付款业务规模。全年信用卡中间业务收入4158万元,同比增长89%,分期付款手续费收入1790万元,同比增长131%。

理财产品

理财类产品销售额达38.7亿元,同比增加1.7亿元,完成全年任务的59.46%。其中:人民币理财产品销售50亿元,代理保险销售2.4亿元,基金销售7.5亿元,国债销售2.6亿元。

机构业务

全年实现对公存款118.2亿元。

贷款业务

全年累计发放贷款49.8亿元。为晋煤集团新增流资贷款7.3亿元,密切跟踪并审批寺河煤矿8亿元银团贷款项目。购买兰花科创公司债券5亿元,为兰花科创新增贷款3亿元,持续跟进兰花玉溪矿井5亿元项目贷款进度。为福盛钢铁公司新增商品融资贷款1亿元。为山西兰花大宁发电有限公司发放流动资金贷款3000万元,为高平赵庄煤矿发放流动资金贷款5000万元,为高平申家庄煤矿发放流动资金贷款4000万元。为泫氏铸业公司新增商品融资贷款1000万元。办理兰花国际物流园区建设项目1.2亿元项目贷款和皇城相府1.8亿元特定资产收费权支持融资贷款,完成天泰锦辰矿井2.8亿元项目贷款的审批。为高平唐一能源公司增加贷款4000万元。积极拓展贸易融资业务,累计办理1.9亿元,其中为沁和能源集团办理国内保理业务1.7亿元,为山西天泽煤化工公司办理国内保理业务0.2亿元。加大中小企业市场拓展力度,累计发放小企业贷款7.741亿元。全年累计发放个人贷款2.83亿元,净增0.82亿元,住房贷款与非住房贷款比重为6:4。拓展票据同业出口和转贴现,票据累贴额达22.07亿元,完成全年任务的137.92%,同业占比82.52%。

风险防控

全行发生风险事件1196笔，比2011年同期下降629笔。加强网点基础管理，强化运营风险事前、事中、事后分级控制，落实对账制度，推广电子印鉴管理系统，进一步提升运营风险管理水平。启用全辖IP网络对讲系统，预防自助区抢劫客户风险事件1起，出钞口粘贴虚假小广告诈骗风险事件4起，电信诈骗风险事件22起，冒用假证件开户风险事件4起，中奖诈骗事件2起。不良贷款率控制在0.04%以内。未发生案件和重大责任事故。

（市工商银行）

中国农业银行晋城市分行

2011年工作

2011年末,人民币各项存款余额1 677 148万元,较年初下降28 005万元。其中人民币个人存款余额705 823万元,较年初下降29 616万元;人民币对公存款余额971 325万元,较年初增加1611万元;同业存款余额16 577万元,较年初下降10 224万元。各项贷款余额537 285万元,较年初增加100 871万元,增长23.11%。增加法人客户贷款99 900万元。实现中间业务收入3317万元,较2010年同期增加715万元。其中,电子银行业务收入385.97万元,完成省行下达任务的116.96%,是全行中间业务收入增幅最大的品种;投行业务实现收入660.95万元,完成计划的101.68%;代理保险实现手续费收入413.99万元,同比下降2.4%;借记卡业务收入873.7万元;信用卡消费累计达17 228万元,较2010年同期增加5507万元,增幅达46.98%;基金业务收入134.28万元;黄金业务收入31.1万元。全年自营不良贷款余额571.13万元,绝对额反弹208.95万元;委托资产累计清收2602.55万元,完成省分行下达任务的94.3%。其中清收本金2540.02万元,清收表外利息62.53万元。拨备后利润完成29 374万元,完成省分行下达任务的129.98%,同比增盈3539万元。经济增加值完成14517万元,完成省分行下达任务的129.98%,同比增加1737万元。

市场营销

开展“大行德广、伴您成长,金钥匙春天行动”综合营销活动,以电话拜年、贺卡拜年、语音拜年、上门回访拜年、客户联谊会以及礼品回馈等方式进行营销。开展“农业银行与您相约·电子银行走进万家”综合营销活动、“转账电话扫市场”营销活动,举办“转账电话走进市场”大型户外宣传活动。承销发行晋煤集团33亿元中票业务,填补承销大型国企票据发行空白。年底,全行新增对公结算账户468户;新增个人贵宾客户365户;新增代发工资客户44户,代发工资个人账户增加7909人;新增信用卡客户2069户,电子银行客户218 146户,特约商户58户。

贷款投放

支持优势行业和重点企业发展,向晋煤集团本部发放中期流资贷款212 000万元,向上市公司兰花科创发放短期流资贷款21 000万元,沁和能源发放短期流资贷款20 000万元,

沁秀煤业发放中期流资贷款20 000万元，晋城煤运发放中期流资贷款27 000万元，陵川王莽岭旅游发放贷款14 000万元，金象煤化工发放中期基建贷款10 000万元。积极支持中小企业发展，对中小微型企业实行名单制管理，对列入名单库的23户中小微型企业给予支持。到年底，累计发放中小微型企业法人客户贷款25笔20 400万元。办理票据回购业务69亿，实现净利润6900万元。

网点建设

装修改造营业网点12个，其中人工网点10个，自助网点2个。更换营业网点门楣标识32个。开展营销技能导入，实现优质文明服务导入和营销技能导入网点全覆盖。选拔基层网点大堂经理35名，网点大堂经理配备率达60%以上。加强电子产品开发和推广，完成列车自动售票系统、蟒河电子商务系统、惠农信用卡、贷记卡分期付款、POS分期商户、智锐版企业网银、美特好晋城店、阳城店的MIS收银系统等产品的推广与应用；投放自助终端34台、现金类自助银行机具15台；新推出“聪明账”、“存金通”、“个人资金归集”等多个人金融产品，丰富个人业务品种。

“村村通”工程

市政府下发《晋城市人民政府关于印发晋城市农村小额支付“村村通”实施意见的通知》，把“村村通”列为政府重要工作，明确涉农金融机构和政府相关部门的职责。成立“青年突击队”，开展“村村通”宣传和发卡工作中。制作《农行小额支付“村村通”——三农发展新时代》专题片。全年安装转账电话3248部，覆盖1998个行政村，占1556个可装机行政村的128%，占行政村总数的90%。发放惠农卡440 209张，较年初净增282 262张，占农户总户数的90%，累计发放农户贷款3771万元，较年初增加486万元，基本实现“机到村、卡到户、钱到帐”。“村村通”工程促进了存款增长，新农保账户余额78万元、财政专户余额4840万元，新农合财政专户余额16 423万元。

风险管控

发挥预警监控系统监督作用，处理会计监控系统预警信息244 407笔。对全市34个营业网点进行现场监管检查。对开立的169户财政性资金账户进行一次专项风险排查，共排查账户资金392 869万元。实行实时对账，重点账户对账率达100%，普通账户对账率达99.87%。加强非机控重要空白凭证、停用业务印章和重要空白凭证管理，收缴停用待销毁旧结算业务印章印鉴卡28枚，停用待销毁重要空白凭证338 786份。9月15日至25日，与省分行组成移位检查组，对阳城支行润城分理处、沁水支行端氏分理处开展移位检查。开展员工账户大额可疑交易排查，共排查线索24条，金额166万元。加强信贷在线监控，通过信

贷风险提示函、预警监测通报、到期贷款提示函等方式进行风险提示，督促支行化解风险，按期收回贷款。农行晋城市分行被农总行评为“案防工作先进单位”。

不良资产清收

出台《中国农业银行晋城市分行2011年自营不良清收及委托资产处置实施意见》和《中国农业银行晋城市分行2011年资产处置效益工资考核奖励办法》，成立16个专业清收组，稳步推进清收工作。推进委托代理清收，推出代理清收项目85个，签订代理清收协议9个，全年累计代理清收委托资产项目6个，金额1566万元。

2012年工作

2012年末，人民币各项存款余额1 727 737万元(含同业)，较年初增长34 012万元。其中人民币个人存款余额753 588万元，较年初增长47 765万元；人民币对公存款余额891 155万元，较年初下降80 170万元；同业存款余额82 994万元，较年初增长66 417万元。各项贷款余额618 204万元，较年初增加80 920万元，增长15.06%。增加法人客户贷款79 141万元。个人贷款较年初增加1780万元，增长27.04%。实现中间业务收入3934万元，较2011年同期增加587万元，完成省分行下达任务的76.96%。其中，电子银行业务收入537万元，完成省行下达任务的91.39%；电子渠道分流率达51%，较2011年同期增长7%。投行业务实现收入1205.58万元，完成计划的120.55%；代理保险实现手续费收入285.61万元；借记卡业务收入747万元；对公理财销量达14.71亿元，实现对公理财业务收入57.99万元，完成计划的72.49%。信用卡业务收入322万元，基金业务收入13万元；黄金业务收入27.57万元。拨备后利润完成26 790万元，完成省分行下达任务的87.86%，同比减少2584万元。

市场营销

继续开展“大行德广、伴您成长，金钥匙春天行动”综合营销活动。向大额理财客户营销对公定制理财产品，提供个性化定制服务，销售对公理财产品1.2亿元，实现手续费收入55万元。在员工中开展储蓄存款营销竞赛，营销储蓄存款20 274万元。对大中型客户实行个性化账户营销，设计满足客户需求的营销方案，富晋精密工业(晋城)有限公司资本金账户落户农行。出台《晋城市分行营业网点费用配置管理办法》，按照突出创新、平衡基数、拉开差距的原则，为34个网点拨付费用408万元，调动网点主任和基层员工的积极性。组建26人组成的个人客户经理队伍，营销储蓄存款1.5亿元。

贷款投放

累计投放贷款24.96亿元,净投放8.09亿元。大部分增量贷款投向总分行核心客户,占增量贷款的88.9%;其中煤炭行业投放6户16.73亿元,县域和"三农"贷款19户12.38亿元。全行法人客户除高平支行以前年度形成的不良贷款84万元,全部为AA级以上客户,AA级(含)以上客户贷款余额60.98亿元,比年初增加7.9亿元,余额占比99.98%。到期贷款现金收回率达100%。潜在风险客户贷款压降额完成6200万元,完成省分行全年计划3200万元的194%。下发《关于进一步提高信贷业务运作效率和质量的通知》,提高信贷审批质量和效率。全年审查各类信贷事项122笔,涉及金额57 323万元。严格执行贷后管理例会制度和贷后巡检制度,召开贷后管理例会26次,审议法人客户150户,涉及贷款金额343亿元。4月26日,举办信贷专题培训,对各支行行长、分管行长、风险经理、客户部门负责人、客户经理、市行前后台信贷人员100多人参加培训,提高从业人员素质。

服务"三农"

继续推进"惠农通"工程,共布放转账电话2736部,覆盖率达77.46%,村均机数1.36部,交易189 531笔,金融性交易70 945笔,金额102 103.16万元,机均交易25.93笔,机均交易金额37.32万元,转账电话有效率达29.75%;惠农卡发卡总数442 462张,覆盖率达100%,激活率达98.96%,惠农卡存款余额9404.49万元,卡均存款余额为213元,有效存款卡97 575张,有效率22.05%。高平市、泽州县支行取得新农保、新农合代理资格,阳城县、沁水县支行取得新农合代理资格,新农保基金专户余额为6349万元、新农合基金专户余额为34 928万元。新增投放农业类贷款5户,金额7400万元。其中产业化龙头企业4笔、贷款金额4800万元。发放个人生产经营贷款135万元。

不良贷款清收

全行清收自营不良贷款346.76万元,完成省分行下达计划的231.17%。清收处置委托资产1949.28万元,完成省分行下达计划的143.33%,资产处置工作考核排名全省农行第一 。8月1日,全省农行不良资产处置现场会在晋城召开,推广晋城市分行经验。

风险管控

开展每日预警、重点领域监测分析、到期贷款通报指导,下发信贷风险提示函22份。配合全省交叉信贷检查2次,组织风险经理信贷检查4次,对检查发现的问题进行彻底整改。加强风险经理管理,召开风险经理例会4次,对发现的38个问题下发整改通知书,督导整改。

中间业务

组织开展“农行人用农行卡”、“元旦春节刷卡促销”、“e时代赢真爱”、“电子银行主题日”、“畅刷银联卡好礼等您拿”、“晋享生活”、“贷记卡激活唤醒”“贷记卡分期体验”、“电子银行分流率网点竞赛”、“电子银行产品动户率网点竞赛”、“贷记卡发卡网点竞赛”等系列营销宣传活动。开展交叉营销,在营销存款、贷款、代发工资等产品的同时,将电子银行及信用卡产品进行捆绑式营销。开展电子产品进企业进社区活动,为客户一次性配全电子银行及信用卡产品。为沁和能源集团有限公司办理国内保理业务3500万元,实现国内保理业务收入100万元,是全省首笔办理的国内保理业务。为富士康集团富晋精密工业(晋城)有限公司办理首笔海外代付业务2994万日元。开展代收代付业务,与市财政局及高平县、泽州县、陵川县、沁水县财政局签订代收财政非税收入收缴协议,是全省第一家代理财政非税收入交易行。

(市农业银行)

中国建设银行晋城市分行

2011年工作

2011年，实现考核利润3.71亿元，同比增加1.2万元，计划完成率125.49%。实现账面利润在全省系统排名第二，在当地同行业排名第一。实现经济增加值1.91亿元，同比增加8196万元，为年计划的146.63%。

存款业务

全口径存款金额201.33亿元，比年初下降2.29亿元，余额在全省系统排名第三，新增排名第十二。其中企业存款金额114.51亿元，比年初新增1.82亿元，同比少增14.02亿元。企业存款日均余额110.16亿元，日均新增17.53亿元，创历史新高。储蓄存款余额84.19亿元，比年初下降2.77亿元，同比少增14.36亿元。同业存款余额2.62亿元，比年初下降1.33亿元，同比增加16.12亿元。

贷款业务

年末，各项贷款余额83.98亿元，当年新增15.56亿元。其中公司类贷款余额80.60亿元，本年新增14.88亿元，为年计划的342%。个人类贷款余额3.38亿元，较年初新增6822万元。成功营销13个楼盘，其中已核准楼盘10个，核准额度35 500万元，实现投放12184万元。营销经济适用房二期项目，并实现全部投放，支持住房面积3.45万平方米，投放460笔，投放金额4304万元。满足晋煤阳电热电、阳泰集团、煤运系统等一批重点项目和优质客户的信贷需求。全年新投放贷款40笔，金额22.67亿元，贷款投向主要集中在煤炭、化工等区域优势行业。新增小企业信贷客户4户，累计投放贷款3700万元，小企业信贷余额2700万元，实现利息收入14万元。五级分类不良贷款余额3706万元，比年初下降478万元，不良率0.44%，比年初下降0.17个百分点。全年共处置不良资产1008万元，现金回收不良资产602万元，其中回收本金483万元，利息119万元。

中间业务

全行实现中间业务收入13 573万元，同比增加44 475万元，在全省系统排名第三。公司类中间业务的投行业务、国际业务、银团贷款、工程造价咨询等高附加值产品，实现收入6128万元。为福盛钢铁公司办理进口开证9笔，金额21 347万美元，海外代付业务11笔，金

额23 654万美元。富士康在建行国际结算量达3240万美元,较2010年同期实现大幅增长。累计为客户融资3504亿元,其中短融6亿元,对公理财产品发行29.4亿元。个人类中间业务产品中,保险、基金、借记卡分别占到15%、23%、31%。全年发行凭证式国债4期、电子式国债5期,累计销售国债29 791万元,全省系统排名第三。累计销售实物金73 528克,全省系统排名第八。累计代理销售保险13 058万元,全省系统排名第三。实现保险收入480.72万元,全省系统排名第三。累计代销基金24 560万元,股票型基金及集合计划销量全省系统排名第一。实现中收720.5万元,全省系统排名第二。销售个人理财产品27.29亿元,实现理财产品收入381.89万元。

机构业务

通过公开招标,取得晋城市新农保和城镇居民养老保险业务代理资格,并与市人力资源和社会保障局签订合作协议。在6县(市、区)和开发区支行开办代理新农保和城镇居民养老保险业务,共开立有关账户28户。

网银业务

短信银行新增62 085户,完成计划的119.39%,短信银行同步签约率为82.16%。个人网银高级客户新增28 259户,完成计划的103.51%,个人网银同步签约率为38.24%。手机银行高级客户新增20 383户,完成计划的61.77%,手机银行签约率为27.27%。企业网银高级客户新增414户,完成计划的68.20%,企业网银高级客户同步签约率为139%。企业网银代发代扣客户新增250户,企业网银代发代扣同步签约率为59.38%。电子银行账务性交易占比为50.25%。电子银行中间业务收入388.23万元,完成计划的97%。

网点建设

上报拟新设景西路支行、凤台东街支行、凤城路支行、中原街支行、阳城东街分理处,其中景西路支行完成购置。在大阳煤矿、王坡煤矿、沁晟煤矿、中村煤矿布放自助设备4台,更换自助设备11台。全行有自助设备46台,开机率为99.11%,全省排名第二。全行缺钞率为0.43%,全省排名第一。全年日台均交易量230笔,高于全省平均水平50笔,全省排名第一。全行账务性分流率为56.19%,高于全省平均水平6.13个百分点,全省排名第五。11月28日,第一个对公机构——业务经营部COS-T系统上线运行。

风险管控

要求阳泰集团下属公司归还阳城热电可疑类贷款277万元,风险隐患客户丰润公司归还9000万元关注类贷款,清理市公路局关注类政府融资平台贷款3200万元,压缩田悦、晋丰公司关注类贷款13 100万元,累计回拨减值准备4800万元。公司类客户信用风险经济资

本占用比例从年初的9.35%下降到年末的8.38%。年末,公司类贷款余额806 030万元,减少经济资本占用7800万元。

2012年工作

2012年,全行实现考核利润4.39亿元,同比增加8000万元,完成计划的105.39%。实现账面利润3.89亿元,市场占比达42.92%,在全省系统排名第四。实现经济增加值2.35亿元,同比增加5300万元,完成计划的113.077%。

存款业务

年末,全口径存款余额234.94亿元,完成计划的105.04%,市场占比31.11%,全省系统排名第三。全口径存款新增33.61亿元,市场占比43.03%,全省系统排名第四。其中,企业存款余额131.51亿元,完成计划的113.32%,市场占比34%,全省系统排名第一。储蓄存款余额99.21亿元,完成计划的125.16%,市场占比29.03%,全省系统排名第七。

贷款业务

年末,各项贷款余额98.30亿元,完成计划的176.32%,市场占比32.73%,全省系统排名第三。各项贷款新增14.32亿元,市场占比32.22%,全省系统排名第六。个人贷款余额4.67亿元,其中个人住房类贷款余额4.34亿元,个人消费类贷款余额3233万元。个人贷款较年初新增1.28亿元,其中个人住房类贷款新增1.13亿元,个人消费类贷款新增1514万元。小企业信贷余额3.16亿元,当年累计投放3.47亿元,累计回收5800万元,净新增2.89亿元,完成省分行下达计划的144%,全省系统排名第三。其中助保贷2.68亿元,速贷通1400万元,成长之路2400万元,联贷联保1000万元,无一笔不良。成功营销“佳润尚城三期”等11个住房楼盘项目,其中10个项目获省行核准,总核准额度为5.2亿元。营销“太景底商住宅楼”等6个商铺项目,总核准额度为1.5亿元。五级分类不良贷款余额3637万元,比年初下降69万元。不良率0.37%,比年初下降0.07个百分点。实现减值回拨3747万元,经济资本占用额7.37亿元,比省行下达计划少占用1.87亿元,经济资本比例下降1.17个百分点。

中间业务

全年实现中间业务收入1.17亿元,市场占比32.45%,全省系统排名第六。通过投行渠道为客户累计融资67.7亿元,其中:为晋煤集团发行非公开定向债券50亿元,为兰花集团发行短期融资券10亿元,为阳泰集团发行股权收益权理财产品6亿元,为沁和能源集团发行资产收益权理财产品1.7亿元。与山西兰花大酒店有限公司签订备付金存管框架协议,为

全省系统首单。部分主要对公业务新产品实现破零增收,包括:第一笔国内保理业务、第一笔国内信用证业务、第一笔电子银行承兑汇票业务、第一笔公司债购买业务、第一笔履约保函业务。累计完成国际业务结算量3.7亿美元,比2011年增加1亿美元,全省系统排名第三。累计结售汇2.61亿美元,比2011年增加2287万美元,全省系统排名第二。实现外汇中间业务收入1812万元,全省系统排名第一。外汇对公存款余额为5659.50万美元,较2011年增加5444万美元,全省系统排名第一。新增国际结算客户8户。

机构业务

年末,机构类一般性存款余额68.22亿元,占全部对公存款的51.87%。当年新增9.52亿元,完成省行下达年度计划的135.96%。同业存款余额4.22亿元,当年新增1.60亿元。新增"鑫存管"签约客户1634户。全年共制作新农保社保卡76.63万张,归集新农保资金6000余万元。

网点建设

景西路支行顺利开业,中原街支行正在筹建,凤台东街支行、阳城东街支行开始选址。对8个网点高柜区进行通风改造。

风险管控

组织开展资金结算业务专项检查、对公存款风险滚动式检查、印鉴卡管理检查等现场会计检查,并利用远程监控系统组织3次非现场检查,发现各类问题35个,全部整改落实。强化柜面业务规范操作执行力度,组织季度风险检查4次,检查网点26个次。实行轻微违规行为积分管理,轻微违规行为共积分695分,其中机构积278分,153人308人次积417分。与1名发生自办业务的员工解除劳动合同。

(市建设银行)

中国银行晋城市分行

2011年工作

2011年，全行实现经营净收入22 562.17万元，同比增加651.53万元，增长2.97%。净利润9631.2万元，同比增加773.47万元，增长8.72%，完成省分行下达净利润指标的90.8%。净息差同比增长13.37%。

存款业务

年末，人民币存款余额93.26亿元，其中，储蓄存款余额40.27亿元，公司存款余额52.52亿元。市分行营业部、高平支行、阳城支行、沁水支行等4家机构人民币两项存款余额超过10亿元。外币存款余额达1148万美元，年净增197万美元，完成计划的579.41%。

贷款业务

年末，人民币各项贷款余额282 571万元，净增39 685万元，完成计划的78.82%。公司贷款余额27.6亿元，净增41 689万元，完成计划的89.08%。对晋煤集团投放贷款5亿元，其授信余额达13.4亿元，占全行公司类贷款余额的48.5%；对兰花科创公司投放贷款2亿元；对晋城国投热电银团贷款项目累计投放贷款达2.9亿元；成功营销阳泰集团晶鑫煤业公司3亿元项目贷款。授信储备方面，有近10亿元的授信总量进入省行审批阶段，10亿元的授信总量进入授信发起阶段。中小企业贷款方面，为高平吉利尔批复贷款500万元，对部分企业的授信进入申报阶段。零售贷款方面，累计发放个人住房、汽车等消费贷款4301万元。

国际结算业务

实施走出去营销战略，做成全省首笔融通达业务2000万元；办理全行单笔最大的1027万美元购售汇、汇款业务；开立外币保函业务，全年累计开立45.37万美元；开办晋城富士康远期结售汇业务，全年累计办理6772万美元；开办代客外汇买卖业务，全年累计办理62万美元；成功营销富士康三营超精密光电有限公司1600万美元资本金落户。与晋城银行、外向型企业共同签署三方协议，续做信用证项下贸易融资业务，办理福费廷业务3笔1413万美元，进步率排名全省第一。综合市场竞争力、中间业务收入、业务发展、外币账户新增、特色业务增速、利息收入六项指标，在全省国际结算业务考核评价排名第三。

中间业务

年末,实现中间业务收入1841.46万元,比2010年增加470.48万元,增长35%。依托IT蓝图,电话银行、手机银行、企业网银、个人网银等电子化中间业务产品快速发展,新增开户分别完成计划的229%、132.94%、118%、84.31%。理财业务发展势头良好,全年累计销售理财产品50.5亿元。开展产品推荐活动、业务激励竞赛活动,贵金属、基金、保险、第三方存管开户数稳步增长。开通中银财富贵宾卡业务,开展信用卡发卡和刷卡消费有奖促销活动,借记卡发卡、贷记卡发卡、商户收单、新增有效商户分别完成计划的104.57%、88.48%、107.89%、180%。与汽车经销商合作,信用卡汽车消费专项分期付款业务实现零突破。开展私人银行客户签约活动,举办出国留学报告会和外汇黄金投资报告会,带动中间业务发展。

风险防控

强化主动风险管理意识,倡导风险管理服务一线的经营管理要求,加大存量授信和新增授信风险管控力度,风险管理水平进一步提升。全面展开不良资产清降"收官"攻坚战,全年累计现金清收公司不良贷款962万元,签订还款协议1117万元。累计清收化解各类不良贷款2153.6万元,其中委托清收2079万元,完成率为98.16%;零贷不良清收74.6万元,完成率为150%。不良余额下降至295.1万元,不良率为0.1%,较年初下降0.05个百分点。对唯一纳入地方融资平台的公路局3000万元授信,完成贷款到期全额还本付息的清理任务。起诉高平三甲散热器及其担保单位赵庄煤矿清偿不良贷款本息一案,获得最高人民法院胜诉判决。

2012年工作

2012年,全行实现经营净收入29 480.05万元,较2011年增加6917.88万元,增长30.66%,完成计划的101.88%;实现拨备前利润17 345.9万元,较2011年增加5615.85万元,增长47.82%,完成省行下达计划的98.33%;实现净利润13 902.95万元,较2011年增加4271.75万元,增长44.35%,完成省行下达计划的119.3%。

存款业务

年末,企业存款余额53.64亿元,净增3.5亿元,完成省行下达保底任务的116.67%,存款日均增量10.32亿元,创全行历年最好水平。金融机构存款余额2.7亿元,净增2.23亿元,完成计划的639.77%。储蓄存款余额45.81亿元,净增5.54亿元,日均增量4.84亿元,创历年最好水平。外币存款余额1580万美元,净增432万美元,完成计划的231.02%。其中:外币公

司存款余额502万美元,净增170万美元,完成计划的103%;外币储蓄存款余额1062万美元,净增256万美元,完成计划的116.4%,余额市场份额65.72%,较年初增加5.66个百分点,增量市场占比93.43%。外币储蓄存款市场份额高于全省平均水平,得分排第一。

贷款业务

年末,贷款余额36.45亿元,净增8.19亿元,增长29.01%,较2011年增加4.2亿元,同比增长14.97%,完成年计划的222.55%,高出省行平均水平157个百分点。不良贷款余额120.74万元,下降174.36万元,降幅58.98%,同比下降38.93个百分点。在不良贷款中,公司不良贷款余额6.73万元,不良率0.002%;个人不良贷款余额114.01万元,下降174.36万元,不良率1.46%,较年初下降2.97个百分点。全年累计发放大中型公司贷款17亿元,累计办理票据贴现2.8亿元。年末,公司贷款余额35.67亿元,净增8.06亿元,完成计划的221.85%,高出省行平均水平123个百分点。全年累计发放个人住房贷款、个人信用消费贷款、营运汽车消费贷款和存单质押贷款8431万元,累计办理65笔信用卡汽车专项分期业务1118万元,并与合作商签订住房按揭项目1.65亿元。年末,个人贷款余额7823.65万元,较年初净增1319.96万元,完成计划的275%,高出省行平均水平149个百分点。

中间业务

全行实现中间业务收入3509.17万元,较2011年增加1694.71万元,同比增长额在全省15家考核单位中排名第二;中间业务收入同比增长93.4%,在全省15家考核单位中排名第一。完成计划的106.47%,高出省行平均水平6.56个百分点。中间业务进步率全省排名第一,得满分。实现公司中间业务收入1496.56万元,较2011年增加1086.4万元,增长264.87%。实现个金中间业务收入1570.21万元,较2011年增加433.32万元,增幅38.11%。发挥三级财富管理的分层作用,理财产品销售规模达22.66亿元;加大银行卡业务营销力度,信用卡、借记卡发卡、消费金额快速增长,信用卡新增有效卡量计划完成率全省第二,银行卡收入占个金板块中间业务收入的比重达到32.51%;推广新兴电子化业务,手机银行客户进步率高于全省平均水平,在地市行中排名第二。实现国际结算中间业务收入442.4万元,较2011年增加174.99万元,增长65.44%。国际贸易结算量27761万美元,增长31.34%。

银行服务

完成集中授权、运行监控与凭证影像一体化系统、公司账户复审系统、国际结算复核系统、机构网点金融信息发布系统等10个项目,全行业务流程更加顺畅便捷。顺利完成21家机构网点销售服务流程导入工作,网点经营模式发生深刻变革。整合窗口资源,实行弹性排班制度,科学设置岗位,释放柜台资源,各网点营销人员均达到30%以上。完成居然之家、

富景饭店、端氏煤矿离行式自助设备的安装调试及试运行工作。形成柜台人工服务、大厅销售、自助银行、电子银行、95566客服渠道等协调高效的产品销售服务体系。

风险防控

全面传导风险管理要求,强化主动风险管理理念,多角度开展授信监督。狠抓授信年审、客户评级、分类管理、资产盘存等基础管理,强化风险预警和风险提示。全年,公司贷款新增无不良,个人不良贷款大幅下降。落实“从严治行五条原则”,深入开展“内控管理质量提升年、案防达标年、合规在身边、防风险强内控”等活动,加大合规教育、监督和检查违规问题的查处力度,发挥录像查看中心作用,开展录像点评,持续纠改机构网点业务操作和服务方面存在的问题,违规现象持续下降。加大机构负责人、业务经理、事中人员履职能力的管理力度,强化集中授权和事后监督管理,建立以风险识别能力为核心的评价体系,全行业务差错率下降至0.2611‰,内控管理质效持续提高。加大安全保卫工作力度,成功堵截一起银行承兑汇票诈骗案件和四起电信诈骗事件,全员安全意识和防案能力明显增强。

(市中国银行)

中国农业发展银行晋城市分行

2011年工作

2011年，全行各项贷款余额为126 269万元，较年初增加26 094万元，增幅26.05%；累计投放各类贷款70 391万元，累计收回44 297万元。各项存款余额47 697万元，其中：企事业单位存款30 158万元、财政存款17 539元。存款日均余额35 168万元，较年初增加9781万元，增幅38.53%。不良贷款2317.86万元，较年初减少118万元，占比1.84%，较年初下降0.59个百分点。实现总收入8861万元，总支出6562万元，账面利润2299万元，较计划多盈利1065万元。

服务农业

认真落实上级行粮食收购各项政策，认定收购贷款资格企业19户，其中：储备企业5户，购销企业13户，加工企业1户。累计向晋城市储备库等企业投放贷款4875万元，其中投放小麦贷款1880万元；新审批泽州支行秋粮收购贷款2330万元。落实储备粮食增储计划，在确保各级储备轮换计划顺利实施基础上，新增投放市、县级应急储备贷款3134万元，年末粮油政策性贷款余额27 147万元。加强储备粮食贷款管理，对原分散管理方式进行调整，减少代储企业数量。开展地储贷款专项检查，核查地方储备粮油贷款余额24 452万元，涉及承储企业16个，全面掌握其财务状况、库存情况和储备信贷资金的使用情况。完成陵川鸿生淀粉公司收购转流资工作，出贷3000万元。为高平厦普赛尔公司发放流资贷款4200万元，为阳城源源醋业有限公司投放贷款350万元，为沁水粮食储备中心解决应急储备贷款250万元，为天泽集团化肥储备发放续贷20 000万元。

项目营销

主要营销和培育山西兰花国际物流园区建设工程、下河泉水源地北留供水工程、晋城公路分局陵沁线西上庄至阳城西河段工程、晋煤集团矿区道路环境综合治理工程和沁水县固县河截潜流工程等项目。晋城公路分局陵沁线西上庄至阳城西河段项目资料上报总行，在CM2006信贷管理系统中完成客户基本情况维护。晋城公路分局7100万元短期流资贷款项目，11月上报，12月投放。

资源配置

逐步调整信贷结构,缩减对传统粮食购销企业的贷款,重点支持厦普赛尔公司、高平粮食储备库、高平化工公司等规模大、效益好、风险小的客户。严格贷款发放手续审核,全年共召开贷审会11次,审议贷款9笔,金额7400万元。

不良贷款清收

启用信贷信息核查系统,加强日常监测,全年清收不良贷款118万元,其中:陵川客户服务组清收粮站不良贷款35万元,高平市支行清收粮站不良贷款83万元。高平支行所辖5家国有粮食购销企业217.54万元贷款形成逾期,无法收回,经多方协调,适时启动还本免息程序,与5家粮站签订减免表外欠息意向书,约定分两期归还所有不良贷款。对城区8个粮店的1038万元贷款,通过处置粮店土地等资产的方式收回贷款。

资金管理

针对存款市场利率居高不下的情况,进一步压缩资金成本,拓宽盈利空间,以低成本资金吸纳为突破口,大力营销黄金客户活期存款,增加其往来资金和回笼货款留存时间;加大对企业销货款、归行资金的监督力度,最大限度防止存款流失;对暂时没有取得贷款资格的企业,争取其开立账户,办理存款和结算业务,对已取得贷款支持的企业,按照一定比例,确定销货款回笼的额度和风险保证金的额度;强化信贷计划调控管理,有保有压,突出信贷支农重点,保证政策性粮棉油储备和粮棉油收购贷款需求。商业性贷款计划管理,继续采取按贷款项目逐笔审批的办法,保证黄金客户、产业化龙头企业以及农村基础设施建设贷款的资金需要。保险代理业务,全行累计代收保费129万元,实现代理手续费收入19.2万元,同比增加4.8万元,占省分行核定任务的106.55%。其中,车辆险代收保费60万元,占比46.51%,同比上升0.03个百分点;贷款企业团体寿险代收保费10万元,占比7.75%,同比上升2.12个百分点;贷款企业财产险代收保费28万元,占比21.71%,同比下降23.36个百分点;其它险种代收保费31万元,占比24.03%,同比上升21.21个百分点。财政补贴资金管理,全年各级财政补贴资金实际到位2809万元,到位率100%,其中:储备粮油利息补贴到位1236万元,中央和地方财政共同贴息的新增财务挂账贷款利息到位74万元,第三轮挂账贷款利息到位1499万元。全年从各项财政补贴利息资金中收息2304万元,占全部利息收入的82.02%。

审计工作

对所辖泽州县支行、高平市支行、沁水县支行、阳城客户服务组、陵川客户服务组2011年新发生的信贷业务和财会业务开展按月跟进审计,审计新发生信贷业务94笔,金额

84 237.48万元;审计新发生财务费用2807笔,金额1114.84万元。发现问题15个,现场整改9个,涉及金额2200万元;限期整改6个,涉及金额500万元。

“合规管理年”活动

围绕全省“合规管理年”活动总体规划和要求,积极开展“合规管理年”活动。3月,召开动员大会,传达和学习省分行《“合规管理年”活动总体方案》;市、县两级农发行均成立“合规管理年”活动领导组,市分行专门成立督导办,具体负责“合规管理年”活动事宜。4月初至5月上旬,组织员工学习省分行规定的公共学习篇目和重点学习内容。5月中旬,组织全行员工参加学习阶段考试,通过率为100%。编辑《“合规管理”年制度资料汇编》,为员工提供自我学习与对照检查范本。6月,开展定期检查督导,市分行组成检查组对各支行、客户服务组进行合规管理检查。在全行推行工作日志填写制度,组织客户经理尽职记录展评。通过“合规管理年”活动,营造“合规人人有责,合规创造价值”的氛围,员工合规操作和合规经营意识明显增强。

2012年工作

2012年,全行各项贷款余额95 035万元;累计投放各类贷款35 665万元,累计收回66 900万元。各项存款余额35 026万元,其中:企事业单位存款18 349万元、财政存款16 677万元。存款日均余额47 806万元,较年初增加12 638万元,增幅35.94%。不良贷款余额1167万元,较年初减少1151万元,占比1.23%,较年初下降0.61个百分点。实现总收入8672万元,总支出6290万元,账面利润2382万元,较任务多盈利9万元,较2011年多盈利83万元。

服务农业

继续落实粮食储备贷款计划,投放晋城国家储备库省储轮换贷款1000万元,投放高平储备库市级储备油贷款112万元。共发放玉米收购贷款2100万元,全部实现本息结零与库存结零。做好秋粮收购信贷工作,认定晋城储备库等11个企业的秋粮收购资格,全行粮油收购储备贷款42 550万元,占全行贷款总额的42.55%。加大农业产业化龙头企业支持力度,为高平化工农业产业化流动资金贷款3000万元、天泽煤化工市级化肥储备贷款20 000万元、高平夏普赛尔有限公司农业产业化流动资金贷款4900万元、陵川鸿生淀粉公司粮食收购贷款3000万元。

项目营销

重点营销贷款项目4个,其中上报总行项目1个,(为山西省公路局晋城分局提供中长

期农村基础设施建设贷款15.6亿元),上报省分行项目3个(山西省公路局晋城分局8500万元农村基础设施建设短期贷款、沁水县固县河截潜流项目和张峰水库水源工程项目)。

资源配置

逐步退出一部分改制不到位、经营管理差的传统粮棉购销企业。信贷投向投量由客户自担风险的粮油购销贷款为主体,转变为以有保障的各级各类储备贷款及风险较小的农业基础设施建设贷款为主体。至年底,全行政策性及商业性各类储备贷款46 405万元,占比48.83%,较年初上升11.51个百分点;粮油购销贷款3589万元,占比3.78%,较年初上升2.28个百分点;农业基础设施贷款20 375万元,占比21.44%,较年初下降12.52个百分点;其余各类挂账及其他贷款24 666万元,占比25.95%,较年初下降1.26个百分点。

不良贷款清收

高平市支行收回3个国有粮食企业不良贷款135万元。对蓝雁粮油销售公司提起诉讼,追回贷款4万元;泽州县支行清收不良贷款2万元;沁水县支行收回贷款4万元。完成陵川县10个粮食企业不良贷款的贷款核销工作,共核销不良贷款1041万元。

资金管理

保证政策性粮棉油储备和粮棉油收购贷款需求,全年累计投放18笔6569万元。商业性贷款管理,继续采取按贷款项目逐笔审批的办法,保证黄金客户、产业化龙头企业以及农村基础设施建设贷款的资金需要,全年投放12笔29 070万元;中长期贷款管理,强化日常监测。保险代理业务,全年累计代收保费125万元,实现代理手续费收入21.48万元。国际结算业务实现184万美元,咨询顾问业务实现业务收入2.04万元。财政补贴资金管理,全年应由各级财政承担利息应计3608万元,实际到位2914万元,到位率80.76%,其中:储备粮油利息补贴到位1687万元,中央和地方财政共同贴息的新增财务挂账贷款利息到位386万元,第三轮挂账贷款利息到位841万元。累计消化1998年6月1日以来政策性亏损挂账贷款本金5856万元,其中:省级财政消化陈化粮、保护价差亏损挂账贷款本金共计1548万元,市、县级财政消化其它政策性挂账贷款本金4308万元,省、市两级财政负担部分实现本息双结零,剩余应由县级财政负担的第三轮挂账贷款本金2657万元,欠息652万元。

审计工作

对市分行机关、各支行、客户服务组2012年新发生的业务进行跟进审计,审计新发生信贷业务63笔,金额45 504万元;审计新发生财务费用2027笔,金额1025万元。发现问题46个,现场整改42个,限期整改4个。

(市农业发展银行)

交通银行晋城分行

2011年工作

2011年末，全行资产总额达到106.9亿元，比年初增加19.87亿元。全行人民币各项存款余额92.6亿元，较年初增加11.67亿元，增幅14.42%，完成省分行下达年度增量计划的97.24%。其中，对公存款71.20亿元，较年初增加12.59亿元，增幅为21.49%，完成省分行下达年度增量计划的157.43%；人民币各项贷款余额44.08亿元，较年初增加5.12亿元，增幅13.13%。完成存量不良贷款清收1854万元，不良贷款余额降至2193万元，占比降至0.5%，低于总行平均水平和省分行控制水平。市场份额占比达11.29%，较2010年末提高2.16个百分点。对公存款市场占比达14.49%，较2010年末提高2.93个百分点。储蓄存款市场占比达6.5%，较2010年末提高0.62个百分点。在系统内108家省辖行中，公存款由2010年末的27位上升至17位。

市场营销

开展“沃德客户尊享季”活动，推出沃德财富客户专享限量发售版理财产品、沃德金、丰沃一生保险、沃德e贷等投资理财产品。开展“玩转三管，好礼享不停”三方存管营销活动，夯实客户基础。组织大堂经理、客户经理、新员工开展手机银行和个人网银营销推广活动，截至12月末，手机银行开立2178户，较年初新增797户；个人网银注册用户累计达到24 402户，较年初新增8662户，企业网银用户达到303户，较年初新增122户。加快构建“网点+电子银行+客户经理”三位一体经营模式，个金电子业务分流率达65.77%，对公电子分流率达26.77%，电子业务整体分流率达63.87%，比2010年提高10.2个百分点。

风险防控

全行内控综合得分88.74分，内控评价连续5年保持B+级。加强信用风险流程管理、小企业贷后管理和贷款互保管理，积极处置存量不良贷款，全年累计清收和处置存量不良贷款1854万元。加强操作风险流程管理，建立健全紧密型会计营运风险管理制度体系，提升全行会计营运内控管理水平。加强合规风险流程管理，开展“合规教育宣传年”活动和反洗钱宣传月活动，确保合规经营。

资源配置

优化信贷资源配置,主要投向符合交行行业结构调整、客户发展战略、业务转型的煤炭、交通运输等地方支柱产业。

2012年工作

2012年末,全行总资产达129.87亿元,较年初增加25.14亿元;人民币各项存款余额117.61亿元,较年初增加21.38亿元,完成省行下达任务的182.98%。其中:对公存款余额90.18亿元,较年初增加17.73亿元,完成省行下达任务的194.95%;储蓄存款余额27.43亿元,较年初增加3.65亿元,完成省行下达任务的60.88%。人民币同业存款余额7.42亿元,较年初增加2.33亿元。人民币各项贷款余额60.29亿元,较年初增加16亿元。其中,零售贷款余额1.79亿元,较年初增加1.09亿元,完成省行下达任务的110%。不良贷款现金清收441万元,完成省行下达任务的126%。千万元以上公司客户达到131户,完成省行下达任务的152.33%;达标私银客户91户,较年初新增35户,完成省行下达任务的97.22%;达标沃德客户1169户,较年初新增291户,完成省行下达任务的103.93%;达标交银客户4452户,较年初新增1021户,完成省行下达任务的102.1%。营销家易通(含POS)998户,12月动户684户,完成省行下达任务的114%。个金电子业务分流率达73.42%,对公电子分流率达39.27%,电银业务整体分流率为71.94%,完成省行下达任务的97.68%;手机银行净增数4460户,完成省行下达任务的146%;电子支付有效商户数14户,完成省行下达任务的近5倍。

市场营销

扩大客户贷方结算,通过代收客户银行承兑汇票方式吸收客户贷方结算资金12亿元,每月结算回款10亿元。积极拓展私银客户、沃德客户、交银理财客户,达标私银客户较年初新增35户,增幅62.5%;达标沃德客户较年初新增291户,增幅33.14%;达标交银客户较年初新增1021户,增幅28.83%;有效客户较年初增加2026户,增幅9.48%。全行新增代发工资客户4100户,有效代发工资客户较2011年末提升1334户,增幅48.23%;

风险防控

内部评级1-8级客户贷款余额56.29亿元,占比97.06%,较年初上升1.31个百分点;13-15级客户贷款余额1752万元,占比0.29%,较年初下降0.2个百分点。清收晋城市城市建设开发有限公司平台贷款5960万元,现金清收市场建设服务处、土产家用电器公司、东方大厦等公司贷款441万元,不良贷款余额降至1752万元,不良率降至0.29%。增强内控管理,开

展风险排查、合规自查、“查屡犯、治顽疾”专项治理等检查，全年累计实施常规检查108次，各类自查及专项排查28次，下发各类业务规范通知16个。检查整改共10个方面234个问题，其中五级问题1个、四级问题13个、三级问题51个、二级问题119个、一级问题50个。

资源配置

对交通、煤炭等鼓励类行业加大信贷投放力度，提高贷款占比；对煤化工约束类行业严格执行总行限额管控要求，贷款占比控制在年初水平以下。

（市交通银行）

晋城银行

2011年工作

2011年末,全行资产总额为228.25亿元,较年初增加9.83亿元。负债总额为213.72亿元,较年初增加7.96亿元。所有者权益14.52亿元,较年初增加1.87亿元。各项存款余额为166.93亿元,较年初增加37.51亿元。其中,储蓄存款为62.71亿元,占比37.57%,较年初增加11.98亿元。对公存款为104.22亿元,占比62.43%,较年初增加25.53亿元。各项贷款余额为89.48亿元,较年初增加16.29亿元,其中,贴现余额为10.65亿元,较年初减少9.12亿元。一般性贷款余额为78.83亿元,较年初增加25.41亿元。存贷比例为53.60%。资本充足率为12.71%。拨备覆盖率为269.18%。流动性比率为59.05%。贷款损失准备充足率259.26%。按五级分类,不良贷款余额为7767万元,较年初减少7万元。不良贷款率为0.87%,较年初下降0.19个百分点。实现拨备前利润4.69亿元,提取拨备后,实现净利润2.81亿元。

贷款业务

调整微贷业务的运行模式和管理体制,实施"强条线下的区域管理"模式。即在组织架构上,分行设立微贷业务部,其下设立微贷业务营销部、驻点支行开展业务。设立小企业金融服务中心、小企业专营支行等机构,组建专门的小贷团队,重点发展授信额度在500万元以下的小企业贷款,推动小企业贷款业务。

资产配置

对各类资产进行高效配置和运作,金融市场业务收入占全行总收入的44%,中间业务收入实现4451万元,超额完成预期目标。微贷及小型企业客户数量新增2000户以上,为2010年客户总数的140%,小企业贷款余额增长率为154.07%,微贷笔数增长率为195.92%。

理财产品

全年共研发货权质押融资产品、票据宝、国内保理等供应链融资产品20余款,累计发行理财产品96期,累计销售金额达到71.95亿元。开始办理瑞泽金贵金属交易业务。

网点建设

全年在网点配备自助取款机及存取款机13台。个人网银用户新增3163户,企业网银

客户新增484户，客户服务中心累计受理客户来电27 904次，人均呼入量为4651次，3秒内及时应答率为100%。

风险防范

制定《2011年风险管理政策16条》、《2011年风险管理工作重点》，编发《风险提示》10期、《授信业务规范》11期。出台《信贷管理规程》、《贷款调查指南》，规范全行授信管理模式及操作流程。开展信贷领域大额不良贷款、内控制度执行力、操作风险13条等自查活动，出台规章制度管理办法、不良贷款责任追究机制、柜员操作五严禁、全行员工十不准等操作细则。制定实施《案件防控体系建设方案》，落实尽职规范、教育培训、检查报告、风险积分、问责规定、信息报送、案件处置等方面制度，明晰案防体系，降低信贷风险。

队伍建设

与上海交通大学联合开办支行行长高级研修班，加强组织管理、风险管理、客户营销、团队建设等方面培训，队伍素质明显提高。

2012年工作

2012年，全行资产总额为311亿元，较年初增加83亿元，增长36.4%；负债总额为286亿元左右，较年初增加73亿元，增长34.3%；所有者权益25亿元，较年初增加10亿元，增长66.7%。各项存款余额217亿元，较年初增加50亿元，增长30%。其中，储蓄存款89亿元，占比41.10%，较年初增加27亿元，增长42.39%。对公存款128亿元，占比58.9%，较年初增加24亿元，增长23.1%。各项贷款余额约为106亿元，较年初增加16亿元，增长17.8%，其中，贴现余额6亿元，一般性贷款余额100亿元，较年初增加21亿元，增长26.6%。实现拨备前利润7.66亿元，提取拨备后，实现净利润4.02亿元，资本充足率为15.29%；拨备覆盖率为505%，不良贷款率为0.71%；流动性比率为64.34%；贷款损失准备充足率为733%。

中间业务

年末，全行中间业务收入实现1.1亿元，是2011年的2.35倍。小企业客户数净增780户，微贷客户累计发放贷款5549笔，小企业信贷中心累计实现模拟利润3365万元。零售业务种类不断增加，AUM规模迅速扩大，达到103.07亿元。

风险防范

出台《晋城银行2012年度授权与转授权规定》，对个人、公司等信贷业务中涉及的授权和转授权作出明确规定。

理财产品

全年共发行个人理财产品90期,累计销售金额93.8亿元,代销信托计划7期,累计销售金额6.7亿元。至年底,个人理财产品和代销信托余额为23.74亿元,销售“瑞泽金”实物金条13.6公斤,熊猫币套装231套,伦敦奥运会纪念金银条224万元。针对少年儿童推出睿睿卡、“成长金储蓄”、“零花钱管理”、“钱生钱理财”等理财产品,发卡6000余张。

(晋城银行)

保险机构

人保财险晋城市分公司

2011年工作

2011年，全年实现保费收入50 042万元，同比增长13.04%；占市场份额59%，较2010年下降0.75个百分点；实收保费49 627万元，同比增长11.11%；应收保费余额816万元，应收保费率1.63%。

保险业务

车险方面。实施车险“日增长工程”，车险增长7.57%，增收保费2617万元，占市场份额55.90%，同比下降2.06个百分点，续保率65.01%，居全省系统第二。

非车险方面。实施非车险“三新大行动”，推广新险种、开发新客户、拓展新领域，保费收入11 659万元，增速37.08%。市场份额回升2.65个百分点。分散业务组合产品保费收入333万元，较2010年增收78万元。营业部、高平、沁水、北留公司开办环境污染责任险，保费收入170万元。泽州、城区、陵川、黄华街、开发区公司开发风景名胜区责任险、旅游景点公众责任险、游泳池公众责任险、旅游景区人身意外险、农村团体小额意外险以及汽修厂综合保险等新险种。

农险方面。推进“人保进万家”战略，开办玉米、小麦政策性种植业保险，新增保费收入1703万元。

电子商务。电销实现签单保费5294.74万元，占市场份额73.92%，保费规模、总公司360度考核、占家用车比例、市场份额均居全省系统第一。网销实现签单保费486.15万元，居全省系统第一。

保险服务

整合理赔中心和营业部、沁水、东沟公司理赔服务资源，在沁河、长河流域分别设立端氏、东沟理赔分部；开展第六届客户节活动，为客户提供“4S店修车”等9项服务，率先推行“本市通赔”服务。全年累计处理各类案件71 881件，案件处理率100.21%，理赔周期11.94天，排名全国系统第六、全省系统第一。支付种植业保险大面积自然灾害赔款195万元。

2012年工作

2012年,实现保费收入54 390万元,增量4347万元,同比增长8.69%,增速为全省系统第二;实收保费54 693万,同比增长10.21%;占市场份额55.04%,同比下降3.96个百分点;应收保费余额763万元,应收率1.4%;实现交叉销售保费收入1688万元。

保险业务

车险方面。出台《2012年车险业务发展考评激励办法》、《2012年下半年车险业务反击战激励办法》和《车险业务反击战补充激励办法》等考核激励办法,开展《"蛟龙闹海,百万奖励"自家车专项业务竞赛活动》、《省级公务用车专项业务竞赛活动》、《"百万雄师"转入业务专项竞赛活动》等竞赛活动。全年车险续保率达69.53%。

非车险方面。"三新大行动"实现保费2800万元;"2012规模企业护航行动"实现保费330万元;全年非车险(不含农险)保费收入10 480万元,增速14.35%。

农险方面。全年实现保费收入2833.44万元,增量721.8万元,增长34.18%。全市承保率近90%;种植业保险迅速推广,农作物保险覆盖率达到76%;沁水公司首次开办设施蔬菜保险,保费收入6.25万元。年末应收保费余额率为6.54%,比控制目标低1.46个百分点。在高平、阳城、泽州、沁水4县(市)40个乡镇,建立三农保险营销服务部8个、三农保险服务站47个、三农保险服务点129个,有保险专(兼)职干部、农村协保员230名,形成"网点到镇、人员到村、服务到户"农村保险服务网络。

电子商务

4月,把市区4S店业务集中到分公司营业部,实现轿车4S店车商保费收入4500万元,增速达33%,增量1117万元,占到车险业务增量的42%。设立晋城矿区支公司,全年实现保费收入9000多万元,新增业务1120万元。开拓电网销业务,全年电网销保费收入达9648万元,规模全省第一。被总公司授予"电话车险先进服务单位"称号,是全省唯一获此殊荣的单位。

保险服务

建立专线投诉电话,全年受理客户投诉22件,升级投诉3件,全省系统最低;客户满意度考核列全省系统前三名。启动"三站一点"快捷服务,将市区内查勘定损区域划分为四大块,分别设立查勘服务点,实行驻点服务,提升理赔速度。全市万元以下车险理赔周期全国系统排名29位,万元以下非车险理赔周期全国系统排名50位。全年累计处理各类案件

69 409件，综合赔付率为57.33%。全省系统服务效能考评9次，晋城公司7次获得第一名、1次获得第二名、1次获得第三名，全年服务效能综合评比第一名，全省理赔质量综合考核4个季度均列前三名。车险理赔周期、非车险理赔周期、车险内部流转时效、估损充足率四项指标综合排名全国系统第十九，全省系统第一。快速处理“2·25”特大交通事故，预支300万元赔款进行事故善后处理；“7·30”特大暴雨灾害期间，赔付受灾车辆91辆，支付赔款310.52万元；农业保险灾害事故，全年共支付各类农业保险赔款1034万元。

（人保财险晋城分公司）

中保寿险晋城分公司

2011年工作

2011年,全年保费总收入达到10.47亿元。其中,股份公司保费收入10.23亿元,同比增长2.51%,增长幅度为全省系统第一,总保费规模跃居全省系统第五。其中:首年新单保费收入56 883.92万元,绝对额排全省第三。

寿险首年期交保费收入13 477.46万元。其中:个险首年期交保费收入7541.59万元,完成率排全省系统第五。个险首年十年期及以上期交保费收入4294.65万元,完成率排全省系统第四。银保首年期交保费收入5935.87万元,首年期交总量和完成率均排全省系统第一。银保三效产品和五年及以上的期交产品占比达68.45%,位居全省系统第一,比2010年提升6个百分点。全年标准保费收入4359.69万元,列全省系统第五。个险和银保首年期交的标保分别完成全年预算的66.34%和107.6%。短期险业务创费净增长336.34万元,同比增长91.08%,团险新单可提费用净增长23.72万元,同比增长19.63%。

市场份额

总保费市场份额为48.34%,高出竞争对手31.87个百分点。其中,个险首年期交市场份额为41.85%,个险续期保费市场份额为56.61%,银保业务市场份额为46.88%,银保首年期交市场份额为42.47%,团险渠道市场份额为39.13%。农村营销服务部个险首年期交收入1376.93万元,其中,10年期及以上首年期交825万元。农村小额保险保费收入132.46万元,同比增长6.56%。承保人次3.3万人。泽州晋庙铺营销服务部、阳城北留营销服务部被省公司评为金牌农村营销服务部。泽州下村镇营销服务部、阳城润城营销服务部被评为银牌农村营销服务部。沁水嘉峰、阳城芹池等7个营销服务部被评为铜牌农村营销服务部。

保险业务

个险方面。三季度实现个险10年期及以上首年期交保费收入2127万元,占到全省系统的三分之二。

银保方面。首年规模保费达到46 687.5万元,首年期交保费达到5935.87万元,标准保费达到1263.33万元,是全省系统唯一全面完成三项指标的单位。

团险方面。全年实现短期险保费收入2126.33万元,同比增长4.88%。实现意外险保费

收入873.45万元,同比增长27.97%。康安基金类收入1865万元,同比增长50.5%。老龄险保费收入39.67万元,增长183.36%。实现补充工伤险232.5余万元,比2010年增加40万元。短期险业务收入净增长336.34万元,同比增长91.08%。团险新单(团体补充医疗保险)可提费用比2010年净增长23.72万元,同比增长19.63%。

经营管理

在省公司财务政策取消过渡性补贴费用的基础上,公司总体创费增长62万元,其中新单创费同比增长10.21%;续期占总规模比例为44.6%,同比增长7.42%。个险续费占个险保费的81.17%,银保续费占银保保费的23.92%。费用控制率为88.2%。个险渠道短期险简单赔付率为50.58%,团险渠道短期意外险赔付率为5.17%,较2010年下降16.65%,短期险简单赔付率为39.99%,较2010年下降14.76%,出台《预算绩效管理(试行)办法》、《行政费用货币化管理(试行)办法》、《职工福利费、差旅费包干管理(试行)办法》、《总经理室成员职务消费定量管理(试行)办法》等管理制度,对公务用车使用费、办公用品费、公杂费、招待费等行政管理费用进行货币化管理。严格推行内控执行标准和承诺制度,深入开展县支公司内控评估和关键岗位检查,重点对"小金库"、诈骗及非法集资、商业贿赂、侵占及挪用保费等问题进行集中排查,全面理清系统内存在的违规问题和潜在风险。加强印章集中管理,清理废旧印章15枚。销售督察风险预警系统共排查2141人次,预警回访773条,销售人员预警回访成功率达到99.35%。开展"诚信我为先"活动,风险教育面达90%。开展保单借款催还和风险排查专项活动,保单借款逾期未还率由2010年的60%降到2011年的32%,借款逾期未还率为全省系统最低。开展运营条线的"对标考核、升级进位"活动,实行"周运营通报"和"风险周控制报表"制,防范风险。

保险服务

开展"助飞"、"双争比武"等服务活动,举办送培训进职场培训120多场。开展"牵手国寿,绿动中国"人寿客户节,启动VIP客户免费体检活动,为全市30名钻石卡和134名金卡客户提供免费体检服务。

2012年工作

2012年,总保费收入达到94 249.2万元,完成计划的93.24%,完成率排全省系统第一。其中,股份总保费收入92 027.31万元,完成计划的93.11%,完成率排全省系统第一。长期险首年标准保费收入4235.54万元,完成计划的66.41%,完成率排全省系统第二。新单保费收

入达到36 324.97万元,完成计划的74.07%,完成率排全省系统第一。10年期及以上首年期交保费收入3378.69万元,完成计划的57.36%。

实现续期业务57 457.6万元,占到总保费规模的60.96%,较2011年提高16.36个百分点。个险续期业务占到个人业务的87.86%,较2011年提高6.69个百分点。银保续期业务达到15 649.04万元,同比增长40.29%,占到银保业务的35.38%,较2011年提高11.46个百分点。寿险首年期交占寿险保费的10.68%,占比居全省系统第一。寿险首年期交占寿险首年保费的28.03%,高出全省系统平均水平3个百分点。个险渠道折标率为57.23%,排全省系统第四。银保渠道折标率为4.06%,排全省系统第一。全年实现个险首年标准保费3084.94万元。实现银保首年标准保费1147.26万元,完成计划的109.47%,完成率排全省系统第一。

保险业务

个险方面。个险首年期交保费达到5062.57万元,个险10年期及以上期交保费达到3156.08万元,个险渠道短期险保费达到426.94万元。季度举绩人力1153人,完成计划的109.8%,长险举绩人力排全省系统第一。

团险方面。全年实现团体短期险保费2189.89万元,完成计划的109.49%,完成率排全省系统第一;实现短期意外险1240.32万元,完成计划的103.36%,完成率排全省系统第三。

银保方面。银保首年保费28 186.17万元,完成计划的77.07%,完成率排全省系统第二。实现首年期交保费4363.09万元,完成新增计划的96.96%,完成率排全省系统第一。

(中保寿险晋城分公司)

太平洋财险晋城中心支公司

2011年工作

2011年，共实现保费收入8165.23万元，完成年度目标的93.85%，同比增长18.76%，其中车险保费收入6320.17万元，同比增长16.74%，非车险保费收入1845.06万元，同比增长23.32%。县区机构共实现保费收入2911.39万元，占公司保费收入的35.66%。

市场份额

总体市场份额为9.62%，同比增长0.28个百分点，增长速度高于晋城市场增速4.16个百分点，业务规模位列全市第二，其中车险市场份额为9.2%，财产险市场份额为12.07%，意健险市场份额为4.89%。

理赔服务

全年简单赔付率42.88%，结案率93.67%，结案周期21.56天。

经营效益

公司综合成本率为76.13%，平均人均产能为116.65万元。

2012年工作

2012年，共实现保费收入9395.05万元，完成年度目标的93.95%，同比增长15.06%，其中车险保费收入7503.34万元，同比增长18.72%，非车险保费收入1891.71万元，同比增长0.25%。县区机构共实现保费收入3705.57万元，占公司保费收入的39.44%，其中泽州支公司保费收入1165.22万元，同比增长48%，陵川支公司保费收入728.91万元，同比增长51%。渠道业务共实现保费收入3547.04万元，占全司保费收入的37.75%，同比增长35.38%。其中车商渠道实现保费收入1665.82万元，完成年计划的97.99%，同比增长24.18%；电话销售渠道实现保费收入1073.02万元，完成年计划的134.13%，同比增长154.92%；交叉销售渠道实现保险收入601.32万元，完成年计划的109.33%；银保渠道实现保费收入206.89万元，完成年计划的103.44%，同比增长313.78%。

市场份额

公司总体市场份额为9.51%，其中车险市场份额为9.57%，财产险市场份额为9.99%，意健险市场份额为3.24%。公司总体市场份额连续三年位列全市第二。

理赔服务

车险结案率为95.84%，车险平均结案周期17.7天。

经营效益

公司综合成本率为85.89%(其中车险综合成本率96.41%，非车险综合成本率31.32%)，综合赔付率为55.41%(其中车险综合赔付率62.76%，非车险综合赔付率17.34%)，综合费用率为30.48%，实现承保利润1066.26万元。平均人均产能为138万元。

(太平洋财险晋城支公司)

农林水牧

农 业

2011年工作

2011年，全市粮食播种面积312.3万亩，同比增加1万亩；总产量达到9.2亿公斤，为目标任务的122.7%，比2010年增长0.6%。

一是政策调动。落实中央、省强农惠农政策，兑现粮食直补、良种补贴等资金1.54亿元，通过“一卡通”直接发放到农民手中，保护和调动农民种粮积极性；二是科技增粮。示范、推广玉米、小麦等主要粮食作物优良品种20个，优种普及率达到98%以上；测土配方施肥、地膜覆盖面积分别达到153万亩和30万亩；病虫害综合防治面积达到586.2万亩，秸秆覆盖还田达到180万亩。全市粮食单产达到598斤，创历史新高；三是水利促粮。张峰水库供水工程总干渠、二干渠等相继建成投入使用，全市现状总供水能力达到5.1亿立方米，新发展高标准节水农田15万亩，组织实施了100万亩耕地综合生产能力建设工程；四是农机助力。全市农机总动力达到234万千瓦，亩均达到0.83千瓦，农业机械化水平达到64%，居全省前列；五是抗灾有效。市、县两级共筹集抗灾减灾资金2281万元，采取资金补助、物化补助两种办法，降低冬春连旱、暴雨冰雹、小麦红蜘蛛等灾害损失；六是开发添力。农业综合开发实现县(市、区)全覆盖，农业综合开发资金投资达到1.1亿元。

农民增收

制定《晋城市促进农民增收目标责任考核办法》，实行农民增收倒逼机制，把农民增收目标锁定为不低于20%。市财政筹集3000万元竞争激励资金，鼓励各县(市、区)在20%的基础上争先发展。全市农民人均现金收入为7043元，同比增长19.4%。

农产品加工“513”工程

全市农产品“513”龙头企业完成销售收入36.7亿元，为目标任务的104.9%(为省目标任务的107.9%)，同比增长26.6%。全市新上、改建、扩建农产品加工项目59个，项目开工率为100%，投资总额9.7亿元。在第二届中国(山西)特色农博会上招商引资签约项目18个，金额33.89亿元，已开工项目8个。至年底，全市农业产业化经营组织达到225家，带动农户24.9万户，占农户总数的55%；农产品加工转化率达到41%。同时，市农委加大招商引资和产业化发展力度，围绕特色农业的深加工增值，招大商、引大资，延长产业链，总投资20亿元

的枫彩彩色苗木产业发展项目和总投资5亿元的大象农牧集团肉鸡产业化建设项目开工建设,山西华龙泰集团10万吨谷物早餐项目完成前期准备工作。加大食用菌、养蜂等新兴产业培育力度,全市建成投产和在建的工厂化食用菌生产企业达到13家,基本形成城区香菇、平菇,泽州县金针菇,高平市白灵菇、草菇,阳城县杏鲍菇,陵川县黑木耳等错位发展、各具特色的产业格局,食用菌年产量达到1.2万吨。

"一村一品、一县一业"工程

市政府出台《关于大力推进"一村一品、一县一业"的实施意见》,目标任务是发展200个"一村一品"双百工程村,完成村级规划。6月,市农委抽调上百名干部,深入"一村一品"专业村开展"一村一品进村入户大调研"活动,帮助专业村制定和完善产业发展规划,研究具体推进措施,推动工作落实;7月下旬,举办发展"一村一品"建设新农村支部书记培训班,对"一村一品"专业村的带头人进行培训。至年底,"一村一品"双百村任务全部完成。

设施蔬菜建设工程

市财政列支专项经费1000万元,主要用于对设施蔬菜建设的奖补。各县(市、区)也都因地制宜出台扶持办法,高平、沁水、阳城三县(市)对每栋日光温室大棚分别补助1万元、6000元、5000元,县级财政安排专项资金近8000万元,拉动民间投资6亿元。全市完成百万棚设施蔬菜建设工程1.33万亩,为目标任务的133%(为省目标任务的190%)。申报1个部级蔬菜标准园、3个省级标准示范园和11个省级蔬菜标准园。高平市华泰农业科技有限公司被列为部级蔬菜标准园。全市集约化育苗苗床面积达到6.7万平方米,育苗量达8220万株。蔬菜种植面积达到14万亩,其中设施蔬菜累计达2.5万亩;蔬菜产量达4.8亿公斤,同比增长10.3%,产值达6.8亿元。连片发展、分户经营成为设施蔬菜发展的一个新模式,全市连片10亩以上的有112个,连片50亩以上的有53个,连片100亩以上的有36个。

粮食增收工程

全市中低产田改造方面,实际实施11.9万亩,为目标任务的119%,增产粮食688.3万公斤,增收1559万元;粮食高产创建方面,创建部级玉米高产万亩示范片6个,实施面积7.7万亩,平均单产675.6公斤,平均增产34.1%~68.4%;创建省级玉米高产万亩示范片1个,实际实施1.3万亩,平均单产624.1公斤,平均增产65.4%。创建旱地小麦高产万亩示范片3个,实际实施3.3万亩,平均亩产275.4公斤,平均增长18.8%。泽州县金村镇霍秀农场的10亩核心攻关田平均亩产达到440.2公斤。创建农业部万亩复播大豆高产示范片1个,实际实施1.1万亩,平均亩产159.7公斤,平均增产10.7%。泽州县原种场种植的10.5亩核心攻关田,平均亩产达到201.3公斤,创全省夏大豆的高产纪录;玉米丰产方建设项目方面,完成春季地膜

覆盖8.01万亩，开始实施秋季玉米丰产方9万亩建设项目。

水果双增工程

全市新发展果园5830亩，为目标任务的194.3%；改造中低产果园5100亩，为目标任务的170%。果园面积累计达到20.4万亩，产量达0.95亿公斤，产值达1.6亿元。

蚕桑产业

全市新增桑园面积5400亩，累计达到15.4万亩；全年养蚕11.1万张，蚕茧产量达到1110万斤，为目标任务的111%，收入1.87亿元，蚕茧产量和收入均创历史新高。全市蚕茧产量超5万公斤、25万公斤、50万公斤的乡镇分别达到15个、5个和2个，超5万公斤的村有2个；种植桑园5亩、年养蚕5张以上的大户达到3200多户；推广小蚕共育棚3683个，省力化养蚕大棚3780栋。

农民专业合作社建设

全市新发展农民专业合作社483家，总数达到2168个，完成目标任务的161%。建成省级示范社36家、市级示范社50家、县级示范社91家，分别为目标任务的120%、100%和141%。合作社涵盖六大特色产业，覆盖60%的行政村，入社农户4.6万户，入社社员收入比未入社农民高出20%以上。

农村土地流转

全市流转土地29.55万亩，完成目标任务的102%；六县（市、区）全部成立土地流转服务中心，75个乡镇成立土地流转服务组织，实现有牌子、有场所、有人员，并开展土地流转服务工作。

农村“三资”监管

市政府出台《关于加强农村集体资金资产资源监督管理的实施意见》，成立以市委常委、市纪委书记任组长，分管农业副市长任常务副组长的工作领导组，以“阳光农廉网”为平台，建起市、县、乡、村四级农村“三资”监管网络，实行统一设置岗位、统一微机管理、统一使用票据、统一工作流程的“四统一”管理办法，全市农村的财务规范化程度明显提高。4月上旬，中纪委党风室、农业部农经司、财政部会计司组成调研组，到晋城市进行专题调研，对晋城以现代科技手段为支撑，推进农村“三资”管理信息化建设的做法给予高度评价。

农产品监管

市农委组织开展“放心农资下乡进村宣传周”活动和春季、秋季农资打假专项治理行动，发放光盘200张、宣传资料2.8万份，接待咨询群众1.1万人（次）；检查农资经营企业和销售网点350多家（次），整顿农资门市部30余家；立案查处涉农案件11起，处罚金额8063元，

没收违法所得1612元，下达责令整改通知书5份。全市新增无公害认证面积10.2万亩，“三品”认证46个，分别为目标任务的510%和383%。其中无公害产品32个，绿色产品3个，有机产品11个；到期无公害换证产地2个，产品2个，换证率100%。省农产品质量安全检验检测中心在晋城市抽检蔬菜样品160个，合格率达到98.8%。

农民培训

完成农民科技培训10.26万人，为目标任务的102.6%，完成技能培训9813人，科技入户2300人。

农业信息化建设

全市建设基础信息站点30个。通过“12316”三农服务热线为农民排忧解难292次；充实更新“三电合一”项目地方个性化数据库内容，新增加数据库信息460余条，农业专家数据库收录全市各级各类农业专家128人。

农村可再生能源建设

全市新增农村可再生能源用户6804户，户用沼气达到4.9万户；新建沼气池使用率达到100%。全市累计建成大中型沼气工程48处，秸秆气化站97处，13.8万户农民用上清洁卫生的可再生能源，占到全市农户总数的近三分之一。年转化利用人禽粪便60万吨、农作物秸秆4万吨，户均增收节支1000元，节约标煤30万吨，减排二氧化碳145万吨、二氧化硫6720吨。共建成乡、村级服务网点370个，农村沼气、秸秆气服务体系达到农业部“六个一”要求。

扶贫攻坚

出台《进一步推进扶贫工作的十条措施》，启动2011年度223个扶贫攻坚重点帮扶村的推进工作。9月下旬，在沁水县召开全市扶贫攻坚推进会，在全市开展向贫困山区贫困农村捐赠活动，近百家企业累计捐助4300多万元。出台《关于在全市深入开展领导干部下乡住村、市县单位结对帮扶、党员干部帮贫到户活动的实施意见》，统筹安排市县帮扶力量，一定五年不变，确保帮扶力量覆盖到每一个贫困村和每一个特困家庭。积极推进移民搬迁工作，移民搬迁798户、2400人。贫困村农民收入由2008年的2429元增加到3652元，增长50.3%。按照国家2300元的扶贫标准，全市仍有7.1万贫困人口。

新农村建设

131个省级新农村重点推进村建设工作进展顺利，131个村全部完成村级规划编制，达到村内街巷硬化、村庄绿化、环境净化标准要求，125个村完成主街道亮化工程，占到总村数的95.4%。

2012年工作

2012年，全市粮食播种面积299.43万亩，总产9.745亿公斤，分别为省、市目标任务的128.2%和129.9%，同比增长5.9%；单产651斤，同比增长9.2%。

粮食总产、单产均创历史新高。主要得益于惠农政策、农业科技、气候条件和组织实施百万亩粮食丰收工程；大力推广高产创建百亩攻关田、千亩示范片、万亩示范方，新品种推广率达到98.5%，重大病虫害统防统治481万亩，测土配方150万亩，中低产田改造11.86万亩；推进农艺与农机的有机结合，稳定播种面积，主攻单位面积产量，实现"用三分之一粮田面积拿回二分之一产量"的攻关目标。

农民增收

农民人均纯收入达到8037元，增长14.1%，比全省平均增幅高出0.6个百分点。全市猪—沼—菜（果）循环农业产业链产值超过30亿元，是壮大农村经济和增加农民收入的重要力量。以泽州泽地萃、高平金田等16家工厂化食用菌生产企业为骨干，以陵川利用木屑在大棚种植黑木耳、阳城利用桑枝在大棚种植香菇为补充，全市新增投资4亿元，新增产能8万吨，新增产值3亿元，食用菌生产成为促进农民增收的新兴产业。建成部级现代农业示范园3个，省级标准示范园3个，市级现代农业科技园区30个。全年新发展果园8830亩，改造中低产果园8125亩；小杂粮种植面积78.6万亩，产量1.325亿公斤；种植核桃经济林10万亩，栽植山地连翘17.56万亩，种植中药材48.6万亩，产量达到2.52万吨。

农产品加工"513"工程

完成销售收入45亿元，同比增长22.6%，分别为省、市目标任务的112.5%和102.3%。全市农业产业化经营组织发展到225家，销售收入亿元以上龙头企业达到9家，其中新增5亿元以上2家。拥有省级以上名牌产品或著名商标37个，获得"三品一标"认证产品264个。农业产业化企业新上项目42个，投资5.8亿元，签订农业招商引资项目20个，引资金额29亿元，年内到位资金7.9亿元，16个项目开工建设。

"一村一品、一县一业"工程

高平、泽州的生猪，阳城的蚕桑，陵川的中药材列入省"一县一业"基地县，每年可获得1000万元的资金扶持。建成省级"一村一品"专业村302个，获得扶持资金2992万元；建成市级"一村一品"专业村178个，获得扶持资金2000万元。以农民专业合作社为主体，实施特色产业扶持项目500多个。农民家庭经营性收入占总收入的比例，由2011年的32.1%提

高到34.1%，增加2个百分点。

设施蔬菜建设工程

新发展设施蔬菜1.46万亩，累计达到4.14万亩。全市蔬菜总产量超过5亿公斤，产值达到8亿元。

蚕桑产业

新发展桑园1.2万亩，新发展养蚕大棚1000栋，蚕茧产量605万公斤，再创历史新高。

农民专业合作社建设

全市新发展农民专业合作社781家，农民专业合作社累计达到2980家。

农村土地流转

6个县（市、区）和54个乡镇建立土地流转服务中心和农村土地纠纷调解仲裁委员会。全市流转土地29.1万亩，占家庭承包耕地面积的12.5%；流转出承包耕地的农户7.8万户，占总户数的17%；适度规模经营8.61万亩，占流转土地的29.6%，规模经营企业或大户达到85家。

农村“三资”监管

全市84个乡镇全部成立“三资”委托代理中心，实现有机构、有场所、有人员、有设备、有制度；行政村均建立“三资”台账，98%的行政村实现“三资”委托代理。落实“一事一议”中央财政奖补资金5410万元，“一事一议”农民筹资700万元，筹劳折资2517万元，引导社会资金投入1.04亿元。

农产品监管

组织开展《山西省农产品质量安全条例》宣传周、农产品质量安全宣传周活动。与各县（市、区）签订安全监管责任状，开展农产品质量安全春季大检查和节假日期间突击检查。加快检测机构建设，市农产品检测检验中心主体工程完成，建筑面积4995平方米；争取到全国首批地市级农产品质检中心建设项目，总投资1270万元，中央、省到位资金600万元。县级检测机构实现全覆盖。74个乡镇农科站加挂“农产品质量安全监管站”牌子，赋予乡镇农产品安全监管职能，在岗人员209人，设施设备基本配置到位。市农产品质量安全检测中心检测蔬菜、水果农药残留合格率分别达到98%和100%；省农业厅抽检晋城市蔬菜、水果农药残留合格率分别达到97.5%和100%，比省定目标任务分别提高2.5和4个百分点。全市共查处农资案件44起，其中立案查处24起，处罚金额3.44万元，没收违法所得0.24万元；当场处罚20起，处罚金额1.18万元；下达责令整改通知书35份。

农民培训

与山西农业大学签订“特色现代农业产业科技合作协议”，围绕食用菌、粮食、蔬菜、生猪、小杂粮、干鲜果、中药材、农产品加工等八个产业，开展技术合作和交流。与北京农林科学院达成初步合作意向。利用“阳光工程”、“雨露计划”等平台，培训农民14.89万人，农村劳动力转移培训完成1.51万人，科技入户3240户。

农村可再生能源建设

探索实施“农村清洁”工程，全市农村清洁能源用户达到16.86万户，其中，煤层气3.06万户，沼气9.8万户，秸秆气4万户。

扶贫攻坚

市财政安排2500万元专项资金，对农民人均纯收入低的146个贫困村，实施产业扶贫项目280多个。易地移民搬迁完成3500人。开展领导干部住村包村增收活动，全市1228名领导干部帮扶贫困村和发展滞后村936个，帮贫到户5700多户。

新农村建设

完成300个新农村重点推进村建设和润城、巴公等10个新农村连片示范区建设。开展晋城市首届“最美乡村”评选活动，洞头、凤凰等12个村被评为“最美乡村”。

（市农委）

水 务

2011年工作

2011年,全市新增有效灌溉面积1.69万亩,为年计划的169%;新增节水灌溉面积2.5万亩,为年计划的125%;完成实灌面积56.15万亩,为年计划的100.3%;完成420公里末级渠系建设,为市政府下达指标的140%;解决8.54万人的饮水不安全问题,为年计划的100.5%;完成水保初治面积12.53万亩,为年计划的125.3%;生产成鱼1375吨,为年计划的111.3%;水力发电1亿度,为年计划的100%;万元工业增加值用水量降幅为5.6%;地下水止降回升1.12米。

大水网工程

市委、市政府出台《关于加快水利改革发展的实施意见》,筹建晋城市水务(集团)发展有限公司,着力构建全市两横两纵、南北调配、东西互济的“井”字型大水网。东焦河水电站完工,水库蓄水,水电站投入运行;围滩、西冶水电站枢纽工程完成,下闸蓄水;湾则水电站主体工程完工;磨河供水改造工程完工,投入运行;任庄调水工程完成白马寺山温馨湖建设。丹河高平市界至龙门湿地段治理工程基本完工。杜河水库提水工程、郭壁供水改造工程完成可研设计。东大河、磨河、柿庄、云首等24座水库列入山西省小型水库建设规划。

病险水库除险加固工程

11座列入第四批全国专项规划内除险加固水库全部开工,刘村、赵庄、陈区、蒲峪4座水库完成除险加固任务。启动(第五批)重点小(2)型病险水库除险加固工程,31座水库全部完成大坝安全鉴定、初步设计等前期工作,其中10座重点小(2)型水库开始招标。

农村饮水安全工程

全市210处农村饮水安全工程全部完工,完成投资4461万元,解决8.5万人的饮水不安全问题。晋城市被山西省政府评为全省农村安全饮水全覆盖工程先进市。

农业灌溉工程

全市新增有效灌溉面积1.69万亩,新增节水灌溉面积2.3万亩,完成实灌面积56万亩,完成末级渠系建设420公里。同时,加快小水利重点县、产粮县及专项工程建设,高平市第一批小水利重点县2010年工程全部完成,2011年项目开工建设;沁水县列入第三批中央财

政小型农田水利重点县,《2011—2013年重点县建设方案》、《2011年重点县项目实施方案》上报省水利厅。高平市、泽州县列入全省粮食县十二核心区,泽州县完成2011年实施方案,高平市的实施方案报省发改委批复。2010年中央财政小型农田水利项目泽州县上小河小型农田水利工程和陵川县凤凰节水灌溉工程基本完成。

水土保持

实施国家水土保持重点建设工程、国家农业开发水保项目、巩固退耕还林成果水保项目3个重点工程。国家水土保持重点建设工程项目涉及陵川、高平两县的6条小流域;国家农业综合开发水保项目涉及阳城、泽州两县;巩固退耕还林成果水保项目涉及沁水、阳城两个县。通过巩固和发展大户承包、联户承包、租赁和拍卖"四荒"等多种投融资形势,调动社会力量投入水保治理。全市完成水土流失治理面积12.53万亩。

水电电气化、以电代燃工程

泽州、阳城、沁水、陵川4个电气化县通过水利部验收。加大"十一五"期间列入农村水电项目建设,古郊35千伏变电站完成主控室、配电室、生活区、附属设施等建筑工程,安装电气设备。建成古郊至磨河35千伏全封闭输电线路7.4公里。曲堤电站、东双脑电站、河北电站技改工程基本完成。陵川县夺火、阳城县东冶小水电代燃料工程完成,陵川县电源工程完成土建工程,沁水县佛圪咀小水电代燃料电源工程基本完成。

防汛抗旱

全市各级水利部门和水管单位发挥水利抗旱的主渠道作用,全方位开展抗旱工作,累计完成抗旱春浇面积30万亩。5月31日,召开全市防汛工作会议,对全市防汛工作进行全面安排部署。汛前汛中,全市完成河道清淤清障89.25公里,共75.22万立方。围绕挤占河道、向河道内倾倒垃圾、围滩造地、违章建筑、非法采砂等问题进行检查,查处违章行为7起。各县(市、区)成立村民联防组织,建立联席会议制度,落实值班制度和岗位职责,落实防、抢、撤、避预案,将"防洪避险明白卡"发放到户。开展防汛宣传,发放《防汛知识读本》和墙体宣传画,提高群众防洪意识。

水资源管理

对全市地下水监测井水位和沁河、丹河及其支流等33条河流断面流量进行监测,化验分析地下水水质和12条主要河流的25个断面水质,掌握全市地下水枯水期、丰水期动态情况及地下水水质情况。对地下水超采区进行控制,杜绝开凿新井,对原有水源井进行用水量调查,重新核发取水许可证17份,换发3份。开展对丹河下游寒武系地层岩溶水富水区的勘探工作,打成深井1眼。征收水资源费11 211万元。完善规模以上工业自备水源井远

程监控系统,新安装部分水量监控点。全市累计安装流量检测设备358套,大部分可与省水利厅联网或可内网在线查询。4月,晋城市节水型社会建设试点中期评估通过水利部黄河水利委员会验收。开展水利普查工作,台账表全部下发至各用水单位,并回收部分台账表及辅助台账表,地下水取水井专项相关清查数据通过省级验收。围绕"严格管理水资源,推进水利新跨越"主题进行水利宣传,开展水利进校园活动,为学生发放节水系列教育丛书《滴水忧思》。

2012年工作

2012年,全市完成实灌面积58.58万亩,为年度计划的101%;新增有效灌溉面积3.28万亩,新增节水面积3.61万亩,分别完成年度计划的109%和120.3%;水土流失治理面积13.23万亩,完成年度计划的110.25%;成鱼产量1639吨、产值达到2508万元,渔民人均纯收入1.22万元,同比增幅分别为19.2%、27%、43.8%;全市万元工业增加值用水量下降4.2%,地下水止降回升0.58米。

水利改革

12月10日,撤销市水利局,成立市水务局,增设基建科和水环境科,健全理顺体制机制。组建晋城水务郭壁供水有限公司、晋城水务杜河供水分公司、晋城水务曹河水力发电有限公司、晋城水务磨滩水力发电有限公司、晋城水务东大河水库水电开发有限公司、晋城水务磨河水库水电开发有限公司、晋城水务固县河供水有限公司。

重点项目

8月,在陵川县召开全市城乡一体化安全饮水网建设推进会,推进全市城乡饮水安全网建设。任庄水库调水工程主体工程全部完成,累计完成投资8300万元;东焦河水电站全面建成并通过验收,西冶水库、湾则水库下闸蓄水。沁河综合治理工程、杜河水库提水工程、郭壁供水改造工程完成可研设计;曹河、磨滩水电站续建工程启动;东大河、磨河两座小型水库完成可研设计;张峰水库二干巴公末端调蓄水池工程土地征用手续办理完毕。沁水张峰水库引水工程全面启动;阳城张峰水库引水工程得到省厅批复。全市水利总投资4.5亿元。其中:市政府从土地出让金中提取3000万元用于农村水利建设;从城市维护建设税中拿出1150万元用于主城区防洪设施建设。

水利工程

高平市小型水利重点县(2009—2011年)项目新建和改善灌溉面积4.5万亩,完成投资

4104万元。沁水县小水重点县(2011—2013年),完成投资1600万元,新增和恢复改善灌溉面积1.6万亩。泽州县、高平市重点产粮县水利设施配套建设任务全部完成,总投资976万元,改善灌溉面积1.82万亩。末级渠系建设总投资753万元,建成灌溉渠道227公里。市级小型水利工程共投资3000万元,新增节水灌溉面积3.61万亩,恢复改善灌溉面积3.28万亩,分别完成年度计划的120.3%和109.3%。兴建农村饮水安全工程144处,解决196个自然村、8.2万人口和0.6万农村师生饮水安全问题;农村自来水入户率达到90.6%;农村供水水价补贴政策得到全面落实,509万元供水水价补贴全部到位。

水土保持

陵川国家水土保持重点建设工程(跨年度工程)项目完成并验收。阳城、泽州两县国家农业综合开发水保项目(跨年度工程)建设完成并验收。沁水县巩固退耕还林成果项目(跨年度工程)全面完工。

水电建设

拴驴泉、石室、韩王、北留水轮泵等4座水电站更新和扩容改造初步设计得到省水利厅批复。三姑泉二级站开工建设。水电发电量1.5亿度。

水生态环境建设

投资1500万元,建成水环境和水产品质量监测中心(晋城市水质监测中心)。水产品抽检合格率稳定在98%以上。完成《沁河综合治理总体规划》,成立沁河综合治理项目部;城市水系建设列入市政府重要议事日程,花园头河水系建设开始治理;沁河支流—长河河道治理任务全面完成并通过验收。市政府出台《晋城市河道采砂管理办法》,规范河道采砂行为。白马寺温馨湖、龙马湖两个人工景观湖(市区水系调节池)全面建成。

防汛抗旱

全面落实防汛抗旱工作行政首长负责制、技术负责制和部门领导负责制,全市共分8个组分包6个县(市、区)、重点水利工程和市直单位防汛工作。建立市级水利防汛抗旱抢险应急队伍和市级防汛物资储备仓库。加强山洪灾害非工程措施建设,阳城、陵川两县完成建设任务并通过验收。全市6县(市、区)抗旱规划全部完成并获国家防汛抗旱指挥部批复。

水资源管理

全市审查通过31个建设项目的水资源论证;累计发放取水许可证1380份,批复水量21 475.25万立方米;安装取水远程监控设备378台(套)。全市工业用水重复利用率达到85%,万元工业增加值用水降幅达到4.2%。对沁河、丹河及其支流等44个断面枯水流量及水质进行监测分析,对全市97个入河排污口进行流量、水质监测;对全市地下水监测井进行水位统

测和水质取样化验。

水政执法

开展水政执法年活动,查处兰花国际物流园区项目工程对郭壁供水工程输水渡槽破坏案件,市自来水公司在泽州县擅自钻井事件以及河道违法建筑等10起水事案件。启动高平市"关井压采"暨张峰水库供水仪式,关闭高平市晋丰、天脊两个企业10眼深井,年置换地下水800万立方米。

节水型社会建设

全市发展节水灌溉面积40万亩,建成500亩规模以上节水增效园区156个。完成山西兰花煤化、山西天泽煤化、天脊中化等企业的节水技术改造。开展晋煤集团所辖煤矿示范区建设。狠抓煤化工企业和火力发电节水技术改造。启动丹河人工湿地工程建设,改善丹河中下游河流生态。完成兰花集团成庄、寺河、长平、古书院、凤凰山等5座煤矿的采煤排水利用工程。经市政府同意,成立晋城市节约用水办公室,指导和推动全市节水型社会建设工作。7月24日,召开全市节水型社会建设工作推进会,探索资源型地区节水型社会建设新模式。11月,《晋城市中水利用研究报告》通过专家评审。

(市水务局)

林　业

2011年工作

2011年，全市完成造林24.38万亩，为年度目标的147.85%。其中：国家重点工程完成10.09万亩，占任务的100%；省内造林绿化工程完成14.29万亩（干果经济林12.64万亩），占任务的223.28%。植树805.1万株，占任务的100.6%；育苗3万亩，占任务的100%。市林业局被全国绿委、人社部、国家林业局授予"绿化先进单位"、"国土绿化突出贡献奖"，被山西省委表彰为"先进基层党组织"。

生态建设

围绕创建国家森林城市工作重心，以通道沿线、生态治理、矿区绿化、村镇绿化为重点，加大造林绿化力度，全市绿化率明显提高。城区、泽州县投资4335万元，实施环城高速公路绿化工程，在环城高速公路两侧建成各100米宽的林带，共栽植油松、刺槐、木槿、紫薇等品种46个、苗木70余万株。高平市以"打造生态宜居乡镇、共建绿色幸福家园"为主题，全力推进林业生态乡创建工作，260个村庄达到省级园林村标准，基本实现庭院花果经济化、道路杨柳林荫化、村庄整体园林化。阳城县以沁河流域为重点，加快村镇绿化步伐。陵川县实施丹河流域生态环境综合治理工程，栽植侧柏、连翘等优质苗木66.8万余株，围栏2000余米，修建封育碑牌23个。沁水县建成山西省林业生态县。全市建成天然林保护工程7700亩，完成退耕还林工程1万亩，完成巩固退耕还林成果工程4200亩，完成太行山绿化工程1.7万亩，完成补贴制造林6.2万亩。全市造林绿化投入达79 372.6万元，其中市政府投入8173万元，沁水县投入16 704万元，高平市投入18 757万元。

林权改革

全市涉及林改的有80个乡镇1801个行政村，1792个村完成主体改革任务，确权面积504.6万亩，占应确权面积的99.9%，到户率达77.4%，调处林地纠纷872宗，调处面积17.99万亩。制定《晋城市重点生态公益林保护管理办法》、《市级重点公益林区划界定办法》、《森林生态效益补偿基金管理办法》，设立森林生态效益补偿专项资金，用于市级重点生态公益林的营造、抚育、保护和管理。开展市级重点公益林区划界定工作。沁水县对县级公益林每年每亩补助10元。高平市把划入国家公益林以外的全部定为高平市级公益林，每年每亩

补助10元,全部兑现。阳城县从2009年开始,按育苗每亩200元、干果经济林每亩300元对林农进行补助。

产业发展

制定《晋城市2011—2015年干果经济林发展规划》、《晋城市2011—2015年连翘产业发展规划》、《晋城市干果经济林带建设扶持办法(试行)》,对当年在森林边缘新建的干果经济林带面积5亩以上或在其他区域集中连片200亩以上的农户、专业合作社等,按每亩300元予以补助。全市新发展经济林12.64万亩。泽州县投入1000万元,在南部6个乡镇发展2.5万亩核桃经济林,山河镇31个村25个大户发展核桃园5600亩,达到人均半亩核桃林。高平市连片发展千亩以上基地3处。陵川县政府免费为农户提供连翘和核桃苗木,建成2万亩核桃和20万亩连翘基地。沁水县政府对经济林每亩当年补助300元,后5年每年补170元,仅寺庄镇王报村就投资150万元,发展优质核桃园1000多亩。全市7个花卉市场年交易额达到3000多万元。全市有苗圃1210处,育苗面积3.14万亩,其中新育苗1.45万亩,总产苗达1.4亿株。林下食用菌、中药材、特种野生动物养殖、森林旅游等成为林业经济新的增长点。开展"推广林业实用技术,发展现代林业产业,促进林农增收致富"为主题的科技下乡活动,先后组织10支帮扶服务小组,到陵川、沁水、泽州等县开展技术服务,累计培训林农3万余人次,发放林业技术信息资料2万余套。11月3日,上海枫彩集团枫彩彩色苗木产业项目在沁水县举行奠基仪式。该项目总投资20亿元、总规模2.3万亩。

森林管护

3月15日至9月30日,在全市开展"绿锋二号"、"亮剑行动"等打击破坏森林、野生动物资源和违法占用林地专项整治行动,出动人员300余人次,查处各类破坏森林资源案件41起,行政处罚13人。全面推行"森林防火重点治理县管理制度"和"事先问责制",加强野外用火严查严管,实行24小时林火视频监控;各县(区、市)实行成员单位包乡(镇)包村包片,护林人员包山头、包地块的防火责任制,加强对痴呆傻人员的监管责任制,形成严密的防火责任网。全市共检疫各类苗木3119.9万株,种子156.6吨,实施调查监测森林面积415.49万亩,监测覆盖率达91.7%,防治面积24.04万亩,防治效果均达到90%以上。

技术推广

推广容器育苗技术,变季节造林为长年造林,平均成活率比裸根苗造林提高40%;应用径流林业技术、石质山区抗旱造林技术,干旱造林一次性成活率提高近30%;推广生根粉、根宝、保水剂、植物蒸腾抑制剂等植物生长调节剂,造林成活率平均提高20%~40%。市、县两级开展造林工程设计、园林村绿化、种苗质检、经济林栽培等技术培训30余期,培训人员1

万余人次。

森林火灾

全市共发生森林火灾7起(其中1起是人为引起,6起是自然灾害雷击引起),总过火面积1792.2亩,受害面积1047.1亩,火灾受害率为0.2‰,没有发生重特大森林火灾和人员伤亡事故。

2012年工作

2012年,全市完成国省重点工程造林12.12万亩,为年度任务的114.6%;其中"两山"造林工程2.54万亩,占100%;"两网"绿化工程2.09万亩,占232.2%;"两林"富民工程2.49万亩,占106.4%;"两区"增绿工程5.0万亩,占104.2%。完成四旁植树800万株,占任务的100%,其中义务植树400万株。完成育苗3.3万亩,占任务的110%,其中新育苗1.59万亩,占任务的159%。完成中幼林抚育4.7万亩,占任务的100%。市县工程完成村庄绿化300个,占任务的100%;新发展干果经济林10万亩,占任务的100%;完成连翘造林10万亩,占任务的100%。

生态建设

把太行山绿化和市县城周、交通沿线、厂矿村庄的可视荒山绿化作为造林绿化的重中之重,坚持因地制宜、适地适树、乔灌结合原则,大力发展特种灌木林和经济灌木林,快速提高绿化覆盖率。陵川县实施太行山绿化示范工程3000亩,栽植侧柏、连翘等各类优质大苗27.5万株。沁水县投资1020万元对沁河沿岸、张峰水库周边荒山进行重点绿化,栽植油松5.6万株、侧柏14万株、连翘30万株,集中连片绿化面积达3000多亩。以沁、丹两河流域和高速公路、国省道、旅游公路为主骨架,沿线两侧营造护岸林带、护路林带和林网,"绿色水网"和"绿色路网"建设成效明显。按照"五环、五片、二十条线、七十个乡镇所在地"的村庄绿化规划,全市300个村庄完成绿化任务,基本做到村庄片林、林带环绕,点、线、圈、面结合,山、水、田、村一体。围绕城市近郊、旅游景区和厂矿、工业园区,连片建设森林景观,全市81家煤矿企业投入资金约2.1亿元,完成异地造林3.7万亩,成活率达90%以上。高平市实施牛山生态屏障建设工程,修建近10公里的林区专用道路,栽植油松、刺槐、火炬、山杏等10余种30万株。泽州县建成山西省林业生态县。

林权改革

开展林改回头看活动,逐村逐户、逐地逐块进行实地核对界线,调处解决纠纷20余宗;

加快打证发证进度，全市林权证发证率达95%；推进林权配套改革，不断完善生态效益补偿机制，实施市级生态公益林基金补助，林地林木所有者每亩直补5元～10元；制定连翘灌木林种植补助林改配套政策，采取自主自愿、自育自种、多种多补、降低门槛的办法，广泛覆盖到分到林地的农民，验收后每亩补助100元；成立林权服务中心，开展林地林木流转、租赁、抵押贷款变资产为资本的试点等信息技术服务；鼓励山区农民成立林业专业合作社组织，对有代表性、区域优势和引领示范作用的合作社每个给予3万～5万元的资金扶持。

产业发展

晋城市结合省级“两林”富民工程，启动实施地方“双十”增收工程，即发展核桃经济林和连翘灌木经济林各10万亩。全市建成5000亩以上的核桃之乡18个、连翘之乡11个。围绕“沁河、丹河、芦苇河，陵沁线、曲坪线、长晋线”三河三线，实施大苗定植、经济林育苗、花卉培育、容器育苗、骨干苗圃等5项重点工程，育苗总面积达到3.3万亩，年出圃苗木达1.52亿株。全市建成中晋药业、彤康食业、绿茵草业、坤歌木业等13家林产品加工龙头企业，涉及合成药、饮料、蜂产品、茶及精油等10大类30多个产品，每年可带动5万多农户创收7500余万元。开发森林旅游的煤炭(厂矿)企业超过10家，生态旅游区“农家乐”突破6000家，10多万农村人口增加收入。全年共引进落地林业投资项目4个，拟引资项目3个，投资总额26.02亿元，拟引进资金24.82亿元。实际到位资金1.34亿元，为目标任务的134%。

森林管护

在天然林资源保护方面，实行目标、任务、资金、责任“四到县”制度，开展天保二期工程。在林保规划方面，坚持全面协调、分类指导的原则，市、县两级成立编制工作领导组，落实工作经费，制定全市县级林保规划编制工作实施方案，明确步骤、方法和时间要求。在依法治林方面，组织开展“林保行动”等打击破坏森林、野生动物资源和违法占用林地专项整治行动，出动人员200余人次，查处各类破坏森林资源案件46起，行政处罚50余人。在森林防火方面，多次召开市县防火会议，进行安排部署；在太行日报、晋城在线公示各级防火责任制、联防责任制、检查站(卡)责任制，落实以行政首长负责制为主的森林防火责任制；采取分段定人、入山设卡、林区巡逻、联防联保、封山禁火的办法，强化火源管理；加大督查力度，定期开展森林火险隐患大排查工作；重点防火期坚持扑火专业队伍靠前驻防、扑火物资靠前储备。在森林病虫害防治方面，坚持做到预防为主、科学防控，全市共检疫各类苗木2253.5万株、种子182吨，实施调查监测森林面积353万亩，防治面积24.9万亩，防治效果均达到90%以上。

森林火灾

全市共发生荒火16起，一般森林火灾1起，境外火1起，总过火面积305亩，受害面积80亩，火灾受害率为0.06‰，低于安全生产控制指标0.3‰；森林火灾发生率0.03次/10万公顷，低于安全生产控制指标3次/10万公顷；没有发生大的森林火灾和人员伤亡事故。

（市林业局）

农　机

2011年工作

2011年,全市新增保护性耕作实施面积6.5万亩,为全年目标任务的108.3%。完成机械深松作业任务21万亩,为全年目标任务的100%。新增玉米机收秸秆还田面积7万亩,为全年目标任务的100%。全市玉米机械化收获水平达25.6%,同比增长10.6个百分点,为全年目标任务的151%;全市马铃薯机械化收获水平达33.6%,同比增长7个百分点,为全年目标任务的100%。

农机购置补贴

扶持农机户2230户,为全年任务的111.5%。补贴购置农机具3500余台,为全年任务的140%。全市争取各级补贴资金2600万元,其中:中央资金2100余万元,地方配套资金500余万元。全市共补贴到户的各类农机具3500余台(套),其中:动力机械1104台(含手扶拖拉机815台),耕整地机械935台,收获机械357台(其中专用玉米收获机械70台),种植施肥机械195台,设施农业设备488台(套),其他机械421台。新增农机资产6650万元,2230户农民从中受益。市农机局将农机购置补贴政策向偏远山区倾斜,解决丘陵山区小麦收割难问题,对小型小麦联合收割机进行累加补贴,新增小型小麦联合收割机39台,全市小型收割机具数量达到133台。

机耕机收

春季,组织3万台(套)农业机械投入生产,完成机耕面积67.07万亩,机播面积84.25万亩,机械耙耱旋耕整地面积113.5万亩。夏季,组织小麦机收会战。历时12天,机械投入总量达到3.2万多台,节省收割投工180多万个,减少粮食损失6700多吨,实现节本增收总效益6600多万元。秋季,市农机局组织开展六期玉米机械化生产收获培训活动,共培训农机操作手、农机科技示范户、农机合作社理事长和乡镇农机管理人员410余人。并首次对玉米联合收获机发放“作业证”。全市共有31台玉米联合收获机南下河南济源、辉县等地参加跨区作业,收获面积达到1.5万亩。全市成立6支玉米机收技术服务小分队。投入机具3.08万台。其中拖拉机1.88万台、玉米联合收获机364台、薯类收获机61台、秸秆还田机409台、深松机414台、播种机2120台、旋耕机4679台。完成小麦机械化播种面积90.82万亩,占总播

种面积的96.8%。其中保护性耕作免少耕播种面积30.96万亩，占到小麦播种面积的33%。完成机收面积54.36万亩，占总收获面积的25.3%。其中：玉米机收面积32.37万亩，占玉米收获面积的25.6%。薯类机收面积2.95万亩，占薯类收获面积的33.6%。

农机专业合作社

市财政投入资金20万元，作为新型农机服务组织基础设施建设项目资金，重点扶持8个农机专业合作社配套建设农机大院。三夏、三秋作业期间，全市85家农机专业合作社近千台机车发挥了主要作用。沁水县腾达农机服务专业合作社共管理流转土地3000余亩，其先进经验在全省土地省流转经验交流会上进行交流。陵川县存平农机合作社管理流转土地500亩。全年新发展规范化农机专业合作社16个，为全年目标任务的107%。新增农机大户61个，为全年目标任务的136%。

农机安全

全年发生农机事故一起，死亡1人。农机事故千台死亡率控制在0.2以下，千台重伤率控制在0.3以下。未发生一起死亡3人以上的重特大农机责任事故。春耕、夏收、三秋时节，组织大规模的农机安全生产大检查3次，共排查隐患2841个，整改事故隐患2841个，整改率为100%。

农机化培训

10月19日，开通晋城市农机技术培训网。该网站是全省首家农机专业技术视频网站，可通过文字培训资料、新机具图片展示、实地操作视频等多种方式提供培训资讯，农机手更加快捷、方便、直观的接受免费培训。全年培训新购机农民3190人，为全年目标任务的159.5%。

保护性耕作和机械深松

机械化保护性耕作实施面积累计达到52万亩，深松整地作业项目面积达到28万亩。

新技术推广

在高平市南城办事处、沁水县固县乡建立2个省级玉米机械化生产示范区，标准化种植面积达5100亩，示范面积达3万亩。在泽州县北义城、陵川县礼义镇、阳城县芹池镇建立3个市级玉米机械化生产示范区，标准化种植面积达5000亩，示范面积达1.5万亩。在陵川平城镇草坡村建立1个省级马铃薯机械化生产示范区，陵川县平城下川村建立1个市级马铃薯机械化生产示范区，示范面积达0.3万亩。全市玉米收获机保有量达到450余台，玉米机收面积达到32.37万亩，比2010年增加13.87万亩。马铃薯收获机保有量达到63台，机收面积达2.75万亩，比2010年增加0.32万亩。陵川县试行中药材的机械化收获，对长治仁达牌

4UR-900型和长治永成4S-80C型两种机械采收黄芩、党参效果进行对比试验,取得初步成功。

2012年工作

2012年,全市农机总动力达到240.17万千瓦,比2011年提高6.17万千瓦。农业综合机械化生产水平达到64.11%,比2011年提高3个百分点。农机经营总收入达到15.2亿元,比2011年增加0.5亿元。农机经营纯收入达到6亿元,比2011年增加0.2亿元。

农机购置补贴

全市补贴到户的各级农机购置补贴资金3642.5万元,其中中央资金2566.2万元,省级资金72.3万元,市、县两级配套资金1141万元(补贴资金993万元,工作经费148万元)。补贴购置农机具4767台(套),为目标任务的158.9%。其中:动力机械1004台,耕整地机械754台,种植施肥机械326台,收获机械495台,田间管理机械432台,设施农业设备804台,农田基本建设机械197台,畜牧水产、农产品加工等其他机械755台。扶持农机户数量达到2607户,为目标任务的130.4%。市级财政配套补贴资金,重点对玉米收获机械、薯类收获机械进行累加补贴,并把适宜丘陵山区、偏远贫困山区使用的25马力以下皮带传动小四轮列入补贴范围。各县(市、区)根据地域特色,分别对重点推广机具进行补贴或累加补贴。全市玉米收获机械、薯类收获机械的补贴额度达到50%以上。沁水县突出补贴政策对重点机械的推广和引导作用,对卷帘机配套专项补贴资金225万元,累加补贴50%,卷帘机总补贴额度达到80%。高平市对自走式专用玉米收获机按中央补贴额的30%实施累加补贴。陵川县对适合当地农业生产的玉米收获机、薯类收获机等9类机具给予累加补贴。

保护性耕作

新增机械化保护性耕作面积9.48万亩,为目标任务的158%。保护性耕作项目培训1.99万人,为目标任务的132.7%。全市共争取投入资金560万元,其中中央资金362万元,省级资金98万元,市级资金100万元。机械化保护性耕作实施项目,共涉及泽州、陵川、沁水、高平、阳城的157个村,累计投入资金209万元,其中:国家级资金50万元,省级资金59万元,市级资金100万元。11月,澳大利亚昆士兰大学农业专家杰夫教授对全市机械化保护性耕作实施情况进行了考察,予以好评。

农机购置

新增玉米收获机170台,保有量达到672台,分别为目标任务的110.4%和102.4%。玉米

机收面积达到51.62万亩，比2011年增加14.72万亩，为目标任务的111%，机收率达40.01%，比2011年增长10.74个百分点。新注册登记拖拉机、联合收割机1234台，为目标任务的112.2%。

农机专业合作社

全市有农机专业合作社130个，拥有机具1.6万台(件)，流转土地4.87万亩，承担农村粮食生产领域70%以上的劳动作业量。全市涌现出200亩~500亩种植规模的机械化种粮大户26个，500亩~1000亩种植规模的机械化种粮大户12个，1000亩以上种植规模的机械化种粮大户21个。新增农机专业合作社25个，为目标任务的179%。新增农机大户65个，为目标任务的162.5%。新增农机维修网点15个，为目标任务的214%。新增标准型星级维修网点15个，为目标任务的166.6%。

农机安全

拖拉机、联合收割机年度安全技术检验合格5470台，占2011年底在册数的63.4%。事故死亡率和重伤率控制在省政府下达的指标内，没有发生一次死亡3人以上的重特大农机责任事故。全年检查机车4567台次，受教育驾驶员5928人次，排查整改各类事故隐患1981条。

农机投入

共争取和落实国家、省、市、县农机化投入资金6150万元，市、县两级投资达2200余万元，其中市级605万元，县级1600余万，比2011年绝对额增加600余万元。阳城、沁水两县投入农机化资金均在500万元以上。高平市连续多年对农机化投入达300万元以上。陵川县投入资金达130余万元，为历年之最。沁水县奖励种养状元每人1台拖拉机，属全市首例。阳城县凤城镇政府出资200多万元，购置农机具129台(套)，免费发放到31个行政村。

农机装备水平

全市拖拉机保有量达到49772台，同比增长3%。配套农机具数量近10万台(套)，同比增长1.2%。拖拉机与农具配套比达1∶2.01。玉米收获机械连续3年净增量在150台以上。设施农业、畜牧业、林果业、蚕桑养殖业等特色农业机械以及农产品加工机械发展速度加快，累计达到35 000余台(件)。

农机作业水平

在“春耕春播”、“三夏”、“三秋”等重要农时，累计投入作业机械总量达到9万余台(件)，机耕面积达234.23万亩，机播面积达190.26万亩，机收面积达159.93万亩。

新机具、新技术推广

引进吉林、河北、上海、河南、长治等多个厂家的10余种机具进行试验,涉及玉米播种、机收、中耕管理、薯类种植、秸秆综合利用、蚕桑设施养殖等方面。在陵川县西河村建立谷子标准化种植机械化生产研究试验基地500亩,邀请省农科院、山西农大、省推广站的专家教授,对7种谷子播种机和吉林东风谷子收获机进行试验,取得较好效果。对旋耕施肥播种机的施肥设备进行宽行近株针对性改制,对车载式机动喷旋系统进行改制。研制成功5T-100B型谷子专用脱粒机,填补省内空白,并获得三项国家专利。

农机培训

组织全市农机培训教师、教练员100余人开展农机技术培训。全年共新训各类型拖拉机及联合收割机驾驶人员1031名,为目标任务的114.6%。培训各类新购机农民2047人,培训各类农机作业人员7842人,农机行业职业技能培训鉴定144人。通过晋城市农机信息网、金土地农机合作社网和农机视频培训网进行政务公开、信息发布、生产动态、新技术、新机具等培训。

重点项目

争取和落实国家、省、市农机化建设项目资金近4500余万元,其中国家财政资金3395万元,省级资金350余万元,市级资金605万元,涉及10多个农机化项目。

玉米生产机械化水平

推广玉米丰产方机收秸秆还田技术,提高玉米生产机械化水平和粮食综合生产能力。全市建成玉米机械化生产省级示范基地2个、市级示范基地8个。陵川县组织38台玉米联合收获机,成立4支玉米机收专业服务队和3支农机专业维修服务队,在高平市和河南辉县市进行跨区玉米机收,跨区作业面积近1万亩。全市玉米机收率达到40.01%,比2011年提高10个百分点。市农机局依托高平市河西镇仙井村建永农机专业合作社,建立玉米机械化生产标准化种植研究试验基地100亩,探寻适合晋城市玉米机械化生产种植模式和作业机型。

三大会战

组织实施春耕备耕、三夏作业、二秋生产三大会战,投入机械总量达到9万余台(件)。春耕备耕会战,全市共投入农机具近3万台(套),机耕面积达86.52万亩,比2011年增加19.45万亩;机播面积达90.87万亩,比2011年增加6.62万亩。机械整地面积达121.86万亩,比2011年增加8.36万亩。“三夏”作业会战,从6月12日至25日,完成机收面积89万亩,机收率达93.5%。

"三秋"生产会战，投入农业机械3.1万余台(套)，机收面积达73.8万亩，其中玉米机收面积达51.62万亩；机耕面积达147.78万亩，机播小麦面积达90.18万亩。

(市农机局)

农业综合开发

2011年工作

2011年,全市新上国家、省级农业综合开发项目20个,其中:高标准农田示范工程项目1个,为泽州县巴公镇万亩高标准农田建设项目;中低产田改造项目5个,分别为沁水县郑庄镇0.45万亩中低产田改造项目、沁水县郑庄镇0.2万亩中低产田改造项目、高平市野川镇0.54万亩中低产田改造项目、陵川县杨村镇0.36万亩中低产田改造项目、泽州县金村镇0.2万亩国土出让金中低产田改造项目;生态综合治理项目1个,为阳城县蟒河镇0.52万亩生态综合治理项目;产业化经营项目10个,分别为高平市150亩优质樱桃标准化种植扩建项目、高平市300亩设施蔬菜种植示范基地扩建项目、高平市万头优质生猪养殖扩建项目、沁水县30万袋食用菌种植扩建项目、阳城县新增存栏3.5万只蛋鸡养殖基地扩建项目、泽州县年出栏5000头优质商品肉猪养殖基地扩建项目、泽州县年新增7000吨谷物饮料加工扩建项目、高平市华康猪业公司流动资金贷款贴息项目、泽州县伊健食品公司流动资金贷款贴息项目、阳城县佳美茧丝公司流动资金贷款贴息项目;科技推广项目1个,为阳城县东城办100栋日光温室优质蔬菜生产新技术推广项目;退耕还药项目1个,为陵川县2000亩退耕还药项目;奖励项目1个,为高平市100栋温室蔬菜生产技术示范项目。加之立项实施的29个市级优势农产品基地项目,2011年立项实施各级各类农业综合开发项目49个,总投资11 809.2万元,年度项目总投资同比增长12.8%。其中:争取省级以上财政资金4007.4万元,完成年度计划的133.58%;市县财政投入417.1万元;农民和企业自筹4934.5万元;吸引信贷资金2450万元。

土地治理项目工程

全面启动3.27万亩土地治理项目,2010年立项的3.8万亩土地治理任务通过省级验收。主要有三个特点:一是高标准农田工程项目建设标准高。高标准农田示范工程实际完成0.9万亩,为计划的90%。主要完成机电井3眼,架设输变电线路1.2公里,铺设管道49.3公里,改良土壤0.45万亩,修建机耕路13公里(其中硬化干道10公里),技术培训3000人次,示范推广0.5万亩。经过治理的项目区,基本达到耕地田园化、灌溉节水化、道路沥青化、耕作机械化、种植良种化、管理科学化、生产高效化,成为全市粮食生产的核心区和现代农业

的示范区、样板区。二是中低产田改造项目受益面广。1.73万亩中低产田改造项目主要建设任务包括:新打机电井4眼,架设输变电线路10.63公里,铺设管道105.18公里,改良土壤1.19万亩,修建机耕路36.31公里,技术培训8000人次。当年完成全部工程量的47%。三是生态综合治理项目工程进展快。完成0.5万亩的治理任务,占计划任务的96%。主要完成机耕路11公里,造林0.33万亩,技术培训1200人次。

农业产业化项目

新上国家、省级农业综合开发产业化经营项目10个,完成年度计划任务的100%。与此同时,全面铺开产业化经营项目工程建设。一是2010年立项的泽州县年产2000吨食用菌工厂化生产基地扩建项目、高平市融生牧业千亩鲜果林示范基地建设项目、阳城县3000亩无公害谷子种植基地扩建项目、泽州县年出栏4000只优种羊、15 000只优质育肥羊养殖扩建项目、晋城市强民乳业公司年新增5万吨乳饮料系列产品扩建项目、泽州县晋宏实业有限公司流动资金贷款贴息项目、阳城县佳美茧丝公司流动资金贷款贴息项目等13个产业化项目全部建成投产。二是2011年新上产业化经营项目10个,其中高平市凯永养殖公司300亩设施蔬菜种植项目、高平市丰运养殖合作社万头优质生猪养殖扩建项目、阳城县悦凯养鸡合作社3.5万只蛋鸡养殖基地扩建项目、泽州县康鑫良种养殖合作社5000头优质商品猪养殖基地扩建项目、泽州县年新增7000吨谷物饮料加工扩建项目、高平市红樱桃种植合作社150亩优质樱桃标准化种植扩建项目、沁水县绿友食用菌种植合作社30万袋食用菌种植扩建项目等9个产业化经营项目完成全部投资和建设任务。三是陵川县万亩连翘基地建设项目等15个市级优势农产品基地建设项目全部建设完成。2011年立项的29个市级项目资金于10月底全部拨付到位。

中药材产业

全市中药材种植面积完成38.7万亩,比2010年增加8.2万亩,完成年度计划的164%;新增连翘种植面积9.59万亩,完成年度计划的239.75%;产量达14694吨,产值达到18 646.8万元,农民人均药材收入达到89.4元,比2010年增加16.9元,完成年度计划的153.61%。中药材产业规模化种植、产业化开发、社会化服务的格局正在形成。一是中药材规模化种植实现历史性突破。陵川县完成20万亩连翘基地建设任务,项目覆盖全县12个乡镇332个村、8个专业合作社和5个种植大户。阳城县新发展中药材近5万亩,出现河北、东冶、蟒河等万亩种植乡镇。二是中药材产业化开发取得长足发展。山西瑞丰摩根养生堂医药研究有限公司完成四个生产车间、综合办公楼和锅炉房主体工程建设。陵川县太行中药材开发有限公司、北京同仁堂陵川党参公司等中药材龙头加工企业新上的中药材加工项目,完成厂房

建设和设备安装。广东丽珠制药集团在陵川县启动党参规范种植基地建设等前期工作;山西振东制药集团、华润三九制药集团,就建设连翘、黄芩等道地药材GAP基地达成合作意向。三是中药材社会化服务迈出坚实步伐。全市中药材专业合作社发展到85个,比2010年增加14个。全国最大的中药材信息交流、药材流通、中药材咨询培训企业——成都天地网信息科技有限公司与陵川县,就利用中药材天地网的资源优势,建设中药材网上交易平台签署合作意向。

农业科技推广工程

以农业综合开发项目为平台,以科研院所、农技推广部门为依托,围绕引进新品种、推广新技术、培训新型农民,进行农业综合开发科技推广和农民技术培训。2010年立项的泽州县4000亩"泽玉54号"玉米标准化高产栽培技术推广项目、沁水县1000亩"徐薯26号"优质高产红薯栽培科技推广项目、阳城县400亩"郑杂五号"西瓜高产示范项目和2011年立项的阳城县东城办100栋日光温室优质蔬菜新技术推广项目全部竣工,年增产玉米100万公斤,增产蔬菜150万公斤、红薯200万公斤,受益农户达到2500户,农民纯收入增加314万元,户均增收1365元。同时,在项目区狠抓10余项农业良种良法推广应用,重点围绕测土配方、农产品良种推广、农作物精播技术、无公害农产品种植、标准化生产、野生中药材抚育等先进、成熟、实用技术对农业综合开发项目区农民进行培训。全市农发系统共举办各类培训130多期,培训农民2万多人次。

2012年工作

2012年,全市争取立项并批复实施的国家、省、市三级五类项目共48个,第一类为国家、省级立项的农业综合开发土地治理项目7个:泽州县北义城镇万亩高标准农田建设示范工程项目、泽州县南村镇2700亩中低产田改造项目、沁水县固县乡5300亩中低产田改造项目、高平市建宁乡6200亩中低产田改造项目、陵川县礼义镇3600亩中低产田改造项目、阳城县润城镇1400亩国土出让金中低产田改造项目、阳城县次营镇6200亩生态综合治理项目;第二类为国家、省级立项的农业综合开发产业化经营项目9个:山西彤康食品有限公司年产1500吨山楂果酒加工扩建项目、阳城县阳之源醋用高粱农民专业合作社3000亩优质高粱种植示范基地扩建项目、阳城县民祥核桃农民专业合作社2000亩优质核桃种植示范基地扩建项目、陵川县马圪当农业开发有限公司新增250吨食用菌加工生产线扩建项目、晋城市泽地萃绿农开发有限公司年产500吨灵芝,虫草生产基地扩建项目、山西厦普赛尔食品饮

料股份有限公司固定资产贷款贴息项目、阳城县华燕丝业有限公司流动资金贷款贴息项目、阳城县仙桐丝业有限公司流动资金贷款贴息项目、陵川县中药材种植基地建设项目；第三类为国家、省级立项的农业综合开发科技推广和其他项目4个：泽州县无公害蔬菜工厂化育苗技术推广项目、沁水县200栋日光温室无公害优质蔬菜生产新技术推广项目、沁水县肉牛与基地建设项目、陵川县300亩观光采摘果园项目；第四类为省级立项的“一县一业”中药材开发项目3个：陵川县太行中药材开发有限公司药用植物提取项目、陵川县诚信中药材专业合作社联合社中药材仓储集散中心建设项目、晋城农生园6000亩中药材野生抚育示范区建设项目。第五类为市级立项的优势农产品基地项目25个：中药材开发项目11个、食用菌开发项目6个、小杂粮种植项目3个、现代农业采摘园等其他项目5个。此外，争取省级中药材开发资金1000万元；以上各级各类项目总投资额19 230.35万元，比2011年增长62.84%。其中：中央财政资金2704万元，省级财政资金3122.3万元，市级财政投资及配套资金398.85万元，县级财政配套资金93.85万元，农民群众及企业自筹资金4161.35万元，吸引银行贷款8750万元。项目涉及全市6县(市、区)的8个乡镇58个行政村、15个龙头企业、20个农民专业合作社、1个林场。

土地综合治理

完成泽州县巴公镇1万亩高标准农田建设示范工程项目、沁水县郑庄镇0.45万亩土地治理项目、沁水县郑庄镇0.2万亩土地治理项目、高平市野川镇0.54万亩中低产田改造项目、陵川县杨村镇0.36万亩中低产田改造项目、阳城县蟒河镇0.52万亩小流域治理项目、泽州县金村镇0.18万亩国土出让金用于中低产田改造项目等7个项目共计3.25万亩土地治理建设任务。主要完成机电井7眼，小型蓄排水工程13座，架设输变电线路11.83公里，衬砌渠道9公里，铺设管道184.48公里，修建机耕路64.81公里(其中硬化干道10公里)，改良土壤1.81万亩，购良种3.96万公斤，造林0.35万亩，示范推广面积0.55万亩。

农业产业化项目

完成高平市300亩设施蔬菜种植示范基地扩建项目、高平市万头优质生猪养殖扩建项目、沁水县30万袋食用菌种植扩建项目、阳城县新增存栏3.5万只蛋鸡养殖基地扩建项目、泽州县年出栏5000头优质商品肉猪养殖基地扩建项目、高平市150亩优质樱桃标准化种植扩建项目、泽州县年新增7000吨谷物饮料加工扩建项目、高平市华康猪业公司流动资金贷款贴息项目、泽州县伊健食品公司流动资金贷款贴息项目、阳城县佳美茧丝公司流动资金贷款贴息项目等10个产业化项目建设任务，启动实施山西彤康食品有限公司年产1500吨山楂果酒加工扩建项目、阳城县阳之源醋用高粱农民专业合作社3000亩优质高粱种植示范

基地扩建项目、晋城市泽地萃绿农开发有限公司年产500吨灵芝、虫草生产基地扩建项目、山西厦普赛尔食品饮料股份有限公司固定资产贷款贴息项目等9个农业综合开发产业化项目。此外,市级立项的25个优势农产品基地建设项目投入财政资金240万元,支持建设中药材开发项目11个、食用菌种植项目6个、小杂粮种植项目3个、现代农业采摘园等其他项目5个。

中药材产业

全市共完成中药材种植面积48.64万亩,比2011年增加9.94万亩,产量达到25 164吨,产值达到40 314万元,农民人均药材收入194.3元,比2010年增加104.9元。山西摩根汇丰养生堂公司中药材深加工项目累计完成投资7800万元,建成提取车间、口服液车间、综合办公楼等建设。太行中药材开发公司药用植物提取项目基建工程基本完成。北京同仁堂陵川党参公司党参综合利用开发项目,完成以"同仁堂"品牌开发党参系列产品的合作意向。此外,与山东贝隆杜仲生物工程有限公司、五维医药科技(上海)有限公司、山西振东制药集团、华润三九制药、辽宁御颜堂生物科技公司等多家企业,分别就建设中药材生产基地和产地加工等达成合作意向。六泉乡中药材专业合作社利用国家农业综合开发资金扶持,投资200万元,建成全市首个中药材交易中心。

(市农业开发局)

畜 牧

2011年工作

2011年，全市肉、蛋总产量分别达到18.07万吨、6.88万吨，同比分别增长12.1%、16.6%，分别为年计划的105.3%、112.4%。生猪存栏144.13万头，出栏231.58万头，同比分别增长10.7%、11.9%。家禽存栏720.29万只，出栏473.49万只，同比分别增长18.9%、49.5%。羊存栏70.14万只，出栏41.67万只，同比分别增长6%、6.3%。

政策扶持

市畜牧局与市财政部门组成联合检查验收组到各县（市、区）进行抽查复验工作，最终确定全市2010年的扶持对象：规模养殖场874个，养殖园区33个，生态健康养猪技术（场）1个，人工输精站19个，疫病诊断化验室2个，无公害畜产品认证1个，养殖协会6个，畜牧兽医中心站4个，省界动物防疫监督检查站2个。市级扶持资金总额达到1604.7万元。通过国库直接拨付和邮政储蓄存折两种方式，将扶持资金全部直接发放到942个养殖场（园区、户）手中。加上县级扶持资金，全市扶持资金总额达到3000多万元，带动社会投资畜牧业资金6亿元以上。与财政部门初步拟订《关于对畜牧业发展扶持政策进行调整的暂行办法》的草案。进一步扩大扶持范围，在现有扶持的基础上，将蜂、兔、肉鸡（鸭、鹅）规模养殖也列入扶持范围。降低扶持“门槛”，将优种猪、蛋鸡的最低扶持标准降低了近一半。

一县一业

城区形成蛋鸡、生猪、肉鸡、肉牛、鹌鹑养殖的多元化格局。泽州县初步形成以环城高速公路和长河流域为主的畜禽养殖带，年产值百万元以上的养殖企业达到146个，并建成100个养殖示范村。高平市建成“一村一品”猪、鸡、兔等养殖专业村14个，生猪大乡6个，并形成“玉米种植-饲料加工-生猪养殖-猪肉加工-猪血深加工”完整的生猪产业链条。阳城县畜牧产业有48个村达到省级“一村一品”专业村标准。陵川县以山地散养土鸡、围栏种草养畜为主，建成规模养殖场700余个。沁水县建成养羊、养猪、养蜂、养禽专业村28个，建成养羊园区110个。

畜牧产业化

建成五大畜牧业优势产业板块：即以高平、泽州、陵川为主的肉猪产业带，阳城、泽州、

高平、沁水为主的养鸡产业带,陵川、沁水为主的养羊产业带,阳城、泽州为主的养牛产业带,沁水、阳城、泽州山区的蜂蜜产业带。高平市、泽州县分别成为国家、省级瘦肉型猪生产基地和省政府确定的7个"一县一业"生猪示范基地县。其中高平市生猪的存、出栏量均位列全省第一,获得国务院全国优质生猪生产基地示范市、生猪调出大县奖励,生猪产业拉动该市农民人均增收960元,占到农民人均纯收入的12.5%。陵川县、沁水县成为肉羊生产基地。阳城县成为肉牛生产基地。阳城、泽州县成为禽蛋生产基地。全市省定专业村达到49个,其从事主导产业人数达到1.1万余人,主导产业总产值达到1.44亿元,主导产业人均收入达到2593元,占到当地农民人均纯收入比重的54.1%。

疫病防治

全市共监测各类重大动物疫病免疫抗体达47 508份,并将结果及时通报,对免疫不合格的畜禽及时进行补免,将疫情隐患消除在萌芽状态。全年全市共累计免疫猪口蹄疫3 318 087头、牛口蹄疫95 116头、羊口蹄疫1 363 151只、猪瘟3 464 128头、高致病性猪蓝耳病3 053 622头、高致病性禽流感14 556 890羽、鸡新城疫15 951 120羽、羊布病204 336只,免疫密度均达到100%。全市县、乡两级动物防疫规范化管理工作,均达到AAA级以上标准,成为全省第一个整体通过农业部和省厅兽医实验室考核验收的市。重新修订《晋城市突发动物疫情应急预案》,新购置价值22万余元的应急物资。继续完善基层防疫体系,建立健全村级防疫员队伍,村级防疫员每人每月至少100元补助得到落实。43个乡镇畜牧兽医中心站和35个乡镇畜牧兽医站均新建或改建了工作场所,全市连续8年未发生重大动物疫情,在全省地级市中是唯一一家。全市重大动物疫病防控工作在2011年全省考核中名列第一。

安全监管

狠抓"瘦肉精"等非法添加物监管,强化全市畜产品质量安全监管工作。深化畜产品质量安全整治行动,不断加大对生鲜乳、饲料、"三品一标"(即无公害、绿色、有机畜产品和地理标志性畜产品)和兽药的监管力度,全年累计出动执法人员2000余人次,检查生产经营企业近千家,查处问题25起。3月17日,市畜牧局联合相关部门对市区30余家双汇专卖店、有关超市进行检查,对所有双汇冷鲜肉和肉制品作下架处理,并进行登记。19日,全市畜牧兽医部门停止对双汇猪肉的检疫换证工作,并要求各动物防疫监督检查站对来自河南的生猪和猪肉一律劝返,不得进入市内。印发《告广大养殖场户严禁使用"瘦肉精"书》17 600份,《关于严厉打击使用"瘦肉精"等非法添加物行为严格规范兽药饲料添加剂生产经营使用的通告》30 000份,在各乡镇、村、规模养殖场户张贴,引导规模养猪场步入知法、守法、依法经营的良性发展之路。开展大规模的"瘦肉精"监管排查工作,对全市5690个生猪规模养殖

户、15 885个生猪散养户、18个定点屠宰场、140个生猪经纪人进行排查，没有发现使用“瘦肉精”的情况。市畜牧局和全市所有规模养猪场、生猪经纪人签订承诺书，要求他们作出不使用“瘦肉精”的承诺。配合省饲料兽药监察所对全市88个生猪、肉牛和肉羊养殖场的176份尿样进行瘦肉精检测，全部合格。多次组织检查组对各县（市、区）“瘦肉精”专项整治工作进行督查，共抽检样品178份，经检验全部为合格。全市未发现一起销售和使用“瘦肉精”的违法犯罪行为。

动物卫生监督

产地检疫动物2 561 495头（只），规模场产地检疫率、屠宰场屠宰检疫率、染疫及病死动物和动物产品无害化处理率、市场监管率、进入流通环节牲畜二维码标识佩戴率均达到100%。严格生鲜乳管理，对全市23个奶牛养殖场、3个生鲜乳收购站和4个运奶车进行督查与检测，并抽取生鲜乳样品8个批次送省监测均合格。开展饲料质量安全整治行动，对全市全部6个饲料生产企业和1个添加剂预混合饲料生产企业进行年度备案审查，对高平市神隆氏生物科技有限公司进行审核发证，送省检测抽样饲料45批次全部合格。对全市饲料生产企业和120家经营企业开展调查摸底和品牌饲料诚信建档工作。开展兽药经营质量管理规范工作（简称GSP），全市有44家兽药经营企业通过兽药GSP认证。经省厅抽检，全市畜产品检测合格率达到100%，超出目标任务规定5个百分点。标准化无公害生产，新认定无公害畜禽养殖场3个，认证无公害畜产品3个，均占到目标任务的150%。认证产品到期复查换证率达到100%。

项目建设

泽州县引进的河南鑫牛万头奶牛养殖基地项目，总投资达11.92亿元。其中大阳镇河底村万头奶牛养殖园区投资5亿元，一期工程于9月10日奠基开工。沁水县大象农牧集团肉鸡产业化项目，总投资4.05亿元，于9月20日奠基开工。沁水县还与意大利斯门佐公司签订万头奶牛养殖加工基地项目，总投资约6亿元，包括1万头奶牛养殖基地、年产6万吨奶品加工厂及相关饲料加工基地。高平市凯永生物科技有限公司与中国农大博农利生物有限公司合作的年产30万吨饲料加工项目，总投资6000万元，占地40亩，完成水、电、路三通和土地平整等工作。

良繁体系建设

加大优种引进和良繁体系建设。养猪方面，不断引进世界优良种猪，大力开展杂交改良，推广三元优种猪达到190余万头。全市建成9个祖代种猪场，种猪场数量达到30个，建成全省最大的良种猪繁育基地。肉牛方面，购回8000余支优质西门塔尔和夏洛莱肉牛冷冻

精液,展开大规模的肉牛三元杂交改良工作。养羊方面,引进优种羊开展杂交改良,共改良绵羊9.5万只,改良山羊14万只。

饲草保障

完成草地建设4万亩,草地保护11万亩。完成省下达的暖性草丛8个样地、24个主样方、48个辅样方等草地监测任务。完成泽州县退耕还林草食畜棚圈建设项目,建成3个小区3000平米棚圈。

畜牧业技术培训

全市畜牧兽医系统共培训基层技术人员和养殖户2万余人(次),发放宣传资料20万余份。

2012年工作

2012年,全市肉、蛋总产量分别达到20万吨、7.5万吨,同比分别增长10.8%、9.0%,分别超出目标任务的5.6、4.9个百分点。生猪存栏155.9万头,出栏258.4万头,同比分别增长8.2%、11.6%。家禽存栏836.8万只,出栏682.2万只,同比分别增长16.2%、44.1%。羊存栏74.7万只,出栏45.3万只,同比分别增长6.4%、8.6%。

政策扶持

市级扶持资金共计1238.6万元,再加上县级财政配套扶持资金,全市共发放扶持资金近3000万元,直接拉动3亿元资金投入畜牧领域。沁水县围绕大象肉鸡产业化项目,出台肉鸡扶持政策。高平市每年扶持养猪业资金不少于1000万元。泽州县出台政策,降低扶持散养户门槛。

疫病防治

组织开展重大动物疫病规范化管理活动,县、乡两级均达到AAA级以上标准。圆满完成兽医实验室建设任务,全省第一个通过农业部和省厅考核验收。全市共累计免疫猪口蹄疫3 895 565头、牛口蹄疫90 370头、羊口蹄疫1 450 756只、猪瘟3 849 061头、高致病性猪蓝耳病3 727 847头、高致病性禽流感18 330 679羽、鸡新城疫17 385 259羽,免疫密度均达到应免数的100%。共监测各类重大动物疫病免疫抗体达71 021份,免疫抗体合格率均达到80%以上。

安全监管

对全市2628个养殖场(小区)、饲料企业、兽药饲料经销点、生鲜乳收购站、屠宰企业,实

行市局领导包县、县局领导包乡、乡镇畜牧兽医站人员包场的网格化管理制度。开展食品安全宣传，发放宣传资料6万余份。全年市、县两级共进行“瘦肉精”抽检1963份，全部合格。强化动物卫生监督。对全市乡镇动物卫生监督站、屠宰企业、交易市场、屠宰场、动物防疫监督检查站进行监督检查，规模场产地检疫率、屠宰场屠宰检疫率、染疫及病死动物和动物产品无害化处理率、市场监管率、进入流通环节牲畜二维码标识佩戴率均达到100%。加强饲料质量安全监管。按时完成农业部和省下达的45批次饲料抽样检测任务，全部合格。对全市8个饲料生产企业和119个经营企业进行年度备案审查、调查摸底和品牌饲料诚信建档工作。开展生鲜乳质量安全整治。按时完成农业部和省下达的4批次生鲜乳抽样检测任务，送省检测全部合格。对全市全部10个奶牛养殖场、3个生鲜乳收购站、4个运奶车进行督查与现场检查，全市没有无证经营收奶站。推进兽药GSP认证。全市共有128家兽药经营企业通过验收，新认定无公害畜禽养殖场2个，为目标任务的100%。认证无公害畜产品4个。认证产品到期复查换证率达到100%，超出目标20个百分点。全市建成乡镇畜产品安全监管站59个。共出动执法人员2790人次，开展畜产品质量安全检查，畜产品检测合格率达到100%。

畜牧产业化

全年生猪存、出栏分别达到155.9万头、258.4万头，同比分别增长8.2%和11.6%。全市年出栏生猪千头以上的养殖场户达到430户，年出栏生猪万头以上的养殖场户达到35户，建成祖代种猪场9个，父母代种猪场30个，生猪出栏量连续多年位居全省第一。晋城市成为全省最大的商品猪生产、商品猪外调和种猪繁育基地。高平市、泽州县、阳城县、陵川县获得全省生猪调出大县和生猪生产大县奖励。新引进了陵川正邦集团生猪项目、泽州雨润10万头生猪养殖项目、高平无抗猪项目。蛋鸡存、出栏分别达到744.9万只、365.1万只，同比分别增长9.5%和8.3%。

项目建设

10月11日，泽州县雨润10万头生猪养殖项目正式开工，是雨润集团在山西省的第一个超大型生猪养殖项目。沁水县大象农牧集团肉鸡产业化项目，完成屠宰车间、冷库主体工程。泽州县鑫牛万头奶牛养殖基地项目，形成存栏500头奶牛规模。高平凯永公司30万吨饲料加工项目，完成设备安装调试，进行试生产。陵川县正邦集团生猪养殖、饲料加工和生猪屠宰加工项目，第一个年出栏5万头的原种猪场开工建设。6月，在第二届山西特色农产品北京展销周暨扩大市场招商引资系列活动中，全市签约畜牧项目9个，引资金额12.85亿元。签约畜牧贸易合同项目4个，成交金额6.3亿元，其中牧得康畜产品营销合作社与北京

第五肉联厂签下全市贸易合同最大一单,达到3.5亿元。

良繁体系建设

推广三元优种猪176万余头。推广蛋鸡无害化25万只。引进优种羊开展杂交改良,共改良山羊13.26万只,改良绵羊8.74万只。

饲草保障

采取工程围栏封育、生物隔离保护、鼠虫病害防治等措施,完成人工种草2.05万亩。完成草地改良4万亩。完成草原鼠虫害防治6.1万亩。实施草地资源与生态监测,完成了5个草地资源、5个草地虫害、5个草地鼠害等样地所需的45个主样方和90个辅样方的监测工作,做到依法保护、有效建设和开发利用草地资源。沁水县、泽州县完成退耕还林草食畜棚圈建设项目,分别建成1600平方米、2000平方米棚圈。

畜牧业技术培训

全市畜牧兽医系统共培训基层技术人员和养殖户2万余人(次),发放宣传资料20万余份。

(市畜牧局)

商业贸易

综 述

2011年工作

2011年，全市社会消费品零售总额完成224.5亿元，同比增长17.5%。外贸（自营）进出口总额完成113 516万美元，占年度目标的177.9%，比2010年增长113.4%，增幅居全省第一。实际利用外资21 798.57万美元，完成目标任务的144.36%，比2010年增长66.49%，总额排全省第二。市商务局被省商务厅表彰为"2011年度全省商务工作先进单位"。

对外贸易

国家出入境检验检疫总局正式批准在晋城设立出入境检验检疫机构；太原海关正式批准晋城市设立保税仓库和出口监管仓库；晋城海关机构通过太原海关和省政府同意，报国务院待批；出口加工区项目进入实质性申报阶段。新增对外贸易企业10家，累计达到148家，陵川县对外贸易实现零的突破。机电产品进出口完成80 096万美元，占进出口总值的70.6%；高新技术产品进出口54 459万美元，占进出口总值的48%。主要出口产品销往33个国家或地区。市柏基菌业公司生产的菌类农产品打入韩国市场。富士康、福川制铁、汉斯瓦斯、金鼎公司等引进世界先进工业装备。铁矿砂进口额达到2.5亿美元。在迪拜、布达佩斯、新西兰等地设立企业，制定煤炭、冶铸、化肥、煤层气、丝麻等优势产业的"走出去"战略方案，印制《晋城对外投资合作项目册》。

招商引资

全年全市共签约招商引资项目128个，项目总投资2933.99亿元。其中，66个项目开工建设，资金到位80亿元，利用境外资金21 798.6万美元，富士康集团1000亿元和香港华润集团1180亿元项目尤为突出。新增外资企业4家，累计达到35家，13个国家和地区的企业在晋城市投资办企业。豪德、居然之家、美特好宇佳时代广场等一大批商贸流通企业落户晋城。

规划编制

对批零贸易、住宿餐饮、居民服务三大行业发展状况进行全面分析评价，编制完成《晋城市商贸流通业发展规划（2011—2015年）》、《商贸服务业行业发展报告》等规划。重点策划、论证、编制完成《太行国际商贸城论证规划》，并积极推进。

"万村千乡市场"工程

实施"万村千乡市场工程"暨农村便民连锁商店全覆盖工程,建设农村便民店349个,占到省下达目标任务的115%,全部通过验收。

政策落实

全市"家电下乡"销售量达到173 924台(部),较2010年增长42%;自2010年9月至2011年12月,全市共销售家电以旧换新产品15 287台;"汽车以旧换新"清算资金725.3万元,全部发放到位。

蔬菜市场建设

制定出台《晋城市社区零售蔬菜市场建设规划》,在市区新建和改造上辇、古书院、金鑫、凤西、北华苑、栖菁园等蔬菜市场8个。

市场运行监测

全市有市场运行监测样本企业56家,包括重要生活必需品、重要生产资料、生猪屠宰、重要流通等9个监测系统。国家商务预报采用运行监测信息63条,省商务厅商务预报采用360条。在全省市场运行监测考核中,连续三年排名全省第一。

应急储备

制定和完善《晋城市市级猪肉、食糖储备管理办法》、《晋城市生活必需品市场供应突发事件应急预案》,成立晋城市生活必需品市场供应突发事件应急工作指挥部。常年保持生猪活体储备500吨、食糖储备600吨库存规模;应急生活必需品储备,常年保持10 000箱矿泉水、5000箱八宝粥、3000箱面包、2000箱火腿肠、2000箱方便面;市区冬春蔬菜储备350万斤,并适时投放市场,保证市场供应。

突发性事件处理

"食盐抢购风波"发生后,市商务局召开新闻发布会,采取一系列有效措施,平息"食盐抢购风波"。双汇"瘦肉精"事件曝光后,组织召开紧急会议,开展联合检查,责令有问题商品退市,并指挥有供应能力的企业迅速组织替代商品,维护市场安全和社会稳定。

执法检查

对生猪屠宰、酒类批零、成品油市场等重点领域开展执法检查,共出动执法人员15 242人次,行政执法部门立案332起,罚没物品14 655件,涉案总金额86.93万元,部分案件移送司法机关。对汽摩配件市场假冒伪劣产品进行检查,共出动执法人员1084人次,查处涉嫌假冒伪劣机动车配件产品标值187万元,查处违法经营户446户,涉嫌产品品种270余种,挽回经济损失300余万元。

信息工作

通过商务局网站、地方商务之窗、晋城在线等媒体发布信息1062条，点击率达130万次。

资金扶持

争取国家、省、市各类资金9690万元（包括家电下乡产品补助资金、家电以旧换新补贴资金、汽车以旧换新补贴资金、农村便民店全覆盖扶持资金、外经贸区域协调发展促进资金、中小外贸融资担保专项资金、机电及高新技术产品专项资金、中小企业国际市场开拓资金、茧丝绸发展专项资金等）。

2012年工作

2012年，全市社会消费品零售总额完成261亿元，同比增长16.2%，增幅在全省排名第二；外贸自营进出口总额完成12.3亿美元，同比增长8.9%，绝对额居全省第二；利用外资完成2.5775亿美元，同比增长18%。

对外贸易

落实“一包两转”政策（一包即领导包干企业，两转即将外省企业代理出口的货物和出口到外省保税区的货物转回到省内出口），出台《部门领导包干外贸企业制度实施方案》，市领导、市直部门包干30家外贸企业，协助企业解决在业务转回过程中遇到的问题，共计转回自营出口金额3800万美元，自营进口金额12 000万美元。下放加工贸易审批权，进出口企业办理审批业务更加高效、便捷。组织企业参加阿联酋中国商品展览会、哈萨克斯坦中国商品展览会、广交会、高交会、厦洽会、乌洽会、中博会等。吉利尔、绿洲纺织、森鹅服装等企业联合设立的“丝麻纺织品出口基地”、泽州县设立的汽车配件（铸造）出口基地被确定为山西省第一批外贸转型升级示范基地。富士康3个项目列入《中西部外商投资优势产业指导目录》。兰花国际物流园区承建的出口监管仓库和进口保税仓库项目主体工程全面完工。

项目建设

凤展新时代购物广场、居然之家、豪德贸易广场一期、苏宁电器、必胜客、高平红旗购物广场、高平奥林大酒店、高平店上蔬菜水果批发市场等一大批商业基础设施建成并陆续投入使用；上海锦江酒店、兰花国际商城、中视钢铁交易中心等工程正在紧张建设。

规划编制

晋城市被商务部确定为全国第三批再生资源回收体系建设试点城市。市商务局、市财

政局联合制定《晋城市再生资源回收体系建设实施方案》。

“万村千乡市场”工程

全市新建或改造农家店186个,完成全省两年“全覆盖”的任务。此外,新建或改造乡镇二级配送中心18个。

政策落实

家电下乡产品销售累计销量达到238 341台(部),销售额66 199.53万元,补贴金额为7920.88万元,较2011年同期分别增长37.04%、41.06%、41.35%。投资732万元,建成晋城市家政服务网络中心,面积735平方米。培育家政龙头企业4家、中小家政服务企业10家。组织家政培训8期,培训家政服务人员530人,全部就业。

蔬菜市场建设

修订《晋城市蔬菜市场发展规划》,出台《晋城市鲜活农产品批发市场及零售菜市场管理办法》、《晋城市鲜活农产品流通体系建设实施意见》。栖菁园批发市场一期工程完工,锦禾农产品批发市场完成规划;新建标准化蔬菜市场3个、蔬菜直销店和蔬菜超市5个。6月,在全省率先启动周末车载市场,累计销售各类蔬菜5.35万公斤。

市场运行监测

全市累计建成市场运行监测样本库59家,在商务预报网站发布各类信息700余条,其中,原创市场分析100余条。

应急储备

加强动态管理,建立定期报表制度,进一步完善市级生猪活体储备、食糖储备、应急商品储备制度,并建立冬春蔬菜储备制度。

执法检查

全面清理整顿屠宰行业,完善外埠肉准入登记备案制度,加大对私屠滥宰的打击力度和市场肉品的监督检查力度,上市肉品定点屠宰率达到100%;继续推进“放心酒”工程,酒类批发许可证办证率达到100%,酒类《随附单》使用率达到100%,酒类零售经营户备案率达到91%,向各酒类零售网点免费发放“不得向未成年人售酒”标志牌6000个,覆盖率达到90%以上;二手车市场和报废汽车回收拆解专项整治工作成效显著,典当、拍卖、成品油、茧丝绸收购企业全部按期完成年检工作;清理整顿大型零售商向供应商违规收费问题,召开供应商座谈会,推广使用全省统一合同文本,并组织联合检查;汽摩配件市场监管整顿工作实现规范化和常态化,全年共查处不法经营企业(户)195家,涉案值38万余元。

资金扶持

全年共申请国家级、省级内外贸各项扶持资金13 478.73万元，其中：家政服务体系建设资金890万元，再生资源回收体系建设资金1900万元，外经贸区域协调发展促进资金541万元，外贸公共服务平台建设资金850万元，“万村千乡市场工程”补贴资金376.4万元，茧丝绸发展专项资金170万元，家电下乡补贴资金7920.88万元。

（市商务局）

粮　食

2011年工作

2011年,全市粮食收购完成2.78亿公斤,为年度目标的124%;粮食销售完成3.36亿公斤,为年度目标的149%;从省外购进粮食0.96亿公斤,为年度目标的192%。

宏观调控

市政府与各县(市、区)政府签订粮食工作目标责任状。修订完善《晋城市粮食应急预案》和《晋城市粮食应急预案实施细则》,并责成各县(市、区)制定完善了粮食应急预案。市、县两级分别确定粮食应急加工、供应网点,其中市级确定应急加工点3个、应急供应网点16个,县级确定应急加工点10个、应急供应网点45个。建立应急成品粮和应急小包装成品油储备,市级成品粮油应急储备落实到位,泽州县、陵川县、沁水县落实实到位。落实储备粮油费用利息补贴和粮食应急体系建设资金,市、县两级储备粮油费用利息补贴2527万元。其中市级落实粮食应急体系建设资金(粮食流通统计及市场信息监测专项预算)10万元。夏粮集中收购期间,全市粮食企业收购小麦3879万公斤,其中代农存粮1312万公斤。

企业经营

全市国有粮食购销企业累计实现利润65万元,为年度目标的118%。全市各级放心粮油配送中心销售量达5382万公斤,实现利润165万元。市直属粮食企业实现销售收入18 358.9万元,实现利润37.9万元。

企业改革

市粮食局直属企业5个,除高平储备库因承担国家储备任务暂不改革外,粮贸公司、长贸公司、饲料公司开始改革。高平市开始第一批国有粮食企业改革。

粮食储备

按照《晋城市市级储备粮管理暂行办法》,对市级储备粮进行轮换,调整市级储备油的储存形式(由散装油调整为小包装油)。县级政府调控粮全部充实到位,县级(泽州县、陵川县、沁水县)成品粮油应急储备140.75万公斤,其中:面粉90万公斤、大米35万公斤,小包装色拉油15.75万公斤。全市储备粮“一符六无”(一符即账实相符,六无即无虫、无霉、无鼠雀、无事故、无污染、无不易存粮)和“三专四落实”(三专即专人保管、专仓储存、专账记载;

四落实即品种落实、地点落实、质量落实、数量落实。)率达100%,商品粮“一符六无”率达95%以上。

粮食监管

开展粮食、食用植物油库存检查和“放心粮油”经营网络建设检查,全市(含各县级检查)共进行各项监督检查83次,出动人员914人次,检查各类单位1425个次。严格粮食收购市场准入制度,办理粮食收购许可证283户,注销44户。3月1日至6月30日,对2010年12月31日前申领的粮食收购许可证进行审核,通过审核228户,变更登记16户,注销15户。加大全市粮食市场价格监测力度,粮食信息监测覆盖收购、销售、购进、批发、零售等5大价格类型,品种包括小麦、玉米、面粉、大米、大豆、食油等9大品种,监测网点包括粮站、粮店、面粉加工、零售超市、转化用粮企业、养殖业等20个。3月,将运行的信息周报制调整为日报制。收集粮食生产、流通和价格等信息2100余条,公开发布粮食信息84期。市粮油检测检验中心成为国家粮食质量检测机构成员单位。

“放心粮油工程”

市政府将“放心粮油工程”、“农户科学储粮工程”列入为民办实事工程。11月,以改造提升1个放心粮油配送中心、100家放心连锁店为主要内容的“放心粮油工程”和以建设20 000个新型农户储粮仓为内容的“农户科学储粮工程”全部完成。

招商引资

全市粮食系统确定招商引资项目8个,其中陵川县润陵农产品批发市场项目列为全市招商引资重点项目。市粮食局编印晋城粮食招商引资项目宣传册,在晋城市举办的首届“太行国际旅游节贸易洽谈暨名优产品展销会”上进行宣传。9月21日,参加在晋中市召开的“2011山西粮食交易合作洽谈会”。陵川润陵农产品批发市场与山西省客都生活超市有限公司签订合作合同,城区稻谷公司与辽宁盘锦良友米业有限公司签订合作意向,沁水县粮食精加工公司与山西丰田食品有限公司签订合作意向。

企业扶持

市粮食局重点扶持晋城市家福粮油食品有限公司和高平九康食品有限公司两个系统产业化龙头企业。为市家福粮油食品有限公司争取资金138万元,其中,放心粮油建设专项资金128万元,标准化蔬菜市场配套资金10万元;高平九康食品有限公司列入市级农业产业化龙头企业。全年,两家企业销售粮食制品2803万公斤,销售收入7332.7万元。

2012年工作

2012年,全市粮食收购完成3.15亿公斤,为年度目标的140%;粮食销售完成3.8亿公斤,为年度目标的162%;产销衔接从省外调入0.85亿公斤,为年度目标的131%。

宏观调控

建立应急加工、供应网点75个(加工点13个,供应点62个),为省粮食局下达目标任务的214%。其中:市级确定应急加工点3个、应急供应网点17个,县级确定应急加工点10个、应急供应网点45个。市属高平国家粮食储备库与加工企业签订应急情况下的代加工协议。全年粮食市场基本稳定,未发生脱销断档、价格暴涨、群众抢购情况。夏粮集中收购期间,全市小麦收购累计入库2967.1万公斤,其中国有粮食企业收购1734.5万公斤,占收购总量的58.5%,非国有粮食企业收购1232.6万公斤,占收购总量的41.5%。收购价格为1.02~1.07元/斤。

企业经营

全市国有粮食购销企业实现利润94万,为年度目标的104%。国有粮食企业统算扭亏为盈,实现利润13万元。

企业改革

各县(市、区)及直属各企业改革稳步推进。全市16家国有粮食购销企业中,10家取得农发行贷款资格,占62.5%。年底保留的49家国有粮食附营企业中,30家盈利,占61.2%。

粮食储备

轮换市级储备粮1710.2万公斤。全市粮食储备"一符六无"(一符即账实相符,六无即无虫、无霉、无鼠雀、无事故、无污染、无不易存粮)粮仓达标率达到96.3%,"三专四落实"(三专即专人保管、专仓储存、专账记载;四落实即品种落实、地点落实、质量落实、数量落实。)达到100%。市属储备粮库科学保粮率达到99%。250万公斤仓容成品粮库完成提升改造。开展储备粮油质量抽查。投资602万元,实施"农户科学储粮"工程,将11 000套小粮仓发放至农户。

粮食监管

全市(含各县级检查)共进行各项监督检查71次,出动1066人次,检查各类单位1121个次。组织开展夏秋两季收购市场专项监督检查,不存在压级压价,克扣斤两,损害售粮者利益的行为;不存在拖延支付售粮款或打白条现象。4月,市粮食局、市财政局、市农发行联合

对各县(市、区)及相关企业库存情况进行监督检查,全市粮食库存账实相符、账账相符,库存粮食质量安全,储备粮集并、轮换符合程序要求,政策性粮食补贴拨付及时到位,粮食仓储管理到位。9月,市粮食、工商、质监等部门联合开展“放心粮油”经销网络专项监督检查,出动检查人员79人次,检查相关企业140家,各配送中心、中心店、骨干店及经销网点各种证照齐全、制度健全,所经营的粮油产品均经过质量安全认证,有QS标志,标签标识符合国家食品标签标准要求。全年累计办理粮食收购许可证309户,其中国有96户,非国有213户(个体144户);注销56户。对2011年12月31日前申领粮食收购许可证的粮食经营者全部进行年度审核。进行库存粮食质量和卫生安全情况全面检查,所有储备粮和国有企业的商品粮质量合格率、宜存率均达到100%。1至10月,共收集粮食生产、库存、流通、消费和价格等信息资料51期,1320余条,公开发布粮食信息51期。

“放心粮油工程”

市粮食局确定专人对配送中心及放心粮油店的经营销售情况进行跟踪服务和监管。推进放心粮油便民早餐工程,建成“放心早餐便民示范店”2个。

招商引资

8月9日至10日,“2012山西粮食(小杂粮)交易合作洽谈会”在晋城市举行。来自北京、天津、上海、江苏、浙江等12个省(市、区)粮食局和包括SPAR(中国)、IGA(中国)、中储粮、中纺集团、家乐福、沃尔玛、美特好等400多家国内外企业的800多名代表参加洽谈会。晋城市13个小杂粮生产经营企业的百余种小杂粮精深加工产品参加展示,与山东、辽宁、湖南、天津、上海、河南、北京等省市达成省际间粮油产销合作协议25份,签约总量0.835亿公斤,成交金额达3.9亿元;签约项目3个,项目总投资0.73亿元,引进资金0.58亿元。完成高平市神农氏小杂粮加工厂项目。泽州县粮食局与晋城市金砂金属建材有限公司合作建设南京名爵汽车4S店,项目总投资5000万元。11月16日,陵川县华丽港购物广场开业,该项目总投资5000多万元。

(市粮食局)

供　销

2011年工作

2011年,全市供销社商品购进总额完成8.3亿元,同比增长9.3%;其中农副产品购进1.33亿元,同比增长14.5%;商品销售总额完成9.1亿元,同比增长6.9%;其中农资供应完成1.97亿元,同比增长17.1%;消费品零售额4.1亿元,同比增长12.2%;盈亏相抵实现利润87.7万元。

农村便民连锁商店工程

农村便民连锁商店"两年全覆盖"工程被省、市政府确定为"五大惠民工程"之一。市供销社与各县(市、区)供销社签订晋城市供销社落实省委、省政府和省供销社2011年重点工作目标任务责任书,不定期组织人员对便民连锁商店建设等情况进行督导检查和调研,了解掌握工作进展情况,解决便民连锁商店建设存在的困难和问题。便民店建设按照市场化建设、规范化管理、诚信化经营、综合化服务的要求,统一标识、统一服务标牌、统一台账;拓展经营范围,增加经营品种,开展家电、图书、药品、建材等经营业务,提升便民店的综合服务功能。阳城县供销社与县农业银行合作,在农家店安装农村小额支付"村村通"转账电话,实现农家店一店多能,一网多用。陵川县供销社按照"供销社主办、多方参与、市场化运作"原则,以基层社分销店、双代店为主体,围绕"两道一村一点"(县乡主干道、旅游专用道、新农村建设示范村、旅游景点),采取"五个一批"的办法,即利用原有的门店改造一批,开发闲置资产新建一批,招商引资联建一批,销售大户加盟一批,规范完善提高一批,将便民店建设与村委会、村容美化、文明创建相结合。至年底,全市建成农村便民连锁商店349个。同时,各级供销社优化日用消费品流通网络体系,加强日用消费品配送中心建设,提高连锁配送率和辐射面。

农资供应

市供销社开展农民对农资商品的需求情况调查,多渠道筹措资金,加强与生产企业联系,落实农资供应合同,严把农资商品质量关。各供应网点延长营业时间,开展电话预约,上门供应等服务,确保春耕生产农业供应。沁水县供销社组织开展强基惠农春季大行动,累计出动送肥车辆128台(次),宣传车46次,组织送肥下乡34次,为边远山区群众送肥

3000吨。

再生资源回收利用

全系统着力构建以社区回收为基础,以分拣中转为纽带,以集散市场为中心,以综合利用为目的的再生资源回收利用体系,建设改造提升一批废旧物资回收网点和区域性再生资源集散交易市场,探索再生资源回收利用网络体系建设的新途径新模式。市物资回收总公司被市政府确定为晋城市再生资源回收体系项目建设龙头企业,采取直营、合作、连锁等经营方式,开展回收站点、回收中转站、集散交易市场建设。高平市供销社废旧金属集散交易市场,完成项目立项、可研、环评等相关手续;振锋再生资源回收利用有限公司参加省商务厅、财政厅组织的全省家电以旧换新回收企业竞标项目,成为高平市唯一一家家电以旧换新回收企业。

专业化合作组织建设

全市各级供销社将创办专业合作社作为介入农业生产领域、完善为农服务体系的主要途径,立足地方优势资源和特色产业,通过创办、领办、联办、合办等形式,牵头组建和发展农村合作经济组织联合会、农民经纪人协会、农产品行业协会等各类协会。阳城县供销社以神农公司为龙头,以桑林山茱萸、山窑小杂粮、横河核桃等专业合作社为纽带,采取龙头企业+专业合作社+基地+农户的合作经济发展方式,以规模农户为基础,走科工贸一体化,产加销一条龙的新型产业化发展道路,搭建农产品进入市场的平台。

业务经营

全市各级供销社扩大农副产品经营品种和规模,建立农产品生产和采购基地,积极推进“农超对接”,减少流通环节,降低流通成本。市果品冷库实行让利供应,农产品销售价格低于市场同等商品5%~20%,减免农产品经营商户超市摊位费,每日推出3个品种以上的蔬菜或水果零利润销售;开展水果零利润配送业务,以成本价格向凤展超市、福旺多超市、金辇超市等大中型超市配送水果。被市委办公厅授予“平抑市场物价先进企业”称号,被市商务局授予“保障市场供应先进单位”称号。

项目带动

全市供销系统将项目建设与“新农村现代流通服务网络工程”建设紧密配合,大力实施项目带动战略。泽州县供销社烟花爆竹仓库建设项目总投资200余万元,主体工程基本完工;城区供销社批零公司综合楼建设项目投资860万元,后期工程基本完成;高平市供销社投资建设烟花爆竹专用仓库。

2012年工作

2012年，全市供销系统完成商品购进总额10.4亿元，同比增长8%，其中农副产品购进1.85亿元，同比增长19.8%；完成商品销售总额12.14亿元，同比增长9.8%；其中农资供应2.46亿元，同比增长11.9%；消费品零售额5.7亿元，同比增长21.3%；盈亏相抵实现利润215.8万元，同比增长58.8%。

农村便民连锁商店工程

全市农村便民连锁商店建设任务159个，实际完成186个，两年共建成535个，提前105天完成市政府目标任务，超额完成省政府和省供销社目标任务。与市财政局联合出台《关于市供销合作社改革发展专项资金暂行管理办法》，争取中央和省级补助资金558.8万元，落实市、县配套资金363.6万元。除居住分散、不宜建店的行政村外，实现全市农村便民连锁商店全覆盖。高平市政府出台《农村便民连锁商店全覆盖工程的实施意见》，所有便民店实行"十统一"，即统一标识、统一管理、统一配送、统一承诺、统一货架、统一牌匾、统一制度、统一台账、统一标签、统一计量工具(电子秤)，成为全市农村便民连锁商店全覆盖样板工程。阳城县供销社在便民店安装400多部银行转账电话、143部POS刷卡机，2个便民店开展药品销售；沁水县供销社与县农行开展一卡通便民服务项目，便民店成为金融服务"村村通"服务点；一些便民店被粮食部门确定放心粮油经营店。

基层建设

全市投入基层基础建设资金5542万元，改造扩建营业面积6万多平方米。高平市供销社创造"网络化布局、集团化运作、整体化建设、集体化经营"基层社建设经验，被供销总社表彰为全国供销系统先进集体。高平市供销社对泫氏、隆福两个商场进行连体改造，建成面积达4000平方米的供销超市，经营品种达3万余种，年销售额从改造前的1600万元提高到近8000万元；租赁经营场地，改造建成3000多平方米的新供销商城；投资2000万元，建设改造陈区、神农、寺庄、北诗4个基层社，建成4个面积均超过1000平方米的农村供销超市。11月29日，全省供销社基层组织建设现场推进会在高平召开，省供销社党组书记、理事会主任高璋，市委常委、常务副市长冯征出席会议，全省11个地市、119个县的供销社主任及基层供销社代表现场参观高平市供销社基层社建设典型单位。沁水县供销社采取强社合并弱社、重组中心社办法，整合21个基层社，组建龙港、端氏、中村、固县4个中心社；领办和合办养殖、种植专业合作社3个，创收超过100万元。陵川县供销社在丈河、六泉、马圪当、马武

寨等4个边远基层社建立二级配送中心；西河底供销社吸引个体商户挂牌入社19个，经营网点扩展到53个。泽州县供销社联合农民创办4个生产专业合作社，筹建“泽州县农民经纪人协会”，建立农民经纪人资料数据库。

项目建设

全系统共申报农业综合开发供销总社新型合作示范项目3个、省城乡一体化商贸流通体系建设项目6个、市改革发展专项资金项目15个。阳城县供销社日用消费品配送中心升级改造项目，完成投资680余万元，主体工程基本完工；五谷香农产品改扩建工程进入试生产阶段，建成杂粮基地3个，面积达3万多亩；山茱萸综合开发项目完成投资470万元，建成种植基地3个，联合农民1000多户。陵川县中药材交易中心建成开业，项目总投资230余万元。市果品冷库“鲜活农产品冷链系统改造项目”，建设规模4800平方米，总投资1019万元，完成恒温库、果蔬加工等改造工程。晋城市被确定为全国第三批再生资源回收体系建设试点城市。市物资回收总公司开展回收示范亭、回收站点、回收中转站、集散交易市场建设，争取扶持资金385万元。市土产日杂总公司商业购物中心改造项目，与山西金缘投资集团有限公司签订合作改造合同，建筑面积23 600平方米，总投资1.2亿元。

“新网工程”

全市供销系统巩固实施“新网工程”建设战略，提升连锁配送中心专业化、系列化服务水平。高平市供销社大力推进日用消费品、农业生产资料、再生资源、烟花爆竹、食盐五大网络建设，构建“市有配送中心、乡镇有连锁超市、村有便民店”的网络体系，新建改造商品配送中心5个，建成便民连锁店422个，农资直营店130个，回收站点60个，社区、学校回收亭20个。城区供销社投资1000余万元，建成面积3780平方米的日用品连锁配送中心，与30多个直营店、50多个加盟店建立连锁配送关系。

（市供销社）

石　油

晋城石油分公司隶属中国石油化工股份有限公司,成立于1954年。是晋城最大的成品油销售企业。主要从事汽油、柴油、润滑油的零售、直销业务,承担着全市的成品油资源配置和市场供应任务。公司拥有资产2.4亿元,下设7个零售片区,在营油库1座(3万立方米库容),在营加油站130余座,构成布局合理、连点成线、连线成片、纵横交错的立体营销网络。

经营情况

2011—2012年,经营总量达到63万吨,上缴税金6000多万元。

企业管理

2011—2012年,晋城石油分公司按照现代企业制度和"内部紧密化、外部市场化"的经营战略,贯彻集团公司暨股份公司各项经营战略,从晋城区域经济实际出发,扩销增量,优化物流,强化管理,继续保持了持续稳定发展的好势头。在资源紧缺时期增加资源投放,优先保障救灾、防汛、保三夏等重点用油需求。完善网络功能,开拓服务领域,在加油站增设便利店、餐饮、汽车维修美容等非油品业务,为消费者提供更完善的服务。强化员工服务意识,加强规范化管理,提高服务水平。重视安全环保,积极推行HSE管理体系,加大安全隐患治理和油品质量计量检验投入,强化全过程管理。

企业文化

2011—2012年,晋城石油分公司寓企业文化于经营活动之中。弘扬中国石化"规范、严谨、诚信"的企业文化和"团结拼搏、务实创新"的企业精神,坚持"信誉第一、顾客至上"服务宗旨,开展"计量准确、质量合格、明码标价、服务一流"优质服务活动。

(晋城石油分公司)

烟 草

2011年工作

2011年，累计销售卷烟89 639箱，为年计划的100.03%，同比增长0.59%。单条均价76.21元，同比提高15.33元。实现卷烟销售收入（含税）170 775万元，同比增长25.91%。实现税利36 692万元，同比增加10 007万元，增长37.5%。人均劳动效率、人均卷烟销售收入、总资产贡献率、成本费用利润率等效率指标同比明显提高；卷烟三项费用率、人工费用占销售收入比重、物流费用占销售收入比重等费用指标同比明显下降。

案件查处

查获各类违法卷烟案件734起，同比增长41.15%，查获违法卷烟1208万支，同比增长9.71%，案值583万元，其中假冒卷烟1102万支，标值490万元，罚没款11.13万元。移送公安案件15起，实现了县县有移送案件的目标。刑拘23人、逮捕20人、判刑15人。其中"3·28"、"12·26"两起案件达到国家局网络案标准。

品牌培育

重点骨干品牌销售66 283箱，同比增长22.43%，占总销量的73.94%，提高13.19个百分点。全国三类以上销量前十五位品牌销售30 036箱，同比增长39.54%，占总销量的33.51%。全国销售收入（含税）前十五位品牌销售收入140 341万元，同比增长37.4%，占总销售收入的82.18%。销售焦油含量8毫克/支及以下卷烟品牌18个，规格37个，销量3299箱，同比增长717.22%。

网络销售

网上订货率达到89.2%，同比提高44.01个百分点，网上订货成功率达到94.89%。电子结算率为98.12%，同比提高7.33个百分点，电子结算成功率持续保持在95%以上。

2012年工作

2012年，累计购进卷烟90 142箱，同比增长0.44%。累计销售卷烟89 654箱，同比增长0.02%。实现单条均价88.96元，同比提高12.75元。实现卷烟销售收入199 387万元，同比

增长16.75%。实现税利43 062万元,同比增长17.36%。实现税金24 624万元,同比增长17.95%。

案件查处

共查获各类违法卷烟案件840起,查获违法卷烟486件,案值183万元。移送工商案件78起,罚没款9.2万元。移送公安案件8起,刑事拘留13人,网上追逃2人,逮捕12人,判刑11人。"4·5"、"5·23"两起贩售假烟网络案件达到国家局标准。

品牌培育

27个重点品牌销量67 791箱,同比增长5.82%,占总销量的75.61%;实现销售收入176 101.68万元,同比增长19.58%,占总销量的88.32%。行业"双十五"(即全国三类以上销量前十五位品牌、全国销售收入前十五位品牌)品牌销量62905箱,同比增长3.9%,占总销量的70.16%,同比提高2.62个百分点。"双低"(即低焦油、低危害)品牌销量6628箱,同比增长98.85%,占总销量的7.39%,同比提高3.67个百分点。

网络销售

全市建成现代卷烟零售终端店317个,占全部卷烟零售终端的4.1%。电子结算率达到98.81%,电子结算成功率达到95.55%,电子结算金额占总销售收入的94.74%;网上订货率达到95.47%,网订成功率达到95%以上,网上订货量占总销量的95%以上。

(市烟草专卖局)

对外开放

晋城经济开发区

2011年工作

2011年，晋城经济开发区地区生产总值完成31.75亿元，同比增长73%；工业总产值完成76.27亿元，同比增长102%；财政收入完成4.38亿元，同比增长35%；外贸进出口额完成7.52亿美元，同比增长73%；实际利用外资完成1.3亿美元，同比增长38%；固定资产投资完成20亿元，同比增长73%。全区工业用地投入强度201万元/亩，产出强度283万元/亩。连续三年在全省省级开发区综合经济指标考核中排名第一；连续5年实际利用外资排名全省省级开发区第一；连续3年外贸进出口额排名全省省级开发区第一；连续两年被省商务厅评为“投资环境综合评估先进单位”。

富士康A区项目

2月19日，富士康A区项目正式启动，4月3日开工建设。共完成投资5.12亿元，建成两栋钢结构厂房、两栋附房共约5万平方米。与之配套建设的约26万平方米公租房项目，完成投资8000万元。精密刀具车间建成投产。省委书记袁纯清、省长王君在晋观摩时，称赞“开创了产业项目建设周期短、投资见效快的范例，单位土地面积投资强度、平均产出、就业人数居全省之首”。

富士康B区项目

富士康B区累计实现工业总产值67.21亿元，同比增长117%；实现工业增加值21.85亿元，同比增长100%；完成进出口总额7.19亿美元，同比增长70%；上缴税金1.35亿元，同比增长51%；完成投资10.65亿元，同比增长74%；园区就业人数达到2.1万人。是全球最大的光通讯连接器、光学镜头模组、精密刀具生产基地。

富士康晋城金匠科技工业园项目

9月3日，富士康晋城金匠科技工业园项目奠基，9月22日市政府与富士康集团正式签署合作协议。该项目总投资达1000亿元。

其他项目

8月30日，晋煤金鼎煤机千亩装备制造园一期工程开工建设。10月18日，皇城相府中道能源高效动力锂电千亩工业园一期工程开工建设。阜外医院培训中心正式挂牌。

高新技术产业

开发区财政提供1000万元科技扶持资金，支持拥有核心技术的高科技人才投资创业。全区拥有全国“千人计划”1人(伍永安)、全省“百人计划”2人。帮助企业争取国家扶持资金5342万元。申报市级科技计划项目10项。9家企业建成市级工程技术研究中心。富基新材料公司在天交所上市，融资1200万元，开创全省中小企业在天交所科技板块上市先河。2011年，全区高新技术产业增加值实现22.5亿元，占全区工业增加值的90%。

扩区工作

开发区托管金匠新兴工业园区。同时，启动出口加工区申报工作，编制金匠新兴产业园总体规划。投资2亿元，建成新区第一条主干道金鼎路。

招商引资

公租房项目争取地方政府债券资金3亿元。积极探索“三位一体”融资方式，有效缓解富士康A区项目建设融资难题。争取省开行贷款10亿元。

2012年工作

2012年，全年规模工业增加值(现价)完成29.98亿元，同比增长20%；财政总收入5.71亿元，同比增长30.32%，其中公共财政预算收入2.69亿元，增长33.81%；外贸进出口(按企业上报数统计)完成18.65亿美元，同比增长62%，其中进口9.04亿美元，出口9.61亿美元；高新技术产业总产值(现价)完成88.56亿元，同比增长29.76%，高新技术产业增加值(现价)完成28.78亿元，占全区工业增加值的89%；实际利用外资1.96亿美元，同比增长50.1%；全年全社会固定资产投资32.4亿元，同比增长62.1%。晋城经济开发区被评为“全省先进开发区”。

富士康A区项目

富士康A区被列为全省首批转型综改标杆项目，当年新建10栋厂房全部交付富士康集团，7栋厂房实现投产，新上苹果手机精密机构件项目当年9月建成投产，3个月新增产值10.54亿元；富士康A区配套公租房全面开工，首期10万平方米5栋住宅楼基本完成土建工程。

其他项目

金鼎煤机项目完成投资6.78亿元，一期工程2栋厂房投入试生产；中道能源锂离子电池项目完成投资6.25亿元，1号厂房具备试生产条件；东吕匠、侯匠旧村改造项目完成投资2980万元，10栋住宅楼启动建设；投资4527万元，全市首座全智能变电站——侯匠110千伏

变电站建成投运，正式向富士康A区送电；市级重点工程——皇城相府药业口腔速溶膜剂项目，当年完成投资5730万元，已投入生产。

高新技术产业

全区有“千人计划”科技领军人才1名，“百人计划”人才3名，新申报“百人计划”人才3名。全区共取得和申报专利121项。一批科技成果达到国内乃至国际领先水平，LED光源显色指数达到98，创世界最优；8.2米大采高液压支架，创造矿用液压支架“世界高度”；非能动高温高压核级阀门，填补国内空白；纳米介孔ZSM-5分子筛研发成功，为全球首创。

扩区工作

2月22日，经省政府批准正式实现异地扩区5.85平方公里，扩区后开发区面积达到近10平方公里。

招商引资

全年签约项目12项，涉及总投资175.71亿元，引资170.71亿元，为市下达任务123%。招商引资到位资金120亿元，为市下达任务120%。

（晋城经济开发区）

招商引资

2011年工作

2011年,全市招商引资项目实际到位资金327.75亿元,占年度目标182亿元的180.08%,同比增长124.49%。其中,城区52.26亿元,泽州60.49亿元,高平55.53亿元,阳城54.60亿元,陵川10.26亿元,沁水77.29亿元,开发区17.32亿元。

引进项目

全市共签约招商引资项目128个,同比增长103.17%,项目总投资2933.99亿元,占年度目标1067.65亿元的274.81%,同比增长333.51%,拟引资2498.27亿元,同比增长419.17%,签约项目到位资金80亿元,同比增长406.33%。其中,有66个项目开工建设,同比增长353%。

投资环境

市委、市政府高度重视招商引资工作,5月19日,专门召开"全市招商引资暨项目推进工作大会",对全市的招商引资工作进行动员部署。各级各部门把招商引资和项目推进作为加快转型跨越发展的头等大事,形成"领导带动、部门互动、项目推动、政策驱动、上下联动"的招商新格局。市委、市政府出台《关于加强招商引资和项目推进工作的意见》,明确招商方向和方式方法,完善优惠政策,出台工作制度,提出具体的目标要求,助推全市招商引资工作的迅猛开展。市政府出台《晋城市招商引资考核办法》,充分调动各方面的工作积极性,不断拓展招商引资工作的力度、广度和深度。从7月开始,市政府督查室逐月在太行日报、晋城电视台、晋城在线和晋城招商网,对各县(市、区)、开发区和市直的招商引资目标完成情况,进行排名通报。9月9日至16日,会同市纪委、效能办对全市招商引资情况进行联合督查。市招商局建立招商引资项目动态储备库,制作多媒体视频招商推介宣传片,编发《晋城投资指南》和《晋城招商项目册》,全年共创意策划、储备推介项目234个,总投资873.3亿元,拟引资792.5亿元,每个项目都经过市发改、国土、规划、环保四部门会审。

对接大上海、融入长三角

晋城市把以上海为核心的长三角地区作为招商引资的主要目的地,在理念、市场、资金、人才、管理、技术等方面与上海实现全方面多层次的对接。市招商局与上海多家政府机

构、开发区、商协会和企业交流洽谈，促进双方合作。参加山西省（上海）招商推介会、2011上海国际工业博览会、中国（上海）创意产业博览会等多项重大招商活动，发放宣传资料500余份，参加各类专题论坛10余场，与上海参会客商建立广泛联系。8月17日，选聘上海市开发区协会秘书长赵海、上海开发区协会招商促进中心常务副主任王珩等10人为晋城市首批代理招商人员，并草拟《晋城市委托代理招商暂行办法》，构筑全方位、多领域、多形式地融入长三角的合作机制。8月，与上海市开发区协会招商促进中心签订招商引资战略合作框架协议。10月，与上海大之商投资管理服务有限公司（上海招商网隶属公司）签订合作协议，在上海招商网开通晋城专版对晋城投资环境和项目信息进行宣传，搭建晋城和上海两地招商引资网络平台。全年共签订各类战略合作框架协议16个，奠基开工项目3个，总投资29亿元，准备落地项目6个，总投资110.9亿元，签订销售合同5个，销售额4.36亿元。签署项目合作意向7个，达成口头合作意向26个。

招商活动

市招商局组织参加中博会、夏洽会、渝洽会和山西省—中央企业合作发展恳谈会等多项招商活动，主办第三届中国（晋城）投资贸易洽谈会、中国（晋城）太行山国际文化旅游节名优产品展销会。9月26日至28日，第六届中部博览会在太原举办，全市26家企业参展，涉及现代煤化工、新能源、新材料、高新技术、装备制造、现代农业、食品深加工、丝麻纺织、工艺制品等行业近百种产品，对外发布推介项目近300个，投资总额近千亿，涉及农业、工业、服务业、旅游、社会事业、基础设施等多个领域。共签约项目68个，总投资2568.3亿元，拟引资2438.9亿元，在全省排名第三。丝麻制品、小杂粮、玻璃工艺、黑陶工艺、医药和LED灯等多种产品，深受与会客商的青睐。

交流合作

加强与中央企业和国内外知名企业广泛合作。在晋城市投资的中央企业有中石油、中石化、中海油、国开投、保利、国家电网、大唐、华能、中煤、中铁、中化和中煤科工等10多家，投资总额达千亿，涉及电力、煤炭、煤层气、化工、铁路等多个行业。加强与华润集团的联系，与华润集团保持长期的联络沟通；加强与中科集团的联系，市政府与中科集团在省城太原签署战略合作协议，协议总投资45亿元；1月14日至17日，邀请香港东裕国际发展有限公司高层来访，促成其在阳城县投资2亿元建设伸性牛皮包装纸袋产业北方基地项目；6月，邀请江苏悦达集团高层来访，促成其在城区投资16亿元建设包括“家乐福”在内的商业综合体项目；与澳大利亚龙旺集团、香港名店街集团、香港帅琦国际投资集团、北京新奥集团、龙僖矿业公司、河北益利达公司、深圳优利泰科技公司及马来西亚华人商会、中国消费者协会、

中国建材流通协会等多家企业和商协会进行深度交流,洽谈合作项目。

招商平台

“晋城招商网”共收集发布动态项目200多个,点击率近60万人次。是全市功能最完善、服务最齐全的对外招商窗口和平台。“晋城企业网”实行企业自助建网,600多家市内外企业在网上注册,发布相关产品和企业信息。

2012年工作

2012年,全市招商引资项目实际到位资金560.99亿元,完成省下达全年目标任务的156.7%,增幅全省第一,完成率全省第三;签约招商引资项目188个,总投资1898.01亿元,完成省下达全年目标任务308.12%;全年新开工招商项目102个,总投资925.25亿元。

引进项目

全市当年签约当年落地的项目59个,落地项目总投资856.22亿元,占所有项目45.11%,其中,10亿元以上项目16个。签约项目行业分布合理,非资源类产业项目所占比重达到88%;投资额在10亿元以上的项目46个,投资总额达到1550.62亿元,占全部签约项目总投资的81.69%。

投资环境

3月5日,召开全市招商引资工作会,奖励县区和相关部门290万元,其中沁水县100万元。全市各级各部门积极开展“项目落地年”活动,市招商局实地调研每个落地开工项目,发放征求意见函293份。招商项目动态储备库储备招商项目274个,总投资额2538.8亿元,拟引资额2194.2亿元。

对接大上海、融入长三角

将上海市嘉定区作为切入点,与该区政府、区政府办、科技局等部门领导及部分街道办负责人进行洽谈。先后参加“2012首届国际高端产业转移项目(上海)洽谈会”、“2012承接长三角中小企业集聚投资(宁波)推介会”等活动。全年,共签约项目48个,总投资314.83亿元,全部为非资源类项目。其中,25个项目落地,落地资金172.35亿元。8月,参加上海嘉定科技博览会,与嘉定区政府签订《关于共建承接嘉定产业转移晋城基地合作协议》,邀请140多位企业家参加专题推介会。12月6日至7日,上海台商协会秘书长陆笑炎、上海开发区协会主任王珩在市职业技术学院进行考察洽谈,初步达成在晋为上海企业培养人才和设立装备制造企业的意向。

招商活动

组团参加中博会、能博会。第七届中博会，全市共签约项目40个，总投资167亿元，拟引资152.1亿元。第四届能博会全市共签约项目75个，总投资1236.55亿元，拟引资1214.56亿元。

交流合作

市招商局组织外出招商20多次，接待来晋考察投资客商近20批次160多人，与北京、上海、浙江、江苏、广东、河北、河南及香港等等地，近百家投资集团建立长期联系。

招商平台

在《太行日报》刊载重大招商引资项目建设专题、招商动态和招商故事。在晋城电视台《晋城新闻》中，推出"招商引资落地项目跟踪报道"专栏，每周两次。在晋城在线、晋城招商等网络媒体进行同步通报和宣传报道。"晋城招商网"共收集发布动态项目200多个，点击率近60万人次。

（市招商局）

建设环保

住房保障和城乡建设

2011年工作

2011年，晋城市大力实施市域城镇化战略，推进城乡一体化建设，荣获“全国无障碍建设先进市”称号。市住建局被市委、市政府授予“创建国家卫生城市突出贡献先进单位”。

城乡规划

“一城两翼”发展规划开始方案论证；中心城市各类专项规划和主城区控制性详细规划基本实现全覆盖；按照城乡一体化要求，编制完成“晋城市沁河流域特色城镇化发展规划纲要”、“沁河生态景观廊道概念规划”、沁河流域郑（庄）—端（氏）—嘉（峰）区域、润城区域、北留周村区域和皇城相府区域四个片区的特色城镇化总体规划、“中心城市环城高速周边区域城乡一体化发展规划纲要”。编制完成阳城县县域村镇体系规划、7个小城镇总体规划、4个重点镇近期建设规划、3个历史文化名镇名村保护规划。

县城建设

以“三个县县有工程”（县县有垃圾无害化处理场、集中供热和生态文体公园）和“四个达标”工程（城市燃气、供水、污水处理和道路建设达到国家标准）为重点，四个县城垃圾无害处理项目全部开工建设，设计总规模达678吨，总库容量460万平方米；集中供热新增规模562万平方米；9个生态文体公园形成规模；16条城市道路启动实施；污水处理厂开始升级改造。同时，四个县城拓展新区建设，实施旧城改造，高平市启动龙运新城建设，阳城县按照“东延、西扩、南北拓”的思路，将东城办、町店、西河、演礼、白桑五个乡镇纳入县城范围，加快改造旧城、开发新城、保护古城。沁水县构筑“一城一带一圈”城镇格局，陵川县开展县区环境综合整治。

百镇建设工程

根据全省“百镇建设工程”部署，确定“十二五”期间14个市级重点镇，其中北留镇、嘉峰镇列为2011年首批全省重点示范镇，并编制完成近期建设规划，启动新区建设、旧区综合整治、中心街市建设、市政基础设施、公共服务设施等29个建设项目，投资规模达7.4亿元，完成投资4.35亿元。其余12个市级重点镇共启动“五建设两整治”（即市政基础设施建设、公共服务设施建设、公共绿地建设、中心街市建设、居住社区建设、风貌整治、环境卫生整治）

工程项目114项,完成投资7.76亿元。

市政公用设施建设

全市(含县城、"百镇")市政设施投资额实际完成27.87亿元,占年度目标的164%,其中市区完成13.47亿元,四个县城完成10.05亿元,两个省级重点示范镇(北留、嘉峰)完成4.35亿元。

城市道路建设

开工建设三条新建道路。兰花路、红星西街延伸、红星东街延伸三条道路总长度4.07公里、总面积15.33万平方米、总投资4.47亿元,当年完成投资2.57亿元,道路基础施工和桥梁主体基本完成。改造40条背街小巷,改造总长度19.98公里,总面积16.5万平方米,硬化路面、安装路灯,接通、改造煤气、供热、自来水、排水管网,近13万老城居民直接受益。完成泽州路、凤台街路面改造。对两条道路的车行道全幅路面进行改造,改造总长13.3公里、面积41.3万平方米。启动陵沁线改线及主城区到金村区的东西向主干道建设前期工作。

公益场馆建设

图书馆、档案馆、美术馆"三馆合一"工程开工建设,总面积5.32万平方米。文化艺术中心(包括大剧院、群众艺术团、少儿艺术团和城市公共人防工程)完成设计方案招标,总占地66.4亩,建筑面积4.55万平方米。

燃气升级

全市新增煤层气用户3万户,其中市区新增1.1万户,阳城县城新增0.4万户,沁水县城新增0.25万户,高平县城新增0.18万户,陵川县城新增0.2万户,农村用户新增0.87万户。全市(含县城)燃气普及率达73%,其中市区燃气普及率达到90.6%,四个县城燃气普及率综合达到50%。全市燃气用户累计达到23万户(煤层气用户18万户、液化石油气用户4.9万户、单位用户0.11万户),燃气车辆1.4万余辆,燃气供气站点167个。其中:市区范围燃气用户13.4万户(煤层气用户11.3万户、液化石油气用户2.02万户、公共用户822户)。

集中供热

晋城热电集中供热热网工程建成投运。新建中继泵站1座,换热站38座,敷设供热主管网35公里,于11月8日提前供热运行。市区新增集中供热能力1227万平方米。

保障性住房建设

全市保障性住房实际新开工建设14 416套、完成年度投资14.09亿元,分别占年度目标的107.4%和127.3%。其中:廉租住房333套、经济适用房713套、公共租赁住房1600套、城市棚户区改造11 770套,5000套住房完成主体施工。省政府下达的230户农村危房改造任

务全部竣工,包括低保户119户、分散供养五保户5户、其他贫困户106户,落实中央、省、市、县四级补助资金253万元。

节能减排

对全市具备改造价值的老旧住宅进行普查,录入数据库既有建筑2073栋,784万平方米。确定全市改造项目15项、面积24.7万平方米。全年完成改造面积21.6万平方米。新建建筑节能规划审查执行率和施工执行率均达到100%。全市(含县城)共处理污水3490万吨,污水处理率达92%,中水回用量700万吨,中水回用率达20%,COD削减8430.8吨。其中市区污水处理2336万吨,处理率达95%,中水回用量700万吨,COD削减5898吨。污水处理生活COD减排量下降2.3%、生活氨氮量下降1.8%。

房地产市场管理

建成"晋城市房地产信息网",公开相关房地产信息;编制完成《晋城市个人住房信息系统建设规划方案》,启动晋城市个人住房信息系统建设;建立房地产月报表通报制度;出台《关于加强房地产市场调控工作的意见》,明确18条调控房价措施;会同人行、银监局联合拟定《晋城市商品房预售资金监管实施细则》、《商品房预售资金监督管理配套资料》,公布推行商品房预(销)售"六不准"。全市房地产开发完成投资35亿元,同比增长20%。商品房成交面积45.56万平方米,成交额19.64亿元,成交均价4218.67元/平方米,同比增长5.6%,增幅控制在目标6%以内。

建筑市场管理

建立晋城市建筑市场管理平台,完成项目、企业、人员数据录入。开展全市建筑工程质量安全及建筑市场监督执法检查,共抽查检查全市在建建筑工程321项,建筑面积419.35万平方米,发现非法违法项目15项,各类安全隐患57条,下发整改通知书25份,停工通知书15份。开展安全生产专项整治,排查各类企业546家,检查项目329个,查出一般隐患2314条,查处11个违规项目,停业整顿8个。组织高处坠落、触电伤害、火灾事故等各类安全事故应急演练11次。

2012年工作

2012年,晋城市荣膺"国际花园城市"称号,获国际花园城市综合金奖、自然类单项金奖(白马寺山森林公园)、国际花园城市景观改善类特别金奖三项国际大奖。多项指标位居全省前列,其中保障性住房全省综合排名第二,建筑市场管理全省综合排名第一。

城镇化建设

全市城镇化率提高1.7个百分点,达到54.45%,完成省定目标。市政府出台《晋城市加快推进重点区域城镇化建设的实施办法》,配套八条政策措施,提出到“十二五”末全市城镇化率达到60%以上的目标。

城乡规划

完成高平市马村镇控制性详细规划、阳城县润城镇控制性详细规划,泽州县山河镇和南岭乡总体规划。

县城建设

高平、阳城成立大县城建设领导组并制定工作实施方案,明确大县城建设具体目标任务。

百镇建设工程

泽州县周村镇、高平市马村镇、阳城县北留镇、润城镇、陵川县礼义镇、沁水县中村镇、嘉峰镇、郑村镇、列入全省百镇建设名单。按照“五建设两整治”的要求,8个镇共开展工程项目110项,涉及市政基础设施、公共服务设施、公园绿地、中心街市、居住社区建设和景观风貌、环境卫生整治等,完成投资24.69亿元。

市政公用设施建设

全市(含县城)市政基础设施投资完成25.45亿元,其中市区完成投资13.02亿元。全市(含县城)生活垃圾无害化处理率达到63.87%。沁水县垃圾无害化处理场建成并投入使用,阳城县垃圾无害化处理场基本建成。全市(含县城)集中供热普及率达到76.8%,其中市区达到80%以上。市本级供水、供热、供气企业运营考核全部达到良好,所辖县(市)三供企业优良率达60%以上。全市(含县城)污水处理率达到93.11%,再生水利用率达到20.95%,新敷设污水管网长度达31.64公里。

城市道路建设

建成兰花路北段、文昌街西段、建设北路、客运东站环路、红星西街延伸段、红星东街及其延伸段,新增城市道路7公里、面积26.2万平方米。完成5.9公里、17万平方米的凤台街人行道改造提升工程,缓解主干道的交通拥堵状况;完成硬化20条市区街巷、新建16座公厕工程,改善老城区居民出行环境及主要公共场所如厕难问题;完成4.68公里、10.14万平方米的文昌街罩面改造工程,提升道路通行能力。

公益场馆建设

图书馆、档案馆、美术馆三馆合一工程完成主体施工;文化艺术中心开工建设。

集中供气

新增中低压燃气管网46.2公里，新增煤层气居民用户8500户，完成富士康A区、白马寺接待中心等招商引资项目的燃气配套。

集中供热

新增供热面积150万平方米，苑北路晓庄片区、泽州北路片区、西环路片区、中原街片区、望川楼片区和凤鸣小区1万多户居民集中供热。

保障性住房建设

全市实际新开工保障性住房11 560套，开工率占目标任务的107.7%；竣工5291套，占目标任务的129.6%；新建和续建项目年度完成投资16.46亿元，完成率103.8%。省下达的790户农村危房改造任务全部竣工交付使用，其中泽州县90户，高平市100户，阳城县200户，陵川县200户，沁水县200户。制定《晋城市保障性住房建设管理实施细则》、《晋城市保障性住房运营管理实施细则》、《晋城市廉租住房配租与退出实施细则》、《晋城市公共租赁住房配租与退出实施细则》、《晋城市经济适用住房供应与退出管理实施细则》、《晋城市限价普通商品住房供应管理实施细则》。严格执行“三审核、两公示”程序，对申报家庭进行联合会审。对廉租住房保障对象执行年度复核制度，对经适房保障对象轮候期超过一年的在分配前重新进行审核。对不符合条件的家庭执行退出机制，取消市区经适房、廉租房2户，取消晋煤经适房2户。在全省保障性安居工程建设劳动竞赛中，市住建局荣获集体一等功。

节能减排

全市既改项目完成设计项目43项，面积达77.39万平方米。开工项目41个，建筑面积73.06万平方米；完工项目12项，建筑面积43万平方米。补助资金4204万全部到位。其中：中央既改补助资金1418万元，市级既改补助资金2786万元。全市新建居住建筑节能专项验收按照65%能效标准执行率达到100%。全市实行集中供热的新竣工建筑和完成供热计量改造既有建筑全部实行供热计量收费，全市新竣工建筑安装供热计量39.4万平方米。市区住宅集中供热面积1050万平方米，住宅供热计量收费面积363.6万平方米，住宅供热计量收费面积占集中供热住宅面积的比例达到34.6%。

房地产市场管理

全市房地产新开工面积139.6万平方米，竣工面积121.7万平方米，商品房销售面积83.99万平方米，销售额45.18亿元。目前，我市所有商品房销（预）售实行了网上合同备案、合同集中打印，商品房销（预）售合同网上备案率达到100%。11月28日，市经济适用住房小区被评为“省地节能环保型住宅国家康居示范工程”。启动房产历史纸质档案数字化工作，

录入纸质档案5万余份,12月11日个人住房信息系统投入运行。开展房地产市场秩序检查整顿,对全市有业绩的60余家房地产开发企业进行现场检查,及时查处城区和德源房地产开发公司未办理预售许可擅自进行销售问题,同时在房地产信息网上进行公告。积极开展创建省级物业管理示范项目活动,市区龙泽苑小区、高平天怡小区通过验收。组织开展城镇住房现状调查。建立产权交易登记大厅,全年共办理房产证10 541册,未发生群众投诉问题。

建筑市场管理

通过竣工验收合格工程15项,合格率100%;办理质量监督注册登记38项,覆盖率100%;全市房屋建筑和市政工程没有发生死亡事故。

(市住建局)

环境保护

2011年工作

2011年,以创建国家环保模范城市为目标,持续推进"蓝天碧水工程",全力抓好污染减排,强化环境执法,全市环境质量明显改善。6月,晋城市获全球环境保护最高奖——联合国环境规划署授予的"中国区环境规划优秀示范城市"称号。

"蓝天碧水工程"

实施"蓝天碧水工程"。一是加大市区及县城环境综合整治力度。市环保局与市住建局、市城市管理行政执法局联合下发《关于进一步加强建筑施工工地冬季扬尘污染防治工作的通知》,对市区80余家建筑施工工地的扬尘污染防治工作进行全面检查和整治,对市区公共裸露地面等易产生扬尘的区域实施抑尘网覆盖,覆盖面积达30 000多平方米。对晋焦、长晋、晋济、晋阳高速公路收费站的12台燃煤锅炉改用清洁能源进行限期治理。二是全力保障群众饮水安全。对全市10个城镇集中式饮用水源地环境状况进行全面评估,对农村饮用水源地进行专项整治。六县(市、区)完成69个乡镇集中式饮用水源地、2455个农村分散式饮用水源地的环境保护档案建立以及定桩、立界、防护网设立等工作,共设立界碑358块、标志牌150块、交通标志牌21块。三是开展丹、沁"两河"流域环境综合整治。坚持"治丹保沁"的防治战略,分布在丹、沁"两河"流域的148家企业全部完成废水排污口规范化整治。继续推进煤化工企业生产工艺废水超低排放技术改造,9家煤化工企业全部完成技改工程。加快丹河人工湿地工程建设,二期工程基本完工,三期工程完成招标,具备开工条件。

环境质量

六县(市、区)环境空气质量稳定达到国家二级标准,其中市区优于二级的天数达到354天,超额完成全年目标(330天),一级天数创历史纪录,达到112天,较2010年(104天)增加8天。空气综合污染指数为1.70,较2010年(1.72)下降0.02。全市地表水环境质量进一步改善,丹河、沁河10个监测断面中有6个达标,出境断面稳定达到功能类别要求。全市集中式饮用水源地水质达标率达100%。

污染减排

对列入2011年省政府环境污染末位淘汰范围的12家企业及设施实施关停、淘汰和取缔。审批新、改、扩建项目190个,环评和“三同时”执行率均达100%。完成晋城市矿区、晋城市经济开发区、北留周村化工工业园区、金匠工业园区总体规划规划环评工作。实施污染减排项目35个(其中大气污染减排项目18个、水污染减排项目17个)。二氧化硫减排方面,加快重点行业脱硫工程。督促阳城国际发电有限责任公司完成5—8号机组烟气脱硫提标增效改造工程,晋城福盛钢铁有限责任公司开工建设烧结机脱硫工程。氮氧化物减排方面,督促阳城国际发电有限责任公司启动1—4号发电机组烟气脱硝工程。化学需氧量和氨氮减排方面,加快污水处理厂升级改造和深度处理工程。建成市区、阳城、晋煤集团3个生活污水处理厂深度处理及中水回用工程。工业烟尘、粉尘减排方面,重点督促陵川金隅水泥有限公司等水泥、建材企业对原料、物料储放场地采取封闭措施,配套建设高效布袋除尘设施。继续对重点排污企业的环境监管,对21家企业和单位实施限期治理和关停整改。对5家煤炭、化工、冶金、重金属企业实施清洁生产审核。加强对全市重点污染源的在线监控,全市71家重点企业完成安装自动监控设备572台(套)。全市6项主要污染物减排指标任务基本完成。其中二氧化硫排放量控制在10.27万吨,削减1.5%;化学需氧量控制在3.58万吨,削减1%;氨氮控制在0.52万吨,削减0%;烟尘控制在5.67万吨,削减2%;粉尘控制在2.89万吨,削减2%;氮氧化物控制在11.17万吨,增长4%。

执法检查

开展重金属排放企业、污染减排重点企业、重点流域、农村饮用水源地、洗煤企业等12项环保专项整治行动。全市累计出动环境执法人员4451人(次),检查企业1398家,停产治理24家,关停取缔8家,挂牌督办2家。查处各类环境违法案件11例,全市环境违法案件查处率、执行率以及环境保护执法评议考核率均达100%。对72个建设项目进行环保竣工验收,对31个试生产项目进行现场检查并批复,会同省环保厅对8个省管项目进行竣工验收,8个试生产项目进行现场检查。对全市所有放射源实施动态管理,完成辐射安全许可证的发放工作,督促所有涉源单位制定辐射事故应急预案,配备完善相应仪器设备。编制完成《晋城市环保系统突发环境事件应急预案》,通过专家评审,并经市政府法制办批准实施。

环境监管

全年报出各类监测数据13万余个,编制各类环境监测报告共318份。市环保监测站面向社会公开招聘9名专业技术人员。3月,市环保局与市人社局、市总工会联合举办全市环境监测技术比武活动。重点开展排污申报登记、排污费的核定征收等工作,全市完成征收

8578万元，其中市环保局完成4117万元。7月，组织参加全省环境监察执法业务标兵竞赛活动，获得团体第二名和两个单项第一名。医疗废物处置工作有序开展，全年处置医疗废物1670余吨。环境监控完成丹河龙门地表水自动监测站的移点改造工程；全市71家重点企业安装自动监控设备572台（套），与省环保厅联网。

农村环境整治

开展生态示范创建活动，申报国家级生态乡镇、生态村4个（2个国家级生态乡镇、2个国家级生态村），省级生态乡镇、生态村16个（4个省级生态乡镇、12个省级生态村）。实施农村环境连片整治示范项目，即一个连片一个点（“连片”即沁水县18个村庄，“点”即泽州县东四义村），共争取各级资金2772万元（其中：中央和省资金1920万元，市级配套资金426万元，县级配套资金426万元）。

环保宣传

市环保局围绕创建国家环保模范城市和第40个世界环境日，组织开展一系列环境保护宣传教育活动。举办“十一五”环保成就展，集中展示十一五期间晋城市环境保护工作取得的巨大成就。组织环保小记者作品展，展出书法、绘画作品100余件，环保手工作品200余件。6月3日，在文体宫广场、街头、政府门前开展环保宣传咨询活动，向市民免费发放环保宣传手册和环保知识扑克等物品。在古矿小学举行“绿色创建”表彰活动，对3所“省级绿色学校”、2个“市级绿色社区”以及10个“绿色创建先进个人”进行表彰。6月5日，市领导在电视、报纸发表纪念讲话。开展“绿色饭店”创建活动，共有24家星级饭店参与此项活动。

规划实施

编制完成《晋城市十二五环境保护规划》和《晋城市十二五主要污染物排放总量控制规划》，通过专家评审，并经市政府批准实施。

2012年工作

2012年，围绕建设生态宜居城市的目标，以创建国家环保模范城市为抓手，以推进污染减排为核心，以实施绿色生态工程为重点，以开展环境质量改善攻坚行动为载体，扎实推进环境综合整治，全市环境质量持续改善，为获得国际花园城市提供必要条件，被省政府评为实施“蓝天碧水工程”优秀等级。

“蓝天碧水工程”

一是着力解决城市燃煤污染问题。对建成区范围内的8个城中村实施拆迁改造，取缔

居民自用土小燃煤锅炉2455台,减少燃煤9878吨。对暂不具备拆迁改造条件的15个城中村实施集中供热改造,全部并入城市集中供热管网,拆除锅炉5981台,减少燃煤21 828吨。开展分散燃煤锅炉取缔专项行动,取缔建成区范围内的102台分散式燃煤供热锅炉,减少燃煤136 310吨。开展建成区高污染燃料禁烧区划定工作。市区划定面积7.4平方公里,覆盖率达到20.6%。高平市、阳城县、陵川县、沁水县建成区高污染燃料禁烧区划定开始实施。二是全面整治扬尘污染。重点对市区80余家建筑施工工地进行执法检查,要求所有建筑工地完善环保设施,严禁敞开作业,并对砂石、土方、煤炭和垃圾运输车辆不按规定苫盖和沿途抛撒行为进行严肃查处。督促全市所有煤炭发运站建设喷淋、挡风抑尘设施。三是狠抓机动车尾气污染治理。制定《晋城市机动车尾气污染防治管理办法》、《机动车区域禁止行驶通告》、《关于新注册机动车(不含摩托车)申领机动车环保检验合格标志的公告》等一系列机动车尾气污染防治制度及规范性文件。全市已建成的8条机动车尾气检测线累计检测机动车105 776辆(次),发放机动车尾气环保合格标志104 279个,尾气检测合格率达98.59%。四是推进丹、沁"两河"环境综合整治,着力保障群众饮水安全。丹河人工湿地三期工程通水试运行。完成69个乡镇集中式饮用水源保护区警示标志的设置,实施饮用水源保护区生态修复、环境应急及预警监控体系建设,保障群众饮水安全。

环境质量

全面启动绿色生态工程,编制印发《晋城市绿色生态工程实施方案》,在全市范围内开展环境质量改善攻坚行动,重点开展城中村燃煤污染和小区锅炉燃煤污染整治、建成区范围内污染企业搬迁改造、建筑工地扬尘污染整治、机动车尾气污染防治、建成区内河道污染治理等。市区空气质量二级以上天数达到353天,超出年度目标(340天)13天;空气综合污染指数为1.73,较年度目标(1.8)降低3.89%。全市地表水环境质量明显好转,13个地表水监测断面中,劣五类水体(3个)占全部地表水监测断面的比例为23.1%,完成省政府下达的25%的控制指标,丹河、沁河出境断面水质稳定达到功能类别要求,全市集中式饮用水源地水质100%达标。

污染减排

关闭山西春光热电有限公司等10家企业落后产能及生产设施。审批新、改、扩建项目170个,环评和"三同时"执行率均达100%。5个工业园区规划(北留周村工业园区、金匠工业园区、市经济技术开发区、阳城芹池工业园区、沁水清洁能源工业园区)和5个产业规划(晋城矿区总体规划、晋城煤化工产业规划、阳城陶瓷工业园、泽州南村铸造工业园、泽州大阳铸造工业园)完成规划环评。安排实施38个污染减排项目(其中水污染减排项目21个,

大气污染减排项目17个)，对火力发电企业烟气脱硝工程、污水处理厂升级改造工程、钢铁企业烧结机脱硫工程等污染减排重点工程进行现场督查，针对企业在生产、运行中存在的问题分别采取警示、约谈、限期治理、行政处罚等监管措施。国投热电2台机组脱硝工程、陵川鑫源冶炼有限公司烧结机脱硫工程、晋城福盛钢铁有限公司烧结机脱硫工程完工并投入试运行。9家化工企业工艺废水深度处理和超低排放技改工程全部完工，并通过验收。对阳城电厂污染物排放权重较大、7号机组脱硝设施建设进度缓慢的问题，市政府于9月4日对其进行行政约谈，督促该企业对4号、5号、6号机组安装SNCR炉内脱硝设施，7号机组SCR脱硝设施完成建设并投入试运行。阳城电厂实施掺配烟煤试验和炉膛等设备改造。11月8日至9日，国家环保部专门派出专家组到阳城电厂对其烟煤掺烧技术和炉膛改造技术所产生的减排效益进行现场核查和技术鉴定。继续强化对重点排污企业的环境监管，对64家企业和单位实施限期治理，对18家企业实施强制性清洁生产审核，对51个建设项目进行环保竣工验收，对49个试生产项目进行批复。加强对污染源的在线监控，全市78家重点企业完成安装自动监控设备583台(套)。

执法检查

共出动执法人员5000余人次，检查排污企业800多家，对116家违法企业给予行政处罚。

环境监管

6月，开始实施环境空气质量新标准监测，对市区6个环境空气监测子站新增细颗粒物(PM2.5)、一氧化碳(CO)、臭氧(O_3)三个项目的监测设备。开展环境应急演练，举行全市首次环境应急监测演练活动。被环保部授予“全国12369环保举报热线‘为民服务创先争优’优质服务窗口”。建成丹河水东水质自动监测站。

农村环境整治

以实施农村环保“两清”(清洁种植和清洁养殖)、“两减”(农药和化肥减量化生产)、“两治”(农村环境综合整治和规模化畜禽养殖污染防治)、“两创”(创建全国环境优美乡镇和创建国家生态村)等示范工程为主线，继续实施农村环境连片整治示范项目，即两个连片一个点(“连片”即泽州县巴公镇13个村庄、沁水县18个村庄，“点”即泽州县巴公镇东四义村)。累计争取各级资金3813万元(其中：中央和省级资金2649万元，市级配套资金582万元，县级配套资金582万元)。

环保宣传

举办全市环保系统书画摄影展，展出各类书画摄影作品200余件。与共青团市委、市妇

联、市少工委联合组织“绿色环保·净在眼前”环保小记者选拔大赛,全市22所中小学校参加活动,收到小记者作品4600多件。6月4日,在泽州公园举行“低碳减排·绿色生活”主题倡议活动,向全市各中小学校赠送环保教材3万余册。6月5日,在物茂广场举行主题宣传活动,展出各类板面20余块,向过往群众发放环保生活小手册和环保宣传扑克等宣传品。

扩权强县试点工作

按照《中共山西省委办公厅、山西省人民政府办公厅关于开展扩权强县试点工作的意见》和《晋城市扩权强县领导组办公室关于做好扩权强县试点工作的通知》要求,制定《晋城市环境保护局做好扩权强县试点工作实施方案》,明确市环保局做好扩权强县环保工作的指导思想、基本原则、扩权内容和实施步骤。制定下发《关于报送扩权强县工作配套措施的通知》,对11项环境保护审批管理事项进行详细分解,确定11项审批管理权限下放和对接的保障措施和具体要求。下发《晋城市环境保护局关于举办2012年扩权强县试点环保业务培训的通知》,提高“扩权强县”试点县(市)环保局相关工作人员的业务水平。召开“2012年扩权强县试点环保业务对接会议”,下发《晋城市环境保护局关于落实省委省政府办公厅〈关于开展扩权强县试点工作的意见〉环境保护有关事项的通知》,对涉及市环保局的11项审批管理权限进行全面下放,签订排污许可证核发委托书。

(市环保局)

规　划

2011年工作

2011年，依据城市总体规划，编制完成各类城市规划25项，实现中心城市控制性详细规划和市政类专项规划全覆盖。参加全省生态建设成果博览会，获最佳展示奖。

城乡一体化规划

市规划局围绕山西省“一核一圈三群”城镇体系规划，按照晋城市市域城镇化“一城”（中心城市）“两翼”（高平、阳城）为主体的发展格局，编制完成《晋城市一城两翼城镇群发展规划》（草案）。结合沁河流域的城镇、产业布局，编制完成《晋城市沁河生态景观廊道概念规划》，水利部门按照规划开展沁河生态景观廊道建设的前期工作。编制完成《沁河流域古村镇保护与发展规划》和《北留周村工业园区近期建设规划》。协助“晋东南城镇群规划”编制项目组开展晋东南城镇群规划编制工作。

城市规划

编制完成《城市近期建设规划》，并同步进行城市总体规划实施评估工作，制订“十二五”城市住房建设规划和2012年度城市规划实施计划。编制完成《城市停车设施专项规划》、《城市教育设施专项规划》、《城市抗震专项规划和主城区未设防或设防不达标房屋抗震加固工程总体规划和分年度实施计划》、《“十二五”可再生能源建筑应用专项规划和实施方案》4项城市专项规划。编制完成巴公区、高都区两个城市片区的控制性详细规划，实现中心城市规划建设用地控规全覆盖。完成《红星东街修建性详细规划与城市设计》、《红星西街修建性详细规划与城市设计》、《中原街修建性详细规划与城市设计》、《巴公中心区城市设计意向》、《高都中心区城市设计意向》、《晋钢生活区改造修建性详细规划（方案）》、《东南新区中心带状公园概念性详细规划》、《城市行政中心地块城市设计意向》、《城市色彩研究》9项城市重点街区修建性详细规划、城市设计及研究工作。完成高都历史文化名镇和水北历史文化名村保护规划。编制完成主城区东南新区竖向设计、南村新兴产业工业园区竖向设计。完成苗匠等6个城中村改造修建性详细规划，其中王台铺村、东后河社区、裴圪塔村、玉苑新村4个城中村改造项目经市政府批准同意按规划实施改造。

规划审批

市政府下发《关于在中心城市规划区范围内实行城乡规划集中统一管理的通知》,在中心城市规划区范围内的各类城乡规划编制、审批和各类建设项目的规划审批工作由市规划局实行集中统一管理,改变市、县两级规划管理交叉状况。新制定、修订《晋城市建设用地性质变更和容积率调整规划管理办法》、《晋城市控制性详细规划编制审批及修改管理办法》、《晋城市建设项目选址规划管理办法》、《晋城市城乡规划管理技术规定(试行)》、《晋城市新建建筑规划阶段节能管理办法》等制度规定。为各类建设项目依法办理"一书三证"300余件。

规划监管

市规划局与市监察局、住建局、执法局等部门及市供水、供电等单位密切配合,加强对建设项目的规划批后动态跟踪监管工作,对违法建设项目及时进行认定、查处,对拒不停工的违法建设项目采取停水、停电措施,并严格执行建设工程竣工规划认可制度。对各县(市、区)城乡规划的编制与实施管理工作进行现场指导,参与县(市、区)重大项目的规划论证、审查,实现市、县两级规划工作的有机衔接。

项目研究

开展并完成主城区主要水系项目、公共廉租房项目、晋城大医院项目(晋煤医院改扩建)、陵沁路改线及改造项目、景西南北路项目、文峰路项目、紫光路项目、凤城中学项目、汇仟小学项目、职业中学项目等近20个城市建设项目的规划前期研究工作。

2012年工作

2012年,围绕"四位一体"特色城镇化战略和方便、温馨、开放、现代的宜居城市建设目标,完善城乡规划体系,创新规划体制,圆满完成各项规划任务。市规划局被省住建厅表彰为"城乡规划工作先进单位"。

城乡一体化规划

完成《晋城市"一城两翼"城镇群发展规划(2011—2030)》、《沁河流域特色城镇化发展规划纲要》、《沁河流域古村镇发展与保护规划》,并通过省住建厅组织的专家评审会,经市人民政府常务会议同意,批准实施。

城市规划

完成各类城市规划40余项,在全省率先实现中心城市控制性详细规划、市政基础设施

专项规划全覆盖。编制完成《城市西部吴王山生态区总体规划》、《金村镇区总体规划》、《金村区远景规划(意向)》、《金匠工业园区远景规划(意向)》、《巴公工业园区远景规划(意向)》。编制完成兰花路片区城市设计、泽州路风貌特色提升城市设计、凤台街风貌特色提升城市设计、兰花路片区修建性详细规划方案、西河景观水系修建性详细规划方案、东河景观水系修建性详细规划方案、书院河景观水系修建性详细规划方案、北石店河景观水系修建性详细规划方案、金村镇区城市设计意向、太行南路修建性详细规划、太行南路城市设计、时家岭公园修建性详细规划方案、东部物流园区竖向设计(修规阶段)、市级综合政务中心、市民广场地块修建性详细规划与城市设计等14项城市重点街区、重点道路城市设计和修建性详细规划。编制完成金村镇区、巴公区、高都区控制性详细规划,并组织其他片区控规年度维护。编制完成城市医疗卫生设施专项规划和2013年度城市规划实施计划。编制完成裴圪塔、玉苑、晓庄、北闫庄等城中村改造修建性详细规划,并经市政府批准同意按规划实施改造。启动兰花路片区大岭头、小刘家川、枣园3个村和晓庄社区晓庄、椿树头、庄沟的集中连片改造规划编制工作。完成城市北部166平方公里煤矿采空区普查。

规划审批

在建设项目批前规划审查的同时,加强建设工程的竣工规划认可工作,严格核实常规规划控制指标,对建筑的体型、色彩、外装修材料、亮化和绿化等内容按照相关设计要求进行检查核实。

项目研究

组织开展规划技术审查与行政审批分离机制研究,“十一五”以来城市新建主要临街建筑景观效果调查评估,城市风貌特色调研,主城区开发改造策略与城市风貌提升专题研究等城市专题研究。完成书院街拓宽延伸项目、景西路南段(凤台街—南环路)项目、建设北路项目、文昌街西段项目、文化路项目、花园头河滨河南路项目、中原街改造项目、东南新区龙潭路项目、兰花物流园区周边配套道路工程项目等城市建设项目的规划前期研究工作。

(市规划局)

园林绿化

2011年工作

2011年,全市建成区新增绿地面积5.95万平方米,新增绿化覆盖面积17.3万平方米,建成区绿化覆盖率按比例增加。全市(含县城)建成区新增绿化覆盖面积100万平方米,绿化覆盖率达到42.5%。

新植物园建设

晋城市新植物园建设工程(白马寺山沉陷区生态综合整治工程)是晋城市近年来最大的城市园林绿化重点工程,也是2010年城建八大开工项目之一。工程总占地面积1.1平方公里(1650亩),投资2.34亿元。2011年,人工湖建设完工70%,绿化种植完成70%,园路、景观湿地等景区加紧施工建设。

城东景观水系建设

主城区城东景观水系(花园头河)、滨河南路建设工程是市委、市政府2011年实施的城市园林绿化建设重点工程,于2011年11月14日开工奠基。城东景观水系建设工程南起红星东街,北至北环路,占地面积1393亩,包括龙湾公园、新市东街—北环路段的生态公园、滨河公园。工程主要内容有防洪、治污、水景、绿化、亮化等。滨河南路是配合城东景观水系建设,同步实施的道路建设工程,该工程西起新市东街,东至现状孟金路,总长2042米,道路红线宽度为20米。2011年,城东景观水系建设工程完成选址,开始编制可研报告、环评报告。滨河南路建设工程编制完成可研报告、环评报告,具备评审条件;道路的设计、勘察完成招标,进行地质灾害评估和土地预审。

游园建设

在苑北路游园(水杉园)、兰花路游园、文博路游园和市体育场东侧绿地四个游园,补栽补种水杉、白皮松、法桐、木槿、樱花等各类乔灌木3000余株,配置完善休闲娱乐设施。

城市美化

完成街头摆花、国庆花展工作。"街头摆花"新增2种立体花架造型,新引进德国鼠尾草、垂吊长春花等7个花卉品种。共摆花20余个品种150万盆。国庆期间,在泽州公园举办纪念建党90周年"党旗飘飘"国庆花展,共分为9个展区,展出花卉150万盆,品种达150余种。

园林管护

对泽州路、东南通道等城市主干道长势不好的树木、草坪进行补栽补种，共种植雪松、油松、月季、红叶石楠苗等乔灌苗木3万余株；对泽州公园70亩林地改造，采用“一路一花”的方式，建成紫薇路、木槿路、樱花路和牡丹园等；引进“花镜”技术，在儿童公园东侧、兰花游园、前进路游园等地段种植“花境”，达到“三季有花”的景观效果。

创建工作

开展“园林单位、园林社区、园林道路和星级公园”创建活动，建成“省级园林单位”9个，“省级园林道路”4条，山西省星级公园3个。阳城县被命名为“山西省园林县城”。

2012年工作

2012年，晋城市率先在全省创建“国家生态园林城市”。

新植物园建设

新植物园是集休闲、娱乐、科普教育为一体的综合性植物公园，主要建设项目有140亩人工湖、湿地景观、中心广场、观景平台、盆景园及以各种植物为主的20余个专类园。2012年，完成绿化工程、人工湖工程，专类园、景观轴、中心广场、管理用房及盆景园正在修建。

城东景观水系建设

全面启动主城区城东景观水系（花园头河）建设工程。德国雷瓦德景观建筑事务所完成初步设计，等待批复。工程前期手续办理及征收补偿工作有序开展，工程水利部分完成招标，进行开工建设前期准备工作。龙湾公园完成工程设计，开始前期准备工作。6月，滨河南路（新市东街—孟金路）工程开工建设。道路工程完成工程总量的39%，累计完成路基抛石挤淤约1.7万立方米，道路清表约10万立方米，涵洞约360米，路基土方填筑约60万立方米，道路路基基本完成。

城市美化

4月，在城市主干道与主要节点实施“街头摆花”工程，引进马鞭草、小丽花、蜜糖草等新品种，全年鲜花上街上园达25万盆。国庆期间，在泽州公园举办“喜迎党的十八大”国庆花展，共展出花卉120余种，共计150万盆。在百丽园河道南岸种植梅朗口红、翰钱、金凤凰等大花月季4800余株，北岸种植日本晚樱177株，西秀园种植榆叶梅、花石榴、紫薇等花灌木55株，园路两侧交叉种植红、白、黄三色玉兰162株，形成错落有致、五彩斑斓的景观效果。

城市绿化

在文昌街桥、凤台街桥实施桥体绿化，主要花卉品种有牵牛、万寿菊、满天星、鼠尾草。在前进路西河景观凤台街游园、红星街游园实施立体墙面绿化，种植凌霄、紫藤等攀爬植物800余株。在泽州公园湖区、林地、三坡补植补种草坪2000余平米。

创建工作

开展“园林道路、园林单位、园林小区及星级公园创建活动”。对照省级考核标准，制定《晋城市园林单位、园林小区和园林道路申报与考核办法》，中报省级园林单位11个、园林小区11个、园林道路8条、星级公园5个，建成省级园林单位6个、园林小区6个、园林道路5条、星级公园5个。高平市建成省级园林城市，阳城县启动创建国家园林县城活动，沁水县建成市级园林单位2个、园林小区1个、园林道路2条；陵川县建成市级园林单位1个、园林道路2条。

观摩检查

10月10日，全省观摩检查团在晋城进行观摩检查，省委袁纯清书记在点评会上对晋城市的园林绿化工作给予肯定。

（市园林局）

城市管理

2011年工作

2011年，以“两创攻坚”（创建国家卫生城市和全国文明城市攻坚工作）为主线，以城市管理数字化为手段，全面实施监管处罚，提高城市管理效率，市容环境秩序整体改善，城市管理水平全面提升。

行政执法

市城管执法局共查处各类违法违规违章案件5122件。其中，一般程序案件89件，简易程序案件5033件。收缴罚款683.64216万元。

违法建设。立案查处违法建设案件86件，其中，公建65件，民建21件。结案46件，撤案2件，按程序办理38件。共拆除违法建筑6000多平方米。加强建筑工地管理，与施工单位签订依法规范建设工程目标责任书，督促30多处工地进行整改，硬化场地3000多平方米，规范堆放和苫盖物料2000多平方米。临时占道施工监管，查处扬尘污染案件2件，督促90多处工地设置围栏、及时清理建筑垃圾。

占道经营。查处马路车间等占道加工行为500多次，清理、整治马路市场20多处。清理、纠正店外店3500多处、违规占道促销80多处、流动摊贩7000多人次。取缔违规占道饮食摊点200多处、露天烧烤点100多处。

停车秩序。查处、纠正机动车违法停放行为3200多次，增划占道机动车停车位830多个，更新机动车停车泊位线10.3万多米。增设非机动车停车位500多个，粘贴非机动车规范停放“温馨提示单”2500多张。拆除人行道水泥爬坡9000多米，设置橡胶爬坡200多米。增设、更新停车标志牌28块。

户外广告设置。开展户外广告设施安全大排查活动，督促整改20多处有安全隐患的广告设施。拆除违规设置的户外广告360多块、3700多平方米。拆除墙体喷绘广告900多平方米。拆除陈旧破损的户外广告120多块、1000多平方米。清理各类条幅2300多条。引导户外广告发布单位设置公益性户外广告1.09万多平方米，占市区户外广告总面积的34%，超出全国文明城市规定标准14个百分点。

牌匾整治。清理占道活动招牌740多个、灯箱招牌150多块。督促整改旧损牌匾360多

块,拆除1000多块。引导景西路、西环路等6条街道的沿街门店更新牌匾240多块。对桂圆小区、蕴麒家园等9处新建临街建筑实施门店牌匾前置管理。

市容环卫。督促沿街门店清理破旧对联、橱窗乱张贴3万多条,清理率达95%以上。严格落实“门前三包”责任制,责任书签订率达98%以上,督促责任单位清理乱摆杂物1000多处、乱搭挂500多处。督促18个小区清理“四堆八乱”1300多处。查处乱贴小广告的商户50多家、行为人180多人,督促清除小广告7.9万多条。纠正、查处乱倒垃圾的行为300多次,查处运输散装物料抛撒的车辆140多车次。

绿化监管。查处损坏或违规侵占绿地的行为40多次,督促28家施工单位办理建设项目绿化意见书。

早夜市管理。取缔违规设置的早夜市摊点120多个,整改规范早市50多处、夜市70多处、便民点50多处、便利亭10多个。

城市亮化美化。泽州路、凤台街、黄华街的绿化带和人行道景观灯,所有设施完好,亮灯率达100%。

废品收购场点。取缔无证废品收购站点20多家,督促80多家站点进行整改和规范。

“空中网线”清理。清理和规范市区各类空中网线,拆除废弃线杆50多根,梳理、整治、规范乱拉乱接线缆1.6万多米。

数字化城市管理

数字化城管工作系统共受理各类案件40 645件,派遣任务40 130件,结案39 172件,结案率为97.6%。结案率超出国家住建部规定标准1.6个百分点。

城管宣传

创办《晋城城管》,编发12期。市执法局和晋城广播电台联办“百姓与城管”直播栏目31期,宣传城市管理知识,在线解答群众关心的焦点、难点问题。

信访工作

共接到群众来电470多个、来访100多人次,办理信访部门批转的信访件2件,办理“市长热线”移送的问题8个,办复率均为100%。

2012年工作

2012年,全力推进“文明城管、和谐城管”建设,创建城市管理联动机制,形成城市管理全力,营造“人民城市人民管”的良好氛围。

行政执法

数字化城管监督指挥平台受理事件和部件类问题106 117个，督促纠正和查处102 016个。依法立案并给予行政处罚的案件9115件，其中，一般程序案件126件，简易程序案件8989件。

违法建设。开展“百日违建查控行动”，立案查处违建案件123件，处罚金额1040余万元。拆除违章建筑30余处，拆除面积1.7万余平方米。

停车管理。市城管执法局与交警部门建立违停案件查处联动机制，纠正和查处人行道上违法停车行为1.2万余次，处罚1500余件，移送交警部门处理3100余件。增设占道机动车停车位1300余个、非机动车停车位530余个，更新停车泊位线9.6万余米，粘贴非机动车“规范停放温馨提示单”3100余张，更换和增设停车标志牌170余块。

违规占道。开展“市容环境秩序整治月活动”、“校园周边市容环境整治活动”、“净化市容环境专项整治行动”，查处马路车间占道加工500余次，取缔马路市场20余处，清理店外店2500余处。取缔违规占道促销150余处、流动摊点7000余个。

早夜市管理。取缔违规占道饮食摊点200余个，规范早市摊点50余家、夜市摊点40余家、便民服务点30余个。

扬尘污染整治。参与“全市环境质量改善攻坚行动”，排查建筑工地80余处，查处扬尘污染案件3件，督促施工单位硬化、清理场地8000余平方米，督促设置施工围栏、围墙2000余米、苫盖建筑物料2000余平方米，查处运输散装物料造成抛撒的车辆20余辆。

市容环卫。督促6000余家沿街门店落实“门前三包”责任制，95%以上门店做到门前清洁有序。查处乱倒垃圾的行为150余次，纠正乱扔烟头、纸屑和随地吐痰等行为300余次，督促清理小广告2万余张，清理乱搭挂4600余次、乱摆放3200余次。

户外广告设置。查处违规设置户外广告3600余平方米，拆除350余块、3500余平方米。清理违规设置的条幅2200余条、喷绘广告600余平方米、围墙广告700余平方米，协调设置公益广告9000余平方米。门店招牌整治成效突出，查处违规设置门店招牌行为120余次，拆除招牌13块、220余平方米。对凤台街、中原街、泽州北路、西环路沿街门店招牌的旧、损、乱问题进行整治，整改89块、1300余平方米。实施招牌设置前置管理，指导业主、商户规范设置门店牌匾650余块。

绿化监管。纠正踩踏草坪、树上乱搭挂等行为300多次，查处违规侵占绿地的案件24件。

城市美化亮化。开展主城区整体亮化工程建设，完成投资5668万元，对31处118个单

元节点进行亮化美化。

数字化城市管理

数字化城市管理项目。实行“万米单元网格管理法”、“事件和部件管理法”,实现基础管理现代化、监督指挥数字化、日常监控精细化、工作流程标准化、考核评价自动化,达到住建部的建设标准,通过省住建厅和住建部专家组的验收。

城管宣传

开展“记者走进基层、聚焦城管、体验执法”活动,邀请12家媒体的记者走近城管、观摩采访、体验执法,争取新闻单位和社会各界的理解与支持。开办城管执法网,开辟与群众沟通的新通道,月访问量达到3300余次。与广播电台联办“百姓与城管”直播栏目29期,广泛宣传城管知识。编发《晋城城管》13期、《城管执法简报》144期。

信访工作

办理信访转办件10件、市委市政府督办件28件、“市长热线”批转件27件、群众电话举报件550余件。

(市城市执法局)

房改工作

2011年工作

2011年，支付农机局、工行矿区支行、中行等三家单位住房维修基金款91万元。

公有住房产权买断

完成4000余户职工的产权买断审核工作，占到总买断户数的92.5%。

住房补贴

根据个人申请，审批银监局、国税局、中行等单位14人使用住房补贴金，共计34.4万元。

公房维修费使用

进一步完善公房维修费的申报、审核及使用程序，注重对使用维修费单位施工项目的严格审核和施工过程的实地监督，改变过去维修费直接交归单位使用的做法，在工程验收后把维修费直接交给施工方。

（市房改办）

交通邮电

交　通

2011年工作

2011年，全市共有道路运输经营业户19 762家，其中：客运企业11家，客运站场10个，货运经营（业户）企业18 875家，汽修企业835家，驾校24所，汽车综合性能检测站7个；有道路运输营业性车辆33 544辆，其中：班线客运车辆1023辆，有客运线路369条，省际线路52条，市际线路34条，县际线路71条，县内线路212条。全年完成客运量2200万人次，客运周转量130 549万人公里，分别比2010年同期增长4%和3%。有货运车辆32 521辆（其中危货经营车辆1073台），完成货运量2730万吨，货运周转量207 429万吨公里，分别比2010年同期增长1%和2%。

基础设施

农村公路建设。共完成投资27 590万元，为年度目标的138%。完成路面改造191公里，为年度目标的239%。新增通车里程152公里，为年度目标的190%。

农村街巷硬化工程。全市农村街巷硬化工程开工1436个村，其中非重点村1236个、重点村200个，1379个村完工，硬化街巷5438.7公里，完工村数和完工里程为年度任务的118.8%和131%，街巷硬化覆盖率达到62.5%。6县（市、区）全部完成年度任务，高平市两年任务一年完成，率先实现街巷硬化工程全覆盖。11月18日至19日，全省农村街巷硬化全覆盖暨农村公路安保工程建设经验交流会在晋城市召开，晋城市的街巷硬化工程和农村公路安保工程，作为典型经验向全省推广。

乡镇汽车站建设。2008年以前乡镇汽车站计划建设项目27个，全部建成并投入使用；2009年、2010年乡镇汽车站计划建设项目5个，全部建成并投入使用。

农村公路养护

成立农村公路养护中心，规范农村公路养护管理工作，强化养护检查和资金管理。市交通运输局制定出台《晋城市农村公路养护检查考核办法》、《晋城市农村公路养护资金管理办法》、《晋城市农村公路养护质量评定标准》和《关于加强农村公路养护技术档案管理工作的通知》等一系列养护管理办法和标准，明确养护技术档案和养护质量评定标准，推动全市农村公路养护管理工作科学化、规范化发展。组织全市农村公路桥隧安全排查，对辖区

内的所有桥梁隧道逐一进行检查,实行"一桥一档、一隧一档",对检查中发现问题的桥隧及时采取措施进行维修加固,并设置限行标志,完善安保措施。共检查农村公路桥梁404座、隧道41条,排查四类以上安全隐患桥梁12座,改造、加固3座,采取交通管制措施9座。对全市农村公路的所有桥梁和隧道逐一落实养护管理单位,明确养护责任人员,要求养管单位和责任人员定期对桥隧进行养护巡查,及时发现安全隐患,确保桥隧安全。全市共完成农村公路安保工程245.95公里,完成危桥改造383.5米,县公路年平均好路率达80%。制定《晋城市公路标志完善工程实施方案》,按照"谁主管、谁负责"的原则,规范完善叉道、路口及过村镇路段的指路、指示标志,强化事故多发地段和地质灾害易发路段的警告、警示标志,做到标识准确、指示明了、形式醒目、位置合理。至年底,全市农村公路共计7493.8公里,其中县道1184.6公里、乡道3278.6公里、村道3030.6公里。全市共有县级以上养护管理机构7个,乡镇养护站83个,村级养护员2870余人。

运输管理

旅客运输管理。一是加强长途客运车辆安全监管,强化GPS监控平台作用。监督各客运企业加强对长途客运班车尤其是卧铺班车的GPS监控设施,20台卧铺客车和33台长途班车安装3G车载视频装置,对长途客运车辆的运行计划、运行时间、中途换班休息地点等进行报备;二是加大农村客运线路公交化改造工作。在农村线路公交化改造工作中,实行公司化经营、规范化管理、优质化服务。采用线路置换等方式逐渐将多家经营的线路调整为一家经营,调整市运公司、公交公司和省运公司相交叉的9条线路78台车辆。高平市完成5条线路的公交化改造。沁水县完成城乡公交线路规划,开通3条城市公交线路,完成4条农村客运班线公交化改造。陵川县完成5条线路的公交化改造。三是对辖区内客运企业资质进行普查,取消陵川县运输公司三类客运班线的业务经营,将全市120台个体车辆纳入公司化管理。

货物运输管理。一是加强道路危险货物运输行业管理。对新增危货车辆,加强车辆标志灯牌、安全防护和消防设施设备情况的实车勘察,严格落实危险货物运输车辆GPS安装,全市630台危货车辆GPS安装率达100%。同时,强化从业人员安全教育。利用GPS监控平台,对违章超速的从业人员以企业为单位逐月分类统计,通报各运输企业,企业及时反馈对从业人员的处罚和安全教育情况;二是做好货运车辆年审和道路运输IC卡的换发工作。年审工作与IC卡的换发工作同步进行,全市年审货运车辆23 927台,实车勘察道路运输车辆3965台,纠正违章730余起;三是完善战略物资保障车队建设。共更换保障车辆8台,储备应急设施500余件。同时积极开展应急演练,模拟在恶劣气候条件下按时集结20台保障车

辆，开展绕行复杂路段、车辆补给等科目演练，增加战备车队的实用性和可操作性。

驾培市场管理。推行使用“机动车驾驶员培训管理系统”，将全市24所驾校基本数据录入系统数据库，实现教练车、教练员、学员基本信息、培训过程全程网络化管理。加大驾培行业整治力度，依法取缔“黑驾校”、“黑教练”等不规范培训场所。规范驾培市场经营秩序，对部分驾校抢夺生源、恶意压价的现象，发挥驾校联合会作用，对违规操作和擅自压价的驾校做出处罚。

出租车行业管理。对市区190辆耗能高、污染严重、已达报废的出租车进行更新。至年底，市区1423辆出租车更新为双燃料环保车型，出租汽车节能环保更新率达98%。按照“三证”管理办法和《出租汽车驾驶员从业资格管理规定》，建立健全营运出租车车辆和驾驶员档案，对市区出租汽车及其驾驶员进行年度资格审验，核发更新车辆营运证、许可证和服务资格证件。审验出租汽车1453辆，审验合格率达100%，更换出租汽车车辆运营证1453本。培训驾驶员2861名，年审驾驶员服务资格证2861本，培训审验率达100%。

公交服务

市政府将新增40台公交车列为民办实事项目。8月23日，新增40台公交车上线剪彩仪式在火车站广场举行。该批车辆用于更新客流量较大的3路和8路公交线路。市公交总公司新开通27路、28路两条公交线路，延伸32路公交线路，收购31路公交线路的全部社会车辆，市区公交线路基本实现市公交总公司统一经营管理的模式。市公交总公司积极推行公交“八个一”优质服务，即：微笑露一点、礼貌多一点、嘴巴甜一点、脾气好一点、肚量大一点、委屈忍一点、技术精一点、进步快一点。邀请市人大代表、政协委员、行风监督员、新闻媒体到公交一线视察指导，充分听取意见。开展车容车貌整治月活动，在司乘人员中开展“假如我是一名乘客”大讨论活动。分两批对所有公交车驾驶员进行资格审查、培训、考试，为417名合格驾驶员发放城市公交驾驶员服务资格证。

水运监管

全市水上运输企业共完成客运量26.78万人，客运周转量319.35万人公里，较2010年同期分别增长123%和246%。7月至10月，在全市开展水上交通运输安全隐患大排查专项治理和安全生产百日大检查专项行动。各水运企业对所辖航道、渡口码头、船舶、浮动设施、船员、安全防护等方面进行全面排查，能当场整改的隐患及时整改，不能及时整改的限定时间进行整改。专项治理期间，共查出隐患21处，全部整改完毕。对全市水路运输企业进行年度核查，全市5个经许可的水运企业3个合格，2个不合格。全市有机动船舶52艘，检验合格49艘。6月8日，“九女仙湖船员培训中心”得到国家海事局正式批准。第一期内河船舶

船员培训班于8月1日开班,培训临汾、长治和晋城三市学员39名。

治超工作

全市共有货运源头企业536家,设置公路超限检测站17个,高速公路超限检测站2个。全市累计投入交通执法人员64 101人次,检测货运车辆713 094辆,超限超载率控制在0。在全市14家货运源头企业安装源头治超管理系统,该系统能兼容营运货车IC卡道路运输证,实现车辆信息、载重信息的快捷、准确报送,防止超载车辆驶出源头,驶上公路。投资300万元,对尉迟公路治超检测站进行升级改造,实现不停车检测,提高车辆检测速度和频率。

安全监管

在全市开展安全生产百日大检查,将道路运输、水上运输、公路建养工程、城市客运、城市公交五个方面40余条具体内容逐一分解落实到各监管部门。共出动执法人员2380余人次,检查重点企业569家,查出一般隐患302项,整改一般隐患302项,整改率100%。市交通运输局与全市1255家道路运输企业全部签订安全生产承诺书,市交通运输局直接负责监管的107家生产经营单位,严格落实安全生产"两个主体责任",并在《太行日报》上予以公示。开展道路客运安全隐患整治专项行动,检查客运企业、汽车客运站90余次,下达整改通知书10份。对所有客运车辆技术性能、保险、二级维护、营运手续等进行全面普查,发现问题客车78台,全部按照规定整改。

公交事故

5月14日,一台超期服役的老旧公交车,因制动失灵在市区新市街发生事故,导致路边群众一死两伤。事故发生后,市公交总公司对2000年以前购买的,服役时间超过10年以上的20台车辆全部停运,对一些运行8～9年老旧车辆进行大修,对所有306台车辆进行隐患排查,特别是对车辆的制动、方向、灯光系统进行排查登记,检修合格后上线运营。

2012年工作

至2012年10月,完成客运量2259万人次,客运周转量148 760万人公里,分别比2011年同期增长3%和14%;完成货运量3216万吨,货运周转量251 950万吨公里,分别比2011年同期增长18%和21%。春运期间,全市参加春运客运车辆1494台,运送旅客159.5万人次,其中农村客运量75.19万人次,同比上升3.08%,没有发生旅客滞留、安全责任事故和重大服务质量投诉事件。

高速公路建设

8月28日，高陵高速公路通车运营。高陵高速公路是高（平）新（乡）高速公路山西省境内段，是山西省“三纵、十一横十一环”高速公路规划网中第十横和省道（S80）陵（川）侯（马）高速公路的重要组成路段，全长63公里，工程概算投资37亿元。高（平）沁（水）高速公路开始建设，共完成投资7.3亿元。该路全长69.55公里，设计批复总投资63.63亿元。阳（城）济（源）高速公路项目通过省交通运输厅评审，阳济高速公路阳城至蟒河（省界）段，总估算47.87亿元，平均每公里工程造价为11 888.06万元。推荐方案路线全长40.27公里，按双向四车道高速公路标准建设，全线位于阳城县境内。

农村公路养护

全年新增农村公路通车里程80公里，完成路面铺装158.69公里，完成投资25 255万元。全市农村公路管理养护里程达到7646公里，公路密度达到91.3，完成安保工程90公里，完成危桥改造502米，县公路养护好路率达到80%。

出租车行业管理

对全市15家出租公司进行年审，治理出租客运市场非法违法行为为240起，处罚169起。打击非法营运车辆160辆，规范出租车506辆次，查扣违章出租车33辆，车辆证件133个，处理投诉举报20起，并对被投诉举报三次以上的43名出租车驾驶员进行违章教育培训。

运输管理

市、县两级运管机构共出动执法人员3674人次，出动执法车辆1067辆次，发现和整改一般隐患678起，整改率100%。纠正和查处各类违法违规违章463起，整改企业125家，罚款530余万元。公交行业排查整改转向装置、制动、灯光等，查出一般隐患216台次，整改率100%。对线路危险路段下达警示通知7份，查处违规、违法行为60余起，处罚驾驶员50余人次。出台《晋城市交通运输行业节能减排工作指导意见》，推动全市交通运输行业节能减排工作。开展节能教育宣传，倡导绿色办公、绿色出行。

公交服务

整合城乡客运资源，出台《晋城市城乡公交一体化实施方案》。全市新增公交车70台，10月30日投入运营。

水运监管

海事部门共出动检查人员262人次，受检水运企业达220个，累计警告4次，责令改正、限期整改、停止违法行为为4起。

治超工作

全市共出动执法人员58 412人次,巡查货运源头企业21 652趟次,检查源头出站车辆553 264辆次,发放宣传材料10 000余份,悬挂条幅100余幅。未发现55吨以上车辆驶出源头企业、非法改(拼装)车辆修理厂和非法改(拼装)车辆。对大阳公路超限检测站、夺火公路超限检测站、江河公路超限检测站3个超限检测站进行升级改造。

安全监管

市交通运输局与市公安交警、市行政执法、市道路运管等相关职能部门联合宣传执法3次,出动执法车辆42辆次,执法人员240人次,打击非法营运汽车150辆,摩的39辆。

(市交通运输局)

公 路

2011年工作

2011年，晋城公路分局继续保持“全国文明单位”、“全国模范职工之家”、“全国交通行政执法责任制示范单位”、“全国敬老模范单位”四项国家级荣誉，荣获省交通运输厅“十一五全省干线公路养护管理工作先进单位”。在第二届全国交通运输行业“厦工杯”筑养路机械操作手技能竞赛中，获得三个单项第一名。

路网改造

市公路局全力推进干线公路升级改造。省道长晋线高平至晋城一级公路，全长36.789公里，至年底，采空区治理工程、土石方、涵洞、通道工程全部完成；凤凰山隧道（双洞）全线贯通，路基成型26.86公里，占总量的80%；路面基层、底基层及下面层完成14.53公里，占总量的40%；防护工程完成总量的85%；桥梁工程完成总量的95%。省道陵沁线晋城至阳城一级公路，全长54.43公里，完成专项评估、招投标、土地预审等前期工作。国道207线晋城市过境段一级公路、晋陵一级公路西河底至长治界新改建工程项目完成工程可行性编制。沁水县政府出资，对省道沁东线全长16.06公里杏峪至张马段进行“三改二”工程建设，完成专项评估、土地预审等前期工作。新改建省道坪曲线沁水至端氏一级公路项目完成可研报告。

公路养护

对G207线、碗周线、坪曲线57公里路面进行中修改造，对坪曲线金峰桥、东山桥、石堂会2#桥、沟村桥、陈庄桥、古堆桥6座危桥实施加固改造，高平市政府垫资，对长晋线丹珠岭隧道进行加固改造，对坪曲线5处落石路段实施锚固挂网工程，部分路段增设波形护栏、防撞墙等安保设施，4月30日，接收国道207线长晋二级公路北营至牛匠路段，开展路面病害处治和路域环境综合治理。继续开展“公路文化长廊、景观绿色长廊”建设，新建文化景观6处，绿化景点10处，种植宽林带116公里，补植绿化61公里，边坡挡墙绿化8.6公里，边坡草坪铺植绿化45万平方米。至年底，保持文明路551公里，新建文明样板路51公里，文明路占全局管养里程的95%，辖区干线公路养护质量优良路率为84%。

路政管理

开展《公路安全保护条例》大型宣传活动，营造全社会爱路护路氛围。举办《公路安全保护条例》专题培训，开展案卷评查和业务知识考核，规范路政执法行为，提高执法人员的业务技能，加强执法队伍建设。推行路政管理责任制，加大日常巡查力度，加强建筑控制区、非公路标志和涉路工程的管理，实施文明执法示范路创建活动，一级公路路政管理提前介入，制止和查处损路侵权行为。全年路政案件发现率、查处率、结案率、路产恢复率均达100%。开展治超工作，汇编《治超执法人员应知应会手册》、《治超执法岗位管理制度(试行)》，坚持固定超限检测站24小时不间断工作，从严查处短途驳载、绕道逃避检测等行为，收费站、路政中队协查超限车辆的"四位一体"治超格局形成，超限超载率控制在0.01%以下。路政管理支队被评为"全国交通运输行政执法评议考核优秀单位"，营里超限检测站获省总工会"工人先锋号"称号。完善治超网络，省道沁东线杏峪超限检测站的设站报告上报省公路厅。

公路安全

开展"安全生产年"、"平安文明工地"、安全生产专项治理等活动，构建分局、公路段、站(班、中心)三级公路突发事件应急处置体系和以养护、路政、工程建设为主体的公路应急抢通保障队伍，建立物资储备库8个。全年发生4次强降雨，及时启动防汛抢险应急预案，组织人员、机械全力抢险，完成水毁恢复工程52处，确保干线公路安全畅通。加强安全教育培训，举办"安康杯"安全知识竞赛。与市安监局联合举办培训班，共有143人取得安全培训合格证，安全生产管理人员全部持证上岗。加大安全检查和隐患排查整治，对工程施工、养护、路政巡查和收费站、超限检测站的安全进行排查；加大对急弯陡坡、危桥险路、临水临崖、过村涉校和易发生交通事故路段的排查和整治力度，及时消除事故隐患。全年开展安全生产隐患大排查6次，定期检查10次，安全隐患整改率100%。

2012年工作

2012年，晋城公路分局继续保持"全国文明单位"、"全国模范职工之家"、"全国交通行政执法责任制示范单位"、"全国敬老模范单位"四项国家级荣誉。分局党委被山西省委授予"全省创先争优先进基层党组织"，被省交通运输厅授予"十一五养护管理先进单位"、"行业文明单位标兵"，被省公路局授予"优秀单位"，张国廷、李建庭2人荣获"全国五一劳动奖章"，杨泽凡3人被晋城市文明委评为"晋城好人"。

路网改造

省道长晋线高平至晋城一级公路建成完工，基本具备通车条件；省道陵沁线晋城至阳城一级公路周村段3.4公里开工建设；国道207线晋城市过境段一级公路项目及晋城市环城一级公路规划上报省交通运输厅，路线全长17.24公里。

公路养护

大力实施畅通工程、改造工程、安保工程、创新工程、文化工程“五大工程”建设。采用刷油、罩面、压缝带粘贴、沥青密封胶灌缝、微表处等预防性措施，处理路面早期病害，延长公路的使用周期；健全桥隧管理、安全和检查制度，采取保养、维修和加固措施，确保桥隧安全运行。开展安全隐患调查和安保工程回头看，加大公路标志、标线和安全防护设施建设，在急弯陡坡、危桥险路、平交路口增设防撞墙、波形护栏，对落石严重路段进行锚固挂网处理。辖区干线公路路基、路面、桥隧、构造物及沿线设施处于良好状况，年末辖区干线公路养护质量优良路率为84.1%。确定晋高一级公路为“高标准文化示范路”，确定国道207线衙道至省界为“山区特色精品路”，确定省道坪曲线端氏至东坞岭为“生态文化路”。

路政管理

开展“规范路政管理年”活动，广泛宣传《公路安全保护条例》、《山西省公路条例》，营造良好的公路执法环境；加强执法队伍建设，组织执法人员开展培训考核、路政治超业务知识竞赛、岗位大练兵等活动，提升执法人员整体素质；开展“文明执法示范路”和路政管理“严管路”创建活动，依法保护路产路权；延伸许可服务，将晋城路政服务大厅延伸至晋济、晋焦高速公路超限站，提升公路执法服务水平。集中开展依法整治短途非法超限超载运输百日专项行动，遏制短途车辆非法超限超载行为；狸猫泉、冶底、阁河3个省界公路超限检测站启动双向检测。严格执行重大节假日免费政策，加大“人情车”、“特权车”治理。3月31日18时西上庄收费站停止收费，完成收费站撤站及人员分流安置工作。

公路安全

开展“安全生产年”、“平安文明工地”、百日安全生产活动、安全生产领域“打非治违”等活动，做到“早预防、早准备、早行动”。全年开展安全生产隐患大排查6次，定期检查10次，整改率100%。

（市公路局）

邮 政

2011年工作

2011年,全市邮政业务收入首次突破亿元大关,完成12 011.35万元,完成省公司计划的103.02%,收入进度排名全省第八;同比增长29.66%,增幅排名全省第三;收支差额实现666.7万元;劳动生产率累计完成92 398元,同比增长32.16%。发展质量和效益进一步提高,有效收入占比达到69.01%;全局固定资产周转率达到1.74;百元收入业务费降低3.9个百分点;用户欠费率为1.34%,控制在省公司指标范围内;非生产性支出得到有效控制。市邮政局被集团公司评为"全国邮政用户满意企业",连续8年夺得省公司"优质服务杯"。机要通信实现31连冠。

专业业务

储汇专业。累计实现收入6989.78万元,完成省公司计划的96.01%,同比增长29.11%,增幅排名全省第四。累计新增代发工资9920户,代发金额6414.39万元。至年底,余额规模市场占有率达到7.67%,新增余额市场占有率达到9.60%,较2010年提高3.55%,在全市十三家金融机构中排名第四。

函件专业。累计实现收入835.09万元,完成省公司计划的100.61%,同比增长6.66%,进度和增幅均排名全省第八。全年共发布产品5期27个,开展礼包、招生、会员、旅游等数据库商函项目10个,实现业务收入92.9万元。制作"珏山景区"EMS封套15万枚,实现业务收入9万元。

保险专业。累计实现收入1300.97万元,完成省公司计划的163.44%,同比增长86.22%,进度和增幅均排名全省第一;累计代收保费28 740.68万元,完成省公司下达计划的128.23%,绝对值排名全省第三,率先在全省实现"把保险打造成邮政第二大业务"的目标。客户经理人数达到80人,业绩累计实现15 500.91万元,占比达到55.68%。举办"VIP客户答谢会"6场,网点沙龙48场,实现保费2200万元。

报刊发行专业。累计实现收入1265.46万元,完成省公司计划的100.19%,同比增长10.36%,增幅排名全省第十。常年报刊收订流转额累计完成170万元,项目营销流转额实现62.3万元。一次性报刊大收订,累计实现流转额4 396.69万元,完成计划的100.06%。零售

业务累计实现业务收入156.83万元。

集邮专业。累计实现收入667.87万元，完成省公司计划的117.17%，进度排名全省第五；同比增长27.46%，增幅排名全省第七。“五节联送”、“建党90周年”、“思乡月”、“关公文化”邮品等主题营销活动，共计实现收入385万元。新开发市电信公司、沁水光源电网工程公司等客户，累计制作宣传册4100册。

电子商务专业。累计实现收入316.31万元，完成省公司计划的105.44%，进度排名全省第九；同比增长20.93%，增幅排名全省第十。共建成4个电子商务专区（台）和126个便民服务站，相继叠加航空机票、代收话费、邮乐卡、体育彩票等业务。

分销专业。累计实现收入226.55万元，完成省公司计划122.46%，进度排名全省第五；同比增长21.26%，增幅排名全省第七。爱心包裹、校园包裹、家乡包裹及“五节联送”、“端午飘香、邮粽传情”、“思乡月”等综合营销项目成效明显。加强酒水分销渠道和三农服务站建设，与6家超市建立合作关系，建成三农服务站251个。

项目营销

全市邮政营销人员达到169人，其中专职64人，兼职30人，岗前见习75人。与移动晋城分公司等签署战略合作协议，项目营销渠道和营销界面得到拓展。全年累计实施营销项目53个，实现收入2031.51万元，完成计划的130.52%，对业务收入（剔除储汇业务）的贡献率达到40.45%。少儿书信大赛、庆祝建党90周年、思乡月、太行山国际旅游文化节等营销项目均取得良好的经济效益和社会效益。

企业竞赛

全市员工营销计奖达到367.96万元，参与率达到95.3%。开展“专业进位、区域争先”竞赛活动，实行基层网点分类动态管理。保险专业在全省“专业进位、区域争先”竞赛活动中，获得全省第一名。

企业管理

基础管理。全市邮政各单位月度重点工作计划完成率达到99.15%，对67项督办事项、218项请示实施过程督查。细化营投网点生产作业流程，投递信息系统上线率达到100%。

人力资源管理。对支局长、营销团队经理、内训师公开招聘，全市79个网点的支局长、10个营销团队经理、13名内训师竞聘上岗。对386名储汇人员进行岗位轮换。

财务管理。年度邮政欠费清收率达到100%。

安全管理。开展各类安全知识教育培训32次，参加人数达到1260人次。实施各类安全检查28次，下发“安全检查报告书”213份，发现和整改各类隐患228条。改造移动金库8

个,安装移动金库无线报警门禁系统37套,40个网点更换电锁控制系统,14辆运钞车安装GPS卫星定位系统。开展金融机构安全评估、资金安全防范网点达标升级、隐患排查治理整改等活动,11个网点达到A级标准,21个网点达到AA级标准。

法律事务和审计工作。累计审批合同40份,审批金额1776.6万元,审核率达到100%。重点对用户欠费、营业厅装修工程等项目开展专项审计。

邮政服务

一是提升服务能力。以30个"人性化服务细节"为主线,开展"学规范、提素质、强队伍、树形象"主题活动,规范操作流程和服务言行。加强服务质量监督检查,对"两岗"人员实施监控检查1698次,检查覆盖率达到100%。加强窗口服务社会监督,为营业窗口安装33个服务评价器。全年共受理投诉121起,较2010年减少14起。二是提高通信能力。对陵川县城南、平城等9处营业网点进行装修改造,建成便民(三农)服务站377个。对12个营业网点进行优化,6个营业网点实行"大班组"交叉作业,柳树口、李寨等营业网点完成"改代办"工作。三是增强网运能力。更新网点终端设备70套,完成中心机房UPS改造、县级电视电话会议系统、远程培训系统等工程建设。

2012年工作

2012年,全市邮政业务收入实现12 883.69万元,完成省公司计划的103.75%,收入进度排名全省第三;同比增长7.26%,增幅排名全省第七;劳动生产率累计完成102 252元,同比增长10.66%。有效收入占比达到70.72%,业务费对收入的贡献率增加5.67个百分点,用户欠费率为0.53%,控制在省公司指标范围内。

全市7个县(市、区)邮政局,4个完成市邮政局目标计划,沁水县邮政局收入进度排名全市第一;5个邮政局同比增幅超过全市平均水平,陵川县邮政局增幅排名全市第一。

专业业务

储汇专业。实现收入7319.98万元,完成省公司计划的98.44%,同比增长4.59%;全年累计净增余额4.65亿元,较2011年增长21.15%;建立健全客户资料,5万元以上建档客户达到18 240户;以理财业务发展、电子渠道推广和农村市场开发为重点,全市理财业务总规模达到4.42亿元,邮银占比由8.39%提高到55.62%,收入完成30.11万元,同比增长222.72%;电子渠道替代率达到10.12%。

函件专业。实现收入809.42万元,完成省公司计划的95.11%,同比下降3.07%;建立4

支综合营销团队，开发了旅游年票、会员期刊寄递、邮送广告、社保账单等营销项目，收入430.30万元，同比增长30%，排名全省第二；贺卡收入426.07万元；新媒体广告收入33.18万元。

保险专业。实现收入1502.80万元，完成省公司计划的139.15%，同比增长16.35%；保费规模达到2.77亿元，收入进度连续两年排名全省第一；保险营销团队实现保费1.94亿元，占比达到69.89%；期交业务占比从2011年底的1.13%提高到3.50%，业务收益率提高到5.42%。

报刊发行专业。实现收入1415.04万元，完成省公司计划的106.31%，同比增长11.82%；常年报刊收订累计完成流转额386.53万元，完成省公司计划的202.30%，同比增长162.40%；以畅销报刊、校园报刊、第三方订阅、期刊文化礼盒等为重点，开展项目营销，《特别关注》形象期刊完成3600份，形成流转额21.6万元；2013年报刊大收订实现流转额4658.8万元，完成省公司计划的101.01%。零售业务累计实现业务收入183.24万元，完成省公司确保计划的107.16%。

集邮专业。实现业务收入716.06万元，完成省公司计划的103.33%，同比增长7.22%；开发形象宣传年册5300册，实现业务收入151.8万元，同比增长30.64%；开展“盘库压库”专项活动，全市清理集邮品库存34.05万元。组织召开市集邮协会第六次代表大会。

电子商务专业。实现业务收入394.74万元，完成省公司计划的103.07%，同比增长24.80%；短信业务实现收入255.04万元；231个便民（三农）服务站叠加代收费业务，累计代收金额达到276.43万元。

分销专业。实现业务收入289.06万元，完成省公司计划的121.45%，同比增长27.59%。全年销售化肥227吨，酒水3014件，实现业务收入46.7万元，274个三农服务站进行铺货。

项目营销

全市共有专职营销人员89人，岗前见习122人，注册营销团队10个。专职营销员营销业绩达到732.57万元。全年共实施营销项目46个，项目实施率达到74.19%，累计实现收入2471.24万元，营销项目对全市总收入（不含储汇业务收入）的贡献率达到44.42%，较2011年同期提高了3.97个百分点。新增大客户64户，累计达到272户，大客户用邮收入达到1206.32万元（不含金融类业务收入），同比增长38.19%。

企业改革

建立县（市）局“一室一部两中心”管理体制，扩大县局的经营自主权和财务支出权。扩展专业、网点收支核算的内容和范围，对县（市）局实行全成本归集核算。

企业管理

基础管理。对75项督办事项、234项请示进行过程督查。

人力资源管理。调整充实储蓄业务人员28名。35岁以下、大专以上学历的储备人员达到65名。

安全管理。累计开展安全培训和预案演练6次,参加人员达600余人次。发现各类安全隐患221条,下发检查报告书283份,整改安全隐患195条。

邮政服务

开展远程学习和岗位技能培训,累计组织培训31期,培训3000余人次;推进职业技能鉴定工作,92人取得技能资格,99人获得综合柜员资格,生产人员持证上岗率达到82%;对14处邮储网点进行装修改造,增加储蓄业务台席20个,新增ATM机12台。10个空白乡镇邮政局(所)全部完成主体工程建设。累计建成便民(三农)服务站486个,418个实行叠加业务。完成市区和各县(市、区)的投递网络改造。

(市邮政局)

联 通

2011年工作

2011年，全市核心名单制客户保有率为100%，全省排名第一。“客户投诉指标”全省第一。3G百元客户保有率完成81.54%。累计积分应用率为27.6%，全省第三。工信部申诉率、集团升级投诉率、省级投诉率、宽带用户省级投诉率全省最低，投诉处理及时率和首次处理合格率，均保持在98%以上。

经营情况

3G累计净增出账用户完成计划的70.5%，全省排名第二。累计有效发展率为70.4%，出账率为92.8%，均排名全省第一。2G累计净增出账用户完成计划的105.2%，出账率和活跃率均排名全省第五。宽带累计净增用户完成计划的100.3%，全省排名全省第三。累计拆机率和累计有效发展率均排名全省第二。融合业务累计新增手机用户完成计划的235.29%，全省排名第五。沃家庭用户完成计划的84.55%，全省排名第三。

通信能力

“光速城市”共计割接1038个节点，宽带设备容量29 978线，窄带设备容量26 160线，改装宽带用户13 848户，窄带用户23 649户，新装宽带用户8281户，窄带用户5849户。全年新建2G基站108个，3G基站120个，室内分布27套，无线局域网络热点48个。开展网络优化，每天对网络指标进行监控，处理各类无线接通率差、掉话率高等小区近800个，保障网络运行正常。高速路专项优化共处理差小区近400个，长晋高速公路晋阳高速公路的3G网络覆盖情况得到明显改善。

营销管理

成立社会渠道专职管理部门，负责渠道建设、渠道培训、渠道管理和渠道考核等。成立业务培训与督查中心，负责全市的营销知识培训。成立光改项目组，专项推动光改工作。制度保障方面，建立两级执行力效能监察与督办制度，制定基层员工评先评优办法、干部常态化考评机制两个办法，完善常态化考评机制。后台支撑方面，及时收集一线营销过程中遇到的问题，由综合部督办、各部门重点解决，发现重大问题及时向上传递，尽快解决。

2012年工作

2012年,公众宽带用户渗透率达到53.4%,全省排名第一。全市70个网格运营顺利。其中20个网格全年累计收入增幅超过15%。3G收入完成进度,从3月起,连续保持全省第一。累计同比增长142%,超全省平均水平60个百分点,在全国358个地市中排名前10,贡献增量收入超过6000万元。宽带收入市场份额由年初的54.72%增长至60.10%。4M及以上高速率占比超过40%。固话收入同比增长-9.2%,全省排名第一。

市场营销

集团客户重大项目新签合同额完成全年目标的127.55%。整体转网率为158.48%,核心客户保有率为97.56%。行业应用项目共签约68个,发展行业应用用户22 397户,完成全年目标99.58%。其中国土资源局土地执法监控项目、晋城市公共交通公司智能公交项目被省公司评选为全省铜牌标杆项目。新增社会渠道232家,社会渠道自采3G战略终端发展3G终端合约共计4150户。3G发展占比达到20%,2G发展占比达到43%,较2011年同期均提升10个百分点。3G平均单店销量同比增长37%。2G平均单店销量同比增长45%。

通信能力

全年共建设宽带项目六期,新建宽带PON网络能力68 436线,其中FTTH端口59 932线,高速PON网络宽带能力占比达到50%以上。全年累计新建2G基站74个,新建3G基站276个。建立基站话务量分析模型,将全市基站话务日均情况划分为五个级别,为移动网络规划建设及市场发展提供指导意见。建立宽带前、后台接入互动模式,及时公布网格需求解决情况及FTTH(光纤到户)网络发展情况。开通电路389条,对7家大客户进行双物理路由改造,完成重点通信保障工作14次。提升网络效能,PON(无源光纤网络)实占率提升6.29个百分点,FTTH(光纤到户)网络容量由年初的5645线提高至28 016线,实占率由17%提高至32%。开展通信线路集中整治和号线资源核查工作,共整治老化电缆交接箱5个,分线盒2176个,更换老化平行线1048条,更换老化双绞线2712条。

通信服务

初步建立由经营服务口、网络口、后台支撑口共同协调配合的大服务环境。全方位处理用户投诉,建立移动网络质量类投诉"一点响应"制度,充分发挥BSS论坛作用,全年投诉率指标有效改善。主抓装移修服务提升工作,成立6个末梢维护站,重新梳理装移修工作职责和工作流程。自主开发"营业订单及资源信息管理系统",及时掌握宽带网络资源情况。

明确营业人员受理规范和线务人员入户规范,服务规范达标率稳步提升。严格落实宽带无条件受理制度,加强对未修先销和未装先回考核。

（联通晋城分公司）

电 信

2012年,中国电信晋城分公司以服务经济和社会发展大局为目标,不断深化改革创新、提升服务质量,通过强化内部管控,推进各项工作的落实和开展,保障全市电信的网络畅通和信息安全。

业务发展

至年底,公司移动用户达到13万户,占市场份额的6%。宽带用户达到4.5万,占市场份额的13%。全市有营业厅11个,其中市区4个,泽州县1个,高平市2个,阳城县2个,沁水县1个,陵川县1个。社会服务网点达312家,村级网点建设范围覆盖全市420个行政村。

业务套餐

针对本地通话较多的用户群体,推出灵通天翼为代表的大众资费套餐,每分钟1毛钱。针对长途通话较多的群体,推出11808的本地长途加拨业务,在本地拨打长途电话前加拨11808,7:00至21:30每分钟0.18元,21:30至第二天7:00每分钟0.1元。针对上网、娱乐需求较多的学生群体、年轻人群体,推出飞Young系列套餐。针对在校学生通话主要集中在校园的特点,推出校园通话包。针对经常出差的商旅用户,推出全国免费接听的乐享3G系列套餐。

3G手机业务

在手机终端方面,与三星、MOTO、华为、中兴等各大厂家形成稳定的合作关系,针对不同消费倾向的用户提供不同类型的手机终端。在高端市场,以三星W999为代表的超高端手机形成稳定的用户群体。在中高端市场,以三星、MOTO、HTC等手机为主,根据价位进行包装,以礼包形式进行销售。在中低端市场,以华为、中兴、酷派、联想等国产手机为主,满足一般消费者对手机的需求。针对老年人等特殊群体,推出屏幕字体大、按键大、音量大的手机终端进行适配。针对其他有个性化需求的消费者,专门设立"3G专家"岗位,根据用户需求推荐不同类型的软件进行免费安装,满足用户需求。

行业应用

利用集团公司开发的新业务平台,推出移动OA、烟草E通、翼机通、天翼V网、综合配货等行业应用,提高政府、企事业单位的信息化水平和运作效率。共发展手机订货客户851户,占全市总客户数的11%。

宽带业务

光纤网络在市区覆盖率达到90%以上，高平、阳城县域覆盖率达80%以上，沁水、陵川县域覆盖率达70%，同时覆盖马村、米山、伯方、润城、北留、巴公、南村等乡镇。大规模部署宽带无线网络，可以通过WiFi、天翼3G网络实现有线+无线的全覆盖，用户可以随时随地接入电信宽带网。推行FTTH接入方式，实现光纤到户，家庭宽带可达到10M甚至100M的带宽。开展宽带提速工程，将原1M宽带免费提速为2M，大力推广4M以上带宽。

网络建设

投资6000余万元，完善全市范围内的宽带广覆盖和移动网设施，宽带网络全面覆盖泽州、高平、阳城、陵川、沁水、城区，覆盖率达90%以上。对重点区域的固网传输结构进行优化改造，降低整个网络对单站点的依赖，减小光缆中断和站点停电对网络安全造成的影响。对装机和故障修复目标做出承诺，修障承诺为2小时内预约、6小时内上门；装机承诺为7小时内预约、36小时内装通。

服务质量

制定实施《网站备案管理办法》，开展自查自纠整改活动，对清理出来的网站严格按照《办法》规定进行备案，保证已备案网站信息的真实性。强化互联网管理，打击互联网传播淫秽色情等违法、违规行为。建立故障投诉10000号和本地客服投诉受理两套客户响应流程，实行"首问负责制"，将客户申告渠道进行统一管理，加快服务响应速度，简化服务响应流程，提高投诉处理效率。开展"为民服务创先争优"活动，重点对营业窗口服务、垃圾短信整治等工作进行服务评议。

（电信晋城分公司）

教育科技

教 育

2011年工作

2011年，全市教育系统贯彻党的教育方针，提升农村义务教育水平，提高教育教学质量，全面提升全市教育发展水平，各项主要教育工作取得新进展、新成绩。晋城市被省政府表彰为“创建学习型城市先进市”。

惠民工程

中等职业教育免费全覆盖工程。省政府启动实施包括“中等职业教育免费全覆盖”在内的农村新的“五个全覆盖”工程，计划用两年时间完成。市教育局制定《晋城市中等职业教育免学费实施方案》，为全市中等职业教育21所学校的26 309名学生免除学费，比省定人数增加13 310人（其中扩大普通中专8221人、技工学校5089人）。全市共免费补助资金2572万元（中央73万元、省341万元、市1349万元、县809万元），比省定目标任务增加1513万元，增长143%。在秋季学期先行对职业高中（含职业中专）全部在校生实行免学费的基础上，对普通中专学校和技工学校在校生也免除学费。补助标准为：职业高中按照每生每年1200元学费标准补助；普通中专、职业中专学校（班）按照每生每年2100元的学费标准补助；普通技工学校按照每生每年学费2500元、高级技工班按照每生每年2800元学费标准补助。这项工作走在全省前列。

市政府确定的为民办实事教育项目。一是为100所农村中小学校配备体艺器材任务。市财政平均为每校补助经费5万元，各县（市、区）按1∶1比例配套，市财政下达资金505万元。全市共有101所学校全部配备到位并投入使用。二是为100所农村寄宿制学校增添卫生安全设施任务。市财政平均为每校补助经费2万元，各县（市、区）按1:1比例配套，市级资金下达262.5万元。全市共有107所学校全部配备到位并投入使用。分别为：阳城县29所，沁水县20所，高平市10所，陵川县18所，泽州县30所。

市区中小学教育重点工程建设项目。晋城学院建设教学北区工程基本竣工，南区进入实质性实施阶段。汇仟小学新建工程于8月28日开工建设。凤城中学新建项目于9月21日开工建设。晋城爱物学校（秀水苑学校）新建项目于12月18日开工建设。市中等专业学校建设项目于12月18日开工建设。

中小学校舍安全工程。完成中小学校舍安全工程扫尾工程,全市中小学校舍信息系统共投入资金8729万元,其中开行资金2000万元、中央财政补助资金1694万元、中央发改委资金1000万元、校舍维修改造资金1600万元、市级补助校舍安全工程配套资金2435万元。全面完成2010年省政府下达的311所项目校的118.38万平方米校安工程建设任务,完成投资12.85亿元。

义务教育

一是全面完成清理化解“普九”债务工作。到9月底,全市基本完成普儿债务化解工作。共化解债务总额13 668.56万元(中央和省级财政补助11 876.72万元、市级补助877.39万元、县级配套853.06万元),促进了农村义务教育发展。二是深化义务教育经费保障机制改革。提高生均公用经费标准,小学和初中每生每年分别达到540元和740元,全市共投入农村义务教育补助公用经费15 725万元(其中:中央9138万元、省2742万元、市级配套1568万元、县级配套2277万元),惠及学生23.5万余人(其中小学14.12万人,初中9.38万人)。对农村义务教育阶段家庭经济困难学生寄宿生进行生活补助(小学和初中每生每年分别为750元和1000元),共补助17 915人(小学5596人,初中12 319人),占寄宿在校生的23%,补助资金1652万元(中央826万元,省413万元,市级165万元,县级248万元)。城市义务教育免杂费共投入1998万元(其中中央1003万元、省502万元、市273万元、县220万元),共免除7.3万中小学生杂费(其中小学4.45万人、初中2.85万人),免费标准为小学每生每年250元,初中每生每年310元。三是推进义务教育学校标准化建设。高平市作为全市农村义务教育薄弱学校改造首批项目县,共投入资金3308.12万元,对107所农村义务教育中小学校(包括38所寄宿制中小学)进行标准化建设。市级财政补助951万元,对其他5县(区)的85所薄弱学校进行教育教学设施标准化配备。市财政下达补助资金800万元,用于城区5所中小学塑胶操场建设。四是编制义务教育阶段学校有关建设规划。完成陵川县、阳城县和高平市农村初中校舍改造工程二期建设规划编制和上报工作。编制农村学校教师周转宿舍建设“十二五”规划。五是推进中考招生制度改革。全市继续实行优质高中招生指标30%的分配比例。阳城县率先在全市将优质高中招生指标分配比例增加到60%。

信息化建设

一是完成城域网建设融资设备的验收和发放,以及城域网400多条光纤线路的铺设。完成教育城域网中心机房的搬迁、维护、调试和教育信息网网站的初步建设。二是建成全省11个地市唯一以电教馆为名的门户网站,搭建电教业务工作和活动开展、信息发布交流的平台。为全市初中、小学配备“校本资源库建设平台”软件及中央电教馆资源中心资源

库，并对全市中小学校网管员进行“校本资源库建设平台”使用培训。三是加强农远工程和“班班通”工程建设。组织开展全市农村中小学现代远程教育工程教学应用论文评选和课题研究等活动。参加全省“班班通”建设和应用成果展示活动。四是强化信息技术学科建设。根据省电教馆《关于建立山西省首批信息技术学科基地校的通知》要求，按照“山西省信息技术学科基地校建设标准”，对全市20所申报学校进行审核，确定晋城一中、阳城一中、晋城五中、高平河西镇中、市实验小学、城区凤鸣小学等6所学校为初审合格的学校，报省电教馆等待复审确定。完成全市18 845名学生的高中信息技术学业水平考试工作，全市总均分在全省排名第四。五是提升教师信息技术应用水平。组织参加全省信息技术与学科课程整合评选活动，10名教师获省级“十佳教师”称号，2名教师获省级“信息技术十佳教研员”称号。组织开展全市中小学教师多媒体教育软件评选活动，全市403件作品参评，推荐162件作品参加省级评选活动。组织参加全国中小学校优秀网站评选，凤鸣中学制作的“非常6+1”代表全市参加评选。

学前教育

市政府出台《晋城市学前教育三年行动计划(2011—2013)》，指导全市推进学前教育发展工程。完成省下达的新建和改扩建15所幼儿园建设任务，其中新建9所，改扩建6所。完成全市“十一五”时期确定的第一批标准化乡镇中心幼儿园复验工作和第二批标准化乡镇中心幼儿园验收工作。115所农村小学增设附属幼儿园改造任务。中央专项补助1359万元，其中2011年46所农村小学增设附属幼儿园补助546万元。

特殊教育

晋城市特殊教育中心学校综合教学楼项目于6月1日开工建设，年底主体完工。泽州县利用原晋城北站铁路职工子弟小学闲置校园新建泽州县特殊教育学校。高平市将特殊教育学校与残疾人康复中心合并建设，主体工程基本完工。阳城县特殊教育学校建设项目占用原阳城制丝小学土地，完成前期工作和招标程序。

普通高中教育

总结全市普通高中新课程第一轮实验的经验，按照全省部署开展新一轮实验。6月，组织完成2009级全市高中学业水平考试工作。全市共有20 940人考生参加高考，比2010年减少1205人，二本以上达线人数为6079人，比2010年增加962人。全市达北大、清华分数线的考生有25人，其中报考北大、清华的达线考生有11人(晋城一中10人、阳城一中1人)。

职业教育

一是完成全市中职招生任务。全市中职招生共计10 500人，其中省下达的职业高中招

生任务为5000人,实际完成5139人,占任务数的102.78%,在全省处于领先水平。二是加强职业教育基础能力建设。国家支持的实训基地、教学综合、图书实验、住宿楼、餐厅等建设项目进展顺利。实施全市中职实训基地建设的二期项目规划,申报城区职中参与山西省中等职业学校实训基地建设项目。全年共有70余名专业课教师参加国家和省级骨干教师培训。三是提升县级职教中心综合办学实力。城区职中迁建项目奠基开工。泽州职中实训楼项目主体完工。高平中专投资3000多万元建成实训楼和餐厅。阳城职中建成综合实训楼和新宿舍楼并投入使用。陵川职中建成综合教学楼并投入使用。沁水职中新校区建设主体基本完工,11月通过省教育厅验收。晋城华洋职业中学新校区建成并投入使用,总占地100余亩,是全市面积最大的民办职业学校。四是改革中等职业学校办学模式。各中职校与省内外企业联合办学,开展“订单式”教育,推行“2 + 1”、“1 + 1+1”等弹性学制,提高办学水平。五是加强中职学校管理。对全市17所中职学校开展星级评估工作,对全市3所国家级重点中等职业学校进行复评。六是加强对中职学生的技能和就业指导。与市人力资源和社会保障局共同举办晋城市第五届中职学校技能大赛。组织参加山西省和全国中职技能大赛,被山西省职业院校技能大赛组委会授予团体二等奖。全市中等职业学校毕业生就业率达95%以上。

成人教育

全市完成实用技术培训34.2万人次,劳动力转移培训8624人。组织各考核点技术人员到运城参加计算机应用能力考核的技术支持和现代信息技术应用培训,3440人参加山西省计算机应用能力考核。

素质教育

德育教育。制定全市德育工作“十二五”规划。开展“读红色书籍、唱红色歌曲、讲红色故事、看红色影片、走红色之旅”为主题的“五红”教育活动。加强养成教育的“三进”(普通话进校园、书法进课堂、诵读进教材)工作、良好学习习惯和安全习惯养成、课题研究的提升转化、示范校的引领和辐射作用、养成教育学校规范化建设“全覆盖”等五项重点工作。加强青少年校外活动中心建设。沁水县、陵川县、高平市分三批完成国家级项目建设,阳城县国家级项目开工建设。沁水县青少年活动中心推荐的“鉴沁水瑰宝,品家乡文化”实践活动项目参加全省青少年活动场所优秀活动项目评选,获三等奖。

基础教育。巩固推广义务教育10年课改成果,以初中课堂教学改革为突破口,以全市流动观摩活动为载体整体推进课堂教学改革,召开“全市初中课堂教学改革推进观摩会”,助推县域主流教学模式创建活动,转变教师教学方式和学生学习方式。建立完善“赛讲式”

研训机制，举办全市小学品德与社会、科学、英语学科课堂教学团体赛。开展教学开放周活动，全面展示学校的教学教改成果。探索网络教研，组织全市23所中小学申报省级网络教研实验校，初步建立起市、县、乡、校四级博客群，形成四级网络学习共同体。开展省级课题“小学生发展性评价与检测研究”工作，组织全市70余名小学语文和50余名小学数学骨干教师参加全省“十一五”规划重点课题《小学生发展性评价与检测研究（语文）》中期表彰暨教学观摩研讨活动。全市共获先进集体8个、先进个人12名，73篇课题研究成果受到表彰。

体育卫生和艺术教育。贯彻落实《学校体育工作条例》，实施《国家学生体质健康标准》，落实课程标准，开展阳光体育运动，确保学生每天1小时体育活动时间。举办全市第23届中小学生田径运动会。组织全市中小学乒乓球比赛、第15届中学生篮球赛、“职院杯”晋城市第三届教职工乒乓球比赛。加强和改进学校健康教育工作，普及健康教育知识。对全市500余所学校食堂进行督导检查。落实《学校艺术教育工作规程》，举办第14届全市中小学生艺术节活动。

实践能力培养

组织晋城市第十届中小学自制教育、幼儿园自制玩教具评选表彰活动，全市共有221件作品参加评选表彰活动。开展中小学生电脑制作评选活动，345件作品参加评选活动，推荐89件优秀作品参加全省中小学电脑制作评选活动。阳城县三中获“校讯通”专项制作优秀组织奖。

队伍建设

校长和教师队伍建设。一是完成2011年面向社会认定教师资格工作，认定中学高级教师资格177人，中等职业学校教师资格65人。完成全市中小学（幼儿）教师专业技术职务任职资格评审工作，评审通过中学高级教师140名，高级讲师14名，讲师42名；中学一级教师376人，小学高级教师223人，中学二级教师27人，小学一级教师38人，小学二级教师1人。为陵川县农村义务教育学校招聘特岗教师37名，为市直部分学校补充教师97名，接收2011年免费师范毕业生9名，安排2012年免费师范生就业岗位73个。二是加强教师职业道德建设。开展“2011年教师节感念师恩网上征文”活动，评选表彰一等奖5人，二等奖10人，优秀奖30人。推荐表彰2011年山西省汾酒公益基金中小学模范教师12名。开展教师节评选表彰活动。三是加强校长队伍培训。组织25名中小学校长参加省教育厅举办的中学校长岗位培训班、提高培训班和第四、五、六期乡镇中心学校校长专题培训。在沁水、阳城两县实施“2009—2011年中国移动中小学校长远程培训项目”，100名中小学校长参加培训。全市10名幼儿园园长参加“国培计划”园长培训。四是加强教师考核培训。开展省骨干教师和

学科带头人评审工作,对推荐参加省学科带头人的36名教师(高中13名、初中12名、小学11名)和36名省骨干教师(高中21名、初中15名)进行听课、评选,同时对到2012年任职期满的74名省级和骨干教师进行考评和续聘。组织1140名中小学教师参加"国培计划"农村骨干教师技术课堂教学应用远程培训、示范性培训、短期培训和顶岗培训。组织113名幼儿教师参加"国培计划"顶岗置换培训、骨干教师短期培训和转岗培训。

教师继续教育和学历达标提升工作。全市9571名中小学、幼儿园教师全部参加远程网络培训,10 905名教师接受继续教育公共必修课、专业课面授培训。11月5日至6日,20 476名中小学、幼儿教师全部参加继续教育考试和远程网络考试。全市有5482名中小学教师参加北京大学举办的远程网络教育技术能力培训,2640名中小学教师参加教育技术能力面授培训。全市800余名中小学教师参加"英特尔未来教育"培训。全市普通高中、初中、小学教师学历达标为93.69%、99.1%、99.92%。高中教师研究生学历、初中教师本科学历、小学教师专科以上学历分别达到3.24%、65.97%、83.46%。高中教师的合格学历率比2010年提高1.69个百分点,初中、小学提升学历率分别比2010年提高5.97、3.96个百分点。

学校安全

全市中小学和幼儿园共设立保卫机构1122个,设立校园警务室557个,配备专职保卫人员1417名,兼职保卫人员2659名,专职保卫人员在上岗前全部进行专业培训。市、县两级按照"财政为主、多方筹资"的方式为824所学校安装监控设施,共配备防护器材7969件,其中购置6049件,自制1920件。全市义务阶段和高中阶段所有学生都建立校方责任险,参保学生共计320 008人,保费金额达960 024元。

2012年工作

2012年,全市教育系统以推进教育现代化为目标,贯彻党的教育方针,实施素质教育,推进教育均衡发展,努力促进教育公平,增强教育服务经济社会发展的能力。市教育局被国务院表彰为"全国'两基'工作先进单位",被教育部表彰为"教育宣传工作先进集体",被市委、市政府表彰为"党的十八大维稳信访安保先进集体"、全市创业工作先进集体。

惠民工程

率先在全省实施普通高中免学费工程。①城区、陵川县按市县(区)1:1的比例分担,其余学校所需经费按照学校隶属关系由同级财政负担。②免学费补助标准:晋城一中为1600元/生/年,市直其他高中学校、城区和高平市所属普通高中为1200元/生/年,泽州县、阳城县、

沁水县和陵川县为800元/生/年。③免学费范围为全市公办和民办普通高中学校。民办普通高中学校免学费标准,按照学校隶属县(市、区)公办学校的标准执行。民办学校执行的免学费标准低于原物价部门审定收费标准的,可收取差额部分。全年全市61 558名普通高中在校生享受到免费政策,全市共补助免学费资金5663万元(市级2651万元,县级3012万元)。

率先在全省高标准集中购置校车。市政府实施为全市农村寄宿制学校采购首批76辆校车的校安工程,以政府集中招标采购校车的方式在全省和全国都属首例。全市共投入资金1704.82万元,市、县(区)配套比例为陵川县7:3,其他县(市)4:6,市级财政负担737.79万元,县级财政负担967.03万元。配付情况是:泽州12辆、高平22辆、阳城31辆、陵川9辆、沁水2辆。

率先在全省扩大中职助学金资助范围。中职助学金资助范围为一、二年级全部在校生。陵川县、城区扩大资助范围所需经费按市、县(区)5:5比例负担,其他县(市)按隶属关系由同级财政负担。全市14 086名中职学生享受到中职助学金,共补助资金1928.32万元(中央742.2万元、省11.06万元、市570.99万元、县604.07万元)。比国家和省定资助政策扩大6202人(其中市级2555人),增加补助约500万元(其中市级约240万元)。

率先在全省实施中职学生免住宿费学费工程。陵川县、城区所需住宿经费按市、县(区)5:5比例负担,其他县(市)按隶属关系由同级财政负担。免费范围为中等职业学校一、二年级所有住宿学生。市职业技术学院600元/生/年,市级中等职业学校300元/生/年,县级中等职业学校200元/生/年。全市共为4518名学生补助315万元(其中市级191万元),全部下达到校。各级共下达免学费资金4965.73万元(中央1019.27万元、省595.69万元、市1904.4万元、县1446.37万元),免除20 041名在校生学费。

资助贫困家庭学生。一是启动实施学前教育资助。对学前教育贫困家庭幼儿进行资助,资助比例为在园幼儿的15%,标准每人每年1000元。除中央奖补资金外,省、市、县按照4:3:3比例分担。全市共资助幼儿7747人,共补助经费387.4万元(中央151.1万元、省级94.5万元、市级74.6万元、县级67.2万元)。二是开展贫困大学新生资助。市级共筹集资助资金699.4万元(市政府专项资金280万元,民政福彩资金55万元,工会金秋助学资金36万元,社会资金328.4万元),共资助大学新生1362人;各县(市、区)共筹集资助资金389.5万元,资助大学新生1092人。三是办理生源地助学贷款。全市有3751名贫困大学生签订贷款合同,比2011年增加1253人,增长50.2%,贷款金额达1901万元,比2011年增加641万元,增长50.9%。四是普通高中助学金资助。全市共资助12 311名普通高中在校生(在校生比

例的20%),每人资助1500元,共补助资金1846.65万元(中央1108.05万元、省34.06万元、市229.74万元、县474.8万元)。

市区中小学教育重点工程建设。市政府一年内立项新建4所学校,总投资额达8.45亿元。晋城爱物学校、汇仟小学主体工程完工。凤城中学进行采空区治理和土石方开挖工程,市中等专业学校搬迁新建项目完成服务楼和实训楼主体工程。

学前教育

新建和改扩建公办幼儿园34所,总建筑面积8.51万平方米,投资约14 352万元,其中市级专项补助资金1750万元。至年底,34所幼儿园建设项目全面完工11所,主体完工20所,完成基础工程3所。其中15所"花蕾工程"项目建设面积共5.45万平方米,总投资约10 736万元(市级专项补助930万元),2所幼儿园投入使用,13所幼儿园完成主体工程。利用闲置校舍改建70所幼儿园任务,总建设面积8.12万平方米,总投资3984万元(中央补助2389万元、省补助639万元、市补助478万元、县补助478万元)。其中:2011年利用闲置校舍改建幼儿园38所,建设面积4.78万平方米,投入资金2457万元(中央补助1473万元、省补助394万元、市补助295万元、县补助295万元)。利用闲置校舍改建幼儿园32所,建设面积3.34万平方米,投入资金1527万元(中央补助916万元、省补助245万元、市补助183万元、县补助183万元)。115所农村小学增设附属幼儿园改造任务。中央专项补助1359万元。其中2011年46所农村小学增设附属幼儿园补助546万元,2012年69所农村小学增设附属幼儿园补助813万元。根据《晋城市关于加强乡(镇)中心幼儿园的实施意见》,对全市第一批初验通过的15所乡镇中心幼儿园和第二批申请验收的5所乡(镇)中心幼儿园进行评估验收,城区钟家庄幼儿园等13所幼儿园通过复评验收,成为晋城市乡(镇)中心幼儿园。对全市首批符合幼儿园办园基本条件的126所幼儿园登记注册。

加强园长培训。对全市园长分为分园长国家级培训、骨干园长省级培训、农村园长市级培训三个层次进行,参加国家级培训350人。8月,组织全市200名幼儿园园长培训。12月11日,在凤鸣幼儿园组织200名园长和教师进行《3~6周岁儿童学习与发展指南》培训。

义务教育

义务教育学校标准化建设工程。城区、阳城县实施农村薄弱学校改造计划,推进义务教育学校标准化建设。共对146所项目校(城区60所、阳城86所)进行改造,共投入资金6179万元(中央2695万元、县级3484万元),其中设备购置资金3789万元、校舍维修资金2390万元。市级财政设立专项资金,对32所项目校进行薄弱学校改造,投入资金2000万元(市级1000万元、县级1000万元);对26所学校进行义务教育学校标准化建设,投入资金

1600万元(市级800万元、县级800万元)。为100所农村中小学校配备体艺器材,其中沁水县30所、泽州县30所、陵川县40所,共投入资金948万元(市、县按1:1比例分担)。为102所农村寄宿制学校增添卫生安全设施,其中沁水县20所、阳城县25所、陵川县20所、泽州县17所、高平市20所,共投入资金452万元(市、县按1:1比例分担)。

控制市区义务教育学校班容量。成立“晋城市规范市区中小学招生工作领导组”,出台《关于进一步规范市区中小学招生工作,严格控制部分学校班容量过大问题的通知》、《2012年市区义务教育阶段中小学校学区划分方案》和《2012年市区义务教育阶段中小学校新生招生实施方案》3个规范性文件。按照义务教育“免试、划片、就近入学”原则,确定55个招生片区。将优质高中招生指标分配比例从30%扩大到50%,重点向农村学校和薄弱学校倾斜。全市共有2581名学生通过“指标分配”进入优质高中读书。对2012年从市区初中回流原籍学校就读的学生,给予享受优质高中指标分配的优惠政策,共有1151名初中生回流原籍学校。通过挖潜扩轨,增加容量。小学增加9轨,初中增加10轨,增加容量1140名。主城区22所小学和16所初中进行电脑随机排位,实现阳光均衡编班,解决“择师”问题。市区小学由原来平均69人班容控制在55人以内,初中由原来平均73人班容控制在60人以内。

推动城乡教师交流,提升薄弱学校办学水平。各县(市、区)按照区域内义务教育学校不少于10%比例进行交流,秋季新学期全部交流到岗。全市义务教育阶段学校共交流教师1072人,校级领导交流76名。组织26名初中和幼儿特级教师,开展为期2个月的巡回示范讲学活动。

信息化建设

一是推进教育城域网建设。市、县两级8个教育城域网中心机房全部建成。“晋城市教育局”门户网站和“晋城电教网站”建成并投入运行。教育城域网主干光纤线路铺设到6县(市、区)、开发区和95个乡镇、教学区。乡镇中心校以上学校全面建成“校园网”。市直17所中小学全部建成“校园网”,并连入教育城域网。教育资源公共服务平台和教育管理公共服务平台开始建设。二是实施农村中小学“班班通”工程建设。高平、阳城、城区完成“班班通”建设任务。全市“班班通”工程项目总投资2763.82万元。三是开展信息技术教学和课程建设。8月,组织全市高中、初中、小学三个学段120余名信息技术骨干教师、电教部门的教研员和部分学校校长,开展信息技术教育能力培训。完成19 443名高中学生信息技术学业水平考试工作。组织开展晋城市2012年信息技术学科教学能手评选活动,评选出高中、初中、小学市级教学能手12名。组织参加山西省信息技术教学特色展示会,晋城一中被确认为全省首批8所信息技术基地校之一。四是录制中小学优秀教师精品课57节,丰富全市

优质教学资源库。组织参加全国教育电视优质课例评选活动，24节参评课例，获一等奖课例7节，二等奖8节，其余获三等奖和优秀奖。五是中小学教育信息化应用。组织全市中小学多媒体教育软件评选活动，评选出一等奖22名，二等奖49名，三等奖101名，优秀奖138名。组织参加全省基础教育信息化“十佳教师”评选活动、第三届“中国移动校讯通杯”全国中小学教师论文大赛活动，晋城市电教馆和阳城县电教馆荣获优秀组织奖。

职业教育

全市共完成中职招生数12 669人（其中普通中专2817人，技工学校3189人，职业高中和职业中专3961人，成人职业中专2702人）。陵川县职教中心通过省督导组验收，全市六县（市、区）全部建成符合省定标准的职教中心。晋城中专被教育部列为第三批全国中职改革发展示范校立项建设学校。全市建成4个省级示范专业，评估认定3个市级示范专业。开展第二轮中职管理星级学校评估，评出四星级学校4所、三星级学校6所、二星级学校3所、一星级学校8所。组织参加山西省第六届中职学校技能大赛，获得团体二等奖。

成人教育

全市完成各种实用技术培训41.8万人次，劳动力转移培训2.7万人。进行扫盲后继续教育，青壮年文盲率控制在1%以下。在阳城县、沁水县举行“学习周”活动启动仪式，开展学习型组织创建活动，全市共创建省级学习型乡镇（街道）9个，城区、沁水、陵川各1个，泽州、高平、阳城各2个；创建学习型企业10个，城区、陵川各1个，泽州、高平、阳城、沁水各2个；创建学习型社区（村）30个，其中城区3个，泽州7个，高平6个，阳城6个，沁水4个，陵川4个；创建学习型单位30个，6县（市、区）各5个。

语言文字工作

陵川县三类城市语言文字工作通过评估验收。市实验中学、健健幼儿园、泽州一中、高平四中、高平河西中学、高平市城南金峰幼儿园和沁水端氏小学等7所学校，申报“省级语言文字规范化示范校”，12月通过省语委专家组验收。开展第十五届全国推广普通话宣传周活动。启动“计算机辅助普通话水平测试”工作，共机测完成1775人测试任务。其中城区20人、职业技术学院师生559人、高平教师750人、陵川县三类城市语言文字评估受检单位人员446人。对全市7117名中职和高职学生、县（市、区）6280名教师和118名公务员进行普通话水平人工测试。

民办教育

制定实施《晋城市促进民办教育发展扶持资金事业管理暂行办法》。市财政设立民办教育发展扶持资金100万元，为市直8所民办学校部分教师缴纳养老金和医疗保险等。对

各级各类民办教育学校进行安全专项检查和2012年度工作目标管理进行督导评估检查。规范民办教育机构的招生及宣传行为。审批通过10所民办培训机构。

素质教育

中小学德育教育。把社会主义核心价值体系融入中小学教育全过程。开展“加强学生行为习惯养成教育”省级教育改革试点,围绕养成教育“一月一主题”活动,开展“讲文明、守纪律、懂礼貌、爱学习”做一个好学生系列实践活动。加强班主任队伍建设,市、县两级共完成1000余名骨干班主任的培训任务(市级培训205人)。加强青少年校外活动场所建设,申报高平市马村小学、阳城县横河中心小学、阳城县町店小学、沁水县嘉峰小学4个乡村少年宫项目。

普通高中基础教育。组织各县(市、区)教育局长、分管业务副局长、教研室主任、课改基地校校长,参加在郑州市举办的第二届全国教育局长峰会暨郑州市“区域课改样本”观摩会、全省课堂教学改革左权现场会和山西省区域整体推进课堂教学改革朔城区现场会,赴河北省衡水中学参加第六届中国卓越校长峰会暨十大名校“同课异构”高效课堂观摩活动,赴山东杜郎口中学和昌乐二中等课改名校进行学习考察。全员培训教育部新修订的义务教育《课程标准》。选派骨干教师参加教育部在哈尔滨举办的全国课标学习研讨会和省教育厅在重庆举办的省级骨干教师培训。阳城县、高平市教研室建设通过省级评估验收。对全市70余名教研员进行省、市两级专项培训。选定晋城一中、阳城一中、高平一中、泽州一中、晋城二中、晋城三中、端氏中学、崇实学校等高中学校,探索改革办学体制和培养模式,推动普通高中多样化发展和特色发展。当年高考有20名学生被北大、清华录取,为历史最好成绩。

体育艺术教育。举办学生运动会、艺术节、科技节、教师书画比赛、教师节文艺晚会和第16届中学生篮球运动会。启动实施“晋城市义务教育阶段中小学体育、艺术2+1项目”,对部分学校的学生技能进行考核评定,建立学生“2+1项目”考核档案。

学生创新精神和实践能力的培养。组织实施全市中考和高中学业水平物理、化学、生物实验能力测试,培养学生实践能力。组织参加全省第十一届自制教具、幼儿园自制玩教具评选活动。自制教具获一等奖3件,二等奖3件,三等奖13件,优秀奖10件。幼儿园自制玩教具获一等奖4件,二等奖4件,三等奖7件,两名教师获得自制教具能手称号。市教育装备管理中心获优秀组织奖。8月,参加教育部教学仪器研究所主办的第八届“天煌杯”全国优秀自制教具展评活动,陵川县实验小学自制的小学科学系列“能量”教具获得二等奖,泽州县5716学校自制的小学体育“屈计器”教具获得提名奖。组织晋城市2012中小学电脑制

作活动。评出一等奖27名,二等奖32名,三等奖65名,优秀奖82名,组织奖4名,优秀指导教师7名。推荐119件优秀作品参加全省、全国评选活动,其中,“校讯通”专项绘画获国家三等奖,晋城市实验小学、高平市红旗小学获全国优秀组织奖。获省级一等奖8件,二等奖15件,三等奖28件,优秀奖68件,晋城一中、市实验小学获团体奖,市电教馆获优秀组织奖。

师德教育

在全市教职员工中开展“爱岗敬业、教书育人”主题教育活动,评选出晋城市十佳教书育人楷模、20名晋城市师德标兵、80名市直教育系统优秀教师和26名优秀教育工作者。借助行风调查评议平台,在全市开展师德满意度测评工作,实行评模、晋职(级)“一票否决制”。

(市教育局)

科 技

2011年工作

2011年，晋城市再次获“全国科技进步考核先进市”称号，六个县（市、区）首次全部通过考核，其中城区、泽州县、高平市、阳城县4个县（市、区）获“全国科技进步考核先进县（市、区）”称号。市科技局获“十一五国家星火计划工作先进集体”、“山西省2011年度科技依法行政目标责任制先进单位”、“2011年度全省知识产权目标责任考核先进单位”、“山西省农村技术承包奖组织管理先进单位”、“山西省第二次全国R&D资源清查科技系统先进集体”称号。

科技创新

批准晋城中晋药业有限公司等2家企业组建“康立生（北京）医药研发实验室”等两个市级实验室，新认定市级工程技术研究中心10家、山西省民营科技企业7家。全市累计组建市级工程技术研究中心40个，市级实验室2个，市级科技示范园区3个，省级民营科技企业33家。

科普宣传

科技活动周期间，举办全市“十一五”科技成果图片展览等一系列群众性科技活动。据统计，共举办各类科普讲座、专题报告会35场次，科普培训班150多期。继续在电视台、电台、报纸、期刊、网络等媒体开办“晋城科技”专题和栏目，巩固“晋城科技”五位一体的科技宣传品牌。市科技图书馆被认定为“山西省科普基地”。

中介服务

充实市生产力促进中心和市科技交流中心工作人员，对新成立的7个生产力中心进行规范管理。全年经省技术市场办认定的技术合同有19项，其中技术开发类合同9项，技术服务类合同10项，技术合同成交额达12 340.77万元。

节能减排

制定《晋城市节能与新能源汽车示范推广试点实施方案》，申报创建新能源汽车示范城市，并组织行业专家收集资料，分析晋城市申报创建优势，论证申报创建可行性和切入点。市政府将《实施方案》上报省政府，省政府同意晋城市申报创建新能源汽车示范城市，并向

国家科技部推荐。

知识产权

市科技局到各县(市、区)及市直重点企业进行专利工作调研和专利知识培训,并对经济开发区乐百利特公司、富基新材料公司2家高新技术企业开展专利执法检查;在知识产权日开展宣传活动,散发各类宣传材料1万余份(册),接受社会公众咨询1500余人(次)。对2010年的270项专利申请项目进行资助,总金额达到50.2万元。全市专利申请量首次突破千件大关,达到1008件,超额完成省科技厅下达的680件目标任务,比2010年增长52.7%,每10万人专利申请量达到45件,超过全省平均水平。其中,职务申请专利占到年申请总量的70%以上。

科技兴农

市科技局组织食用菌、桑蚕各类技术培训5次,培训人员730人次;奖励首届中国农业科技创新创业大赛暨科技特派员农村科技创新创业大赛的7个农业科技创新项目8万元。相继成立晋城市白灵菇规模化生产示范基地、市农村科技特派员科技服务示范点、市科技星火学校鹌鹑养殖技术培训实习基地。全市累计建立各类科技示范基地、示范点20个,帮助3000多户农户实现人均收入近6500元。11月25日至27日,市科技局承办全国第四届食用菌工厂化生产会议,并举行食用菌招商项目签约仪式。高平金田农业科技发展有限公司、万达香港工业集团有限公司等10家企业进行项目对接与签约,签约总额4.18亿元,拟引资3.34亿元。

项目管理

市科技局、市财政局进一步完善《晋城市科学技术研究与开发专项资金管理暂行办法》。全年市本级科技研发预算经费达3700万元,占市本级一般预算支出比例的1.32%,实施科技计划项目230个。各县(市、区)的科技研发经费都有不同程度的增长。争取省级以上科技项目30个,共获得扶持资金1305万元。其中,兰花煤层气公司的“低渗区地面压裂水平井煤层气抽采技术体系与示范”、高平唐一能源公司的“磷酸铁锂动力电池产业化电动汽车示范运行”和乐百利特公司的“采用板上集成缓存封装技术的LED器件研发及产业化”等3个项目获得省重大科技专项资金共800万元。

科技管理

城区提升产学研合作的层次和水平,6家企业与国内13家企业、院校和科研单位建立合作关系;高平市新引进各类科技人才45名,其中70%以上为企业高管和高级技术人员;陵川县在杨村乡村干部学校对全县担任村干部的228名农村科技特派员进行食用菌和大棚蔬菜

技术培训,基本达到每村一名技术员;阳城县组织实施国家科技富民强县专项行动,拨付专项扶持资金142万元,建成优质密植桑园7550亩;泽州县扶持科技硕阳光电项目、轻质碳酸钙项目、太阳能电子组件项目等一批科技项目建成投产,填补多项省市空白;沁水县积极支持养羊、养蜂、蚕桑、小杂粮等产业,涌现出舜星黑山羊、太行渔业、沁花蜂业、金田园等一批农业科技示范企业。

课题研究

市科技局组织课题组编制完成《晋城市科技发展“十二五”规划》和《晋城市高新技术产业发展“十二五”规划》。

2012年工作

2012年,全市财政科技预算投入4100万元,增长10.8%,支持各类科技项目289项,其中重大科技项目投入1850万元;争取省级以上科技项目55项,科技资金1088万元;引进科技项目招商引资资金11 643万元。市科技局被省科技厅授予2012年度科技依法行政目标责任制先进单位,是市科技局连续六年获此殊荣。

科技创新

新增国家级高新技术企业3家,国家级高新技术企业达到11家。全市共认定省级民营科技企业39家。清慧机械制造公司等5家企业被新认定为山西省第三批创新型试点企业。全市被认定的创新型试点企业达到11家,其中,国家级创新型试点企业1家,省级创新型试点企业10家。中科集团联合山西省其他合作伙伴共同设立中科创业(晋城)投资基金。

招商引资

利用科技活动周推动科技项目招商引资,促成江苏泓州金福车业有限公司、中铁建设集团等7家科技企业与晋城市企业进行签约,项目概算总投资8.5亿元,拟引进资金6.1亿元。

中介服务

引进“北斗卫星导航系统在服务产业平台建设中的应用”项目。该项成果投资2000万元,用于开展卫星导航位置服务系统的开发及应用,在同类应用研究中达到国内领先水平。帮助新认定的高新技术企业山西沁水新奥燃气有限公司引进资金9400万,公司液化气产量由每日15万立方米提高到40万立方米。

科技园区

“晋城市新能源产业科技创新园”由省政府拟定为省级科技创新园。是全省综改试验区建设要求的“一市两园”中的一园，拟投资518亿元，规划占地面积20平方公里，主要围绕高容量动力锂离子电池，建设集研发、生产、销售为一体的产业群；围绕一汽电动客车组装项目，建设新型装备制造业产业群；围绕科技孵化器建设新型科技产业群。园区动力锂离子电池产业初具规模。

知识产权

全市专利申请量达到1127件，比2011年增长11.9%；全市技术交易额达2321万元，比2011年增长近3倍。

科技兴农

实施国家科技富民强县专项行动专项配套项目12项，支持资金60万元；承担农村技术承包项目21项，培养重点示范户850户、乡土科技能手850名，增收4320万元，示范户人均收入1.29万元。高平市绿源农业科技示范园和晋城市现代都市农业示范园被认定为省级农业科技园区。

民生倾斜

重点扶持“秸秆沼气集中供气工程项目”、“削减地面污水对地下水资源污染技术研究”、“晋城市妊娠合并糖尿病复查的流行病学调查”、“磁共振诊断小肝癌的临床研究”等多项民生科技项目。

科技孵化

把建设科技企业孵化器，作为科技部门乃至全市科技工作的重中之重。成立晋城市科技研究开发基地(企业孵化器)领导组。市科技企业孵化器项目位于金匠工业园区，拟占地50亩，建设周期3年，分两期进行，当年完成一期投资1亿元。考虑到新建孵化器周期需要2～3年时间，市科技局采取一边租用场地实施，一边着手建设的办法。

(市科技局)

地　震

2011年工作

2011年，全年监测分析地震69个，速报地震12个。地震电磁波前兆手段运行正常，资料稳定可靠，台网测震手段稳定运行率达到97.63%。全市没有大的地震宏观异常发生。

项目建设

启动形变观测台项目，该项目位于泽州县金村镇铺头村，总投资35万元。市地震局台网中心承担的省地震局2011年科研资金扶持项目“晋城市电磁波台网观测数据动态特征分析”进展顺利，通过省地震局组织的项目评审验收。

台网人员培训

邀请省地震局学科专家举办全市地震监测预报人员业务培训2次，其中电磁波前兆异常分析和地震宏观异常前兆知识培训1次，“MAPSIS”地震分析软件培训1次。选派2人参加省地震局组织的“山西省第二届地震速报竞赛”，获得测震组集体二等奖。

“三网一员”体系建设

市、县两级加强“三网一员”(地震宏观观测网、地震灾情速报网、防震减灾科普宣传网、防震减灾助理员)体系建设管理，强化宏观观测点岗位职责，出台异常信息报送格式规范，实现规范报送与补助挂钩的管理办法，实现宏观异常零报告制度，全市85名防震减灾助理员和27个宏观观测点人员经费落实到位。

震害防御

市地震局完成一般建设工程行政许可68家，重大工程地震安全性评价管理7家。大部分县级抗震设防要求审批纳入管理程序，县级共完成安评1家，抗震设防要求审批与登记达5家。市级新、改、扩建建设工程基本达到100%抗震设防要求审批管理，重大建设工程地震安全性评价管理覆盖率达到100%。全面开展农村民居地震安全示范点建设，全市新增民居示范点13个，累计建成39个，面积达112.93万平方米，受益人口30319人，比2010年分别增加50%、45%、50%。按照防震减灾“一法五条例”的规定，对富士康晋城科技工业园区A区项目、晋城市汇仟中学、晋城市大医院项目等进行执法检查活动。

应急救援

《晋城市地震应急预案》修订工作接近尾声,6县(市、区)地震应急预案全部进行了修订,高平市制定完成16家乡镇地震应急预案。

地震应急队伍建设。市、县两级救援队组建完毕,市级救灾力量包括依托矿山救护队成立的地震专业救援队和15支行业应急救援队伍,各县成立包括地震灾害在内的综合救援队,制定了《晋城市抗震救灾人员抢救应急联动方案》、《晋城市跨区支援山西省其他地区抗震救灾人员抢救应急联动方案》。8月2日,部分行业应急队伍参加了由市军分区组织的“探索——2011(RF)”实兵实战演练。

应急避难场所建设。全市应急避难场所基本建成9个,其中市地震局投资10万元建设的晋城市百松园、儿童公园、前进路文化广场等3处全部完成,占地面积13.3万平方米;市区范围内应急避难场所达到10处,总占地面积122.5万平方米,可容纳约15万人同时避难。

应急基础数据收集。收集全市多种指标地震应急基础数据,按照应急数据管理要求,对相关数据进行更新和完善,保证应急基础数据实时、完整和准确。

应急物资储备。立足现有财力,依据应急避险的实际需要,建起应急物资储备库,保证对一般灾害的储备应急。

防震减灾标准化社区建设。建成全市首个省级地震安全社区(凤西社区),6个市级防震减灾示范社区建设初步完成。

应急通讯保障。12月初,投资12万元建成市级无线短波电台。

地震宣传

市、县两级地震部门加大防震减灾法制宣传力度,在“5·12”国家防灾减灾日、“7·28”防震减灾宣传周、“12·4”全国法制宣传日,开展防灾减灾宣传活动。市地震局编印3000余册《防震减灾法律法规选编》用于宣传活动,发放《防震减灾法律法规选编》、《山西省公众防灾应急手册》、《科技论坛》等宣传资料近5万份。全市新增防震减灾科普示范学校13个,省、市两级示范学校总数达到80个,其中市级防震减灾科普示范学校12个,比2010年增加6个,省级防震减灾科普示范学校6个,比2010年增加3个。全市建成各级各类科普基地12个,其中专业科普基地2个,依托科普馆建设基地1个,依托台站建设基地1个,依托学校建设基地8个,接待各类参观人员50 000余人次。阳城县地震局投资45万元建成地震体验平台,利用声、光、电技术模拟感知地震。

2012年工作

2012年，共监测到1级以上地震46次，其中3级以上地震16次，地震台网测震手段稳定运行率达96.63%，信息节点运行率达99.83%。

台网人员培训

参加晋冀鲁豫交界区第四十四届、第四十五届地震联防会和第一届中原经济区防震减灾发展战略论坛，举办2012“电磁波观测及MAPSIS软件培训班”，选派业务骨干参加华北三省在承德举办的监测预报人员培训班和省地震局举办的地震分析预报人员培训班。

项目建设

完成地震形变手段项目的建设、试运行以及验收工作。

震害防御

全年共完成项目审批71项，其中安评项目工程15项，县（区）完成审批项目4项，全部进行安评。新增地震安全农居示范点工程7个、1342套、17.85万平方米，市、县两级示范点总数、总套数、总面积分别为43个、8819套、124.48万平方米。

应急救援

修订《晋城市地震局地震应急预案（试行）》、《晋城市地震应急预案（讨论稿）。城区、沁水县建成县级地震避难场所，泽州县、高平市、阳城县建成基本符合国家二级标准的应急避难场所，市级建成市体育场、文体宫、阳电小区3处避难场所，市区范围内共建成应急避难场所13处，总面积141.65万平米，可供17万人应急避险。阳城县、高平市、沁水县建成短波基地电台，并与市地震局进行联网。钟家庄中学、晋城中专进行地震应急疏散演练，晋城市消防支队开展模拟地震应急救援拉动演练，城区举行县级地震综合演练，首次开展以预案为基础的地震应急模拟演练。扩大应急物资储备，把金辇等大型商厦基本生活用品纳入应急物资动态储存范畴。

地震宣传

市地震局通过通讯平台发布宣传短信1000余条，在市县两级20余所防震减灾科普示范学校举行应急疏散演练，开展防震减灾科普讲座，进行防灾减灾科普宣传。验收市级防震减灾科普示范学校16个。建成城区西街办事处后疙瘩社区、高平东城办事处怡阳社区、阳城县凤城镇城镇社区、陵川县崇文镇城东社区、沁水县龙港镇柳庄社区5个防震减灾科普示范社区。

（市地震局）

科技研究

2011年工作

2011年,继续组织实施国家级星火项目“晋城市科技特派员——蚕桑产业链”科研开发项目。

科研项目

重点支持阳城东冶、沁水张村等10个蚕桑高标准示范区建设。推进“利用生物技术在玉米农田立体套种栽培香菇技术”科研项目,与技术领先的省、市香菇合作社开展相关技术交流和引进合作。10月,项目组主要成员赴山东滕州、临沂等地,对香菇合作社进行实地考察和学习交流。完成“太阳能光电控制逆变一体机”科研项目。完成“缫丝企业污水处理循环利用技术”科研项目的省级申报和准备工作。

科技服务

配合市安监局到有关铸造企业进行煤气安全大检查,排除安全隐患。

2012年工作

2012年,国家级星火项目“晋城市科技特派员——蚕桑产业链”科研开发项目通过省级验收。

科研项目

阳城县寺头乡张家庄村2000亩、董家岭村2000亩、横河镇赤头村300亩,沁水县南阳村500亩、八里村300亩等蚕桑高标准示范区建设达到预期效果。在10个示范区推广养蚕大棚300余栋、小蚕共育棚200余栋、纸板方格簇20余万片,生产优质蚕茧30余万公斤,增加收入1000余万元。重点扶持阳城县西河绿桑生态、寺头绿农鑫、东冶丝源、沁水张村芦苇河、板桥凯慧等10个蚕桑专业合作社,实现生产技术标准化、操作过程规范化、蚕桑品种优质化,技术应用新型化。单产得到提高,优质蚕茧生产率达到70%以上,蚕茧每斤增收5~6元,蚕茧总收入达到2亿元,解决10万农民工季节性就业,实现农民增收1500万元。对阳城县东冶镇、沁水县张村乡两个主产区的收烘茧企业,进行对口帮扶和技术改造,引进推广国

内最先进的热风循环茧技术，提高蚕茧心烘效率和蚕茧质量。对阳城佳美茧丝有限责任公司、东方丝绵被厂、山西吉利尔丝绸股份有限公司、山西森鹅服装有限公司等企业进行技术改造和升级，白厂丝生产能力明显提高，年产达到900吨，实现产值3亿多元，真丝服装年生产能力达到30万件，实现销售收入5000万元。完成利用生物技术在玉米农田立体套种栽培香菇技术科研项目，通过市科技局组织的专家组验收。受晋城市行政执法局委托，实施高低压油烟净化器科研项目。完善晋城市农产品加工战略研究软课题。与阳城佳美公司合作开发的“缫丝企业污水处理循环利用技术”科研项目，完成前期调研和相关技术准备工作。

技术创新

帮助山西佳美缫丝企业引进国内最先进的污水处理技术及设备，对缫丝企业生产用水进行无害化技术处理，生产用水循环利用率达到92%以上；对佳美缫丝企业技术升级改造，劳动生产率提高25%。把晋城德阖太阳能光伏有限公司作为科研基地，申报太阳能光电控制逆变一体机科研项目。

科技服务

参加市科技局、市科协及市直有关部门主办的科技创新和科普知识宣传活动。组织科技人员到各县（市、区）进行科普及实用技术知识宣传，发放宣传资料千余册，制作宣传版面十余块。到煤化、冶铸、食品、蚕桑、丝麻等行业50多家企业、合作社、农户进行技术服务。与山西汉通机械有限公司、阳城佳美茧丝有限责任公司、森鹅服饰有限公司、山西绿洲纺织有限责任公司、高平厦普赛尔集团、源源醋业有限公司、丰田食品有限公司等20多家企业，进行关键共性技术探讨和联合攻关。为城区玫瑰园有限公司、华燕等中小企业提供有关技术咨询和技术服务近百项（次）。

（市科技研究所）

气 象

2011年工作

2011年,市气象局组织修订《县级重要天气预报奖励办法》,制订出台《短时临近预报岗位职责规范》;各项预报质量均好于2010年同期,综合预报质量在全省各地市排名第一(与运城市并列)。获得省气象局“特别优秀单位”、“文明和谐创建先进单位”和“2011年度重大气象服务先进集体”称号。

人工增雨(雪)

人工增雨作业人员全部持证上岗。火箭架、火箭弹通过年审。市、县两级气象部门共开展人工增雨(雪)作业26次,发射增雨(雪)弹121枚。

气象科研

完成省气象局《变形场在暴雨预报中的应用和研究》和晋城市科研项目《气候变化对晋城市农作物气候生产力的影响及对策研究》。推广应用《晋城市城市供热系统节能的气象保障研究》(省科技厅课题项目)、《晋城地区冬小麦主要病虫害综合防御技术》(晋城市科研项目)两项科研成果。开展2011年度晋城市科学技术奖励推荐工作,向市科技局申报《晋城地区农作物主要病虫害综合防御技术》、《太行山地形对山西夏季降水的影响与评估》两项科研项目一等奖;《山西省晋城市小麦病虫害气象预报模型》、《晋城市雷电时空分布特征分析》2篇科技论文在国内核心期刊发表。《晋城市一次大范围雨雪过程诊断分析》入选沈阳第五届雨雪冰冻灾害论坛。向省气象局申报2012年课题6项,气象软科学课题获得省气象局立项。向晋城市科技局申报2012年科研项目1个。

气象灾害防御体系建设

市政府办公厅印发关于进一步《加强农业农村气象灾害防御工作的通知》和《晋城市气象灾害防御规划》;所辖6个县(市、区)均完成本级气象灾害防御规划编制任务;按照气象工作站和气象信息服务站建设标准,建成乡镇气象工作站32个(占乡镇总数的40%以上)、信息服务站5个。六县(市、区)均开展气象灾害应急准备认证工作。完成全市66个区域站建设站点勘测、布设工作。积极推进市级综合信息气象预警发布中心项目建设。

应急管理

修订《晋城市气象灾害应急预案》，完善气象部门与政府和成员单位之间的应急响应联动机制；城区、高平市分别出台《晋城市城区气象灾害应急预案》、《高平市气象灾害应急预案》；市气象局下发《关于加强应急值守和突发事件信息报送的通知》，制定"应急值班制度"和"突发事件信息上报和处理规定"，严格节假日和敏感时期24小时值守班和局领导带班制度，保证应急联系电话24小时畅通，重大突发事件无瞒报、漏报、迟报现象。启动两次气象灾害应急响应，积极参与市国土资源局、城区政府和市消防支队等部门联动的各类应急演练。

气象服务

建成新一代气象卫星资料接收系统，完成连接晋城市和长治市的2M光缆建设，共享长治多普勒雷达资料。利用卫星云图、雷达回波等探测资料，加强对突发性、灾害性天气的监测预报，及时发布预警信息和气象服务短信。7月2日至3日，城区、泽州县、高平市、陵川县出现大暴雨，大暴雨范围创1956年建站以来纪录。此次强降水，城区、泽州县降雨量达123.8毫米，最大降雨量出现在高平市北诗镇，降雨量达210.9毫米。气象部门提前作出暴雨预警，全市没有出现人员伤亡。全年，全市共发布各类决策服务材料696期34 194份。发布寒潮、干旱、道路结冰、大雾、暴雨、高温、雷电等预警信号84次。通过电视、广播、报纸、电话、手机短信、显示屏、互联网等媒体，发布灾害天气预警信息和科学防灾避险提示。

2012年工作

2012年，在全省天气预报质量综合评定中，市气象局综合天气预报质量全省排名第一。

人工增雨(雪)

市、县两级气象部门共开展人工增雨(雪)作业10站次，发射WR-98新型增雨(雪)火箭弹90枚。编印《人工增雨简报》5期、《人影快讯》1期。

气象灾害防御体系建设

全市共建成129个区域气象观测站，乡镇覆盖率为100%。新建高平、沁水自动土壤水分站。完成阳城和陵川8个山洪区域站建设任务。完成5个地面卫星气象资料接收站安装工作，运行稳定。完成市、县两级高清视频会商系统建设。安装100个气象信息大喇叭，建成一个气象科普室。市级电视频道能及时发布电视天气预报和插播气象预警信息。全市建成乡镇气象信息工作站72个、乡村气象信息服务站8个。按照省气象局建设"气象灾害

防御体系”、“国家突发事件预警信息发布体系”和“现代农业综合信息服务体系”三大体系建设要求，全市气象部门快速推进“三大体系”建设任务。晋城气象预警信息发布中心在市发改委立项，项目批复资金932万元，当年到位资金500万。

应急管理

全市气象部门针对各类重大气象灾害和突发公共事件，应急保障有效到位，最大限度地减轻和避免灾害损失。6月16日至18日，阳城县蟒河镇杏林、曹山沟和河北镇孤堆底、圪涝掌发生火灾，过火面积210亩，其中有林地80亩。市气象局派出气象应急指挥车奔赴火灾现场开展现场监测服务，每小时一次向救火指挥部发送火灾现场的气温、风向、风力和湿度等气象资料和下一时次预测信息。

气象服务

全市共发布各类气象决策服务材料738期38 095份。发布暴雨、寒潮、大风等各类气象灾害预警信号78次。7月30日20时至7月31日6时，受冷暖空气共同影响，晋城市出现罕见强降水。全市降水量超过200毫米的乡镇4个，超过100毫米的乡镇17个，超过50毫米的乡镇51个。其中，泽州县的金村镇降雨量最大，10小时雨量达263.7毫米，市区也出现特大暴雨，降雨量达到221.0毫米，突破1956年有气象记录以来的最大值。针对此次强降水过程，市气象局召开新闻发布会，向市防汛部门、市电视台、电台、太行日报等媒体通报预报信息，以及强降水可能引发的次生灾害，提醒防汛部门及公众提前做好应对措施。与此同时，通过网站、电视、报纸、电子显示屏、大喇叭、联通、移动短信平台和短信群发器向市、县两级防汛抗旱指挥部成员，水库、淤地坝、低洼地段防汛责任人和相关部门领导1000多人发布重要气象信息；通过内网，向下游（包括省内长治，河北邢台，河南焦作、济源、安阳等地市）多个气象局发送预报预警信息。大暴雨过程结束后，气象部门向市政府建议加强公共突发事件预警信息的全网发布。8月6日，晋城市政府办公厅印发《关于加强气象灾害监测预警及信息发布工作的实施意见》，对全市气象灾害监测预警及信息发布工作进行规范。实现重要气象信息通过移动、联通、电信等通信运营商与电视台、政府网站的全网迅速发布。

气象宣传

全年召开新闻发布会10次；在《中国气象报》发稿27篇，中国气象局网站发稿16篇，《气象知识》发稿1篇；中国气象局《要情摘报》采用信息2篇，省委《山西信息》和省政府《晋政信息》采用信息1篇。在“3·23”世界气象日、“5·12”防灾减灾日、第十二届科技活动周期间，开展气象防灾减灾科普宣传和气象科技下乡、气象科普进校园活动，制作版面4块，发放宣传材料20 000余份。

（市气象局）

文体卫生

文　化

2011年工作

2011年，市文广新局积极推进文化体制改革，繁荣文化市场，歌剧《小二黑结婚》参加首届中国歌剧节，获得文化部颁发的7项大奖。现代戏《西沟儿女》在京演出并获得好评。在全省率先实现“农家书屋”全覆盖。加大执法力度，规范执法检查。市文广新局被文化部评为全国文化综合执法“先进集体”，被省“扫黄打非”办公室评为“先进集体”。

文化体制改革

撤销市歌舞团，成立“晋城市太行民间音乐舞蹈研究所”和“晋城市歌舞剧院有限公司”；撤销市上党梆子剧团，成立“晋城市上党梆子传习所”和“晋城市上党梆子剧院有限公司”。

专业文化

修改上党梆子历史剧《长平悲歌》，更名《千秋长平》，获“中国戏曲学会奖”。与中国戏曲学会、市委宣传部共同主办“上党梆子艺术的保护传承与创新发展暨《千秋长平》获中国戏曲学会奖学术研讨会”。举办“第六届凤鸣春晓——赵树理戏剧奖优秀剧目展演”活动，全市共7个演出团体、9台优秀剧目参加展演。组织相关文艺院团参加山西省第十三届“杏花奖”评比演出，共有7台剧目参加晋城赛区评演。修改现代戏《西沟女儿》，参加建党90周年全国现代戏展演和省“两会”演出。歌剧《小二黑结婚》代表山西省参加在福州举办的首届中国歌剧节，获得文化部颁发的7项大奖：集体演出奖1项、编剧作曲荣誉奖2项、优秀导演奖1项、优秀表演奖1项、表演奖2项。举行“纪念上党梆子戏王赵清海130周年座谈会”，在陵川县平城镇杨寨村和高平市东宅村进行纪念演出。改编大型传统剧《挂龙灯》，新编《曾子》、《苏东坡》、《洛水悲情》，移植排练大型历史剧《杨门女将》、《狸猫换太子》。收集和整理上党梆子曲牌50余种，各种板式唱法30余种，其中包括濒临失传的“公尺谱”10余段。

文艺演出

市上党梆子传习所（市上党梆子剧院有限公司）全年演出280场，超出年度目标30场；县级演出团体全年演出2485场，超出年度目标685场。举办2011年晋城市春节联欢晚会。

完成“兰花之夜”中国(晋城)太行山国际文化旅游节开幕式、“红歌颂党·唱响中国”建党90周年合唱比赛、“太行极品看晋城”(西安)大型旅游推介会等演出任务。市太行民间音乐舞蹈研究所(市歌舞剧院有限公司)全年演出102场,演出收入101.86万元。市文化艺术研究院(市少儿艺术团有限公司)举办为期7天的暑期汇报演出。

书画创作

成红军创作的《太行洪谷》参加山西省委宣传部主办的“黄河魂·太行情”山西省美术作品展。段生龙创作的《太行山水》、贾大一创作的《山深贮清凉》、成红军创作的《太行幽泉》和张世明创作的《老区采风》参加太行山国际文化旅游节“太行风情王莽岭杯”三省八市作品展、晋城太行文化旅游节书画展、全省建党九十周年反腐倡廉书画展。贾大一、成红军创作的四条屏作品参加中国画当代名家邀请展。成红军创作的《梨花沟里白云香》参加山西省青年美展,获得二等奖。市文化艺术研究院(市少儿艺术团有限公司)组队参加第五届全国青少年儿童书画摄影竞赛、第十四届国际“少儿画苑”大赛,获各类奖项67个。

群众文化

举办“文化晋城、靓丽家园”大型社会文化活动;承办“山西省第七届广场文化活动”;完成“两节”社会文化活动和“公益文化活动广场”工作任务;市群艺馆“太行风”合唱团代表晋城市参加中国第十三届老年合唱节和第二届中华红歌会,获得“振兴杯”、“长江杯”一等奖;音舞快板《陵川风光》、小戏《观灯》,分获《文化大视野——全国群文系统文艺作品选集》优秀作品奖、二等奖。

农村文化

新成立戏剧、文学、曲艺、音乐、舞蹈、书画、摄影等专业协会9个,组建文化、教育流动服务队10余支。

文化阵地

协助省文化厅举办全国文化干部山西文化站长培训班,举办晋城市第六届文化馆(站)辅导员培训班和市电影放映员培训班,共培训1000余人;完成第三次文化馆评估工作。沁水县文化馆被省文化厅评为一级馆,市群艺馆和陵川县文化馆、阳城县文化馆、泽州县文化馆被评为三级馆。

“五个全覆盖”工程

除北石店综合文化站因新区改造未建成外,其余乡镇综合文化站全部建成;建成村级文化活动场所981个,覆盖率100%,提前一年完成“全覆盖”任务;建成文化信息资源共享工程村级服务站点1178个,完成“全覆盖”任务;制定20户以下自然村“村村通广播电视”规

划;建成农家书屋1188个,在全省率先实现“农家书屋”全覆盖。

电影放映

全市“农村电影放映工程”和“文化低保工程”,共放映电影34188场,其中行政村26 904场,社区840场,低保村6444场。

非物质文化遗产保护

申报第三批省级非物质文化遗产传承人,入选45名。申报第一批市级非物质文化遗产传承人,入选85名。经省评审委员会评审,确定10名省级“非遗”传承人申报第四批国家级非遗传承人。完成“晋城灯火彩棚”申报非物质文化遗产项目的前期筹备工作。出版《晋城市非物质文化遗产图典》,编纂《沁水县鼓儿词志》、《土沃老花鼓》、《舜的传说》、《柳氏家族人生礼俗》等“非遗”系列丛书。举办第六个“文化遗产日”宣传活动和第二届“非物质文化遗产进校园”活动,邀请“非遗”表演类项目到阳城县上庄村进行表演,在文体宫举办国家级“非遗”项目展演3场。全市累计申报国家级非物质文化遗产保护项目17项、省级保护项目65项、市级保护项目92项、县级保护项目201项,初步建立四级(国家、省、市、县)非物质文化遗产项目名录保护体系;全市入选国家级非物质文化遗产项目代表性传承人6人,入选省级非物质文化遗产项目代表性传承人59人。

行业管理

加强全市广播电视播出机构和影视节目制作机构的运营管理,完成各个重要保障期的广播电视安全播出任务。编印广播电视《宣传管理职责说明》,强化对全市各级播出机构播出广告的监管工作。开展打击非法“网络共享”网站及设备产品专项治理行动,调查广播电视中央无线覆盖台站基本情况和未通达有线网络农村地区开展直播卫星公共服务情况,采集全市安全播出资源数据。制定“十二五”《广播电视发展规划》,被省政府评为“村村通广播电视”先进单位。培训文化市场经营业主及从业人员、印刷企业及出版物发行单位从业人员200余人;对全市文化、新闻出版经营企业主要负责人和安全管理人员进行安全资格培训,528人取得安全资格证书;组织23名出版物、包装装潢印刷企业主要负责人,参加省新闻出版局第十三期印刷法律法规培训班,参训人员全部取得《印刷法规培训合格证书》。调查全市政府部门计算机正版软件使用情况,向市政府提交市政府机关使用正版软件的请示并得到肯定。开展印刷企业大整治,检查印刷企业75家次,现场整改一般安全隐患27处,下达《限期整改通知书》18份,查处违规承印内部资料出版物的印刷企业7家。原“自由空间”、“网通家园”、“绿色动力”退出晋城网吧连锁市场,“中录时空”、“华天易网”进入晋城市场,原连锁网吧和单体网吧自主选择加入;建成全省一流网吧监控平台,实现对市区各网吧24

小时监控。组织文化市场管理和执法人员参加省、市两级培训班,共培训150余人次。在全省文化市场管理情况年度考核中,名列第二;文化市场行政综合执法大队选送4份文化市场执法案卷参加全国文化市场行政执法案件评查,获三等奖。

执法检查

市文化广播电视新闻出版局出动执法人员750人次,检查各类文化经营场所380家次,行政处罚22件,停业整顿8家,收缴非法出版物2632册(盘)、非法"网络共享"设备(万能电视棒)25件,取缔各类无证经营摊点9个;举行两次"2011年'扫黄打非'侵权盗版及非法出版物集中销毁"活动,现场销毁侵权盗版及各类非法出版物12 300余件。

文化产业

"太行山文化主题公园"更名为"太行山文化产业园",并形成《太行山文化产业园暨晋城市文化产业发展战略》提纲。动漫片《二十八宿传奇》之《大耳朵爷爷历险记》在央视少儿频道播出,开始开发延伸产品。太行明珠娱乐城开工建设。

2012年工作

2012年,推进文化市场建设,繁荣群众文化。举办晋城市首届"新春天天乐"公益文化广场活动、首届"紫薇奖"春节元宵节社会文化活动网络摄影大赛等。制定《晋城市乡镇综合文化站星级评比标准》,占领农村文化阵地。出台《晋城市市级基层公共文化事业资金管理办法》,启动五大基层公共文化事业工程。申报创建国家公共文化服务体系建设示范区。完成第四批市级非物质文化遗产名录项目的申报评审工作。加强文化市场管理。开展全市文化市场的年度检查,严格演出活动审批流程。建立广播电视监测平台,推进文化产业建设,完善文化设施,启动百姓大舞台改扩建工程,完成凤西广场、文体宫广场百姓大舞台的改造扩建。

文化体制改革

文化市场的行业准入及管理行政审批事项下放到各县(市、区)文体广电新闻出版局。"改建、拆除电影院和放映设施"行政审批项目下放到各县(市、区)文体广电新闻出版局。新闻出版(版权)管理行政审批项目下放到各县(市、区)文体广电新闻出版局。出台《晋城市购买公益性文艺演出管理办法》,市财政不再直接向市级国有院团拨付项目经费,改由市文广新局根据院团演出情况依照政府购买方式进行支持。

专业文化

举办历时13天的首届“紫薇奖”新春文艺评比演出。优秀剧目展演活动历时11天，5个剧种9个剧团共演出剧目12台，其中参赛剧目10台，助兴演出2台；特邀河北西调剧团来晋演出。评比演出期间，推出“一元票”。举办晋城市第七届赵树理戏剧奖优秀剧目展演、晋城市第二届青年戏曲演员大赛。组织相关院团参加第十三届山西省杏花奖评比演出，获得奖项22个，其中戏曲类获奖12人，音舞类获奖11人。高平市上党梆子剧团编排的《金钗案》获杏花新剧目奖，杜建萍获二度杏花表演奖。《千秋长平》申报“二度梅”奖。组织创作戏曲剧本《小二黑结婚》、《女村官》、《拾钱》、《相亲》、戏曲电影故事片剧本《申纪兰》等作品。出版内部资料《上党梆子剧本选(二)》、上党戏剧艺术研究书籍《上党戏剧史摭谈》。创办内部杂志《上党戏剧》。开展全市戏曲剧种剧团现状调查，现存剧种主要有上党梆子、上党二黄和蒲剧。其中上党梆子剧团有10个(国有5个、民营5个)，上党二黄剧团1个，蒲剧团1个。泽州秧歌、平腔秧歌等小剧种已没有正式剧团。市上党梆子剧院有限公司全年演出301场，市歌舞剧院有限公司全年演出115场。市群艺馆选送的合唱《圆圆的思念》、《沁园春·雪》、《大漠之夜》获山西省第十六届“群星大奖”，是全省唯一入选全国第十六届“群星奖”复赛的合唱类节目。市少儿艺术团公司编创的《鼓娃闹丰年》、《孔子回车》入选2013年中国未成年人网络春晚。

群众文化

组织春节、元宵节社会文化活动，举办晋城市首届“新春天天乐”公益文化广场活动、首届“紫薇奖”春节元宵节社会文化活动网络摄影大赛等。举办“2012年晋城市书画院迎新春书画展”，展出作品52件。举办“美哉晋城·晋城市书画院写生作品邀请暨汇报展”，展出作品100余幅。出版《晋城市书画院作品集》。

农村文化

制定《晋城市乡镇综合文化站星级评比标准》，对全市乡镇综合文化站、社区文化活动中心实施评估定级。2个先进乡镇、5个文化示范村参加“山西省第二届文化先进乡镇和文化示范村”评选。

公共文化

出台《晋城市市级基层公共文化事业资金管理办法》，启动五大基层公共文化事业工程，即公益性大舞台建设工程，公益性文化演出服务工程，社区公共文化提升工程，基层群众文化队伍扶持工程，课题研究、特色文化项目和队伍建设带动工程。推出常态化公益性演出——周末大剧场和“非遗”广场展演，全年周末大剧场演出44场，“非遗”项目广场展演

演出9场。

文化阵地

申报创建国家公共文化服务体系建设示范区。完成图书馆、文化馆、乡镇综合文化站免费开放的考核和验收工作。举办山西省第二届“新秧歌”舞蹈下基层暨晋城市第七期文化馆(站)辅导员培训班,完成基层群众文化艺术辅导培训工作。调研农民工城镇文化生活状况。

“五个全覆盖”工程

20户以下通电自然村共配发地面卫星接收设备5207套,累计完成319个村。

电影放映

“农村电影放映工程”放映27 744场,“文化低保”放映6444场,“电影进工地”放映630场。

非物质文化遗产保护

完成第四批市级非物质文化遗产名录项目的申报评审工作。成立“国家级非物质文化遗产·上党梆子·张爱珍传习工作室”,赴台湾举办“上党梆子专场演唱会”。群众艺术馆组织上党八音会赴台湾交流演出。完成市“非遗”项目参加各类文博会的组织工作。

行业管理

文化市场管理。开展全市文化市场的年度核验及统计年报,共年审换证网吧经营单位194家,上报文化市场经营单位数据508条。严格演出活动审批流程,对经批准的营业性演出活动实施实时监管。征求电子游戏市场监管工作意见。成立安全生产专项整治领导组,全年全市文化市场未发生重大安全事故。

广播电影电视(网络视听节目)管理。成立晋城市广播电视安全播出领导组,建立广播电视监测平台。完成全市广播电视播出机构的年检工作,对涉外宾馆进行广播电视播出安全检查。市文广新局被省广电局表彰为“十八大广播电视宣传优秀管理部门”。审核晋城广播电视台两台合并、开办农村广播申报工作。

新闻出版(版权)管理。全年审批出版物经营单位16家,初审上报1家驻市记者站;审批一次性内部资料性出版物26种,初审上报连续性内部资料性出版物11种。开展出版物经营单位年度核验,在市文广新局登记注册的出版物(书报刊及电子出版物)经营单位共有159家(非个体经营单位51家,个体经营单位108家)。其中,市区74家,高平市28家,泽州县18家、阳城县17家、沁水县10家、陵川县12家。开展印刷企业年度审核,审核各类印刷企业97家,行业从业人员1745人,资产总额26 315.15万元;年工业总产值18 218.6万元、用

纸量1.43万吨、利税总额52 108万元、利润总额722.4万元。检查2011年度内部资料性出版物出版情况，全市共有内部资料性出版物31种。调整晋城市政府机关使用正版软件工作领导组成员和晋城市推进企业使用正版软件工作领导小组成员，下发《关于进一步推进企业软件正版化工作的通知》。推进著作权保护试点工作，受理作品著作权登记备案1件。“12318”举报中心全面升级，新安装50寸LBM红外触摸屏，实现12318举报地图信息显示和信息查询；新增4部程控交换录音电话。该系统是集举报信息、信息管理、地图信息、违规信息于一体的综合信息管理系统。《晋城文化网》全面升级，带宽增加到20兆。规范信息发布，开通官方微博《文化晋城》。全年共发布文化信息214条。

文化执法检查

全市文化系统共出动执法人员2230多人次，执法车辆400余车次，共检查经营场所257家次，查缴各类盗版及非法出版物7584册，取缔非法游商地摊6个，查处非法出版物案件3起，查处非法销售、安装和使用卫星地面接收设施的单位和个人120余家，收缴卫星电视地面接收天线203面、卫星电视地面接收机33台、高频头109个。开展安全生产专项整治活动和“打非治违”专项行动、出版物市场检查集中统一行动、印刷复制企业超范围经营“百日集中整治”专项行动、整顿规范出版物发行秩序专项行动、打击“新闻敲诈”治理有偿新闻专项行动、暑期网吧专项整治“阳光行动”、打击网络侵权盗版专项治理“剑网行动”、集中打击非法销售安装和使用卫星地面接收设施专项整治行动、集中清理民营医院药店制作散发非法“医疗、医药广告”专项行动、侵权盗版及非法出版物集中销毁活动、中小学教辅材料出版发行专项检查行动、动漫市场专项整治行动、学校周边文化市场环境专项整治和文化市场安全保障专项行动。取缔无证销售私自刻录光盘游商摊点4家，收缴侵权盗版及非法音像制品1100盘。检查网吧181家，警告20家，责令整改11家，责令停业整顿3家。吊销陵川县莘鑫网吧和华天易网宏翔加盟网吧的《网络文化经营许可证》。

文化产业

市文广新局、市财政局联合下发《晋城市市级文化产业发展专项资金管理办法》，邀请文化部、省财政厅、文化厅和社科院专家对89家单位申报扶持项目进行评审。上报文化创意创业项目50个。“晋城国际会展中心”正式签约。与市旅游文物局联合策划“太行文化旅游园”大型招商引资项目。泽州县二十八宿影视公司制作的动漫片《大耳朵爷爷历险记》在央视播出，吉利尔集团中标2013蛇年央视春晚、正月十五晚会、2012星光大道冠军总决赛主持人服装设计制作资格。

文化设施

启动百姓大舞台改扩建工程,完成凤西广场、文体宫广场百姓大舞台的改造扩建,在泽州公园北门新建百姓大舞台1个。建成“文体宫演艺平台”。完成13个乡镇综合文化站设备采购、配发工作。完成公共文化服务体系展示厅主体工程。

(市文广新局)

卫 生

2011年工作

2011年,是全面落实国家五项医改任务和基层医疗卫生机构综合改革的重要之年。市卫生局围绕医药卫生体制改革主线,实施国家基本药物制度、公立医院改革和县域一体化综合改革,统筹兼顾,超额完成年度各项目标任务。11月24日,晋城市被国家爱卫办评为“国家卫生城市”,成为全省第二个获此殊荣的地级市。

农村卫生工作

市、县两级财政共投入资金1948万元,完成497个村卫生室搬迁改造达标建设任务,村卫生室房屋全部实现公有化。培训乡镇卫生院院长、乡镇卫生院技术人员390人,培训乡村妇产医生2115人。建立全市农村居民健康档案140.16万份,建档率达86.9%,其中农村居民规范电子化建档109.37万份,建档率达67.8%。全面落实村医补助,全市按照基本公共卫生服务按行政村户籍人口核定30%的基本公共卫生服务经费予以补助,补助标准每村每月不低于400元,公开招聘大学生村医的空白村每村每月不低于800元,不足部分由县级财政补齐。全年改造农村厕所3000个。

新型农村合作医疗

全市新型农村合作医疗参合率达98.1%,人均筹资达到230元。全市六县区全部实行门诊统筹。泽州县和陵川县成为新农合支付方式改革试点。实施52种单病种限价,控制不合理费用增长,新农合政策范围内住院费用报销比例达70%,最高支付限额达到5万元以上。同时,在全市六个县(市、区)开展提高大病保障水平试点工作。

社区卫生工作

城市居民健康档案规范化电子建档242 850份,建档率达57.8%。城区南街社区卫生服务中心、凤翔社区卫生服务站建成示范社区卫生服务机构。全市示范社区卫生服务机构达到7个,占全市社区卫生机构总数的20%。

妇幼卫生

开展公共卫生妇幼卫生项目,全市农村妇女增补叶酸预防神经管缺陷项目叶酸服用人数12 999人,完成率达116.6%。农村孕产妇住院分娩补助项目补助10 647人,完成率达

101.9%,农村孕产妇住院分娩率达99.9%。农村妇女宫颈癌筛查13 123人,完成率达101%。农村妇女乳腺癌筛查2000人,完成率达100%。高平市、阳城县成为预防艾滋病梅毒乙肝母婴传播工作项目县。

公共卫生

基本公共卫生服务经费由人均15元提高到25元,实施11项基本公共卫生项目和6项重大公共卫生项目。全市免疫规划疫苗接种率以乡为单位达到99.9%以上。对39 385名15岁以下人群进行乙肝疫苗补种,完成率达100%。落实基本公共卫生项日健康教育服务规范要求,对164 081名35岁及以上原发性高血压患者进行健康管理,完成率达232%。对28 192名35岁及以上Ⅱ型糖尿病患者进行健康管理,完成率达116%。133 027名65岁以上老年人进行健康管理,健康管理率达79.5%。将全市发现的5187名重性精神疾病患者全部纳入健康管理。923例贫困白内障患者重见光明。全市儿童健康管理服务32 228人。孕产妇健康管理服务9980人。市、县两级完成疾病预防控制绩效考核自评工作,数据录入和上传工作均达到100%。加强结核病、艾滋病防控工作,组织开展一系列宣传活动,全市艾滋病知晓率城市居民达84%以上,农村居民达68%以上。全市医疗卫生单位实施全面禁烟。完成59 229名儿童麻疹强化工作,完成10余万名儿童脊灰疫苗第一轮强化工作。加强传染病网络直报体系建设,乡镇卫生院、社区卫生服务中心(站)传染病网络直报率达到100%,网络直报质量全省排名第一。全市碘盐覆盖率、合格碘盐食用率分别达99%和97.1%以上,四至五年级学生地方病防治知识知晓率达85%以上。

应急保障

市、县两级编制并印发《突发公共卫生事件应急预案》、《突发公共事件医疗卫生救援应急预案》两部专项预案,10余部涵盖重大传染病疫情和重大活动医疗卫生保障等突发公共卫生事件及突发事件的部门卫生应急预案。全市共有各级各类卫生应急队伍44支621人。市级卫生系统应急物资储备经费110万元,各单位根据储备计划采购相应的应急物资,提高全市的卫生应急保障能力。泽州县被评为首批“省级卫生应急综合示范县”。

医政管理

全市二级以上医院开展预约诊疗服务,实行同级医疗机构检查结果互认。所有县级综合医院开展“优质护理服务示范工程”和常见病种的临床路径管理工作。加强医院投诉管理,增进医患沟通,避免和减少不良事件发生。全市6个县级综合医院,阳城、高平、城区中医院通过二级甲等医院评审。陵川县中医院通过二级乙等医院评审。晋煤集团总医院和市人民医院分别继续对口支援沁水县和陵川县人民医院。选派14名县级医院骨干人员到

三级医院进修学习。6县(市、区)全部开展中医院适宜技术推广，共培训乡村中医技术人员2314人，提高基层卫生人员运用中医药防病治病能力。

卫生监督

对职业放射卫生、医疗卫生、公共场所及饮用水卫生进行经常性检查。全市采供血机构监督覆盖率达100%，放射诊疗机构卫生监督覆盖达91%，住宿场所卫生监督量化分级管理率达100%，美容美发场所卫生监督量化分级管理率达72.65%，沐浴场所卫生监督量化分级管理率达51%。建立健全食品安全风险监测体系，全市6县(市、区)开展食源性疾病监测，建立了卫生行政部门、疾控机构、医疗服务机构为主的食品安全风险监测网络报告系统。泽州县开展疑似食源性疾病异常病例/异常健康事件监测工作。全市食源性疾病监测工作覆盖率达100%，食品中毒事件以县为单位网络报告率达100%。

国家基本药物制度实施

全市83个政府办基层医疗机构和2251个村卫生室全面实施国家基本药物制度，实施率达100%。全市基层医疗卫生机构平均配备使用国家基本药物233种，省补充基本药物142种，共计375种。全市补偿到位资金累计800余万元，向配送企业回款累计2700余万元。次均门急诊费用同比下降2.95%，次均住院费用同比下降2.39%，门急诊诊疗人次同比增长7.91%，次均门急诊药品费用同比下降2.25%。

公立医院改革

高平市人民医院作为全省公立医院改革试点，重点在医院管理体制、运行机制、补偿机制等体制机制方面进行探索。

医药卫生一体化综合改革

选择高平、阳城、沁水三县(市)开展试点，通过实施政府主导、财政保障，凸显医院的公益性质。调动医务人员积极性，提升医疗服务体系的运行效率。强化医院运行管理，推进县域卫生一体化运行，实现卫生资源共享。县、乡、村三级医疗卫生机构基本形成六个一体化，乡镇卫生院对村卫生室实行“五统一”管理。

卫生体系建设

加大国债项目建设力度，县级医院建设项目4个，总投资8660万元，中心卫生院建设项目3个，总投资320万元，全部完工。社区中心建设项目3个，总投资935万元，全部开工建设。加大基层人才队伍建设力度，为乡镇卫生院招收定向免费学医学生19名，对381名乡镇卫生院人员、1786名村卫生室人员和33名全科医生进行转岗培训。

2012年工作

2012年,市卫生局提升医疗卫生服务水平,创造优良的医疗服务环境,认真落实工作目标责任制,年度各项工作任务全面完成,其中超额完成22项,占全部指标数的43.14%。

新型农村合作医疗

全市新型农村合作医疗参合人数达153.16万人,参合率达98.84%,超出省定目标3.84个百分点。全市6县(市、区)新农合门诊补偿比例均提高到70%以上,均超出省定60%的目标。各县(市、区)统筹地区平均政策范围内住院费用报销比例达到82%,超出省定目标7个百分点。最高支付限额均达到10万元。高平、泽州、阳城、沁水4个县(市)实施支付方式改革,超出省定60%的目标。各县(市、区)将重特大疾病病种扩大到8种,并实施补偿。

国家基本药物制度实施

全市81个政府办基层医疗机构和所有村卫生所全面实施基本药物零差率销售,实行省级网上统一采购、统一结算,实施率达100%。高平、阳城、沁水3个试点县(市)的县级医院全部实施国家基本药物制度,基本药物补偿经费全部到位。

公共卫生

全市城市居民健康档案规范化电子建档41.45万份,建档率达136.74%,超出省定目标64.74个百分点。全市农村妇女增补叶酸预防神经管缺陷项目叶酸服用人数为12 566人,完成率达123.80%,超出省定目标23.8个百分点。农村孕产妇住院分娩补助项目补助人数为10 326人,完成率达102.75%,超出省定目标2.75个百分点。农村妇女宫颈癌筛查28 557人,完成率达101.98%,超出省定目标1.98个百分点。农村妇女乳腺癌筛查3086人,完成任务数的102.86%,超出省定目标2.86个百分点。全市计划免疫接种率以乡镇为单位,达到99%以上,超出省定目标9个百分点。全市高血压患者管理登记人数19.71万例、规范管理17.90万例,完成率达158.41%,超出省定目标58.41个百分点。糖尿病患者登记人数3.40万例、规范管理人数3.15万例,完成率达105%,超出省定目标5个百分点。全市共登记65岁以上老年人数16.72万人,规范管理15.62万人。重性精神疾病患者登记确诊5187人,规范管理5151人,超出省定目标151人。以县为单位,碘盐监测覆盖率达100%,超出省定目标5个百分点。9月,省卫生厅对全省7个地市公共卫生服务考核,晋城市排名第一。组织大规模的健康素养66条大众健康传播活动,开展健康宣传活动30余次,发放宣传资料、宣传品10余种10余万份。落实中央补助烟草控制项目,全市医疗卫生系统全面禁烟。

卫生服务体系建设

省卫生厅组织相关专家对全市7家省级创优示范社区卫生服务机构进行复评。晋城市人民医院、晋城市妇幼保健院通过三级甲等医院评审。晋煤集团总医院通过三级甲等医院复评。全市5家县级综合医院和5家县级妇幼保健院通过二级甲等医院复评。

医药卫生一体化综合改革

高平、阳城、沁水3个试点县(市)的公立医院全部取消“以药补医”,实行药物零差率销售。继续开展三级医院对口支援县级医院工作,市人民医院和晋煤集团总医院与城区、高平、陵川、沁水县(市)医院建立长期对口协作关系。全市二级以上医院开展预约诊疗服务,实行同级医疗机构检查结果互认。

医政管理

陵川县、沁水县组织36名二级以上医疗卫生机构主治以上医生对口支援12所乡镇卫生院,提升乡镇卫生院服务能力和水平。完成252名乡镇卫生院人员、2660名村卫生室人员、166名社区卫生服务机构人员岗位培训任务。完成60名全科医生转岗培训和17名农村免费定向学医学生招收工作。沁水县创建成为省级中医药工作先进县,城区、阳城、高平、陵川4个县(市、区)创建完成省级重点中医专科建设,阳城县创建成为市级中医药文化宣传教育基地。全市培养5名中医类别全科医师和6名县级中医临床骨干人才。

爱国卫生工作

在全省城乡环境卫生整洁行动评比中,晋城市被省爱卫会评为全省城乡环境卫生整洁行动先进市。6县(市、区)均被评为全省城乡环境卫生整洁行动先进县(市)。在省级卫生县城(城市)创建工作中,城区被评为“省级卫生区”第一名。高平市被评为“省级卫生城市”县级市第三名。陵川县被评为省级“十佳卫生县城”。阳城县、泽州县、沁水县被评为“省级卫生县城”。

食品安全

全市未发生较大的食品安全事件。食源性疾病(包括食物中毒)监测工作覆盖六个县(市、区),超出省定目标5个百分点。食物中毒事件以县(市、区)为单位网络报告率达100%,超出省定目标20个百分点。

卫生监督

组织开展中小学校卫生专项整治,寄宿制中小学校卫生监督覆盖率达100%。开展“蓝盾行动”,严厉打击非法行医,全市非法行医、非法采供血举报案件查处率达100%,涉嫌犯罪案件移送率达100%,医疗机构监督覆盖率达100%。130名卫生监督执法人员参加山西医

科大学组织的培训,参训合格率达到100%。

应急保障

完善传染病网络直报体系,全市155家医疗机构传染病网络直报率达100%,超出省定目标10个百分点。组织28人参加2012年省级疾病预防控制“千人培训工程”任务。投入80万元建成市级卫生应急指挥决策系统,市、县两级卫生应急管理网络初步建立。投入10万元对市、县、乡三级应急相关人员进行培训。各县(市、区)按照国家和省级卫生应急综合示范县(市、区)创建标准,推进基层卫生应急体系建设,完善应急预案,补充应急物质储备,强化培训和演练。11月,组织全市食品安全事故应急演练。组织参加了2·25、9·25重大交通事故医疗救援。

晋城大医院建设

5月6日,晋城大医院奠基开工。该项目由晋城市政府与晋煤集团共同投资12亿元,在晋煤集团总医院的基础上扩建晋城大医院。

市、县两级远程医疗会诊系统

市政府将市、县两级远程医疗会诊系统建设,列为2012年市政府为民办事项目,总投资1600万元。该系统以晋城市人民医院为核心,连接晋城大医院和6县(市、区)综合医院,最终与301医院、北大人民医院、国家慧影远程医疗网连接。12月6日正式启动运行,开展远程诊断、会诊、培训等服务。

干部培训

市政府拨专款28万元用于全市卫生系统干部素质提升培训。组织全市卫生系统干部分批赴北医大三院进行两批次的培训,邀请国内知名大学教授到晋城进行培训讲座4场。

(市卫生局)

体　育

2011年工作

2011年，全市新增户外登山运动协会、长跑协会和汽车自驾游运动协会和新武林之风国术馆、仁正跆拳道俱乐部、白马禅寺武馆6个社会体育团体。完善《市级单项体育协会管理办法》，各单项体育协会共组织比赛22项（次）。对原有15所后备人才基地进行评估检查，取消城南一小、德泰武校后备人才基地的资格，新增3所后备人才基地，总数达到16所，输送运动员31人。

农村体育场所全覆盖

全市2343个行政村（社区）实现体育场所全覆盖。人均体育场地面积由2010年的1.21平方米增加至1.55平方米。

晋城市第二届职工运动会

举办晋城市第二届职工运动会，40支代表队3432名运动员参加14个大项35个小项的角逐，2万余名群众参加开幕式表演。

参加山西省第七届农民运动会

9月22日至26日，组团参加山西省第七届农民运动会的田径、象棋、毽球、健身秧歌、钓鱼、跳绳等8个项目比赛。获得象棋比赛男子团体第一名、女子团体第二名和男子篮球冠军。

全民健身运动

制定出台《“十二五”体育事业规划》、《晋城市全民健身实施计划（2011—2015年）》、《“十二五”体育法制规划》。8月8日，启动全国统一组织的棋牌项目万人同赛、全省统一组织的职工广播体操“共同行动”、千人太极等活动。开展第三届业余男子篮球联赛、第六届“神利杯”三人制足球赛、“澳瑞特”三人制篮球、中小学生轮滑比赛、围棋比赛等15项（次）群众体育活动。全市经常参加体育锻炼人数达到90万人。共培训市级社会体育指导员380人，县级社会指导员培训816人，外出学习培训16人，3人被评为“山西省优秀社会体育指导员”。引进健身气功新功法、手杖健身操、第九套健身球操、太极养生仗、鞭杆5项新兴健身项目。

备战第十四届省运会

第十四届省运会资格赛上，全市371名运动员参加18个大项306个小项的角逐，共有323名运动员取得2012年半决赛资格。运动员伍超获得全国男子举重冠军赛男子69公斤级总成绩第一名、第七届全国城市运动会举重项目男子69公斤级冠军、世界举重锦标赛男子69公斤级挺举亚军，总成绩第三名。刘娜娜获得全国击剑锦标赛女子重剑队团体第三名。

赛事承办

晋城市承办中国晋城棋子山第三届国际围棋文化节、全国超级卡车大赛暨晋城市第二届全国摩托车场地越野赛、中国街球之旅S·K·Y全明星赛、CBA季前赛4项全国性以上比赛和山西省第十四届省运会游泳、跳水、乒乓球比赛，山西省第四届城市社区运动会4项省级比赛。举办市、县级竞赛165项（次），参赛人数达到62 342人（次）。其中市级竞赛68项（次），参赛运动员达到25 981人（次）；各县（市、区）举办县级竞赛97项（次），参赛人数达到36 361人。

体育产业

制定出台《关于加快发展体育产业的实施意见》、《晋城市体育产业"十二五"发展规划》。全年体彩销售完成5067万元。受理行政审批件136件，其中以"晋城""全市"等包含晋城市内容冠名的非经营性体育竞赛或全省、跨地区、全国、国际性赛事的申报为9件，体育社团7件，专业技术性强、危险性大及社会影响大的体育项目经营活动许可为39件，二级裁判员81人。对全市范围内游泳和漂流场、电子竞技等体育经营场所进行专项检查。

体育设施

市跳水馆投入使用，并举办省十四届省运会资格赛跳水比赛。市游泳馆重新装修。筹建市网球中心，完成项目选址、土地、可研、环评申报等工作。筹建市体校综合教学楼。

学校体育

市体校完成中专招生65人、初中招生73人，市游泳学校招生15人。积极配合市教育局抓好阳光体育工作，坚持学生体育锻炼每天不少于1小时。建立"珏山青少年户外体育活动营地"。晋城市体校青少年体育俱乐部、晋城职业一中青少年俱乐部、阳城演礼中学青少年体育俱乐部和陵川县青少年体育俱乐部4所青少年体育俱乐部进行自检评估。晋城市一中、晋城职业一中、中原街中学、沁水县东关小学和阳城五中5所省级传统学校通过检查。

2012年工作

2012年，新增跆拳道协会、游泳协会、星河象棋俱乐部、鸿博青少年篮球俱乐部和信鸽俱乐部5个体育组织。

农村体育场所全覆盖

市政府下发《关于进一步加强农村体育场所管理的通知》，要求对已覆盖的农村健身场地做到有经费、有专人管理，及时更换、维修损坏和超期服役的体育器材，确保农村体育场所正常使用。全市2343个行政村（社区）农村体育场所全部建立电子档案。启动乡镇（街道）体育广场全覆盖工程，调查摸底全市乡镇（街道）全民健身广场情况，拟定全覆盖计划。

全民健身运动

各县（市、区）全部出台《全民健身实施计划（2011—2015年）》，高平市、沁水县和陵川县成立体育总会。全年新增5个市级社会体育组织。培训市级社会体育指导员266人，外出学习培训22人，组织活动100项（次）以上，推动全市群众活动的广泛开展。老年人体育协会举办全市第四届老年人健身展示大会，参加全省第四届老年人健身展示大会，获第十一届全国老年人柔力球分站赛集体项目优胜奖、个人项目优秀奖，全国健身秧歌比赛二等奖，全国老年“盛世欢歌”文艺汇演银星奖。市武术协会组团赴新加坡和烟台、太原等地参加比赛。市长跑协会代表晋城到河南、太原、北京、台湾等地参加比赛。市象棋协会举办长治、晋城对抗赛以及全国“松鹤杯”老干部象棋邀请赛。

备战第十四届省运会

参加第十四届省运会半决赛20个大项542个小项比赛，共获得金牌47枚，总分1337分。2名运动员取得奥运会选拔赛资格。举重运动员伍超，获世界青年举重锦标赛抓举、挺举、总成绩三个第一名和全国男子举重冠军赛暨奥运选拔赛挺举第一名。射箭运动员方玉婷，取得奥运会选拔赛资格，并代表中国队获得射箭女子团体第二名。跳水运动员周昕获亚洲跳水锦标赛男子三米板第一名。围棋选手赵晨宇是全国年龄最小的职业棋手，首次参加升段比赛即升段。

赛事承办

举办山西汾酒队——尼日利亚国家队国际男篮对抗赛、“松鹤杯”第十三届全国老干部象棋邀请赛、第十四届省运会游泳比赛、山西省第四届老年人门球暨市厅级老干部门球比赛。举办全省党政领导干部乒乓球比赛，69名现任市厅级领导，223名县处级领导参加比

赛。全市共举办市级竞赛57项(次),参赛运动员达到19 412人。县级比赛112项(次),参赛人数达到33 236人。

体育产业

全市体彩销售5787万元,同比增长14.2%。受理行政审批件62件,对全市27家电子竞技经营场所进行专项检查,确保安全有序经营。

体育设施

网球中心项目确定为市政府重点工程之一,完成项目建议书、规划选址意见书、节能评估及环境影响评估批复、用地预审、可研报告审批等手续。

学校体育

市体育局与市教育局联合举办全市中小学生田径运动会和篮球运动会。完成"太行山全国青少年户外体育活动营地"创建申报工作。

(市体育局)

旅游文物

2011年工作

2011年，全市共接待国内旅游者1166.99万人次，同比增长11.5%；国内旅游收入89.12亿元，同比增长18.1%；接待入境旅游者67 659人次，同比增长32.66%；创汇2616.77万美元，同比增长57.78%。实现旅游总收入90.86亿元，同比增长18.9%。春节黄金周期间，全市共接待游客25.07万人次，同比增长57.97%；门票收入547.35万元，同比增长32.17%；旅游总收入6270.83万元，同比增长53%。

景区建设

皇城相府景区荣膺国家5A级景区，成为山西省继云冈石窟、五台山之后第3家5A级景区。历山旅游区、丹朱岭煤炭工业旅游区荣膺国家4A级景区，羊头山炎帝文化风景名胜区、长平古战场大粮山景区、孙文龙纪念馆、湘峪三都古城荣膺国家3A级景区。全市有5A级1家，4A级6家，3A级4家，2A级5家，A级景区共计16家，星级景区数量居全省第二位。

旅游企业

市政府把发展100家星级“农家乐”列为为民办实事之一。全市新发展星级“农家乐”122家，其中二星级60家，三星级62家。市政府拨款310万元奖励三星级“农家乐”。竹林山大酒店评为四星级旅游饭店，星级饭店达到28家。新增安之旅等5家旅行社，旅行社达到44家。

旅游宣传

在央视黄金时段投放广告。参加中原经济区区域旅游合作交流会议，加入中原经济区城市旅游联盟，成为首届轮值副主席城市。与济源、焦作、新乡市联合组织山东9地市50余家旅行社，对晋豫“金三角”主要景区进行实地考察、踩线。6月9日，举办第四届中国(晋城)太行山旅游文化月活动开幕式暨“神奇太行·经典晋城”旅游推介会。举办面向全国的晋城旅游景区主题形象口号征集活动和旅游采摘月等活动。此外，还举办第三届中国高平炎帝农耕文化节、晋城市首届红色旅游文化节、王莽岭休闲避暑节、珏山青莲寺中秋赏月文化节、白马禅寺祈福节等旅游月活动。组织五大景区，赴西安举办“太行极品看晋城”旅游推介会。组织28家旅游企业300余人参加山西旅游博览会晋城旅游展。建成开通晋城旅游

门户网站——晋城旅游网。摄制完成六集大型人文纪录片《经典晋城》,并在晋城电视台播放。晋城广播电台推出《爱上旅游》栏目。

旅游服务

全市共聘用各类监督员144人,初步形成市、县、旅游企业、社会监督员四级旅游质监体系。5月14—16日,组织市县旅游部门质监员、旅游企业内部质监员、社会监督员进行培训,提升旅游质监员业务素质。推出《晋城市旅游服务质量通报》,针对检查中发现的各种问题、旅游企业违规情况、投诉情况等进行通报。全年检查旅游企业70家次业务检查。受理投诉案件共14起,结案率100%。完成全市338名导游资格年审工作。皇城相府景区导游员张淑平代表晋城市参加全国导游大赛,荣获中文组二等奖。组织新版饭店星级划分与评定标准宣传培训,开展旅游行业直接就业人员普查工作,完成国内旅游抽样调查、入境旅游抽样调查。

文物普查

开展第三次文物普查,全市7支文物普查队实地调查全市6县(市、区)的84个乡(镇、办事处)2317个行政村,测绘图纸20 013张,拍摄照片27 459张,采集登记编号标本829件。文物点总量由"二普"时的1686处上升至6601处,名列全省第一,荣获全省实地调查阶段一等奖。泽州县、高平市、阳城县普查数量分居全省前三名。汇辑文物普查成果,编撰《晋城文物通览》、《晋城文物通览精华本——经典晋城》、《隋唐佛都青莲寺》、《唐风宋雨——晋城塑像艺术》等书籍。

南部工程和其他文物维修工程

全市34处山西南部地区元代以前木构古建筑维修工程有序推进。府城玉皇庙、大阳汤帝庙、冶底岱庙、阳城开福寺、下交汤帝庙、高平二郎庙、清梦观7处,通过国家文物专家组验收;陵川龙岩寺完工等待验收;晋城二仙庙、崔府君庙、开化寺、游仙寺、古中庙正在施工;北义城玉皇庙、周村东岳庙、定林寺、二仙宫、西里门二仙庙、崇明寺、姬氏民居、南吉祥寺、小会岭二仙庙、玉泉东岳庙10处,完成本体维修设计方案;湘峪古城完成保护规划的编制。此外,国保单位沁水县柳氏民居、阳城县郭峪古堡完成省局下达的保护任务;省保单位泽州湖里二仙庙、高都东岳庙完成修缮设计方案,市级文物保护单位阳城县上庄古村落维修设计方案获批复,完成投资2000万元;城区西街玉皇庙按照修缮设计方案完成投资637万元,泽州河底成汤庙完成修缮设计方案;沁水县玉帝殿完成投资60万元;县级文物保护单位高平市张庄轩辕庙抢险维修完成投资10万元;高都景德寺、史村东岳庙完成修缮设计方案。市级财政投资180万元,维护、修缮文物30余处。

文物保护

完成第七批国保单位的相关工作，划定50处市保单位文物保护范围与建设控制地带，推进第三批市级重点文物保护单位申报工作，完成60处文物单位的申报资料，新增4个中国历史文化名镇(村)。

考古工作

对69个基本建设项目，出具《固定资产投资项目并联审批现场踏勘意见卡》，完成率100%。开展文物勘探和文物抢救工作，出具沁水220千伏输变电工程等6处文物指导性文件。配合煤炭资源整合，开展采煤区域有关文物单位保护范围和建设控制地带内的保护煤柱划定工作。配合省考古所、省文物勘测中心，完成晋阳一级公路等4处文物勘探、发掘清理工作。

安全工作

开展安全生产专项整治、安全生产百日大检查、地质灾害安全检查、国保单位防雷安全检查、消防安全检查等各项安全整治活动50余次，出动检查车辆97台次，检查旅游文物单位133次，排查安全隐患99处。6月22日至25日，举办全市旅游文物业安全资格培训班，各县(市、区)旅游文物局分管安全工作的副局长、安全管理科室负责人，全市各旅游企业、文博单位主要负责人及安全管理人员等95人参加培训。8月12日，举办应急预案业务培训，市直各旅游、文博单位应急预案报市旅游局备案，青莲寺、柳氏民居等单位开展消防安全演练。实施文保单位消防、技防达标工程，晋城博物馆、青莲寺、府城玉皇庙消防、安防工程顺利推进，各县(市、区)文博单位逐步开展消防、技防达标工程，泽州县小南村二仙庙等文保单位消防工程开工，大阳汤帝庙等文保单位消防工程通过省局审批，冶底岱庙等文保单位技防方案正在报批。

2012年工作

2012年，全年共接待入境旅游者9.6万人次，同比增长41.48%；创汇4563.95万美元，同比增长69.29%；接待国内旅游者1686.94万人次，同比增长44.55%；国内旅游收入149.88亿元，同比增长68.18%；旅游总收入152.84亿元，同比增长68.21%。旅游总收入、接待入境旅游者、旅游外汇收入、国内旅游收入增幅均居全省第一。

景区建设

全市投入景区建设的资金达11.27亿元。皇城相府景区成为全省旅游标杆景区，大型

开城仪式“迎圣驾”表演被评为“山西省优秀文化产品”。王莽岭、珏山、山里泉景区积极开展创建国家5A、4A景区工作。天官王府景区评为3A级景区。聚寿山、乾明寺景区按照A级景区标准加快建设。蟒河景区着手建设二期工程,凤凰欢乐谷景区对外开放新景点。与南开大学旅游与服务学院合作开展《晋城旅游目的地战略与品牌营销规划》编制工作。阳城县荣获山西省休闲农业与乡村旅游示范县称号,城区司徒现代都市农业示范园、阳城大圣农产品开发公司、高平天润农业科技示范园荣获山西省休闲农业与乡村旅游示范点称号。阳城蟒河景区被评为省级休闲旅游度假区。

旅游宣传

举办“2012年首届晋城最美乡村评选活动”和“晋城旅游亲善大使暨月星城市广场形象代言人选拔大赛”。与央视《走遍中国》栏目组联合摄制播出大阳古镇、润城古镇等8集系列纪录片,在《中国文化报》刊登《晋善晋美尽在晋城——晋城现象启示录》,在《山西日报》、《河南日报》刊登晋城整体旅游形象广告和专题报道,出版《旅游时代·晋城旅游》专刊。4月,在北京举办晋城旅游推介会,签订招商项目协议4个,引资7.5亿元,签署游客输送协议6个。组团参加中国国际旅交会、国内旅交会、北方旅交会、北京国际旅游博览会等展会。组织重点景区出台冬季优惠政策,推出晋城激情暖冬游系列活动。与山西商务国旅合作,开发韩国浦项到太原、晋城的入境包机旅游线路。

旅游服务

开展旅游包车客运安全专项整治、旅行社超范围经营专项整治、全省旅游“抽百人查百案”等8次专项检查,查处违规行为15起,处罚8.1万元,处理旅游投诉29起,赔偿游客3.4万元。编发《晋城旅游质监通报》12期,通报旅游企业31家。

南部工程和其他文物维修工程

山西南部元代以前早期建筑修缮保护工程14处完工,5处正在施工,3处完成招标。抢救性文物保护设施建设工程,5处完工,1处正在施工,4处完成招标,4处取得批复。

文物保护

阳城县实施打造全国古堡民居第一县工程,阳城寿圣寺、高平清化寺等省保单位立项维修,西街玉皇庙、上庄古村落等市保单位完成维修,陵川崇福寺、现岭大庙等县保单位完成维修。开展第七批全国重点文保单位、第五批省级文保单位、第三批市级文保单位申报工作,公布第三批市保单位名单(467处)。划定54处市级文保单位的保护范围和建设控制地带,划定煤矿开采涉及的8处文保单位的保护范围和建控地带的保安煤柱。

考古工作

对53处建设工程项目进行并联审批踏勘，对13处工程进行文物调查和勘探，配合省考古所对和村遗址进行考古发掘工作。

安全工作

全面落实“两个主体”责任，建立“一岗双责”安全生产责任体系。开展全市旅游行业安全生产专项整治行动、文物安全隐患排查治理行动和道路安全、燃气安全、食品安全、“打非治违”专项行动，共排查旅游、文博单位328处，排除安全隐患142个。完成“一键报警”工程，协助公安机关办理24起文物犯罪案件。

（市旅游文物局）

太行日报

2011年工作

2011年,《太行日报》再次被评为山西省一级报纸。参加山西新闻奖、晋城新闻奖、全市重点工程好新闻奖、全市“五一”新闻奖、“百名记者看晋城”新闻奖等评比活动,一大批作品榜上有名。

重大活动宣传

完成市五届人大八次会议、市政协五届六次会议和市第六次党代会、市六届人大一次会议、市政协六次一次会议的新闻宣传报道。省委书记袁纯清在晋城调研和省观摩检查组到晋城观摩检查期间,除自采调研消息外,还配发调研侧记,编发通版照片。刊发高新技术产业发展、对接上海、扶贫攻坚等展示全市工作亮点的稿件,并在转型跨越晋城答卷中以6个专版全面反映招商引资、重点工程建设、民生改善、三农发展、城镇建设、县域经济的成就。围绕纪念建党九十周年活动,结合创先争优、创建学习型党组织活动,陆续推出《晋城红色记忆》、《红旗飘飘》、《先锋赞》、《寻访晋城红色地标》等专栏、专题。完成首届太行山文化旅游月、创先争优、创建国家卫生城市和全国文明城市、纪律作风集中教育整顿等活动的报道。

重点宣传

围绕市委、市政府大力推进招商引资的重大部署,推出《扩大招商引资,加快项目建设,推进转型跨越》专栏,与纪检监察部门联合推出《创优发展环境,助推转型跨越》专栏,撰写《正视存在问题、增强紧迫感责任感》、《招商引资理念要有新提升》、《精心策划提高成功率》等7篇贯彻全市落实大会精神的系列评论。在台商郭台铭回乡考察期间,编发长篇通讯《郭台铭的故乡情》和整版图片。围绕市委、市政府提出的对接大上海、融入长三角战略,撰写《到上海去》系列评论。在市、县、乡、村四级换届报道中,严格遵守宣传纪律,注重正面引导,推进换届工作健康有序进行。

2012年工作

2012年,《太行日报》连续第三年被评为“山西省一级报纸”,连续第七年被评为“印刷质量金奖”。

重点宣传

掀起招商引资和项目建设宣传高潮,开设多个专栏,刊发各地各部门推进招商引资和项目建设的系列稿件,并刊发切实转变作风确保项目早落地、早建设、快达效系列评论。针对经济下行压力加大的严峻形势,刊发《坚持第一要务不动摇》等4篇保稳定促发展惠民生综述文章,详细介绍各部门各企业应对措施,坚定干部群众战胜困难的信心和决心。围绕整治吃拿卡要问题、创优发展环境专项整治工作,充分发挥主流媒体的引导和监督作用,报道专项整治内容、要求、目标,对专项整治方案进行解读,及时报道进展和动态,并刊发系列评论。迎接全省观摩检查组报道,推出《深读晋城特刊》,8个版每一版一个主题,详细介绍全市经济社会发展的成就和亮点。并以消息、侧记、图片等形式,报道观摩检查组在晋城市进行工作检查的情况。深入采写落实全省观摩检查晋城点评会议精神的情况,刊发系列评论。晚报版与市文明办联合开设“争做晋城好人”专版,每周以一个整版的篇幅报道一位晋城好人的先进事迹,共刊发21个版。

党的十八大宣传报道

太行日报社把党的十八大作为全年新闻报道的重点,推出多个专栏和子专栏,刊登数十篇专题新闻报道,介绍十六大以来晋城市取得的辉煌成就。十八大闭幕后,围绕兴起学习贯彻十八大精神热潮展开宣传。省新闻出版局的《审读快报》详细介绍太行日报社迎接十八大的报道经验。

“走转改”活动

开展“走基层、转作风、改文风”活动,推出《进一村,看一品》、《民生面对面》、《蹲点日记》、《探访重点工程》等专栏。

报纸改版

《太行日报》改版,确定清新、简约、现代的新版式及新报头、报眉,统一规范标题字体,整合版面资源,撤旧增新。内容设置上,日报增加要闻、综合新闻版数量,强化国内国际时事报道,晚报版新增两块地方新闻版,加大本土新闻分量。评论成为改版后的最大亮点,《在其位必须谋其政》、《了解情况到一线,解决问题到基层》、《谁延误项目建设就坚决追究

谁》、《领导干部要勇于任事敢于担当》、《诚信执政，有诺必践》、《这条高压线谁也不许碰》、《对吃拿卡要行为零容忍》、《暂时的不便是为了长久的方便》等评论，在社会上引起较大反响。

（太行日报社）

广播电视

2011年工作

2011年，围绕“转型跨越发展”、“招商引资”、“两市争创”、“贯彻落实两会精神”、“贯彻省、市党代会精神”、“党风廉政建设”、“走基层”和市委、市政府的中心工作开设专栏50多个。市广播电视台连续第15次获全省广播电视宣传先进集体。荣获山西省社会管理综合治理委员会和山西省公安厅联合颁发的“2011年度省级平安单位”称号。

对外宣传

广播电台在中央广播台发稿8篇，在省广播台发稿490篇。其中第一、第三季度发稿在全省各地市排名第一。电视台在中央电视台发稿7条，在省电视台发稿463条，全省地市排名第五。33件广播电视作品在全省广播电视评奖中分获一、二、三等奖。电视新闻《山西依托资源发展现代产业体系》、《丹心一片映党旗——全国优秀党务工作者群体（张家胜）》、《晋城高平：惠民兴文以文“化”人》、《挖掘文化富矿　激发产业活力》在《新闻联播》中播出。《晋城：培育战略性新兴产业　建设太行明珠宜居晋城》、《晋城：打造“以煤为基　多元发展”先行区示范区》、《晋城：推动“一区六园”建设　搭建“十二五”发展平台》、《晋城：干部下乡住村　解难题办实事》、《晋城：农村新的“五个全覆盖”工程让群众更方便、更幸福》、《晋城立中路宝公司：两次转型打造中国车轮基地》、《晋城：新兴产业初具规模　转型项目加速发展》、《晋城：寻常百姓小日子　党委政府大民生》、《晋城市加速打造以煤为基多元发展先行区示范区》等稿件，在山西广播电视台新闻综合频道《山西新闻联播》头条或报题播出。

2012年工作

2012年，围绕市“两会”、转型跨越对接上海、“喜迎十八大，争创新业绩”、“招商引资，项目落地跟踪”、“晋城好人”、“科学发展，成就辉煌”、“凤台街人行道改造”、“国际花园城市”以及“晋城籍潜航英雄刘开周”、“晋城好人牛东其”等30多个阶段性重大主题开展宣传报道。

党的十八大宣传

市广播电视台针对十八大新闻宣传的不同阶段,加强新闻策划,通过新闻、专题、评论、系列报道、报摘、文艺等多种形式,形成声、视、报、网“全媒体参与、整体大联动”的宣传格局。其中,新闻频道推出《科学发展、成就辉煌》、《豪情庆盛会、献礼十八大》、《深化走转改、贯彻十八大》、《在十八大精神鼓舞下建设美丽晋城》、《落实十八大精神、富民惠民共建共享》、《我家这十年》等专栏;社会生活频道推出《我来说变化》、《我爱我家》、《百姓餐桌巨变》专栏;财经法制频道推出《岗位奉献》、《晋城优秀法制人物展播》专栏;交通广播推出《喜迎十八大　红歌唱晋城》栏目;广电网开设《十八大上的晋城声音》、《本网网友关注十八大》等网络专题;《晋城广播电视报》开设喜庆十八大专栏;节目购编部开展“红剧展播”活动。

对外宣传

制定出台《新闻外宣工作考核办法》,从人、财、物等各个方面保证新闻外宣工作所需。广播电台在中央台发稿7条,省台发稿914条,排名居全省地方台第一。电视台在省电视台发稿289条,中央台发稿9条。其中《山西晋城:小村庄里的“文化低保”》于2月27日在央视《新闻联播》播出。《民生零距离》利用城市交换平台将晋城市60多条社会新闻传至城市平台。晋城广电网通过网盟成员单位和新华网内容互换,网络外宣取得突破。1件作品获国家级奖,30件作品获省级奖。

栏目创新

社会生活频道“方言脱口秀”栏目《剑虹说事》全新改版,推出电视台第一档直播节目——《第一时间》。财经法制频道全新推出《财经晋城》、《法治晋城》等地方特色栏目。推出大型职场真人秀节目《青年创业快车道》。综合频率《百姓热线·纠风台》开通微博,增加“追问式”预告。交通频率推出《早高峰7—8点》、《好好学习》等节目。《山西广播电视报·晋城周刊》整体改版增版。晋城广电网点击率持续攀升。

“走转改”活动

9月17日,市广播电视台举行“保增长、促发展”为主题的“走基层、转作风、改文风”大型主题采访活动,报送选题90多件、主题专栏13个,参与记者、编辑、主持人60多名。全省“走、转、改”活动表彰中,新闻频道《行风大家谈》栏目和新闻记者郭剑分别获山西省先进集体、先进个人称号。

新增频道

9月17日,晴彩晋城频道试播,全天播出时间16个小时。11月8日,农村广播获国家广电总局正式批复。2012年12月30日,农村文艺频率开始试播。有线电视新开通高清数字

电视节目13套、3D电视节目1套，

数字化建设

市广播电视台投资500多万元，对二楼、三楼编辑机房和采编播设备进行升级改造，节目生产、播出全部实现数字化。其中，电视采访、制作的部分设备达到高清标准。完成微波站铁塔护坡、UPS电源系统、低压电源双切换电源改造、防雷接地工程，增加调频广播备份播出设备和关键件备份。升级改造广播播出录制软件系统、监测设备、微波机房配电系统、三楼技术区新制作系统、三、四、五频道的播出系统，安装设备机时管理系统，完善中演播直播系统。

“平安广电”建设

市广播电视台把宣传安全、播出安全、传输安全、后勤保障安全全部纳入安全管理体系当中，全台未发生安全生产责任事故。投资198万元进行平安广电建设，聘请专业保安队伍、安装上百个电子监控头、设立电子门禁、改造消防设施。出台《安全播出管理规定》、《关于建立健全安全工作责任制的意见》等制度。党的“十八大”重要播出保障期，“零停播、零错播、零故障”，受到市委、市政府和省广电局表彰，获全省“十八大安全工作先进集体”称号。10月，获山西省社会管理综合治理委员会和山西省公安厅联合颁发的“2011年度省级平安单位”称号。电视技术部、微波站、转播台台(站)内异态播出(载播停播)均低于国家标准。

(市广电总台)

上党戏剧研究

2011年工作

2011年,市上党戏剧研究院创作《挂龙灯》、《箕子》、《曾子》、《苏东坡》、《洛水悲情》等大型传统剧。创作的大型现代剧《西沟女儿》,由高平市人民剧团排演,参加建党90周年全国现代戏展演和省“两会”助会演出,并在各县(市、区)进行巡演。改编的歌剧《小二黑结婚》,由市职业技术学院排演,参加在福州举办的首届中国歌剧节评比演出,获得七个奖项。市上党梆子剧团移植排练了《杨门女将》、《狸猫换太子》一、二本。创作《洪水无情人有情》、《矿山情》、《站台风波》、《相亲》等小品,部分作品由相关单位排练演出。

戏剧研究

召开“纪念上党梆子戏王赵清海130周年座谈会”。市上党梆子剧团在陵川县平城镇杨寨村(赵庆海出生地)和高平市东宅村进行纪念演出。完成《上党梆子剧本选(二)》的编辑工作。收集整理上党梆子曲牌50余种,各种板式唱法30余种,其中包括濒临失传的“公尺谱”10余段。撰写《上党戏曲文化与上党梆子》、《网络对戏剧的发展》、《戏曲的公益性与市场化》、《一元复始,万象更新》、《实施品牌战略、打造文艺精品》、《说说戏曲唱词用字技巧》等研究文章。召开“上党梆子艺术的保护传承和创新发展暨《千秋长平》荣获‘中国戏曲学会奖’学术研讨会”。研讨会由中国戏曲学会、晋城市委宣传部、晋城市文化新闻出版局主办,晋城市上党戏剧研究院、晋城市上党梆子剧院有限公司承办,包括颁奖仪式、学术研讨会和实地考察三部分。

文艺演出

策划组织“晋城市第六届凤鸣春晓——‘赵树理戏剧奖’上党梆子优秀剧目展演”活动。共有7个剧团、4个剧种参加,市上党梆子剧团的《状元打更》、《杨门女将》、《抬花轿》,高平市上党梆子剧团的《程婴救孤》,高平市上党落子剧团的《司马庄》,阳城县人民剧团的《三进士》,城区鸣凤剧团的《玉堂春》,泽州县上党梆子剧团的《虢都遗恨》,沁水县蒲剧团的《父亲》等9个剧目参加演出。6月,大型历史剧《千秋长平》在晋城影剧院向北京专家汇报演出;9月,《千秋长平》受邀参加第六届中部博览会展演;12月,荣获“中国戏曲学会奖”。上党二簧《打金枝》“劝宫”一折,在人民大会堂小礼堂参与全国国家级非遗项目颁牌仪式演出。市

上党梆子剧团参加省委宣传部组织的“文化惠民、送戏下乡”文艺演出，赴武乡县砖壁村进行专场演出。市上党梆子剧团参加市委宣传部组织的“文化三下乡”演出和“非遗”纪念日演出。市上党梆子剧团的《杨门女将》、高平市上党梆子剧团的《金钗案》(上、下)和阳城县人民剧团的《芦苇河畔徐海东》，参加山西省第十三届“杏花奖”评比演出。全年，市上党梆子剧团演出300余场。

2012年工作

2012年，市上党戏剧研究院创作戏曲剧本《小二黑结婚》、《村官是女90后!》、《拾钱》、《相亲》、《九女湖传奇》、《长平原上草》、《岳飞夫人》、《箕子》、《董永》，小戏《选美》、《拾钱》，戏曲电影故事片剧本《申纪兰》，表演唱《路劫》等。10月23日，戏曲电影故事片《申纪兰》，由长春电影制片厂和北京华鼎文化有限公司联合开拍。

戏剧研究

撰写《上党戏剧古文化概探》、《浅议传统戏曲艺术的写意性》、《城市化进程中传统戏曲的发展》、《说说戏曲唱词用字技巧》、《浅析上党梆子唱腔流派的个性特征与艺术价值》、《舞台布景、灯光的作用与创新》、《如何把握戏剧冲突》等专业性理论文章，1篇获省文化厅论文二等奖，3篇获省文化厅论文三等奖。出版《上党戏剧》第一期和《上党戏剧史摭谈》。创作的歌词《山水有情》、《质监人之歌》，分获山西省五一文化奖、提名奖。

文艺演出

组织“2012年晋城市首届‘紫薇奖’优秀剧目评比演出”。共有5个剧种，9个演出团体，12个剧目参演，并邀请河北永年西调剧团助演。承办“纪念中国共产党成立91周年暨第七届‘赵树理戏剧奖’优秀剧目展演”，《金钗案》、《西沟女儿》、《小二黑结婚》、《打金枝》、《五世请缨》、《赵树理》6个剧目参演。参加在北京举办的“晋城市旅游推介暨招商会”和“全国第七个‘文化遗产日’暨晋城市非物质文化遗产进校园活动”文艺演出。7月，在台湾新竹市文化演艺大厅举办上党梆子演唱会，为台湾“2012竹堑国乐节”助兴。

(市上党戏剧院)

山西高陵高速公路有限公司

公司领导班子

2012年8月28日，高陵高速公路通车仪式隆重举行

高陵高速公路王莽岭（省界）收费站

山西高陵高速公路有限公司隶属山西省交通运输厅和山西省交通开发投资集团有限公司，前身是2008年2月29日成立的高陵高速公路建设管理处。2009年3月开始组织高陵高速公路工程建设，2010年建成高平常乐至陵川县城小循环段，2011年末全线（山西境内段）工程告竣，2012年8月28日，高陵高速公路正式投入运营。

2012年，高陵公司在晋城市委、市政府和省交通运输厅党组的正确领导下，在省交通开发投资集团和省高速公路管理局的直接指导和大力支持下，坚持以服务社会经济建设为己任，以打造一流员工队伍为重点，以人民群众满意为目标，全面提升公共服务水平，全力提供安全舒适快捷通行条件，"提高高速公路公共服务水平专项改革"、"六大工程"、"七比七看、服务创优"、"星级"考核、"青年文明号"、"工人先锋号"、文明服务"窗口"、"文明单位"等各项文明创建活动全面展开，效果良好，深受社会好评，多次受到上级表彰。

中联煤层气有限责任公司

中联煤层气有限责任公司（简称中联公司），1996年3月经国务院批准正式组建，是从事煤层气资源勘探、开发、输送、销售和利用的国家专业公司，在国家计划中单列，公司具有国家气体矿产勘查甲级资质。

中联公司煤层气勘探项目遍布全国15个省（自治区），建成了我国第一个煤层气地面开发示范工程，首次实现国内煤层气地面直井开发的商业化运营。作为享有对外合作开采煤层气资源专营权的煤层气骨干企业，中联公司共签署了30余个煤层气对外合作产品成分合同，引进外资近50亿元人民币。同时，中联公司承担着国家重大煤层气研发项目，是国家科技部“九五”、“十五”、“十一五”、“十二五”科技发展计划煤层气领域牵头组织单位、国家科技重大专项“大型油气田及煤层气开发”的立项发起单位及牵头单位之一、“煤层气产业技术创新战略联盟”理事长单位。

2013年，中联公司重组，股东为中国海洋石油总公司和中国中煤能源集团有限公司，由中国海油控股（70%）并负责经营管理。

中联公司作为中海石油（中国）有限公司的非常规油气分公司，全面承担起中海油非常规油气资源（包括煤层气、致密气、页岩气）的勘探、开发和生产任务。

中联公司认真贯彻国家领导人“依靠科技进步，发展煤层气产业”的指示精神，率先引进并应用国外先进科技进行煤层气勘探开发。积极承担国家“九五”、“十五”时期的国家科技攻关、863煤层气高技术研究、973煤层气基础研究项目；承担国家新一轮煤层气资源评价项目、国土资源大调查等科研项目，组织并参与了国家煤层气“十一五”规划、“十二五”规划编制。组织承担完成了“大型油气田及煤层气开发”重大专项实施方案的编制、论证等工作，并在“十一五”、“十二五”期间“国家大型油气田及煤层气的开发”重大专项中承担两个项目、两个示范工程。

中联公司作为中国地质调查局地质调查七大行业之煤层气行业牵头单位、“煤层气产业技术创新战略联盟”理事长单位、中国煤炭学会煤层气专业委员会挂名单位和“煤层气研究生联合培训基地”建设单位，通过与国内外高校、科研机构的广泛合作，不断开拓科研领域，保持科技发展的行业领先地位，培养了一支覆盖煤层气勘探开发全领域的科研队伍。

发展中的中联公司，将以深入学习实践科学发展观为动力，以实现煤层气产业快速发展为目标，坚持“团结拼搏、创业报国”的企业理念，遵循“奉贤清洁能源，创建和谐社会”的宗旨，做强做大煤层气产业，为晋城市的转型发展、安全发展、和谐发展作出积极的贡献。

◀ 钻井施工

煤层气井钻井施工主要采用空气钻机和转盘钻机，尤其是美国雪姆公司产 T685WS、T130 顶驱车载钻机非常适合煤层气井的钻井施工，具有对煤层污染小、钻井效率高、成本较低等特点，同时克服了丘陵地区设备搬迁困难。在公司所属区块内，已施工完成各类煤层气井 2000 余口。

▶ 压裂施工

煤层气井成井后，采用清水携砂压裂、氮气泡沫携砂压裂等压裂技术，对煤层实施压裂改造，形成支撑裂缝，有效连通井筒与整个煤层，加速煤层脱水、降压及煤层气的解析释放，已达到增产目的。

▲ 煤层气阀组站

根据煤层气生产井的分布位置设置阀组站，对单井产气量实施轮换计量，同时汇集所属各生产井的煤层气，输送至集气站进行后续处理。

▲ 排采作业

煤层气井投产后，根据井深、水量大小等因素，选择不同泵型，配装地面抽排系统，实施排水降压，使煤层气解析释放。随着井筒压力的降低，解析气量的增大，产气井产气量也随之增大。气井产出的煤层气通过油管和管套的环形空间上升至地面，接入煤层气集输管线。

高平市人民医院

院长　晋库根

院总支书记　陈浩

高平市人民医院是一所集医疗、急救、预防、教学、康复为一体的综合性医院、国家爱婴医院、二级甲等医院、长治医学院及长治卫校实习教学基地，山西省县级医院综合改革试点医院。

医院历史悠久，技术力量雄厚，医疗设备齐全。1949 年建院，20 世纪 60 年代正骨按摩名扬三晋，70 年代针刺麻醉叫响全国，80 年代开胸开颅县级领先，1999 年评审为二甲医院，2009 年进行医疗改革，先后荣获“国家诚信单位”、“山西省县级医院综合改革先进单位”、“晋城市创先争优优秀基层党组织”、“晋城市文明单位”、“晋城市先进集体”等称号。

医院总占地面积 48 595 平方米，总建筑面积 44319 平方米。现有在编职工 311 人，其中各类专业技术人员 291 名，高级职称 50 人，中级职称人员 118 名，硕士研究生 4 名。医院现有床位 400 张，2012 年全年门急诊人次达到 13 万余人次，住院病人 1.4 万余人次，手术台次 3300 余台次，业务收入 8000 余万元。全院设置临床科室 19 个、医技科室 14 个、职能科室 16 个。

医院拥有东芝 64 排螺旋 CT、西门子高端彩超、日本奥林巴斯系列内镜、DR、东芝数字胃肠机、德国威师甫电视腹腔镜、美国昆顿运动平板、美国贝克曼全自动生化分析仪、高压氧仓等大型医疗设备。可以开展人工关节置换术、颈椎前后路手术、胸腰椎后路手术、肺叶切除术、食管中上段癌切除胸腔吻合术、纵膈肿瘤切除术、电视腹腔镜胆囊切除术、肝叶切除术、胰十二指肠切除术、肝动脉泵置入术、肾上腺嗜酪细胞瘤切除术、宫颈癌根治术，其中部分技术项目达到省内先进水平和三级医院水平。

门诊大楼

领导班子成员

党员志愿者

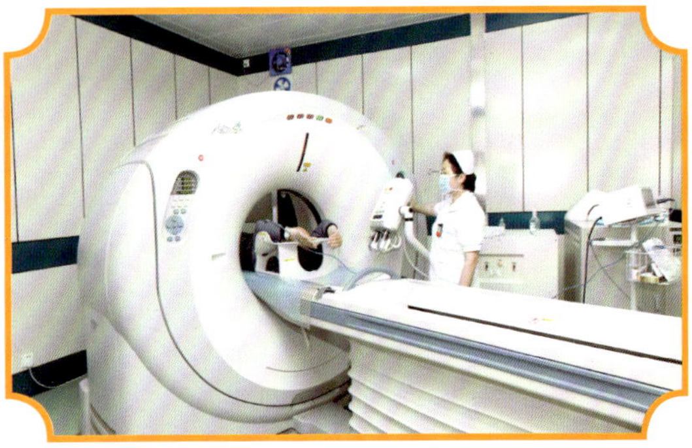

东芝 64 排螺旋 CT

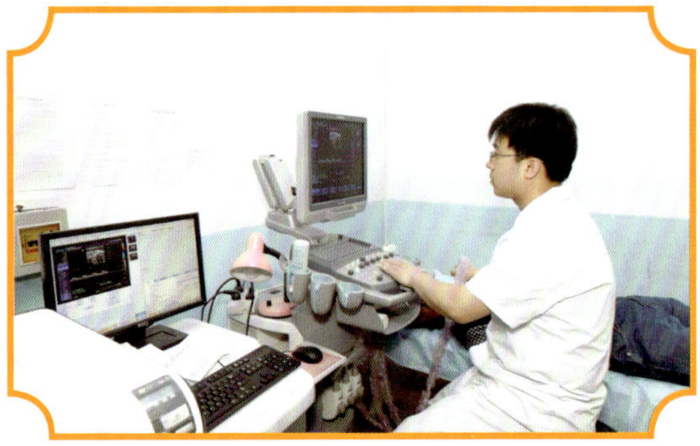

西门子高端彩超

文艺活动

天使风采

住院大楼

高平市 野川镇

党委书记 吴华芳

镇长 李树中

野川镇位于高平市西北13公里处，总面积94.6平方公里，辖24个行政村、56个自然村，有6746户，2.3万人。设31个党（总）支部，共有1026名党员。境内资源丰富，交通便利，生态良好，民风淳朴，是高平市的资源大镇、经济强镇、文化名镇。

2012年，在高平市委、市政府的正确领导下，团结带领全镇干部群众，坚持以科学发展为主题，紧紧围绕“十二五”规划提出的“13 658”转型跨越发展战略和年初提出的各项目标任务，抢抓机遇，攻坚克难，统筹规划，狠抓落实，全镇各项工作亮点纷呈：

野川大讲堂启动仪式

一是发展现代农业，迈出铿锵步伐。大力实施“一种一养一加工，三位一体强三农”的战略，大力发展现代设施农业，取得了前所未有的成就。野川天润农业科技种植示范园、南阳兔业200万只獭兔生态养殖园、神农氏农产品开发有限公司（小杂粮种植加工）初具规模，成为省、市种养殖示范基地。

二是生态绿化加快，秀美山川再现。以河道治理，通道绿化，园林村绿化为目标，加强“两路一河”整治和“五路五桥”绿化，在路家、后山沟两村中间建起连接外环路、杨界线的景观桥，在主干公路两侧修建5个公路景观小游园。开展以“清洁野川、美化家园”为主题的环境卫生综合整治，营造良好的生活环境。

三是农村文化繁荣，群众生活多彩。各村在建起文化大院、体育健身园和农家书屋的基础上都分别组建腰鼓队、水鼓队、威风锣鼓队等文化活动队伍，开展丰富多彩的文化活动。

四是加强党的建设，提高执政能力。按照“建立两项机制，开展两大活动，抓好四大培训，落实五项制度”

◀ 新建野川幼儿园

农民运动会 ▶

的工作思路，以创先争优和保持纯洁性教育活动为载体，推进基层党建工作增活力、上台阶、提水平。

五是坚持为民惠民，高度关注民生。在杜寨村建起敬老院，完成野川中心幼儿园主体工程建设、野川外环路南杨至柳树底的道路延伸工程、杨界线吴庄段公路改造铺装、大野川西街改造工程和总面积 14 万平方米的户通工程。

▲ 新建野川敬老院

▲ 建设中的南杨兔业生态养殖园平面图

▲ 水稻种植示范田

▲ 野川天润农业大棚

▲ 村级文体活动广场

高平市　三甲镇

党委书记　张旭强

镇长　吴绪鹏

三甲镇位于高平市北部，辖25个行政村，25 000人，是市政府规划的装备制造工业园区和五个“卫星小城镇”之一。长期坚持执政为民“四大理念”（即把先富人群凝聚在党组织周围，把困难群众温暖在党组织怀抱，把敬商护商变成三甲人的品行，把亲民富民化为干部们的行动），全面实施“工业强镇、环境聚镇、文化和镇、党建支镇”战略，努力打造富裕三甲、文化三甲、靓丽三甲、宜居三甲、民主三甲、幸福三甲，开创了三甲镇转型跨越发展新局面。先后荣获“全国妇联基层组织建设示范镇”、“山西省文明和谐乡镇”、“山西省模范公务员集体一等功”、“全省治超工作先进乡镇”、“山西省第六次全国人口普查先进集体”、“全省百万农民健身活动先进乡镇”和晋城市“创先争优活动先进乡（镇、街道）党委”、“文化建设先进乡镇”、“老干部工作先进集体”、“农村文化建设先进集体”、“新农村建设先进乡镇”等称号。

该镇交通便捷、区位优势明显，长晋高速公路、207国道、高团路纵贯南北，村级道路四通八达。煤炭、铁矿、石灰岩等矿产资源储量丰富。工业用地较为充足，利用土地十年规划调整，确保了北李至赤祥、二级路与高速路之间工业园3500亩用地，120焦电、邢村精密铸造工业园区1000亩用地。镇、村两级本着“亲商”、“护商”、“安商”、“富商”理念，为企业提供“保姆式”服务，吸引了一大批外来企业投资落户。

三甲镇中心幼儿园

威风锣鼓表演

北庄和谐园

省委书记袁纯清在福川制铁有限公司调研

晋城市委书记张九萍在禾木佳公司调研

福川制铁有限公司

福鑫铸管有限公司

广场游园

高平市米山镇
实施同城战略　打造高平新区

米山镇位于高平市城郊，因秦赵长平之战赵将廉颇在此屯粮而得名，是山西省历史文化名镇，高平市“十二五”城市总体规划建设中的新区、高平四大工业园区之一的高新技术园区，是省委、省政府确定为“一市两园”晋城市新能源产业科技创新园所在地，2012 年 11 月被晋城市确定为“六大产业片区”之一。全镇总面积 69.67 平方公里，辖 37 个村，3.5 万人，耕地 4.2 万亩。

近年来，米山镇以同城发展、打造新区为目标，以高新技术园区为总抓手，以产业结构调整为主线，全面实施“15 688”转型跨越发展战略，全力推进经济社会转型跨越发展。一是全面启动园区建设。投资近 5 亿元初步完成总体规划，路、电、水、气、通讯等设施基本到位，引进科兴光电 LED 照明配套和科兴安泰新型防护装备等两个投资总额达 4 亿元的大项目；二是顺利推进项目建设。累计投资 4.47 亿元，狠抓了龙丰新型墙体建材煤矸石结多孔砖等 6 个新上项目和高平唐一新能源锂电动力电池等 6 个续建扩建项目；三是不断提升新农村建设。全面实施新农村“八大工程”、“六村联创”新的“五个全覆盖”，乡村面貌得到很大改善，侯家庄村入选晋城市首届最美乡村；四是加快城镇建设步伐。接通米山镇区与世纪大道和曲坪线的两大通道，完成园区南北主干道建设以及东西干道的土基工程，开发农民住宅小区 6 栋 180 套；五是统筹发展社会建设。成立镇社会服务管理中心，全面建立镇、村、组三级网格化服务管理模式；六是不断加强基层组织建设。完善实施村级组织建设“十个一”工作机制，开展党员干部“双学双强”带头创业、党员志愿者服务和党员亮牌三项活动，组织农村和企业支部开展“五统五联”活动。

高平唐一新能源公司

园区建设

厦普赛尔饮料有限公司

高平市神农镇

神农镇位于高平市东北部，距市区 10 公里。东连陈区镇，西接永录乡，南邻三甲镇，北与长治县、长子县搭界。总面积 50.69 平方公里，总人口 25 100 人。

党委书记 段晓军

党委副书记、镇长 李 皓

神农镇历史悠久。境内的羊头山，是华夏始祖炎帝神农氏开创中国农耕文明的发祥地。在以羊头山为中心的区域内，现存有神农城、神农泉、神农井、神农庙、五谷畦、神农洞等炎帝活动的遗迹遗址，并存有以炎帝陵为中心的炎帝中庙、炎帝行宫、神农祠等炎帝文化古建筑群。

神农镇交通便利。207 国道和长晋高速公路纵贯南北，市级浩王公路横穿东西，2006 年实现村村通油路，2012 年实现户户通水泥路。

神农镇资源丰富。境内有煤、铁、硫矿、铝矾土、石灰石、优质矿泉水等资源，尤以煤铁储量最大，煤铁为全镇支柱产业。全镇现有神农、首阳两座年产 150 万吨矿井，有盛鼎煤机有限公司、魁尧建筑材料厂、通安起重机械制造有限公司、万通洗煤厂、换马洗煤厂、中村五谷神食品公司、裕丰养殖厂、团东翻砂厂等 30 余个地面企业。

神农镇基础设施建设发展迅速。近年来，新建了镇社会服务管理中心大楼、镇政府办公大楼、神农派出所、镇医院门诊和住院大楼、信用社办公大楼、神农邮政所、新建神农中学。新开发了神农东街并建起了游乐园，全镇农村电网都进行了改造。通过人畜饮水工程改造，全镇群众吃上了干净卫生水。

神农镇商业发达。有红旗超市、供销超市神农店等大型超市，神农大街从团西至东沙口共有大小门店 200 余个，成为功能齐全的商贸大街。

神农镇文化教育事业发展较快。全镇现有高标准初中一所，寄宿制标准化小学 8 所，在岗专任教师 180 名，在校学生 2100 名。传统文化丰富，主要有团西的二龙珠，中庙村的高跷抬轿，中村村的狮子滚绣球，西沟村的武术表演，团东村的九莲灯，东、西郝庄、石沙、小河西村的耍旱船、岭东村的跑驴、池院村的踩三跷、神农八音会等。

新建八轨制神农中学

山西高平科兴新庄煤业有限公司

矿长 明科栋

党总支书记 申国义

山西高平科兴新庄煤业有限公司为高平市地方国有重点煤炭企业，拥有新庄煤矿和南阳煤矿两座生产矿井，共有职工 2500 余人，年核定生产能力 180 万吨。

新庄煤矿创建于 1954 年，现有井田面积 7.1026 平方公里，年核定 9# 煤生产能力 60 万吨。南阳煤矿创建于 1995 年，现有井田面积 18.9096 平方公里，年核定 3# 煤生产能力 120 万吨，是省、市规划建设的百万吨重点骨干矿井。

近年来，新庄煤业紧随高平市追赶全国百强县的时代旋律，坚持安全为本，筑牢企业发展之基。坚持科学管理，提升企业经济效益；坚持党建引领，为发展注入强大动力。坚持和谐共赢，汇聚企业发展合力，在建设“安全保障强、生产规模大、质量效益好、创新管理精、经营绩效优、文化底蕴厚、幸福指数高、生态环境美、人才队伍壮、发展活力足、清风正气新、社会形象佳”美丽矿山的征程上迈出了坚实步伐。

2012 年，公司完成原煤产量 182.88 万吨，实现销售收入 12.18 亿元，实现利税 7.02 亿元，上缴利税 4.06 亿元。企业先后荣获“全国煤炭工业先进煤矿”、“全国煤炭工业行业安全高效矿井”、“国家级安全质量标准化矿井”，山西省“功勋企业”、“安全生产先进单位”，晋城市“2009——2012 年工业企业二十强”、“纳税突出贡献单位”、“廉政文化‘六进’活动先进单位”、“安全生产先进单位”、“文明单位”，高平市“纳税 2 亿元以上企业标兵单位”、“平安创建工作先进集体”、“党建工作先进单位”、“创先争优先进基层党组织”等称号。

愿乘长风万里浪，直挂云帆济沧海。新的历史时期，新庄煤业在党的十八大精神指引下，紧紧抓住“做强主业、转型跨越”的战略发展机遇期，坚持以科学发展观为指导，既要以煤为基，打造安全高效文明和谐现代化精品矿井；又要壮大非煤、挺进高科，努力实现多元发展、延伸发展，在“做强南阳煤矿、振兴新庄煤矿，建成美丽矿山”的发展道路上砥砺前行，力争“十二五”期末成为“双十亿”企业，为全市经济社会又好又快发展作出新的更大的贡献！

晋城市市长刘润民到矿调研

矿长明科栋在井下一线检查安全生产工作

安全签字仪式

矿领导班子研究部署安全生产工作

环境幽雅的职工宿舍区

办公区

乒乓球比赛

庆五一羽毛球比赛

拔河比赛

隔爆水棚

综采工作面

山西高平科兴申家庄煤业有限公司

◆ 领导关怀篇

国家住建部墙材与结构管理处处长屈宏乐（左二）、高平市经贸局局长李石刚（左三）在环利达观摩煤矸石综合利用项目

高平市委书记张玉宏（右二）、市长杨晓波（右三）在公司观摩煤矸石转化与余热综合利用项目

公司董事长、总经理张春荣（左三）在环利达新型墙体材料厂调研煤矸石综合利用转型项目

山西高平科兴申家庄煤业有限公司位于炎帝农耕文化发祥地、长平古战场遗址——高平市永录乡泉则头村，矿区公路与207国道相通，铁路专用线与太焦线相汇于西阳车站，交通便利。公司成立于1952年，前身为高平县申家庄煤矿，1999年企业改制为山西高平申家庄矿业有限公司，2011年资源兼并整合重组为山西高平科兴申家庄煤业有限公司，隶属于山西科兴能源发展有限公司，法人代表张春荣。

该公司现有员工2400余人，井田面积31.5047平方公里，资源储量2.31亿吨，可采储量1.17亿吨，服务年限70年，核定生产能力为120万吨/年，固定资产4.9亿元，注册资金4.4亿元。批准开采3#、9#、15#煤层，现开采3#煤，主要产品有沫煤、洗煤、洗小块、洗中块，全部为优质无烟煤，具有硬度强，光泽度高、低灰、低硫、高挥发份、高发热量、高效能高环保的特点，产品远销山东、江苏、浙江、河南等地。

近年来，该公司坚持以邓小平理论、“三个代表”重要思想、科学发展观为指导，坚持“一手抓安全生产，一手抓120万吨矿井建设，同时搞好企业文化建设和转型发展，力争用三年时间再造一个新申矿”工作思路不动摇，大力实施精细化管理，形成制度化约束、标准化运作、规范化经营的管理体系；加大安全投入，安全质量标准化建设动态达标，安全生产水平显著提升；以创建精品高效、本质安全、生态环保型矿井为目标，120万吨矿井建设快速推进；加强与现代知名农牧企业交流合作，现代生态农业科技示范园区建设如火如荼；大力实施“文化强企”战略，提炼企业文化内涵，形成具有申矿特色的企业文化；大力实施“人本安全、培训教育、素质提升”工程，员工综合素质全面提升，矿井转型跨越发展势头强劲。

“十二五”期间，该公司紧紧围绕“12 348”科学发展战略，以敢于担当的责任心和只争朝夕的紧迫感，进一步解放思想，坚定信心，振奋精神，攻坚克难，扎实工作，为把申家庄煤业公司建设成为三晋一流的现代新型化矿井而努力奋斗！为促进地方经济发展与社会进步做出新的更大的贡献！

◆ 安全生产篇

现代化综采放顶煤工艺

井下中央变电所

现代化综掘设备

现代化矿井监控中心

压风自救装置

120万吨矿井建设项目奠基

120万吨矿井建设主斜井

120万吨矿井建设副平硐

120万吨矿井回风立井施工现场

公司党总支书记郜鹏在全国烧结墙材废渣与隧道窑余热利用技术现场会上发言

30万吨饲料厂项目奠基仪式

30万吨安全高效饲料生产线项目

现代农业示范园蔬菜大棚

◆ 矿山面貌篇

新建多功能餐厅

高标准工房车间

现代化办公大楼

高标准职工公寓楼

◆ 荣誉成就篇

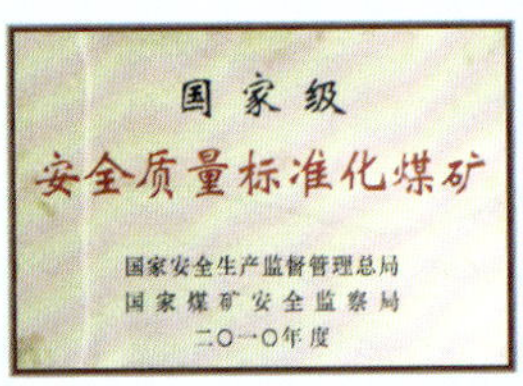

山西兰花集团营山煤矿有限公司

董事长 成书盾

党委书记 刘红波

总经理 王文庆

营山煤矿始建于1958年，2003年7月2日经山西省工商行政管理局核准登记注册改制为公司制，是一家集产、选、洗、运、深加工于一体的现代化企业，在册员工1900余人。公司位于晋城市北25公里处的三家店村，东依营山，西临太焦铁路，北接高平界牌岭，南接泽州县天泰锦辰煤业，2.5公里铁路专用线从郑州铁路局北板桥车站接轨直达工业广场。年核定生产能力90万吨，可采煤层为3#、9#、15#。

近年来，营山煤矿有限公司紧紧围绕“保安全、保稳定、求发展、惠民生”这一主题思路，始终把本质型安全矿井建设放在首位，力保和谐稳定，着力改善民生，推动科学发展，使广大职工共享企业发展成果。依靠技术创新，回收原弃置资源，延长了矿井服务年限；加大安全投入，完善安全管理体系，连续安全生产十二年；实施文化兴企战略，积极打造独具特色的营山精神文化体系，为矿山加速发展提供强大的驱动力；坚持人才强企战略，给职工成长成才提供进步平台，为矿山的健康发展提供坚实的人才保障；以人为本，深入开展精神文明创建活动，不断提高职工收入。多年来，先后荣获中国安全文化管理典范单位、中国绿色环保示范单位、中国工业经济十大科技创新企业、中国企业文化建设优秀单位、中国最具社会责任示范单位、首届全国矿产资源合理开发利用先进矿山企业、全国诚信企业、山西省国标二级矿井、山西省长周期安全无事故矿井、山西省质量标准化矿井、山西省生态示范单位、晋城市安全生产

白国周班组管理法先进事迹报告会

职工家属座谈会

效益十佳煤矿等数百项荣誉称号。

勤勉、厚道、创新、图强的莒山人将秉承“合力向上、奋进不止”兰花精神，继承和发扬莒山人敢为人先、奋发有为的优良传统，以实现企业科学发展、安全发展、和谐发展为己任，在充满坎坷的道路上披荆斩棘、砥砺前行。

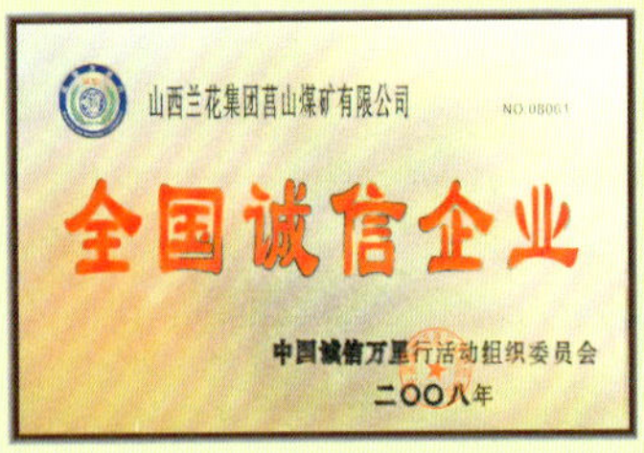

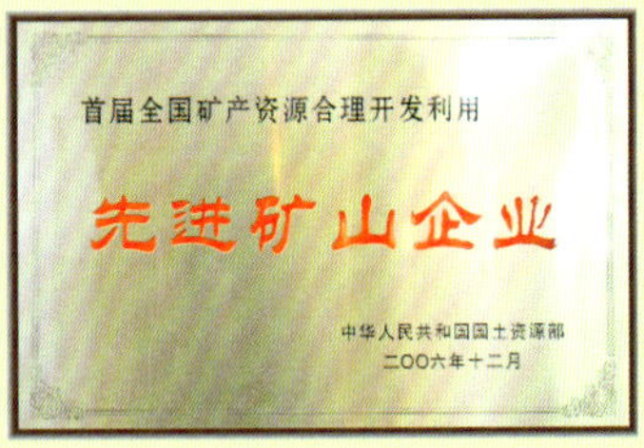

休闲长廊

廉政歌会

女工委组织女工为井下职工包粽子

平安大道

职工书画展

安全教育室

调度指挥中心

三机配套

职工培训中心进行教学

山西兰花集团北岩煤矿有限公司

董事长　张锦生

山西兰花集团北岩煤矿有限公司前身为晋城市北岩煤矿，1957年建矿，2003年注册成立公司，下辖11个分、子及参股公司，是一个集煤炭、旅游开发、新材料制造、劳务服务、服装、餐饮住宿于一体的国有地方企业。现核准开采3–15$^{\#}$煤层，生产能力60万吨/年。

北岩煤矿是中国地方煤炭战线的先进企业之一，建矿至今获得各种荣誉500多项。1988年晋升为“国家二级企业”，1990年被评为中国煤炭行业的优秀企业，荣获“金石奖”，1991年被评为“山西省最佳企业”，1996年被煤炭工业部授予“地方国有煤矿部特级质量标准化井”，1997年12月国家煤炭工业部授予“中国煤炭工业现场管理先进企业”，国家质量技术监督局授予“煤炭质量合格企业”称号。

2001年，东峰煤矿成为北岩煤矿的接替井，注册为北岩煤矿的子公司。东峰煤矿位于高平市原村乡境内，井田面积15.5009平方公里，可采储量10 072.9万吨，可采煤层3$^{\#}$–15$^{\#}$煤。2008年5月26日东峰煤矿60万吨/年正式投产。2009年，经山西省煤矿企业兼并重组整合工作领导组批复，东峰煤矿完成了60万吨~120万吨/年能力提升，东峰煤矿跨越发展实现重大突破。2011年，东峰煤矿整体收购原山西兰花王莽岭旅游开发公司。2012年，东峰煤矿与山西兰花煤炭实业集团有限公司、山西兰花集团莒山煤矿有限公司共同出资组建山西兰花集团丝麻发展有限公司。

同时，为实现多元化发展，北岩煤矿及子公司东峰煤矿投资控股、参股了晋城市新动力经贸有限公司、山西兰花塑钢型材有限公司、晋城市兰花旅行社有限责任公司等多家公司。北岩煤矿有限公司将继续发扬“合力向上，奋进不止”的兰花企业精神，秉承“创新赢得明天”的经营理念，朝着构建和谐矿山、实现小康社会的宏伟目标阔步前进。

职工文化活动中心

东峰调度指挥中心

井下安全文化长廊

综放工作面

东峰矿全景

多彩的文化生活

现场办公

公司领导亲临一线

签订目标责任书

访寒问暖

东峰洗选系统

山西兰花科技创业股份有限公司大阳煤矿分公司

科技兴煤 创新发展 和谐共进 再铸辉煌

矿长 赵宏伟

党委书记 王国强

山西兰花科技创业股份有限公司大阳煤矿分公司是一家集采煤、洗选、煤矸石制砖于一体的现代化企业，是兰花公司第一座高产高效机械化矿井。矿井核定生产能力180万吨/年，现有员工2000余人，可采煤层有3#、9#、15#，煤质为优质无烟煤，属“兰花炭”之精品，具有“四高四低”的良好特性，即：固定炭高，发热量高，机械强度高，热稳定性高和低硫、低磷、低灰分、低挥发份，是高效洁净的环保型绿色能源，广泛用于电力、冶金、化工、建材等行业，更是化肥厂、冶炼厂的优质用料，被用户誉为“绿色煤炭”。

近年来，大阳煤矿通过实施科技兴煤战略，坚持安全发展、科学发展，牢固树立“以人为本、文化引领”的理念，以“管理一流、效益一流、团队一流、形象一流”为目标，先后对采、掘、机、运、通等各大系统进行优化改造升级，建立完善矿井“六大系统”建设，打破诸多发展瓶颈，构筑了安全生产长效机制。不断加大科技投入，按照省安全质量标准化新标准，健全管理机构，完善各项制度，理顺了各种机制，顺利达到省一级安全质量标准化矿井标准。不断强化“基层、基础、基本功”建设，开展标准化班前会、安全帮教管理、“手指口述、岗位描述”安全确认法等班组安全文化建设，职工的安全意识和安全技能得到提升，增强了企业安全生产的内在动力。严格落实煤矿从业人员“素质提升工程”，始终把提升人的安全意识、规范人的安全行为作为人才强企战略的核心，继续深入开展职工安全技能培训，有效遏制了各类“三违”行为，提高了职工安全自保互保能力。

大阳煤矿坚持以“三大管理”为主导，多种管理手段并存，强化科学管理、现场管理、文化管理，立创新之志、务创新之实。投资2500余万元，建成年产6000万块煤矸石砖项目，年消化矸石15万吨，走出了一条可持续发展新路，为实现转型跨越发展奠定坚实基础。同时，坚持以民生为本，不断加强和谐矿区建设，积极为职工群众办实事、做好事、解难事，让广大职工真正享受到改革发展的成果。

大阳煤矿通过了质量、环境和职业健康安全管理体系认证，先后荣获中国煤炭工业双十佳煤矿、全省煤炭工业安全质量标准化一级矿井、山西省安康杯明星企业、山西省五一劳动奖状、晋城市五一劳动奖状、

环境幽雅的办公区

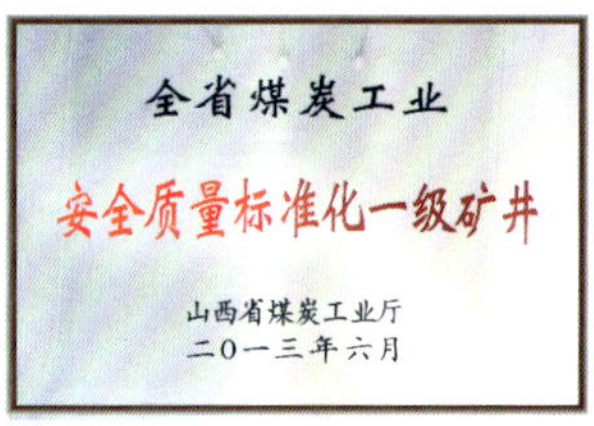

安全生产先进单位、环保工作先进单位等称号。

矿山儿女多壮志，百尺竿头谱新篇。在全市“一争三快两率先”和兰花集团“举创新大旗，走转型之路，建五大板块，做中国名企”的战略目标指引下，大阳煤矿立足新起点、实施新跨越，为建设“安全、稳定、绿色、文化、和谐、发展”的新矿山而不懈努力。

文艺节目表演

职工运动会拔河比赛

调度指挥中心

标准化灯房

综采工作面

职工俱乐部

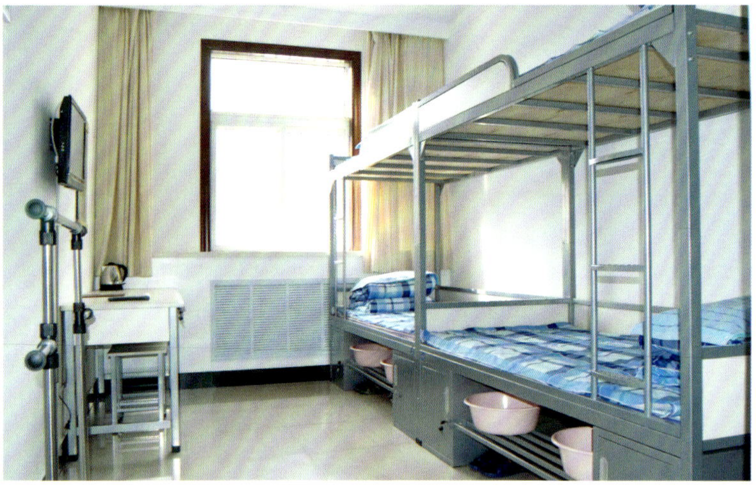

职工宾馆

休闲文化广场

晋城市地方风味小吃城

总经理 赵跃进

晋城市地方风味小吃城，是改革开放以来，由个体地摊发展起来的小吃餐饮龙头产业。前身为泽州路综合市场，2005 年在创建“全国优秀旅游城市”过程中，市政府将其更名为“晋城市地方风味小吃城”。

晋城市地方风味小吃城位于泽州路，占地面积 13.8 亩，建筑面积达 14 000 平方米，安排个体商户百余户，其中：小吃餐饮户占到 55%，主要经营全市和全国各地方风味小吃。除此外还有与餐饮相匹配的蔬菜、肉、蛋类、水产、水果、粮油、调味等经营品种达 2 万余种。另有练歌、网吧、棋牌、茶社等大众娱乐项目。就业人员达到 600 余人，年创税 60 余万元。是晋城市争创全国卫生城市和文明城市的一个服务窗口和亮点，被评为全市十大市场之一。

晋城市地方风味小吃城项目总投资达 3300 万元，全体商户全部安装煤气，极大改善了环境。小吃城正向新的餐饮标准和要求迈进。欢迎社会各界朋友及八方游客到小吃城品尝特色，吃出健康，饮出欢乐。

川菜馆

晋城市
创业孵化基地
晋城市创建国家级创业型城市领导组

香锅·铁锅炖菜
川菜馆
竹笋鸡

能人创业争先
正宗武汉九九鸭系列
招待所

鸣谢单位

晋城市烟草局

高平科兴云泉煤业有限公司

城　区

城区位于晋城市中部，四周与泽州县接壤。地理坐标为东经112.50°，北纬35.31°。海拔748.3米。南北长17.5公里，东西宽15.4公里，总面积149.6平方公里。是1985年8月市管县体制改革中新设置的县级行政区。辖1个镇、7个街道办事处、62个行政村、83个社区，总人口（常住人口）47.7万人。是晋城市政治、经济、文化、科技中心，为晋城市人民政府、城区人民政府和泽州县人民政府机关驻地。

城区区位优越，交通便捷。双轨电气化太焦铁路贯穿南北，有铁路专用线10多条。晋（城）阳（城）、晋（城）焦（作）、长（治）晋（城）、晋（城）济（源）高速公路，在境内交会。207国道、太（原）洛（阳）、晋（城）韩（城）、晋（城）陵（川）、晋（城）张（路口）、晋（城）辉（县）等干线公路，纵横交织。

旅游业是城区的新兴产业。境内旅游景点主要有白马寺山森林公园、洞头生态旅游景区、泽州公园、凤凰岭森林公园、玉龙潭公园、文笔峰塔、怀覃会馆等。驻区旅行社、旅游公司有友好国际旅行社、太行旅行社、假日旅行社、铁道旅行社、东方旅行社等。

2011年概况

2011年，全区生产总值完成473 961万元，同比增长14%；财政总收入完成84 186万元，同比增长30.89%；一般预算收入完成52 001万元，同比增长38.7%；规模以上工业增加值完成214 113.5万元，同比增长32.53%；社会消费品零售总额完成1 176 162万元，同比增长17.7%；全社会固定资产投资完成1 312 231万元，同比增长26.28%；城镇居民人均可支配收入完成20 127元，同比增长15.99%；农民人均纯收入达到7963元，同比增长19.65%。并获全省“2011年度县域经济发展先进县（市、区）”称号。

农业

新发展北阎庄、洞头、七岭店等5个“一村一品”专业村，培育丰安悟能、冯匠鹌鹑等5个规模养殖基地，扶持强民乳业、柏基菌业等6家农产品加工龙头企业，新建设施蔬菜1010亩，大力推进晋城现代都市农业园、仕帝农业生态观光园、牛山黑龙潭农业园、东武匠生态休闲山庄、牛山仙凌山庄等6个农业示范园区建设，逐步形成以农耕体验、农业观光、农村休闲为主的休闲观光农业区。特别是司徒现代都市农业园建设起点高、投资大、进度快,全年完成投资1.2亿元,成为全市乃至全省发展现代农业示范园。走上围绕城市、服务城市的城市型生态农业发展之路。

全年全区粮食总产量完成10 231吨,小麦总产量完成5298吨,秋粮总产量完成4913吨,蔬菜总产量完成45 294.5吨,肉类总产量完成1202吨,禽蛋总产量完成2461吨,牛奶总产量完成272吨。

工业

工业形成园区化雏形。占地1300多亩的北石店工业园区规划选址和宇光二期用地基本确定,初步议定进园项目4个,总投资约60亿元,同时加大工业技改力度,形成一批技术创新基地,完成智宇钢结构聚氨脂板材生产等技改项目4个;提供贴息贷款1000万元,扶持白马王啤酒、恒光热电、健牛工贸等9家企业做大做强,白马王啤酒与华润集团合作顺利推进,九州玻璃进军酒业包装市场,恒光热电市区北片供热规模扩大到100万平方米。天煜煤层气一期工程完工,科威矿用材料项目奠基开工,东部地区将成为城区新兴产业基地。

全年全区规模以上工业总产值完成344 532万元,规模以上工业增加值完成214 113.5万元,规模以上工业销售产值完成347 630.8万元。乡镇企业总产值完成1 432 630万元,同比增长22.68%;乡镇企业增加值完成385 335万元,同比增长22.28%;乡镇企业利税总额达125 633万元,同比增长30.0%;乡镇企业营业收入完成1 150 271万元,同比增长22.84%。

第三产业

全区第三产业形成品牌化效应。围绕把城区建设成为独具特色、优势明显、主体功能突出的区域性服务中心,全面推进商贸物流扩张,对19个商贸企业给予2000万元贷款贴息支持,大力扶持苗匠物流园区、三鑫祥达等企业提档升级;商贸物流重点项目,豪德物流园区一期工程投入使用,二期工程奠基开工,中视钢材交易中心、美特好、炬展商城等相继投入运营,西部现代物流基地初具雏形。投资6亿元的人民广场改造及国际购物广场加快推进;总投资30.51亿元的20个商贸中心基本建成15个,以新市街为轴心的主城区商业品位得到显著提升,商业核心区域幅射功能进一步增强,品牌店、连锁店、加盟店等不断增多,招商、兴业等股份制银行相继落户,信息、网购、电子商务、资讯等行业快速发展,初步形成服务功能齐全、辐射周边地区、引领时尚消费的现代服务中心。

招商引资

全面拓展对外开放的广度和深度,进行定点式、跟进式、持续式招商,招商引资成果丰硕,品牌城区建设取得历史性突破。大力实施“对接上海、融入中原”战略,成立驻上海招商引资代表处，重点引进投资3.5亿元的白马寺山太行明珠游乐城、晟峰软件园、上海锦江国际广场、华润万家、家乐福、富士康赛博数码科技、苏宁电器等知名品牌。发挥区位优势，深度对接晋煤集团、兰花集团等国有大型企业，着力引进一批适合城区发展的战略性新兴产业，如铝合金高精板、科威矿用材料等项目。全年共签约招商项目22个，拟引资额达121.05亿元，签约数量、投资总额、引资总额同比分别增长3.14倍、7.7倍、9.1倍。

城镇建设

按照全市“六区联动、组团发展”的城市总体规划，立足“方便、温馨、开放、现代”的主基调，改旧城、建新区，加快推进市域城镇化步伐，城乡一体化进程进一步加速。

城中村改造。将城中村改造作为加速城乡一体化的根本途径，出台规范城中村改造的实施意见，进一步完善和规范城中村改造程序，创新城中村改造思路，引入市场竞争机制，将城中村改造改造与品牌招商相结合，推介城中村改造项目12个。重点组织实施10个城中村改造项目，完成建筑面积64.75万平米，19.25万平米具备回迁条件，1017户居民回迁。

北石店新区改造。北石店新区建设顺利推进，畅安路建成通车，沿街商业开发加快，10万平方米回迁楼基本建成，500户居民回迁。

新农村建设。全力实施农村新的“五个全覆盖”工程，农村文化体育场所、中等职业教育免费全覆盖和新型农村社会养老保险三个全覆盖提前一年完成；实施农村净化、绿化、硬化、亮化工程，广泛开展农村医疗服务、文体服务、财会服务、便民服务，建设饮水工程3处，完成节水工程5处，农村基础设施得到全面改善。加快推进农村地质灾害治理和采煤沉陷区综合治理工作。贯彻落实各项强农惠农政策，加大财政对“三农”的投入，农民人均纯收入增长19.7%，获得全省“增加农民收入先进区”称号。投资7269万元，造林绿化9900亩，市区绿化覆盖率、绿地率和人均公共绿地面积继续提升，市区空气质量保持全省领先。

社会事业

大幅度增加财政对民生领域的投入，累计达4.8亿元，同比增长45.3%。16件惠民实事基本完成。环卫工人人均每月增资250元，月收入达到1010元；圆满完成城乡低收入群众免费供应1吨取暖用煤任务。城镇居民基本医保人均财政补贴从120元增加到200元；包括大病在内的住院最高支付限额，城镇居民从12万元增加到16万元，城镇职工从30.5万元增加到34.5万元。失业人员享受失业保险待遇由每月660元增加到770元。

教育事业。加大教育基础设施建设，推进城区职中、华洋职中、汇仟小学3所学校规划建设，完成晓庄、回军、七岭店等5所小学的危房和钟家庄中学的餐厅改造，更新市区17所学校水冲式厕所和8所学校的供热管网，为14所农村中小学配备艺体器材。加强教师队伍建设,面向社会公开选聘教师82名。进一步落实教育惠民政策,义务教育“两免一补”等政策全面兑现,上学难、上学贵问题得到缓解。全年教育支出2.3亿元,占公共财政预算支出的26.7%,是财政投入教育力度最大的一年。

社会保障。实施新型农村养老保险,启动城镇居民养老保险试点,基本确立覆盖城乡居民的社会保障体系。解决未参保集体企业养老保险,城镇职工医保、城镇居民医保、新型农村合作医疗参保率达到95%以上,各项参保人数达12.9万人。发放廉租住房补贴133万元。城乡低保实现应保尽保,保障对象4538户14 134人,城乡低保规范化建设走在全市前列。出台《晋城市城区老龄事业“十二五”规划》,全面推进老龄事业与全区经济社会同步协调发展。

医疗卫生。新农合覆盖面继续扩大,参合农民5.93万人,参合率达到96.94%。完成20个村卫生所搬迁改造达标建设,投入710万元更新市第二人民医院医疗设备,投入195万元更新改造市第二人民医院和中医院供暖设施。深入推进医药卫生体制改革,圆满完成三年医改任务。3个政府举办独立设置的基层医疗卫生机构进行改革。

劳动就业。认真落实各项就业扶持政策,举办创业培训班8期,培训240人;培训企业在岗人员1500余人;在洞头村成立全市农村劳动力技能培训基地;援助就业困难人员295人,高校毕业生220人。新增就业9870人,农村劳动力输出与转移2680人,下岗失业人员再就业983人,投入1320万元就业再就业专项补助资金,实现创业带动就业1320人,城镇登记失业率控制在1.8%以下。加大残疾人就业力度,积极协调中小企业,为残疾人提供工作岗位。全区就业与再就业压力得到缓解。

文体事业。为44个村(社区)配备文化设施。高标准完成农村体育场所设施全覆盖,对69个无体育设施的村(社区)配置一套健身器材。对西上庄办事处33个村(社区)的农家书屋管理员进行集中培训,完成49个行政村共享工程服务站点建设。

科技事业。不断加大科技研发投入,大力推进企业自主创新和农村科技进步,争取上级科技资金400多万元,为全区经济社会转型跨越发展提供有力支撑,再次被科技部授予“全国科技进步先进区”称号。圆满完成4.3万户城乡居民和学校、医院4.96万吨冬季取暖供煤等各项工作。

中共城区区委书记:张玉宏(2011.4—2011.12)

区人大常委会主任:王新喜(2011.1—2011.6)

宋春生(2011.6—2011.12)

区人民政府区长：张玉宏（2011.1—2011.4）

张利锋（2011.4—2011.6）（代）

（2011.6—2011.12）

区政协主席：张迎社（2011.1—2011.6）

刘秋海（2011.6—2011.12）

2012年概况

2012年，全区生产总值完成203亿元，增长11%；财政总收入完成11.59亿元，增长37.7%，公共财政预算收入完成7.02亿元，增长34.9%，财政总收入和公共财政预算收入增幅均列全市第一；社会消费品零售总额完成136.6亿元，增长16.16%；服务业增加值完成114亿元，增长10.8%；全社会固定资产投资完成172亿元，增长31.1%；城镇居民人均可支配收入达到22565元，增长12.11%；农民人均纯收入达到9052元，增长13.68%。

农业

由现代农业向高效化发展，“一村一品”成效明显，涌现出张岭、庞圪塔等18个省、市级“一村一品”专业村。摩登大地农庄、汇江亨通花卉项目落地建设，司徒、寺底等5大农业园区建设扎实推进。巩固提升“513”龙头企业，特色种养项目继续发展壮大。区财政投入300万元扶持建设牛山现代农业园，白马寺山森林公园的辐射带动作用开始发挥。

全区农村经济总收入完成294 664万元，同比增长8.83%；农业总产值完成20 483万元，同比增长13.71%；粮食总产量完成15 088.62吨，小麦总产量完成32 061.9吨，蔬菜总产量完成45 410.2吨，肉类总产量完成1548吨，禽蛋总产量完成1905吨，牛奶总产量完成216吨。

工业

由新型工业向高质化转变。积极推进北石店工业园区建设，编制园区总体规划。为10家规模以上工业企业提供贴息贷款3000万元，六大工业技改项目全部完成。逐步形成以科威工业园为主体的装备制造业，以海斯药业为龙头的生物制药业，以天煜煤层气为主导的新能源产业，以晟皓光电为重点的节能环保产业等新兴工业发展新格局。

全区规模以上工业总产值完成388 937万元，规模以上工业增加值完成93 399万元，规模以上工业销售产值完成377 261万元。民营经济总产值完成1 877 756万元，同比增长15.13%；民营经济增加值完成522 435万元，同比增长19.48%；民营经济利税总额达190 641万元，同比增长31.45%；民营经济营业收入完成1 566 536万元，同比增长18.31%。

第三产业

围绕打造“面向中原的购物首选地、北方义乌和太行国际商贸城”目标，组织实施总投资270亿元的43个商贸物流项目建设。豪德物流一期和凤展新时代广场项目投入运营；白马接待中心、国贸基斯顿酒店、金融财富广场、皇城相府城市综合体、海天大酒店等一大批以五星级大酒店为主体的高端商业综合体集群化发展初具规模，加快城区商贸物流业向品牌化、高端化、规模化方向转变。全年服务业增加值完成114.13亿元，占全市的36.1%，占全区生产总值的比重达到56.2%。

项目建设

深入开展“项目落地年”活动，狠抓总投资560亿元的81个非资源类重点项目。晋城大医院、北石店商务中心、科威工业园、中视钢铁二期、华大时代、豪德二期、庞大汽贸、皇城相府城市综合体、金融财富广场、赛博科技、红星美凯龙等十大项目取得突破性进展；豪德一期、白马接待中心、太行明珠游乐城、凤展新时代、国贸基斯顿酒店、海天大酒店、居然之家、喜临门生活港、中视钢铁一期、白云怡景丽家等十大项目基本完工，成为新的经济增长点。全年累计完成投资113亿元，占年度计划的129%。全年完成项目落地数量182个，完成落地金额329.1亿元，占年度计划的127%，排名全市第一。

招商引资

大力实施“依托山西、对接上海、融入中原”的开放引进战略，瞄准世界500强、国内500强和行业领军企业，全力以赴招大商、引大资、大上项目、上大项目，坚持“走出去”、“请进来”的战略，采用定点式、跟进式、持续式的招商模式，分别赴北京、上海、天津、南京、沈阳、义乌、太原等地实地考察，先后参加首届国际高端产业项目(上海、宁波)洽谈会、第七届长沙中部投资贸易博览会、首届世界晋商大会等五大展会，取得丰硕成果。在项目、资金、管理、理念、技术等方面，与上海开展全方位的合作与对接，引进德国大众宝马4S店、中科垃圾焚烧发电等8个项目。引进全聚德、麦当劳、星巴克、必胜客、万达影院、苏宁电器、赛博科技、锦江之星、华润万家、红星美凯龙等十大知名品牌。全年共签约项目32个，引资154亿元，外来资金到位93.38亿元，排名全市第一。

城镇建设

将城中村改造作为全区经济发展的优势资源和民生改善的有效途径，出台《关于进一步规范城中村改造的实施意见》，坚持“政府主导、市场运作、整村拆迁、安置优先”原则，实施9个城中村改造项目，完成投资9.96亿元，占年度计划的110.7%，完成拆迁面积6.1万平方米，开工面积65.6万平方米，竣工面积25万平方米，回迁面积10万平方米，950户居民回迁。

城市环境。开展城乡环境卫生整治,启动实施城乡清洁工程。配合市政府改造提升凤台街人行道,打通文昌街、兰花路、红星街等5条断头路,硬化背街小巷20条。加强节能减排,万元GDP综合能耗指标完成3.5%的年度降幅目标,被确定为第二批国家低碳试点城市。积极创建国家森林城市,白马寺山森林公园、豪德公园、凤还巢森林公园"三大公园"绿化提档升级,全年造林绿化7600亩。狠抓以白马寺山为重点的环境治理,荣膺国际花园城市综合金奖、国际花园城市景观改善类特别金奖和白马寺森林公园生态治理工程自然类单项金奖三项桂冠。

新农村建设。落实各项强农惠农政策,财政对"三农"的投入达到2.43亿元,占全区总支出的22.1%。完成58个行政村225.5公里农村街巷硬化全覆盖和62个农村便民连锁商店全覆盖任务,农村新"五个全覆盖"任务全部超额完成。洞头村成为晋城市首批最美乡村,夏匠村被全国妇联、教育部、中央文明办授予"全国家庭教育示范村"称号。

社会事业

全区新增就业1.1万人,荣获"全市创业型城市创建工作突出贡献奖"。城镇居民社会养老保险和新农保工作被确定为国家级试点,城镇居民社会养老保险社会化征缴工作得到人社部肯定。出台《失地农民社会保障办法》,将8000多名失地农民纳入社会保障范围。为600多名社区工作者办理社会保险。扎实推进保障性住房建设,完成投资6.6亿元,竣工1000套,为663户住房困难家庭发放廉租住房补贴。连续两年为环卫工人增加工资,每人每月增资145元,达到1155元。为一线环卫工人免费提供"贴心早餐"。完成低收入农户供煤工作。投入1000多万元对市区8处低洼地段进行治理。投资470万元对群众反映强烈的汇仟小区质量和环境问题进行集中整改。区政府为民承诺的十二件实事全部兑现。

教育事业。财政性教育投入达到3.22亿元,占财政总支出的29.3%。投入9000万元对中小学和幼儿园实施以改厕、改暖、改操场、改宿舍、改餐厅为重点的"五改"工程,42所学校26 000名学生受益。全区所有学校配备保安,安装监控设施,校园更加安全。城区职中新校区开始招生,新建汇仟小学完成主体工程。城市义务教育阶段中小学生均公用经费分别由430元、330元提高到603元和482元。公开招聘教师54名,对在编不在岗的教师进行集中清理。首次实行划片招生、阳光编班,班容量过大的问题得到初步解决。

劳动保障。积极打造创业城区,全年新增就业11 007人,转移劳动力2234人,被市政府授予"全市创业型城市创建工作突出贡献奖"。

医疗卫生。加大公共卫生医疗服务投入,筹集资金1.2亿元开工建设市第二人民医院住院大楼项目,新建钟家庄社区卫生服务中心。医疗保障水平稳步提升,基本药物制度在公立基层医疗卫生机构全面实施,新农合参保率达99.6%。

文化建设。实施文化惠民工程,区文化馆、图书馆全部对外免费开放,开展农家书屋读书活动,为基层群众送戏下乡400多场、放映电影1600余场。夏匠村阳光爱乐合唱团应邀赴德国参加国际合唱比赛,获一等奖;玉皇庙维修工程竣工,程颢书院开发开始规划设计,怀覃会馆进行修缮。全区全年接待游客290万人次,旅游综合收入达到24亿元,同比增长62%;开展全国文明城市创建活动,共创建国家级文明典型3个,省级文明典型19个,市级文明典型32个,区级文明典型105个。

中共城区区委书记:张玉宏(2012.1—2012.12)

区人大常委会主任:宋春生(2012.1—2012.12)

区人民政府区长:张利锋(2012.1—2012.12)

区 政 协 主 席:刘秋海(2012.1—2012.12)

(赵同善　周粉香)

泽州县

泽州县位于晋城市南部。地理坐标为东经112°31′—113°14′，北纬35°12′—35°42′。县境东北与陵川县为邻，西与阳城县毗连，西北与沁水县相邻，南和东南与河南省的辉县、修武、博爱、沁阳、济源等市、县交界，北与高平市接壤。总面积2023平方公里。县级党政机关现驻晋城市区。辖14镇3乡，有632个行政村（含1136个自然村），49.7万人。

境内地貌以山地丘陵为主。山地、丘陵、平川面积之比为6:3:1。境内自然资源丰富，尤以煤铁为著。无烟煤保有储量达12.9亿吨，铁矿、硫铁矿、含锰铁矿、铝矾土、水泥灰岩、石灰岩等储量也很丰富。全县现有森林69.35万亩，牧坡草地67.5万亩。野生动、植物不但种类繁多，而且较为珍贵。其中属国家二、三类保护的珍稀动物有猕猴、大壁虎，属国家保护的植物有青檀木等。丰富的自然资源为经济的发展提供了重要的物质基础和条件，使泽州县成为山西省能源重化工基地及全国无烟煤生产基地的重要组成部分。

泽州县历史悠久。境内不但有女娲补天之类的美丽传说，高都新石器时代古人类遗址的发现，更证明了早在两万多年前，就有人类在这里繁衍生息。1996年8月，撤销晋城市郊区，改设泽州县，辖区不变。

泽州县交通便利。从境内通过的铁路有太焦线和侯月线。国道和省级公路有207国道、太洛公路、长晋二级汽车专用公路、晋韩公路、晋陵公路、晋阳高速公路、晋焦高速公路、晋长高速公路、晋济高速公路和环城高速公路。所有行政村全部通了水泥路或油路。

2011年概况

2011年，全县生产总值完成193.74亿元，同比增长14.7%；财政总收入完成34.17亿元，同比增长16.12%；一般预算收入完成10.84亿元，同比增长16.01%；农民人均纯收入达到7940元，同比增长19.5%。县域经济基本竞争力位居中部地区第43位，连续七届荣获“中国中部百强县”称号。培塑了一大批文明和谐先进典型，被表彰为全市“和谐建设先进县”。党管武装工作走在全省前列。年末全社会从业人员2 489 46人，比2010年末增加2041人。年末农村从业人员218 162人，同比增长0.79%；城镇单位从业人员30 784人，同比增长1.10%。

农业

大力推进“一村一品”建设,新建泊南成晔农业园、鑫牛万头奶牛养殖园、绿成5000亩核桃种植园、泽地萃万吨食用菌产业园等农业园区,蔬菜种植、畜禽养殖、干鲜果、有机农产品、食用菌等特色种养基地规模不断壮大,“一村一品”专业村达到186个,其中38个被确定为省级专业示范村,45个被确定为市级专业示范村。规模养殖达到2300户,生猪出栏65万头,牧业产值突破12亿元,被山西确定为“一县一业”生猪养殖基地县。培育千亩土地流转示范点10个。注册农产品商标250余个,涌现出“巴公”牌大葱、“盘松”牌蜂蜜、“卧龙山”牌甜糯玉米、“寿山”牌蔬菜等一批特色名牌产品;全县农民专业合作社发展到542家,入社农户1.6万户,居全市第一;农产品加工龙头企业发展到23家,其中,省级重点龙头企业1家,市级龙头企业8家。认证无公害面积56万亩,无公害产品38个,有机产品11个;全面推进水利、集体林权、土地流转等农村综合改革,提升农业现代化水平。

全县农作物种植面积70 944公顷。其中粮食种植面积67 636公顷,油料种植面积1404.5公顷,棉花种植面积32.2公顷。在粮食种植面积中,玉米种植面积6027公顷,小麦种植面积31 639公顷。

全年粮食总产量239 302吨,同比减产7580吨;棉花产量38.2吨,同比增长－14.5%;油料产量2880吨,同比增长－1.7%;药材产量1022吨,同比增长－4.2%;蔬菜产量72 927吨,同比增长17.2%;水果产量18 903吨,同比增长0.7%。

全年肉类总产量35 345吨,同比增长55.9%。其中,猪肉、牛肉、羊肉分别增长60.8%、176.8%和22.4%;奶类总产量921吨,同比下降28.1%;禽蛋总产量18 148吨,同比增长84.1%;蚕茧产量56吨,同比减少11.1%。水产品产量500吨,同比增长2.9%。

全年完成造林面积2781公顷,增长98.6%;经济林面积1307公顷,增长12.6倍。全县林木绿化覆盖率达到46.9%。森林覆盖率达到34.1%。年末城镇绿化覆盖率达到33.1%。

年末全县农业机械总动力71.5万千瓦。机械耕地面积142 560公顷;机械播种面积38620公顷;机械收获面积35 420公顷。全县农机化经营总收入6.3亿元。

工业

全县有规模以上工业企业62家,全部工业增加值完成135.4亿元,同比增长17.9%,规模以上工业主营业务收入235.7亿元,同比增长41.8%,工业企业实现利润22.5亿元,同比增长89.8%。全年实现利税31.5亿元,同比增长59.4%。主要产品产量:原煤产量完成911万吨,同比增长0.1%;化肥产量(实物量)完成162万吨,同比增长15.7%;生铁产量完成263万吨,同比增长21.2%;粗钢产量完成221万吨,同比增长31.0%;钢材产量完成205万吨,同比增长

35.4%；水泥产量完成11万吨，同比下降26.7%；铸件产量完成132万吨，同比增长11.9%；发电量完成6.8亿千瓦时。

全年完成投资额26.87亿元，巴公装备制造、周村煤化工、南村新兴产业、金村科技文化和现代物流“四大园区”，承载集聚功能进一步完备，巴公园区被确定为省级转型综改试点园区。新创办企业（实体）120家，新增就业岗位10 800个。签约和对接太阳能光电建筑一体化、富士康机器人配套铸件、晋煤百万吨合成油等一大批项目，签约总额674.7亿元。外贸进出口额增幅全市第一。

第三产业

社会固定资产投资完成97.7亿元，同比增长39.7%。社会消费品零售总额完成23亿元，增长17.1%。其中：批发业完成8682万元，增长-13.2%，零售业完成189 222万元，增长19.2%；住宿业完成6551万元，增长26%，餐饮业完成25 679万元，增长14.2%。

全县外贸总额突破2亿美元大关，实现历史性突破。外向型企业涌现出千万美元级1家、百万美元级2家、十万美元级13家，形成十大产业、200多个产品系列的出口规模，“泽州制造”产品远销20多个国家和地区。全县进出口总额28 100万美元，同比增长1740%。其中，出口2266万美元，增长50.1%；进口25 834万美元，是2010年同期的2583倍。

年末，全县金融机构各项存款余额1 266 692万元，比年初增加155 334万元，增长14%。各项贷款余额514 238万元，比年初增加105 419万元，增加25.8%。

全年保费收入14 092.8万元，同比下降1.1%。其中，财产险保费收入4891.2万元，同比增长15.5%；人寿险保费收入5154.8万元，同比增长8.6%；健康险业务保费收入3824.7万元，增长26.4%；意外险业务保费收入222.1%万元，增长19.1%。

社会事业

新“五个全覆盖”工程，三个提前一年实现，十件惠民实事圆满完成，教育、卫生、人口和计划生育、广电等各项工作成绩显著。环城高速公路沿线各乡镇，在集中供暖、煤层气推广以及新城镇建设等方面创造了经验。新农村建设得到进一步巩固，群众生产生活条件得到极大改善，新农合参合率达到98.5%，新农保参保率达到97%。城乡低保和社会救助工作成效明显，免费为全县农民群众提供取暖用煤16.6万吨。城乡生态化建设成绩显著，全年空气质量二级以上天数达361天。大力发展文化事业，县二十八宿影视公司与央视动画公司签署联合开发500集二十八宿系列动漫及衍生产品的战略合作协议，同时与多家文化传媒公司签署版权合作协议。首部52集《大耳朵爷爷历险记》动漫片，获山西省文化优质产品奖和原创动漫大奖。

教育。年末,全县共有各级各类学校270所,比2010年减少32所。在各类学校中,有高中学校2所,完全中学校3所,高职中学2所,初中中学33所,九年一贯制学校3所,小学226所,教师进修学校1所。共有各级各类在校学生人数61 914人,比2010年末减少3698人;各级各类学校招生数18 205人,比2010年增加4086人;毕业生数14 497人,比2010年减少4306人;全县教职工人数5042人。小学学龄儿童入学率88%,小学和初中升学率均达100%。

文化。年末,全县共有艺术表演团体2个,其中剧团1个,曲艺队1个。有公共文化馆1个,公共图书馆1个,乡镇文化站17个,村级农家书屋631个,藏书95万余册。有广播电台1座,电视台1座。有线电视用户达9万户,入户率达到98.99%,其中接受数字信号用户5000户。投入资金662万元,支持393个农村文化体育场所建设,实现农村文化体育场所全覆盖;投入86万元,支持文化低保工程,送电影下乡600余场,送戏下乡171次。支持"一乡一品"文化发展,打造了一批特色文化村镇,成立了一批农民文化艺术团体和组织。

卫生。年末,全县共有卫生机构(含诊所)767个,其中县医院1个、县妇幼保健院1所,疾病预防控制中心(防疫站)1个,卫生监督所1个,乡镇卫生院26个,村级卫生所632个,个体诊所105个。有床位数1464张,卫生技术人员1991人,其中执业医师和执业助理医师943人,注册护士551人。乡村三级医疗机构达标率为98%,新型农村合作医疗参合率达到99.2%。

交通。年末,全县公路线路里程2230公里,其中高速公路130公里,公路密度110公里/百平方公里。完成货运周转量68 500万吨公里,比2010年增长4.6%。

邮电。完成邮电业务总量14 297万元,其中邮政业务总量1800万元;电信业务总量12 497万元。农村固定电话用户达到64 524户,移动电话用户达到240 273部,互联网用户达到58 105户。

旅游。年末,全县共有旅游景区(点)9处,其中4A级景区1处。有星级饭店6家,其中四星级3家、三星级2家、二星级1家。有农家乐56个。共接待游客246.3万人次,旅游收入19.2亿元。

社会保障。年末,全县城镇基本社会保障覆盖率达92%,其中养老保险覆盖率达94.3%,医疗保险覆盖率达97.2%;失业保险覆盖率达85%。城镇居民低保人数2365人,保障户数1718户;农村低保人数19 308人,保障户数10 859人。新型农村社会养老保险全面启动,参保人数271 107万人,参保覆盖率达97%。

中共泽州县委书记：崔守安（2011.1—2011.12）

县人大常委会主任：陈晋勇（2011.1—2011.12）

县人民政府县长：茹栋梅（2011.1—2011.5）

常广智（2011.5—2011.6）（代）

（2011.6—2011.12）

县 政 协 主 席：樊秋宝（2011.1—2011.12）

2012年概况

2012年，全县生产总值完成217.69亿元，增长10.9%；财政总收入完成37.52亿元，同比增长9.8%；公共财政预算收入完成12.49亿元，增长15.2%；农民人均纯收入达到9044元，同比增长13.9%。县域经济实力和综合竞争力进一步增强。大力优化发展环境，被评为全省投资环境创优县区。认真落实各项强农惠农政策，被评为“全国新农村建设示范县”、“全国粮食生产先进县”。人口计生工作再上新台阶，荣获“全国计划生育优质服务先进县”称号。大力推进县域生态化，荣获“全省林业生态县”称号。

农业

全县粮食总产量达到2.7亿公斤，获“全国粮食生产先进县”称号。无公害蔬菜面积发展到5.2万亩，经济林发展到2.5万亩，有机农产品发展到2.1万亩，食用菌产量达到9420吨。“一村一品”专业村发展到111个，农民专业合作社发展到724个。彤康、晋宏等重点龙头企业实现销售收入5.7亿元。雨润10万头生猪养殖、泽地苹、长青苑等农业龙头项目建设进度加快。益丰园、绿之丰、绿林成果、成晔等一批现代化农业科技示范园，向生产销售、观光旅游、休闲娱乐一体化发展方向迈进。全县农作物种植面积69 751.4公顷。其中：粮食种植面积66 509.3公顷，油料种植面积1361.5公顷，棉花种植面积30公顷。在粮食种植面积中，玉米种植面积5947.9公顷，小麦种植面积31 423.5公顷。

全年粮食总产量269 949.3吨，比2011年增产31 000吨；棉花产量37.7吨，同比增长-1.3%；油料产量2816.4吨，同比增长-2.2%；药材产量1112.7吨，同比增长8.9%；蔬菜产量74 169.2吨，同比增长1.7%；水果产量19 658.9吨，同比增长4.0%。

全年肉类总产量40 781吨，比2011年增长20.0%。其中，猪肉产量36 816吨，增长13.1%；年末生猪存栏271 570头，增长0.5%；生猪出栏492 005头，增长5.8%。牛奶产量1666吨，增长80.9%；禽蛋产量20 503吨，增长13.0%；蚕茧产量86吨，增长53.5%；水产品产量600吨,增长0.8%。

全县完成造林面积1509公顷,同比下降28.9%;经济林面积327公顷,增长6.5%。全县林木绿化覆盖率达到48.1%,森林覆盖率达到35.1%,城镇绿化覆盖率达到31.0%。

年末,全县农业机械总动力73.2万千瓦。机械耕地面积51 800公顷,机械播种面积42 600公顷,机械收获面积38 400公顷。农机化经营总收入6.1亿元。

工业

泽州县与晋煤集团签订企地合作协议,推进天泰公司规范化建设,四大煤炭整合主体所属煤矿复产复工取得重大进展,全年煤炭产量完成740万吨。全力加快项目建设,65项省市县重点工程项目,年度投资完成率达到114%。实行点对点、企对企招商,晋煤高硫煤洁净利用化电热一体化示范项目、兰花科创己内酰胺、兰花物流、月星国际家居生活广场等69个项目相继落地,落地金额达到228亿元。全年铸造产品产量达到150万吨,获“中国铸造行业集群县”称号。推进市级转型综改先行试点县建设,积极创新土地管理、投融资等领域的体制机制,为推动经济转型注入强劲动力。

年末,全县有规模以上工业企业64家,全部工业增加值完成151.8亿元,比2011年增长13.0%,规模以上工业主营业务收入269.5亿元,比2011年增长14.7%,工业企业实现利润23亿元,比2011年增长2.4%。全年实现利税37.8亿元,同比增长3.6%。主要产品产量:原煤产量完成740万吨;化肥产量(实物量)完成96万吨,同比增长27.8%;生铁产量完成315万吨,同比增长19.8%;粗钢产量完成274万吨,同比增长24.0%;钢材产量完成269万吨,同比增长31.2%;水泥产量完成13万吨,同比增长18.2%;铸件产量完成150万吨,同比增长13.6%;发电量完成6.8亿千瓦时。

第三产业

社会固定资产投资完成127.1亿元,同比增长30.1%。社会消费品零售总额完成26.71亿元,增长16.1%。其中:批发业完成8998万元,增长3.6%,零售业完成216 570万元,增长14.5%;住宿业完成12 939万元,增长16.2%,餐饮业完成28 631万元,增长35.7%。

大力发展外向型经济,全年外贸进出口总额达到4.13亿美元,同比增长47.1%,连续两年在全市领跑。其中,出口2665万美元,增长17.6%;进口38 658万美元,增长49.6%。

年末,全县金融机构各项存款余额149.9亿元,比年初增加23.2亿元,增长18.3%。各项贷款余额62.5亿元,比年初增加11.1亿元,增加21.6%。

全年保费收入1.43亿元,同比增长1.6%。其中,财产险保费收入6326.4万元,同比增长29.3%;寿险保费收入7519.3万元,同比增长45.9%;健康险业务保费收入149.1万元;意外险业务保费收入320.1万元，增长44.1%。

社会事业

新建农村便民连锁店57个，新增农村街巷硬化里程704.4公里，新的“五个全覆盖”如期完成。煤矿沉陷区治理、大周公路、南小公路东下村段、巴公生猪屠宰场等惠民实事有序推进。教育、卫生、科技、文化等各项社会事业蓬勃发展。人口计生工作再上新台阶，获“全国计划生育优质服务先进县”。社会保障体系进一步健全，新农合参合率达到99%，新农保参保率达到98.5%。大力推进县域生态化，森林覆盖率达到35.09%，绿化率达到48.07%，获“全省林业生态县”。各类和谐创建活动异彩纷呈，被市委、市政府表彰为“和谐建设先进县”。加强和创新社会管理，“十化”管理服务模式成效明显。爱国统一战线作用得到充分发挥，党管武装工作不断加强，群团工作扎实推进，基层民主法治建设再上新水平。坚持以“一体两翼”引领新型城镇化建设梯次推进，金村新区金村大道等标志性工程取得重要进展，巴公巴原新城项目前期准备就绪，南村“两纵两横”发展框架初步形成，其他中心城镇主动承接“一体两翼”的辐射效应，全县城镇化率达到41.2%，比2011年提高两个百分点。坚持以新型农民社区引领新农村建设上档升级，全县煤层气用户达到2.2万户，集中供热达到73万平方米，自来水普及率达到92.3%，被评为“全国新农村建设示范县”。东四义、山耳东、东常村、苇町等一批老典型得到巩固提升，泊南、杨洼、大泉河等一批新典型脱颖而出，东四义、土岭村获全市“最美乡村”称号。

教育。年末，全县共有各级各类学校260所，比2011年减少10所。在各类学校中，有高中学校2所，完中学校3所，高职中学2所，初中中学33所，九年一贯制学校2所，小学217所，教师进修学校1所。各级各类在校学生人数57 282人，比2011年末减少4632人；各级各类学校招生数14 864人，比2011年减少3341人；毕业生数18 155人，比2011年增加3658人；教职工人数5184人。小学学龄儿童入学率100%，小学和初中升学率均达100%。

科学技术。全县科技研发经费支出2612万元。申报国家级科技项目3项，申报省级科技项目5项，申报市级科技发展计划项目96项。争取国家、省、市科技部门资金约663万元。全年共申请各类专利101件。

文化。年末，全县共有艺术表演团体8个，新创作首演剧目5个，上演剧目23个，演出场次3000场，收入150万元。其中：剧团1个，上演剧目13个，演出场次420场，收入105万元；曲艺队1个，上演剧目22个，演出场次2000场，收入5万元。有公共文化馆1个，公共图书馆1个，乡镇文化站17个，村级农家书屋632个，藏书94余万册。有广播电台1座，电视台1座。全县有线电视用户达到8万户，广播综合覆盖人口46.8万人，广播综合人口覆盖率

96.4%;有线电视综合覆盖人口48.0万人,电视人口综合覆盖率达99.0%。有线电视入户率达到80.0%,其中接受数字信号用户达到12 000户。

卫生。年末,全县共有卫生机构(含诊所)730个,其中县医院1个、县妇幼保健院1个,疾病预防控制中心(防疫站)1个,卫生监督所1个,乡镇卫生院26个,村级卫生所632个,个体诊所68个。共有床位数1511张,卫生技术人员2044人,其中执业医师和执业助理医师966人,注册护士589人。乡村三级医疗机构达标率为100%,新型农村合作医疗参合率达到99.3%。

交通。年末,全县公路线路里程达到2251公里,其中高速公路130公里。公路密度111.3公里/百平方公里。完成货运周转量74 000万吨公里,比2011年增长8.0%。

邮电。全年完成邮电业务总量10 828万元。其中邮政业务总量1677万元,电信业务总量9151万元。农村固定电话用户达到75 333户,移动电话用户达到287 639部,互联网用户数达到65 595户。

旅游。共有旅游景区(点)9处,其中:4A级景区1处、2A级景区1处。共有星级饭店6家,其中四星级3家、三星级2家、二星级1家。共有农家乐56个。共接待游客350.2万人次,实现旅游总收入29.5亿元。

社会保障。年末,全县城镇基本社会保障覆盖率达98.9%,其中:养老保险覆盖率达99.2%,医疗保险覆盖率达98.5%,失业保险覆盖率达99.2%。城镇居民低保人数2293人,保障户数1660户;农村低保人数18 967人,保障户数11 120人。新型农村社会养老保险全面启动,参保人数28.1万人,参保覆盖率达98.5%。

中共泽州县委书记:崔守安(2012.1—2012.12)
县人大常委会主任:陈晋勇(2012.1—2012.12)
县人民政府县长:常广智(2012.1—2012.12)
县 政 协 主 席:樊秋宝(2012.1—2012.12)

(张　静)

高平市

高平市位于晋城市北部。地理坐标为东经112°43′—113°08′,北纬35°38′—35°59′。东至铁佛岭与陵川县接壤,南至界牌岭与泽州县毗邻,西至老马岭与沁水县交界,西北至丹朱岭与长治市长子县为邻,东北至金泉山与长治市长治县相接。东西长41公里,南北宽37公里,境域总面积946平方公里。境内矿产资源主要有煤、铁、坩土、铝土、硫黄、石灰石等。含煤面积271平方公里,地质储量约为161亿吨,已探明储量30亿吨。铁矿储量约1.8亿吨,硫黄储量约为5.5亿吨。

1993年5月12日,经国务院批准,撤销高平县,设立高平市。全市辖16个乡(镇、街道办事处),434个村民委员会,29个社区居民委员会,691个自然村,总人口48.5万人。

高平是中华民族人文始祖炎帝的故里,中国历史上著名的长平之战的发生地,太行太岳革命老区和闻名全国的"煤铁之乡"、"黄梨之乡"、"生猪之乡"和"上党梆子戏剧之乡"。高平春秋时称泫氏,战国时称长平,北魏至今称高平。传说远古时期,炎帝神农在此播五谷、创耒耜、教稼穑、尝百草、兴医药、疗疾伤、开肺、制陶器,开创了华夏文明。已发现的东庙遗址、李家庄遗址等,证明早在旧石器晚期这里就有人类繁衍生息。

高平历为兵家必争之地,战国时期的秦赵长平之战,悲惨壮烈;五胡十六国时期的晋汉长平之战,血雨腥风;周世宗高平大捷,威震天下。高平是革命老区,抗日战争时期,朱德、彭德怀、左权、徐海东、黄克诚等老一辈无产阶级苦命家在此战斗,取得了一次又一次辉煌胜利。

市境地处交通枢纽,太(原)澳(门)高速公路、国道207线、省道长(治)晋(城)线和太(原)焦(作)铁路南北纵贯,省道坪曲线东西横越,交通便利。

2011年概况

2011年,全市生产总值完成208.4亿元,比2010年增长16%;财政总收入完成36.5亿元,增长16%;一般预算收入完成10.3亿元,增长19.6%;城镇居民可支配收入完成18 592元,增长17.3%;农民人均纯收入7596元,增长19.8%。财政总收入绝对额在晋城市保持第一,在全省名列前五。

农业

坚持走品牌化、循环化、高端化发展之路,粮食产量达2.37亿公斤,创历史新高。大力推进“一村一品”,新建蔬菜大棚1665栋。着力推进“一县一业”,全年生猪出栏135.3万头;神隆氏生物活性肽建成投产,产业链条进一步延伸。特别是在全省“一县一业”座谈会和农村工作会议上,高平市生猪产业发展的典型经验,被副省长郭迎光赞誉为“高平模式”。

煤炭产业

完善煤矿兼并重组,全面完成协议签订、名称预核准、进驻接管、证照办理、矿井关闭等工作,煤炭产业实现集团化、机械化、安全化。煤矿企业累计投入资金1亿多元,以煤补农、以煤换绿、以煤促文,实现“十二五”良好开局。

项目建设

21个重点项目完成投资14.6亿元,占计划投资的105%,唐一新能源、福川制铁、融高太阳能等项目相继建成;十项惠民实事、十项基础设施工程、十五项产业转型项目剪彩奠基。

招商引资主动对接大上海、融入长三角,成功举办上海招商引资项目推介会,签订合同、协议、意向15项。赴苏州、成都、厦门等地对接洽谈,组团参加中博会、农博会、深交会等大型招商活动,引进华润制药、苏州纽威等一批大集团。全市共签约项目、达成协议31项,投资总额111亿元,拟引资90.3亿元。

城市建设

围绕打造开放尚城、宜居绿城,全年新增城市集中供热能力140万平方米、集中供气5000余户;开工建设各类住房6004套;完成南湖公园、长平苑和丹河一标段景观建设,新增绿化面积25万平方米,建成区绿化覆盖率40.5%;深入开展环境卫生等五项整治活动,对主干道路的门店招牌进行更新。

惠民实事

“十件实事”基本完成。新“五个全覆盖”扎实推进,农村街巷硬化、农村文化体育场所、中等职业教育免费、新型农村养老保险实现全覆盖。着力缓解就业、取暖、上学、看病等难题,全年招聘教师181名、医护人员37名,新增公益岗位200个、城镇就业岗位5237个;让利1.5亿元,为低收入家庭供应“爱心煤”25.35万吨;全面完成校舍安全续建及配套任务;医改五项重点任务全面完成,省委书记袁纯清专程到高平市调研医改工作。安全生产持续稳定,保障经济快速发展。文化建设有声有色,成功举办全省第七届广场文化艺术节、炎帝农耕文化节,《西沟女儿》晋京展演,受到中宣部、文化部赞誉。中央政治局委员、中央书记处书记、中宣部部长刘云山专程到高平市调研指导文化建设。

民生支出

全年与民生事业直接相关的支出同比增长26.37%，占一般预算支出的74.99%。全年共拨付资金4481万元，实现城乡低保动态管理下的应保尽保。投入企业养老保险资金398万元，投入农村社会养老保险资金4414万元，投入城镇居民养老保险资金190万元，实现养老保险制度全覆盖。支付城镇职工医疗费用5175万元，支付城镇居民医疗保险金171万元，筹集新型农村合作医疗资金9010万元，全年共补偿40余万人次，补偿金额7758万元；投入医疗救助资金450万元，救助1343人次；投入资金5000余万元，推进医药卫生体制改革。落实义务教育阶段经费5766万元、补助寄宿制生活费438万元，全额负担农村义务教育“零收费”政策资金343万元；全面启动清理化解农村义务教育债务工作，累计兑付资金2514万元；发放普通高中国家助学金405万元；落实校舍安全工程短缺资金6925万元，全市中小学生教育环境彻底改变；扩大财政性教育经费用于职业教育的比例，一次性免除近6000人的学杂费；支持市实验中学、第二职中、第三职中、高平六中、市直示范幼儿园建设，各层次教育资源均衡协调发展。对2011年村级组织活动场所建设的12个完工项目予以补助，提升活动场所的综合功能。支持新农村文化创建工程，为“农村体育场所全覆盖”、农村电影公益放映、农家书屋、“文化低保”等投入600余万元，解决农村文化、体育基础设施匮乏的问题。支持农村“一事一议”工作，财政奖补资金1130万元，涉及农村小型水利、绿化亮化、文化广场、村务活动室等多个项目。

法制建设

作出《进一步加强法治宣传教育的决议》，把法制宣传教育和依法治理工作纳入国民经济和社会发展规划，纳入政府目标管理。组织对《食品安全法》、《水资源污染防治法》、《山西省预防职务犯罪工作条例》、反渎职侵权工作进行执法检查和专题调研，向市政府和执法机关提出整改意见，并跟踪检查落实情况。规范人事任免工作，坚持任前调查、任前考法、供职发言、审议票决、颁发任命书、就职宣誓、公告宣布等程序，全年共依法任免地方国家机关工作人员44人次。

查办和预防职务犯罪

依法查办职务犯罪案14件18人，其中贪污贿赂案10件12人，渎职侵权案4件6人。所查案件中，涉及副科级以上干部6人。查办农村基层组织干部犯罪案2件3人，国有企业人员犯罪案4件4人。依法查处国家机关工作人员玩忽职守案3件3人。依法查处某基层派出所3名协警帮助犯罪分子逃避处罚案。组织全市60余家单位800余名干部职工到晋城市参观“全国检察机关惩治和预防渎职侵权犯罪展览”。组织3800余名干部职工到廉政警示教育基地参观学习。在安监、税务、城建等系统进行预防职务犯罪专题讲座23次。对全市195项工程所涉及的882家施工单位进行行贿犯罪档案查询。向有关单位发出预防性检察建议26份。

中共高平市委书记:谢克敏(2011.1—2011.12)
市人大常委会主任:李晚富(2011.1—2011.6)
张志刚(2011.6—2012.12)
市人民政府市长:秦建孝(2011.1—2011.5)
杨晓波(2011.5—2012.12)
市政协主席:梁沁高(2011.1—2011.12)

2012年概况

2012年,全市地区生产总值完成234.7亿元,同比增长11.9%;财政总收入42.3亿元,增长16.1%;一般预算收入11.9亿元,增长16%;城镇居民人均可支配收入21 324元,增长14.7%;农民人均纯收入8647元,增长13.8%。高平市连续三年被评为中国全面小康成长型百佳县市。先后荣获全国"创先争优活动先进县(市、区)党委"、"农田水利基本建设先进县"、"全民健身活动先进单位"和山西省"园林城市"、"环保模范城市"、"文化体制改革工作先进市"、"人口计生工作目标责任制考核先进县(市)"、"农建'禹王杯'先进县"、"治超工作先进市"、"集体林权制度改革先进县"、"中小学德育工作先进市"、"一县一业先进市"、"粮食生产先进市"等称号。

转型发展

继续实施地下转地上、资源转资本"两个转移"战略,强力推进十大工业、十大矿井,十大农业、十大服务业、十大城建、十大民生"六个十"项目,当年完成投资58亿元,占年度计划的92%,项目落地年和重点工程建设取得显著成效。唐一新能源、融高太阳能、福川制铁、金田农业等一批项目建成投产,华润制药、海诺科技、科兴光电、安泰矿工防护设备制造等一批项目开工建设。融高太阳能、海诺科技、金田农业三个项目代表晋城市接受省委、省政府观摩检查。工业园区建设步伐加快,马村煤电化工业园区被省政府升格为副处级工业园区;米山高新技术产业园区成为晋城市"一市两园"试点。四大园区落户企业达30余家,总资产150亿元,园区引领作用初步显现。

新农村建设

加快发展生猪、蔬菜两大主导产业，承办全国生猪产业高层论坛、全省发展生猪产业现场会，组建高平市猪业协会，开通高平生猪网，“一县一业”生猪示范基地规模效应充分显现，全年生猪出栏145万头。新发展设施蔬菜面积7562亩，新建百亩以上设施农业园区22个。“一村一品”扎实推进，涌现出10个“一村一品”示范村，60个“一村一品”重点村，涉及农户23 231户，人口75 617人，其中设施蔬菜产业村21个，畜牧产业村8个，水果产业村10个，苗木花卉、核桃种植村11个，观光农业村10个，共发展设施蔬菜10 412亩，生猪养殖20万头，干鲜果、苗木花卉、小杂粮基地11 680亩，旱鸭出栏42万只，獭兔出栏200万只。创新性地启动实施了农村新一轮“五个全覆盖”工程，“一村一街亮化、农业科技服务、文化活动组织、天网工程、民兵武装”全覆盖工程均完成年度建设任务。深入推进“六村联创”活动，新农村建设水平和层次明显提高。扎实推进扶贫攻坚工作，实施一批产业扶贫项目，群众自我增收致富能力显著提升。

城乡建设

大力实施“一城五镇双百村”特色城镇化战略，启动实施十大城建重点工程，开工建设一批公用建筑。高标准完成丹河路改造工程，打通10条断头路，市区道路交通明显改善。开工建设保障性住房1872套，新建商品房4000余套。大力推进集中供热、供气工程，新增供热面积80万平方米、供气5000余户。建成综合性城市公园长平苑，新建一批城市小游园，被省政府命名为省级园林城市。加快推进“五镇”建设，实施基础设施项目48个，城镇人口达到24.78万人，城镇化率51.1%。

生态文明建设

加快建设绿化、净化、气化、健康高平，完成造林2.3万亩，森林覆盖率达18.3%。持续开展环保专项行动，市区空气质量二级以上天数达到357天，顺利通过省级环保模范城验收。加快推进重点节能项目，全面淘汰落后产能。大力实施农村清洁工程，果则沟村、侯家庄村荣膺晋城市“最美乡村”称号。

社会建设

全面推进教育协调发展，教育重点工程稳步推进，高考成绩再攀新高。率先实施普通高中“两免一补”、职业高中免费，实现12年教育全免费。公立医疗机构彻底取消“以药补医”，新农合为农民直接减轻医药负担1.2亿元。就业再就业工作得到加强，社会保障水平明显提高。大力实施公民道德建设工程，在第九届中国公民道德论坛上作主题发言。深入推进精神文明创建活动，精心组织“中国·高平第四届炎帝农耕文化节”，创建村级文化活动组织150个,城乡文化生活日益丰富多彩。文化产业和文化事业蓬勃发展,《西沟女儿》二度晋京演出并作为廉政文化精品剧目在全省巡演。坚持党管武装原则,军民融合式发展成效显著。深入开展安全隐患排查专项整治,安全生产形势持续稳定。积极加强社会管理创新,构建市、乡、村、网格"四级联动"的社会服务管理模式。大力推进"天网工程"全覆盖,社会治安防控体系进一步完善。认真落实市乡书记大接访、领导干部包案、机关干部下访等信访工作制度,圆满实现十八大期间"两个零"、"五个不发生"目标。深入开展"打黑除恶"等专项行动,连续九年保持现行命案破案率100%。统计、档案、市志、民政、残疾人保护等各项社会事业均得到新发展。

中共高平市委书记:谢克敏(2012.1—2012.12)

市人大常委会主任:张志刚(2012.1—2012.12)

市人民政府市长:杨晓波(2012.1—2012.12)

市 政 协 主 席:梁沁高(2012.1—2012.12)

(文战胜)

阳城县

阳城县位于晋城市西南部，地处太行、太岳、中条山三山之间。地理坐标为东经112°01′02″—112°37′28″，北纬35°12′30″—35°41′12″之间。东沿樊山、华阳山、沁河与晋城市泽州县搭界，西以云蒙山与运城市垣曲县相连，南以大岭头、原山、鳌背山与河南省济源市毗邻，从西到北，有东岩根、梁树腰、地棚岭、皇岩底、险坪、柿树凹、后韩山、大安头与晋城市沁水县接壤。南北长约54公里，东西宽约53公里，总面积1917平方公里。辖10个镇、7个乡、1个办事处，467个行政村。

阳城古称濩泽，历史悠久，文化源远流长。唐至清末县内130多人中进士。有明万历吏部尚书王国光、天启工部尚书白所知、南明吏部尚书张慎言，更有清康熙文渊阁大学士兼吏部尚书陈廷敬、雍正初的文华殿大学士兼吏部尚书田从典，还有世称“天下第一清官”的明成化佥都御史杨继宗及南宋大著名画家萧照、清代著名数学家张敦仁。抗日战争时期，阳城是晋豫边革命根据地的中心，朱德、彭德怀、邓小平、徐向前等老一辈革命家曾在此战斗、生活。1946年至1949年，太岳行署进驻阳城，阳城成为太岳区中心。

主要山脉南部有析城山、云蒙山、小尖山、鳌背山、大乐岭、风山岭、老虎岭、指柱山，西部、北部有仙翁山、白龙山、黄龙山等，沁河是境内最大的河流，其次为南大河、芦苇河、涧河。

境内交通发达。侯月铁路穿越县境，阳翼高速、晋阳高速、阳济、陵沁、阳垣等出境公路构成四通八达的交通网。该县在全省首家实现“村村通”，境内公路密度每百平方公里102.1公里，行政村道路通畅率达到99.4%。

阳城工业以煤炭产业为支撑，形成以安阳工业集中发展区、北留工业园区、芹池煤化工园区、演礼工业园区为主导的“1+4”的工业强县的产业格局；亚洲最大的火力发电厂——阳城电厂位于境内。旅游业发展较快，主要有5A级景区皇城相府，4A级景区蟒河风景区、亚高山草甸析城山景区。

2011年概况

2011年，全县辖10镇7乡1个办事处。年末常住人口388 504人，其中男性193 571人，女性194 933人，男女性别比为99.30(女性=100%)。居住在城镇的人口155 206人，居住在乡村的人口233 298人。城镇人口比重达到39.95%，人口出生率7.03‰，人口死亡率7.95‰，人口自然增长率下降0.92‰，公安部门户籍登记总户数168 241户，总人口383 770人，非农业人口75 503人。全县完成地区生产总值1 398 562万元，比2010年增长1.8%。其中，第一产业实现增加值71 825万元，比2010年增长2.6%；第二产业实现增加值896 595万元，比2010年增长0.2%；第三产业实现增加值430 142万元，比2010年增长5.4%。三次产业比重为5.1∶64.1∶30.8，第一产业和第三产业分别比2010年上升0.8、2.4个百分点，第二产业比2010年下降3.2个百分点。人均地区生产总值35 982元，按2011年平均汇率(6.4583)计算，达到5571美元。

年末城镇单位从业人员33 884人，其中，在岗职工人数32 982人，在岗职工年平均工资31 808元，比2010年增长3.1%。农村居民人均纯收入7078元，比2010年增长19.6%。农村居民人均生活消费支出5080元，比2010年增长24.6%。农村居民消费恩格尔系数36%。城镇居民人均可支配收入16 879元，比2010年增长15.6%。城镇居民人均消费性支出9364元，比2010年增长9.7%。城镇居民消费恩格尔系数28.1%。

全县城镇居民养老保险参保人数2907人，征缴保费88.6万元。全县参加企业养老保险20 078人，参加机关事业单位养老保险11 634人，参加农村养老保险199 545人。参加基本医疗保险职工41 052人，城镇居民医疗保险27 078人。年末城镇基本社会保障覆盖率92%，比2010年降低0.05个百分点。其中，养老保险覆盖率94%，比2010年提高3个百分点。医疗保险覆盖率98%，比2010年提高5百分点。失业保险覆盖率84%，比2010年降低6.6个百分点。征缴各项社会保险基金26 959.6万元，支付各项社会保险待遇19 244.82万元。4万多农村居民领取养老金2898.1万元。年末城镇登记失业率为0.7%，全年开发公益性岗位400余个，新增就业岗位4000个。

全年生产安全事故死亡36人。亿元生产总值生产安全事故死亡0.26人，比2010年下降0.01人。

农业

全年实现农业增加值71 825万元，比2010年增长2.6%。完成农林牧渔业总产值120 801万元，比2010年增长15.9%。其中，种植业产值51 968万元，比2010年增长4.0%。粮食总产量177 991吨，比2010年减3.0%。其中，夏粮51 480吨，比2010年减13.5；秋粮126 511吨，比2010年增长2.1%。油料产量694吨，比2010年减18.4%。蔬菜产量49 322吨，比2010年增长5.1%。棉花产量61吨，比2010年增长73.9%。水果产量5763吨，比2010

年增长4.6%。年末全县有效灌溉面积9051公顷。全年化肥施用量(实物量)51 649吨,比2010年增长1.9%。农用薄膜使用量55吨,比2010年增长12.2%。农业机械总动力40.8万千瓦。全年机耕地面积33 271公顷,比2010年增长2.4%。

全年完成林业总产值4950万元,完成造林面积2360公顷,比2010年增长182%。封山育林面积133公顷。通道绿化补植补造200公里,四旁植树150万株。核桃产量1297吨,比2010年增长24%;花椒产量507吨,比2010年增长2.4%;山茱萸产量1754吨,比2010年增长45.7%。

全年完成畜牧业总产值60 354万元,比2010年增长32.2%。年末牛存栏3620头,猪存栏125 660头,羊存栏75 795只,鸡存栏2 157 881只。全年肉类总产量16 339吨,禽蛋产量21 766吨,牛奶产量173吨。新增桑园133.3公顷,年末桑园面积5865公顷,比2010年增长2.6%。全年蚕茧产量3551吨,比2010年增长5.1%,蚕茧12 523万元,比2010年增长48.8%。

工业

全年全部工业增加值863 768万元,比2010年增长1.6%。其中,规模以上工业企业完成工业增加值845 790万元,比2010年增长2.8%。全年规模以上工业企业实现主营业务收入1 456 551万元,比2010年增长8.5%;实现利润269 787万元,比2010年增长0.7%。企业总资产贡献率19.9%,同比下降1.1个百分点;资产负债率45.5%,同比下降3.3个百分点;流动资产周转率1.81次,同比下降0.44次;成本费用利润率22.4%,同比下降0.6个百分点;产销率97.7%,同比上升3.4个百分点。全年全社会生产原煤1216.13万吨,比2010年减11.3%。发电量1 692 607万千瓦时,比2010年减4.9%。生铁产量12.29万吨,比2010年增长29.8%。水泥产量68.43万吨,比2010年增长15.3%。日用陶瓷10 248万件,比2010年增长0.5%。建筑陶瓷8500万平方米,比2010年增长6.3%。铸铁件34 980吨,比2010年增长18.1%。全社会用电量277 667万千瓦时,其中城乡居民生活用电10 116万千瓦时。全县乡(镇)企业完成增加值452 333万元,比2010年增长6.3%。实现营业收入1 080 078万元,比2010年增长9.9%。实际缴纳税金73 224万元,比2010年增长15.4%。乡(镇)企业总产值1 192 527万元,比2010年增长6.7%。

建筑业

全年建筑业完成增加值32 827万元,比2010年增长1.9%。房地产开发企业全年房屋建筑施工面积133 644平方米,竣工面积48 145平方米。商品房销售面积62 765平方米。

固定资产投资

全年全社会固定资产投资总额682 214万元(不含跨县投资),比2010年增长25.9%。按城乡分:城镇投资完成610 766万元,农村非农户投资完成71 448万元。按产业分:第一产业投资6755万元,比2010年增长271.2%;第二产业投资480 315万元,比2010年增长33.6%;第三产业投资195 144万元,比2010年增长7.9%。

贸易

全年批发零售贸易业实现增加值97 652万元,比2010年增长1.1%。住宿和餐饮实现增加值36 478万元,比2010年增长5.0%。全县社会消费品零售总额253 228万元,比2010年增长17.3%。按地区划分,城镇零售额220 698万元,比2010年增长18.6%;乡村零售额32 530万元,比2010年增长9.0%。按行业划分,批发、零售贸易零售额215 956万元,比2010年增长17.2%;住宿餐饮零售额37 272万元,比2010年增长17.8%。

财政

全年完成财政总收入253 438万元,比2010年增长1.0%;完成地方财政一般预算收入77 585万元,比2010年增长19.9%;地方财政一般预算支出153 257万元,比2010年增长28.4%。财政对科技的支出1396万元,比2010年增长4.1%;对教育的支出39 478万元,比2010年增长37.3%;对农林事务的支出21 024万元,比2010年增长46%。

金融

全年金融保险业实现增加值34 254万元,比2010年增长4.9%。年末全县金融机构各项人民币存款余额1 459 038万元,比年初增加197 072万元。其中企业存款余额603 696万元,比年初减少27 833万元;居民储蓄存款余额804 999万元,比年初增加80 232万元。金融机构各项贷款585 793万元,比年初增加90 050万元。

保险

全年保费收入20 975万元,其中财产保费收入4023万元,人身险保费收入16 952万元。全年支付各类赔款及给付5992万元,其中财产险赔款1929万元,人身险赔款及给付4063万元。

交通

全年交通运输、仓储和邮政业实现增加值91 784万元,比2010年增长7.0%。年末全县公路密度108.9公里/百平方公里。全县行政村道路通畅率达到100%,通班车的行政村达到98%。年末全县公共汽车运营线路96条。境内铁路全长73公里,有货运专线6条。全年完成公路货运量1710万吨,公路货物周转量58 000万吨公里。公路客运量720万人,公路旅客周转量33 800万人公里。

邮电

全年完成邮政业务总量1942万元，比2010年减28%。订销报纸748万份，订销杂志16万份，收寄特快专递1.9万件，发送信件9万件。年末全县固定电话用户76 119户。移动电话用户30万部，比2010年增加5万部。计算机互联网用户45 625户，比2010年增加13 889户。

旅游

全年各景区共接待游客266.1万人次，比2010年增长19.4%；门票收入9739万元，比2010年增长91.0%；实现旅游综合收入19.98亿元，比2010年增长19.2%。

教育

年末，全县有普通中学26所，在校学生33 921人，教职工2270人；职业高级中学5所，在校学生3121人，教职工212人；小学校84所，在校学生25 429人，教职工2107人；幼儿园185所，在幼儿园9018人，教职工662人；成人中等专业学校1所，教职工16人；成人技术培训学校459所，培训各类专业技术人员91 908人次。6～11周岁适龄儿童入学率、巩固率保持100%。小学五年巩固率100.11%，初中三年保留率100%。中考总均分、优生率和高考达线人数继续保持全市同类学校领先地位，高考二本以上达线1709人，达线人数连创新高。

科技

全县投入科学技术研究与开发专项资金1078万元。组织申报市级科技计划项目37项，争取资金290万元；组织实施县级科技计划项目30项。全县共申报各类专利161项。

文化体育

年末，全县有文化馆1个，公共图书馆1个，文物博物馆1个，档案馆1个，电视台1座。农村电影放映5616场（次），农村演出剧目400余场（次）。组织全县首届民间艺术团展演，25个民间艺术团72个优秀节目参加展演。举办全县首届全民运动会，协办“义城杯”第四届职工篮球赛、第八届门球赛等。完成《三晋石刻·阳城卷》的收录工作和第三次全国文物普查工作。全县439个行政村实现有线电视光缆联网，28个行政村采用地面卫星无线覆盖，有线电视用户达9.2万余户，无线覆盖用户达4000余户，广播电视普及率达95%以上。

卫生

新建改扩建220个村卫生所。年末，共有医疗卫生机构580个，医生1783人（其中乡村医生957人、医师672人、助理医师154人）。拥有床位1681张。村级卫生所达标率99.1%。完善了新型农村合作医疗制度，参合率达到97.4%。

环保

年末,全县耕地保有量38 800公顷。林木绿化率达到56.7%。有省级生态自然保护区1个。大气污染综合指数为1.59。县城空气质量二级以上天数达到355天。城市建成区绿化覆盖率达到43.95%,人居环境更加优美。全年二氧化硫排放量4.55万吨,比2010年减5.03%。化学需氧量(COD)排放量0.51万吨,比2010年减0.9%。

中共阳城县委书记:冯志亮(2011.5—2011.12)
县人大常委会主任:郑瑞俊(2011.1—2011.5)
申永山(2011.6—2011.12)
县人民政府县长:冯志亮(2011.1—2011.5)
王晋峰(2011.6—2011.12)
县政协主席:张星社(2011.1—2011.12)

2012年概况

2012年,阳城县辖10镇7乡1个办事处,全县共有467个行政村,2689个自然庄,467个村民委员会。年末常住人口388 742人,其中男性194 636人,女性194 106人,男女性别比为100.3(女性=100)。居住在城镇的人口163 115人,居住在乡村的人口225 627人。城镇人口比重41.96%,人口出生率7.55‰,人口死亡率6.94‰,人口自然增长率0.61‰。公安部门户籍登记总户数172 705户,总人口384 150人,非农业人口77 206人。全县城镇单位在岗职工年平均工资37 320元,增长17.3%。农村居民人均纯收入8048元,增长13.7%。农村居民人均生活消费支出6073元,增长19.6%。农村居民消费恩格尔系数35.5%。城镇居民人均可支配收入19 244元,增长14.0%。城镇居民人均消费性支出11 029元,增长17.8%。城镇居民消费恩格尔系数29.3%。城镇职工养老保险、机关事业单位养老保险、农村养老保险、城镇居民养老保险、城镇职工医疗保险、城镇居民医疗保险、失业保险、工伤保险、生育保险参保人数分别达到30 450人、11 305人、212 927人、6734人、42 585人、26 856人、26 580人、51 413人、30 101人。各项社会保险支出22 891万元。城镇新增就业岗位6483个。投资6500万元,建成下芹安泽小区经济适用住房588套。

综合经济

全年完成地区生产总值1 600 516万元,比2011年增长14.5%,其中,第一产业实现增加值80 452万元，增长6.2%；第二产业实现增加值1 021 122万元，增长17.1%，第三产业实现增加值498 941万元，增长9.7%。三次产业比重为5.0∶63.8∶31.2，第三产业比2011年上升0.4个百分点。人均地区生产总值41 172元，比上年增长14.4%，按2012年平均汇率计算，达到6550美元。年末，非私营单位从业人员34 996人，其中在岗职工人数34 023人。城镇登记失业率为1%。

农业

全年实现农业增加值80 452万元，增长6.2%，完成农林牧渔业总产值137 169万元，增长13.5%。其中种植业产值60 674万元，增长16.8%。粮食面积39 852公顷，减少2574公顷；油料面积532公顷，减少248公顷；蔬菜面积866公顷，增加123公顷；棉花面积47公顷，减少41公顷。粮食总产量185 841吨，增长4.4%。其中夏粮58 834吨，增长14.3%；秋粮127 007吨，增长0.4%。粮食单、总产均为历史最高年份。油料产量772吨，增长11.1%。蔬菜产量55 614吨，增长10.2%。棉花产量32吨，下降47.5%。水果产量5118吨，下降11.2%。核桃产量1385吨，增长6.7%。花椒产量548吨，增长8.1%。完成林业总产值4550万，下降8.1%。造林面积1340公顷，下降43.2%。林带补植加密68公里，新发展干果经济林1.66万亩。完成畜牧业总产值68 138万元，增长12.9%。年末牛存栏4041头，猪存栏140 590头，羊存栏72 550只，鸡存栏225.7万只。肉类总产量18 068吨，禽蛋产量22 802吨。新增桑园672.4公顷，年末桑园面积6538公顷，增长11.5%。蚕茧产量3636吨，增长2.4%；蚕茧收入13 082万元，增长4.5%。年末全县有效灌溉面积9090公顷。全年化肥施用量(实物量)49 743吨，下降3.7%。农用薄膜使用量55吨，增长0.3%。农业机械总动力42.1万千瓦。全年机耕地面积32 000公顷，下降3.8%。

工业

全年完成工业增加值986 119万元，增长17.6%。其中规模以上工业增加值增长19.7%。规模以上工业企业实现主营业务收入1 605 000万元，增长10.2%。其中煤炭企业实现主营业务收入798 518万元，下降4.6%。实现利税496 694万元，增长25.1%。其中煤炭企业实现利税417 295万元，增长2.9%。实现利润348 231万元，增长29.1%。生产原煤1038.59万吨。发电量183.9亿千瓦时，增长8.63%。生铁产量8.7万吨，下降29.2%。水泥产量110.66万吨，增长61.7%。日用陶瓷9181万件，下降10.4%。建筑陶瓷9500万平方米，增长11.8%。铸铁件52334吨，增长49.6%。建筑业完成增加值35 004万元，增长4.5%。年末，全县具有资质等级的总承包和专业承包建筑业企业14家，完成总产值14 915万元，增长8.7%。房屋建筑施工面积11.2万平方米，下降3.0%。

固定资产投资

全年完成固定资产投资908 764万元,增长33.2%。按城乡分:城镇投资完成832 193万元,增长36.1%;农村非农户投资完成76 571万元,增长7.2%。按产业分:第一产业投资23 037万元,增长241%;第二产业投资613 574万元,增长28.4%;第三产业投资272 153万元,增长37.6%。全年在建施工项目249个,计划总投资2 946 374万元,完成投资908 764万元。房地产开发投资12 449万元,下降25.1%。其中住宅投资10 893万元,下降22.7%。

能源

全县一次能源生产折标准煤748.7万吨,增长31.6%;二次能源生产折标准煤226万吨,增长8.6%。向省外运输煤炭706.86万吨,增长113.4%,外运煤炭占原煤产量的68.1%。在外运煤炭中,铁路运输386.48万吨,增长456.6%;公路运输320.38万吨,增长22.4%。向省外输送电力169.8亿千瓦时,增长7.7%,外输电量占发电量的92.4%。固定资产投资中,能源工业投资完成416 518万元,增长21.4%。其中煤炭工业投资277 655万元,增长17.0%;天然气开采业投资61 579万元,增长140.3%;电力的生产和供应业投资48 569万元,下降21.3%;燃气生产和供应业投资21 640万元,增长31.7%;水的生产和供应业投资7075万元,增长282.4%。全社会用电总量35.1亿千瓦时,其中第一产业用电0.4亿千瓦时,占全社会用电量的1.0%;第二产业用电32.2亿千瓦时,占全社会用电量的91.8%,其中工业用电32.0亿千瓦时;第三产业用电1.4亿千瓦时,占全社会用电量的4.0%。城乡居民生活用电1.1亿千瓦时,占全社会用电量的3.2%。

贸易

全年批发零售贸易业实现增加值113 303万元,增长8.9%。住宿和餐饮业实现增加值44 519万元,增长12.4%。全县社会消费品零售总额293 781万元,增长16.0%。按地区划分,城镇的零售额258 231万元,增长17.0%;乡村的零售额35 550万元,增长9.3%。按行业划分,批发、零售贸易业零售额236 059万元,增长14%;住宿餐饮业零售额57 722万元,增长24.9%。全年外贸进出口总额1118万美元,增长30.2%。其中进口额261万美元,出口额857万美元。全年实际引进县外资金83.2亿元,增长52.4%,涉及41个项目。

财政、金融和保险

全年完成财政总收入303 889万元,增长19.9%;完成公共财政预算收入88 005万元,增长13.4%;地方公共财政预算支出173 032万元,增长12.9%。其中科技支出增长23.0%,教育支出增长23.7%,农林水事务支出增长15.9%,文化体育与传媒支出增长14.2%,社会保障和就业支出增长10.6%,节能环保支出增长6.3%,住房保障支出增长2158.3%。金融保险业实现增加值38 947万元，增长14.0%。年末全县金融机构各项人民币存款余额1 688 334万元，比年初增加229 296万元。其中单位存款余额670 917万元，比年初增加67 221万元；居民储蓄存款余额936 293万元，比年初增加131 293万元。金融机构各项贷款余额639 708万元，比年初增加53 916万元。全年保费收入21 378万元，其中财产险保费收入5224万元，人身险保费收入16 154万元。全年支付各类赔款及给付7714万元，其中财产险赔款1930万元，人身险赔款及给付5784万元。

交通、邮电和旅游

全年交通运输、仓储和邮政业实现增加值110 563万元，增长12.0%。年末全县公路密度110.79公里/百平方公里。全县行政村道路通畅率达到100%，通班车的行政村达到100%。年末全县公共汽车运营线路91条。全年完成公路货运量1890万吨，增长13.9%。公路货物周转量70 520万吨公里，增长27.3%。公路客运量1141万人，增长58.5%。公路旅客周转量39 500万人公里，增长32.6%。全年完成邮政业务总量2068万元，增长6.5%。订销报纸873万份，订销杂志27.7万份，收寄特快专递1.97万件，发送信件5.1万件。年末全县固定电话用户71 940户。移动电话用户31万部，增加1万部。计算机互联网用户57 819户，增加12 194户。年末共有成规模旅游景区(点)7处，其中国家级5A景区1处，国家级4A景区1处，国家级3A景区3处。共有星级饭店5家，其中四星级2家，三星级2家，二星级1家。共接待游客478.9万人次，增长80%，实现直接门票收入18 219.4万元，增长87.1%，实现旅游总收入30.8亿元，增长54%。

教育和科技

年末，全县有普通中学26所，在校学生31 929人，教职工2320人；职业高级中学4所，在校学生3107人。教职工208人，小学校84所，在校学生23 162人，教职工2055人；幼儿园185所，在园幼儿8246人，教职工636人。6～11周岁适龄儿童入学率、巩固率保持100%。小学五年巩固率100.11%，初中三年保留率100%。中考总均分、优生率和高考达线人数继续保持全市同类学校领先地位，高考二本以上达线1726人。全县投入科学技术研究与开发专项资金1379万元。组织实施省级科技计划项目4项，组织实施市级科技计划项目35项，争取省、市资金261万元；组织实施县级科技计划项目48项，申报名类专利161件。

文化、卫生和体育

年末，全县有文化馆1个，公共图书馆1个，文物博物馆1个，档案馆1个，电视台1座。农村演出剧目400余场(次)。举办阳城县第三届“宇昌杯”农民才艺擂台赛专场文艺晚会和第四个“全民健身日”启动仪式。成立“大众有氧健身操协会”“自行车运动协会”和“钓鱼协会”。承办2012年晋城市非物质文化遗产第二期广场展演活动。全县439个行政村实现有线电视光缆联网,28个行政村采用地面卫星无线覆盖,有线电视用户9.2万余户,无线覆盖用户4000余户,广播电视普及率达95%以上。年末,共有医疗卫生机构589个,卫生技术人员2491人(其中乡村医生812人、医师672人、助理医师154人)。拥有床位1690张。村级卫生所达标率99%。完善新型农村合作医疗制度,参合率为98.45%。

资源、环境和安全生产

年末,全县耕地保有量3.88万公顷。有省级生态自然保护区1个。全县森林覆盖率51.1%,林木绿化率56.8%,城市建成区绿化覆盖率41.96%。

大气污染综合指数为1.65。县城空气质量二级以上天数达到360天,比2011年增加5天。全年二氧化硫排放量34 211吨,比2011年下降24.14%。化学需氧量(COD)排放量5435吨,比2011年下降1.15%。有无害化垃圾填埋厂1个,污水处理厂1个,城镇生活污水处理率85%。

全年生产安全事故死亡33人。亿元生产总值生产安全事故死亡0.21人,下降0.05人。

中共阳城县委书记:冯志亮(2012.1—2012.12)

县人大常委会主任:申永山(2012.1—2012.12)

县人民政府县长:王晋峰(2012.1—2012.12)

县 政 协 主 席:张星社(2012.1—2012.12)

(王家胜)

陵川县

陵川县位于晋城市东北部。地理坐标为东经113°1′30″—113°37″,北纬35°25′—35°54′4″。东、南分别与河南省辉县市、修武县交界,西与泽州县、高平市相连,北与长治市长治县、壶关县毗邻。东西长53.2公里,南北宽52.8公里,总面积1751平方公里。全县共辖7镇5乡,7个居民社区,371个行政村,1322个自然村。

境内万峰环列,沟壑纵横,山势险峻,较大的山峰有70余座。地形东北高、西南低,板山海拔最高1791.9米,甘河海拔最低628米。河流分丹河和卫河两个流域,分别属于黄河和海河两大水系。

境内属大陆性季风气候区,气候特别凉爽,年平均气温为7℃~9℃,年平均降水量700毫米~1000毫米。日照时数平均为2380小时~2730小时。

境内矿产资源丰富,矿种主要有煤、铁、硫、铝、黏土、大理石、硅石等。到2010年,全县林木蓄积量达到150多万立方米,国土绿化率达到60.3%,森林覆盖率为46.6%。全县水资源总量为62 872.62万立方米,是山西省水资源较丰富的地区之一。

陵川县人杰地灵。古代著名人物有金代武氏三状元、金代教育家元好问老师郝天挺、元代国信使郝经等。现代人物有中共山西省委原第一书记卫恒、作家韩汶州、电影《上甘岭》编剧崔家俊等。国家级文物保护单位有西溪二仙庙、小会岭二仙庙、崔府君庙、白玉宫、玉皇庙、寺润三教堂、南神头二仙庙、玉泉东岳庙、南吉祥寺、北吉祥寺、三圣瑞现塔、崇安寺、龙岩寺等,省级文物保护单位有南庙宫、南召文庙、千佛造像碑等。主要风景名胜区有王莽岭、棋子山、黄围山、西溪风景区。

2011年概况

2011年,全县地区生产总值完成27.79亿元,增长13.6%。其中:第一产业增加值3.96亿元,增长17.2%,占生产总值的比重为14.25%;第二产业增加值9.75亿元,增长20.1%,占生产总值的比重为35.08%;第三产业增加值14.08亿元,增长8.1%,占生产总值的比重为50.67%。第三产业中,金融业增加值1.14亿元,增长16%;交通运输、仓储和邮政业增加值3.36亿元,增长7.8%;批发和零售业增加值1.33亿元,增长6.2%;住宿和餐饮业增加值0.63

亿元,增长13.6%;营利性服务业增加值1.86亿元,增长4.1%。人均地区生产总值11986元,按2011年平均汇率计算达到1856美元。财政总收入完成36 256万元,增长30.67%,其中增值税完成9020万元,增长472.7%;企业所得税2566万元,增长91.9%;个人所得税1707万元,增长864.4%;营业税2312万元,下降3%;资源税218万元,增长14.8%。一般预算收入12 596万元,增长21.83%。一般预算支出执行97 265万元,增长29.68%,其中农林水事务支出增长23.8%,教育支出增长34.21%,环境保护支出下降66.64%,科学技术支出增长21.56%,医疗卫生支出增长64.66%,文化体育与传媒支出增长18.28%,社会保障和就业支出增长61.01%。年末全县从业人员121 765人,减少4670人。其中城镇从业人员12 669人,减少91人,农村从业人员109 096人,减少4579人;在城镇从业人员中,在岗职工人数11 586人,减少451人。城镇新增就业岗位2160个,占市下达年度目标的108%;转移富余劳动力10 700人,占市下达年度目标的107%。下岗失业人员实现再就业650人,占年度目标的107%;实施就业困难人员就业援助173人,占全年目标的107%。完成创业培训16期480人,241人创办了企业,吸纳就业人员1738人,开展各类技能培训3300人,年末城镇登记失业人员1386人,较年初增606人,城镇登记失业率为2.8%,低于市控目标0.2个百分点。

农业

全年粮食种植面积21.44公顷,减少0.13公顷,其中,玉米种植面积17 350.5公顷,小麦种植面积506.3公顷,谷子种植面积1141.6公顷;油料种植面积0.23公顷,减少0.02公顷;药材种植面积0.55公顷,增加0.03公顷;蔬菜种植面积604公顷,增长23.8%;果园面积4493亩,增长4.2%。全年粮食总产量11.98万吨,增产2.2%;其中,夏粮产量0.1488万吨,减产7.5%;秋粮产量11.83万吨,增产2.3%。

全年油料产量908吨,增产8.6%;药材产量1777吨,增产30.5%。全年蔬菜产量27 747吨,增产24.6%;全年水果产量1375吨,减产60.5%。

全年肉类总产量8674吨,增长45.3%。其中,猪肉产量7207吨,增长48.4%;牛肉产量164吨,增长67.3%;羊肉产量716吨,增长48.9%;年末生猪存栏74 399头,增长0.7%,生猪出栏100 487头,增长54.7%;牛存栏1369头,增长0.1%,牛出栏1164头,增长66.8%;羊存栏60 802只,下降11.5%,羊出栏47 479只,增长48.2%;禽存栏582 728只,下降8.9%,禽出栏390 885只,增长23.8%。禽肉产量587吨,增长23.8%;兔肉产量58吨,增长31.8%;全年奶类总产量620吨,增长1%;禽蛋总产量6095吨,增长44.6%;蚕茧总产量131吨,下降22%。

年末,全县森林面积133万亩,森林覆盖率达52.07%。全年木材产量2912立方米,增长207.5%。完成造林面积2.51千公顷,下降9.4%;四旁植树126.58万株,增长8.2%;育苗面积

380公顷,增长54%;核桃产量达到877吨,下降23.7%。

年末,全县农业机械总动力30万千瓦,增长4.2%。机械耕地面积15 507公顷,机械播种面积12 733公顷,增长11.69%;机械收获面积7533公顷,增长85.2%。全县农机化经营总收入达到8020万元,增长42.9%。

工业和建筑业

年末,全县有规模以上工业企业15家,全年规模以上工业增加值75 109.7万元,增长31.1%,其中:国有控股企业增长27.4%,非公有制企业增长37.7%。轻工业增长12.4%,重工业增长32.1%。

规模以上工业企业实现主营业务收入163 979.3万元,增长62.6%,其中:煤炭行业80 461.4万元,增长61.8%;农副食品加工业9881.9万元,增长14.3%;化工行业13 488.4万元,下降6.6%;非金属矿物制品业26 850.5万元,增长43.1%;冶炼行业33 297.1万元,增长391.9%。

规模以上工业企业实现利税56 459.7万元,增长70%;实现利润40 015万元,增长73.2%;亏损企业亏损额704.1万元,下降0.9%。

年末全县乡镇及民营经济增加值19.3亿元,增长15.5%;总产值59.3亿元,增长16.5%;营业收入50.6亿元,增长17%。

全年建筑业实现增加值1.45亿元,增长18.3%。年末全县具有资质等级的总承包和专业承包建筑业企业共有3家,完成总产值2394.9万元,下降46%;竣工产值2273.5万元,增长54.6%。

固定资产投资

全年全社会固定资产投资173 051万元,比2010年增长61.4%。第一产业投资16 856万元,增长7.27倍;第二产业投资91 361万元,增长58.5%;第三产业投资64 834万元,增长36.4%。

全年全县在建固定资产投资项目93个。其中亿元以上项目5个,计划总投资7.6亿元,当年完成投资4.2亿元,占全县固定资产投资的比重为24.3%。

能源

全年向省外运输煤炭144.54万吨,增长47.29%,外运煤炭占原煤产量的比重为87.5%。

全年全社会用电总量44 952万千瓦小时。其中,第一产业用电2147万千瓦小时,占全部用电量4.78%;第二产业用电35 164万千瓦小时,占全部用电量78.23%;第三产业用电

2258万千瓦小时,占全部用电量5.02%;城乡居民生活用电5383万千瓦小时,占全部用电量11.97%。

国内贸易

全年社会消费品零售总额106 187.3万元,增长17%。城镇70 267.2万元,增长17.5%;乡村35 920.1万元,增长16%。

在限额以上批发和零售业零售额中,食品、饮料、烟酒类增长16.7%,服装鞋帽、针、纺织类增长1.1%,化妆品类零售额下降62.7%,日用品类下降3.4%,汽车类下降36.9%,石油及制品类增长27.1%,文化办公用品类下降60.8%,书报杂志类增长16%,机电产品及设备类下降23.2%,建筑及装潢材料类增长3.2%,其他类增长26.8%。

交通、邮电和旅游

全县公路通车里程1511公里,增长2%。全年交通运输、仓储和邮政业增加值3.36亿元,增长7.8%。

全年完成邮电业务总量9494万元,下降7%。其中,邮政业务总量1174万元,下降23.7%;电信业务总量8320万元,下降4.1%。新增移动电话用户8359户,达到132 190户。宽带接入用户达到15 892户,增加5906户,增长59.1%。

全县旅游企业有14个,共接待旅游人数60.5万人次,增长10%,实现旅游总收入2.86亿元,增长16.7%。

金融保险

年末全县金融机构各项存款余额636 557万元,比年初增加126 545万元,增长24.81%。其中:城乡居民储蓄存款余额360 546万元,比年初增加54 465万元,增长17.79%。各项贷款余额164 232万元,比年初增加33 613万元,增长25.73%。

全年全县保险费收入7035.7万元,增长48%。其中,财产险保费收入312.1万元,增长30.4%;人身险保费收入5272.3万元,增长63.7%。全年支付各类赔款1014.1万元,下降4.6%。其中,人身险给付支出255.1万元,下降27.2%;财产险赔款支出120.1万元,增长166.3%。

教育科技

年末全县共有各级各类学校215所,其中:中学17所,小学151所,幼儿园和其他47所。有各级各类在校学生人数34 715人,高中招生数1994人,高中毕业生数1393人;初中招生数3470人,初中毕业生数3264人;职业高中招生数255人,职业高中毕业生数325人;小学招生数2791人,小学毕业生数3484人。年末全县教职工人数2937人,专任教师2523

人；小学学龄儿童入学率100%，小学升学率100%。

全县科技三项经费支出453万元，完成年度目标的113.25%，比2010年增长29.4%。全年完成各类科技项目86项（市级17项，县级69项）。

文化、卫生和体育

年末，全县共有艺术表演团体1个；群众艺术馆、文化馆1个，公共图书馆1个，总藏量3.12万册；博物馆1个；广播电台1座，电视台1座。广播综合人口覆盖率为95%，电视人口综合覆盖率达100%。全县广播电视传输网络干线总长750公里。

年末全县共有各级医疗卫生机构459个，床位799张，卫生专业技术人员1325人，每千人拥有病床3.2张，每千人拥有医生数4.23人。新型农村合作医疗参合率98.56%。村卫生室覆盖率为100%，县、乡、村三级医疗机构达标率为95%。儿童“七苗”全程接种率以乡镇为单位均达到98%。碘盐覆盖率达到100%、合格碘盐食用率达到99%、碘盐合格率达到99.3%，各种地方病得到有效控制。

年末全县拥有室内体育场馆1个，各级裁判员54人，举办运动会14次。

人民生活和社会保障

年末全县常住人口为232 188人，比2010年末增加688人，其中城镇人口78 158人，乡村人口154 030人。全县出生人口2424人，人口出生率为10.46‰；死亡人口1736人，死亡率为7.49‰；自然增长率为2.97‰，性别比为103.63（以女性人口为100）。

全年城镇居民人均可支配收入为11 476元，增长11.2%；城镇居民人均消费性支出8800元，增长42.4%。农村居民人均纯收入4780元，增长19%；农村居民人均生活消费支出3855元，增长54.5%。城镇占调查总户数20%的低收入家庭人均可支配收入4850元，增长26.2%；农村占人口20%的低收入者收入3011元，增长14.9%。城镇居民家庭恩格尔系数（即居民家庭食品消费支出占家庭消费支出的比重）20.48%，农村居民家庭恩格尔系数34.3%。城镇单位在岗职工平均工资26 581元，增长25.1%。城镇单位从业人员平均劳动报酬的增长率为23.3%。

年末全县企业养老保险参保人数为9856人，征收保费4192万元，分别占年任务的105%和105%；机关事业养老保险参保人数为7942人，征收保费6682万元，占年任务的103%和202%；为1982名机关事业离退休人员发放养老金6166.7万元，发放率为100%；城镇职工医疗保险参保人数达到15 750人，城镇居民医疗保险参保人数达到10 536人，占年任务的104%和100%，征收保费2096万元，占年任务的142%；农村医疗保险参保人数达到211 520人；失业保险参保人数为10 233人，征收保费197万元，占年任务的101%和246%。为40名失业人员发放失业保险金13.6万元;工伤保险参保人数为8672人,征收保费261万元,占年任务的124%和261%。为98名工伤职工支付工伤保险待遇242万元、为282名遗属人员发放抚恤金78万元、为44名工亡职工发放丧葬费31万元,支付率均为100%;女工生育保险参保人数为9012人,征收保费121万元,占年任务的106%和233%;农村养老保险参保人数为103 140人,征收保费902万元,占年任务的111%和137%。城镇职工基本社会保险参保人数为15 750人,城镇居民参保人数为11 169人。新型农村合作医疗参合率为98.56%。

年末城镇低保人数为4547人,减少270人;农村低保人数为15 833人,减少163人;农村集中供养五保户348人,增加120人;农村定期救济177人,减少1809人。

年末全县有各类收养性社会福利单位10个,床位480张。收养各类人员378人。享受伤残抚恤金人数为389人,减少113人;享受定期补助人数为1497人,增加405人。优待优抚对象户数304户,优待总金额59万元。有各类社会福利单位6个,共安置93名残疾人就业。全县直接接收捐赠款75万元。

资源、环境和安全生产

年末耕地保有量为45.66万亩,下降5.03%。完成造林面积3.77万亩,完成年度计划的100%。自然保护区面积为21 440公顷。

城市集中供热普及率达到61%,提高11个百分点;建成区绿化覆盖率达到32.2%。

全年县城环境空气质量二级以上天数达到362天(包含一级天64天),比2010年增加3天。大气环境综合污染指数1.86,达到国家二级标准。化学需氧量控制在5710吨,下降0.5%。二氧化硫排放量5360吨,下降1.5%。氨氮排放控制在420吨,与2010年持平。氮氧化物排放控制在3320吨,下降-4%。烟尘控制在6600吨,下降2%,粉尘控制在5570吨,下降2%。

全年全县共发生各类事故90起,死亡30人,比2010年增加5人,在市政府控制指标内。发生道路交通事故89起,比2010年上升45.9%,死亡28人,下降6.66%;生产经营性交通事故19起,死亡10人,与2010年持平。化工企业发生墙体坍塌事故1起,死亡2人,煤炭和其他企业未发生安全生产死亡事故。

中共陵川县委书记:马四清(2011.1—2011.12)

县人大常委会主任:李晓玲(2011.1—2011.6)

张江龙(2011.6—2011.12)

县人民政府县长:(2011.1—2011.6缺　常务副县长陈家富主持工作)

石云峰(2011.6—2011.12)

县政协主席:常振华(2011.1—2011.6)

郎在陵(2011.6—2011.12)

2012年概况

2012年,全县地区生产总值完成30.39亿元,增长10%。其中:第一产业增加值4.1亿元,增长2%,占生产总值比重为13.5%;第二产业增加值10.8亿元,增长13.3%,占生产总值比重为35.6%;第三产业增加值15.5亿元,增长9.6%,占生产总值的比重为50.9%。第三产业中,金融业增加值1.63亿元,增长15.9%;交通运输、仓储和邮政业增加值3.58亿元,增长6.7%;批发和零售业增加值1.47亿元,增长9%;住宿和餐饮业增加值0.69亿元,增长5.4%;营利性服务业增加值2.2亿元,增长15.2%。人均地区生产总值13 070元,按2012年平均汇率计算达到2071美元。

全县财政总收入42 787万元,增长18%,其中增值税完成19 627万元,增长16.75%;企业所得税9205万元,增长18.62%;个人所得税1206万元,增长21.47%;营业税4878万元,增长4.57%;资源税831万元,增长61.99%。公共预算财政收入15 167万元,增长20.4%。公共预算财政支出110 452万元,增长13.6%,其中农林水事务支出增长27.4%,教育支出增长14.61%,环境保护支出增长137.85%,科学技术支出增长19.13%,医疗卫生支出增长12.98%,文化体育与传媒支出增长32.88%,社会保障和就业支出增长1%。

年末全县从业人员128 671人,增长6906人。其中县营以上从业人员12 711人,增加42人,乡村从业人员115 960人,增6864人;在县营以上从业人员中,在岗职工人数11 676人,增加90人。城镇新增就业岗位2160个,城镇登记失业率控制在3%以内。

农业

全年农作物播种面积22 617公顷。粮食种植面积21 192公顷,减少247公顷,其中玉米种植面积17 485公顷,小麦种植面积309公顷。

全年粮食总产量12.25万吨,增产2.27%;其中,夏粮产量1047吨,减产29.6%;秋粮12.15万吨,增产2.7%。

全年油料产量1003吨,增产10.5%;药材产量2152吨,增产21.1%;蔬菜产量30 697吨,增产10.6%;水果产量3967吨,增产188.5%。

全年肉类总产量8770吨,增长0.5%。其中,猪肉产量7434吨,增长3.14%;牛肉产量

157吨,下降4.2%;羊肉产量532吨,下降25.7%;年末生猪存栏92 815头,增长21.8%,生猪出栏101 918头,增长1.4%;牛存栏947头,下降16%,牛出栏1117头,下降4%;羊存栏50 227只,下降9.7%,羊出栏35 479只,下降25.6%;禽存栏64.88万只,增长10.8%,禽出栏39.41万只,增长0.8%。禽肉产量591.2吨,兔肉产量56吨,下降3.45%;全年奶类总产量84吨,下降86.5%;禽蛋总产量5877吨,下降3.58%;蚕茧总产量115吨,下降12.2%。

年末全县森林面积133万亩,森林覆盖率达52.07%。全年木材产量4651立方米,增长59.71%。完成造林面积1833公顷,下降27%;四旁植树100万株,下降21%;育苗面积380公顷,与2011年持平;核桃产量达到1294吨,增长47.54%。

年末全县农业机械总动力30.87万千瓦,增长2.9%。机械耕地面积15 750公顷,增长1.56%;机械播种面积12 400公顷,下降2.62%;机械收获面积9190公顷,增长21.99%。全县农机化经营总收入达到10 206万元,增长27.25%。

工业和建筑业

年末,全县有规模以上工业15个,全年规模以上工业增加值67 766万元,增长12%,其中:国有控股企业增长14.1%,非公有制企业增长16.4%。轻工业增长31.6%,重工业增长9.8%。

规模以上工业企业实现主营业务收入133 003.6万元,下降18.9%,其中:煤炭行业57 678.2万元,下降28.3%;农副食品加工业13 479.7万元,增长36.4%;化工行业17 244.1万元,增长27.8%;非金属矿物制品业22 187.5万元,下降17.4%;冶炼行业22 414.1万元,下降32.7%。

规模以上工业企业实现利税33 400.3万元,下降41.8%;实现利润21 983.4万元,下降44.9%;亏损企业亏损额4809.9万元,增长47.4%。

年末全县乡镇及民营经济增加值完成22.2亿元,增长15.1%;总产值68.23亿元,增长15%;营业收入58.26亿元,增长15.1%。

全县建筑业实现增加值1.95亿元,增长31.5%。年末具有资质等级的总承包和专业承包建筑业企业共有2家,完成总产值4176.6万元,增长74.4%;竣工产值4176.6万元,增长83.7%。

固定资产投资

全年固定资产投资完成228 419万元,同比增长32%。第一产业投资完成41 917万元,增长1.49倍;第二产业投资完成91 990万元,下降0.1%;第三产业投资94 515万元,增长47.3%。

全年在建固定资产投资项目总计141个。其中亿元以上项目12个，计划总投资23.08亿元，实际完成投资7.56亿元，占全县固定资产投资的比重为33.1%。

能源

全年向省外运输煤炭114.72万吨，下降20.64%，外运煤炭占原煤产量的比重为78.18%。

全年全社会用电总量41 288万千瓦小时。其中，第一产业用电820万千瓦小时，占全部用电量1.99%；第二产业用电30 774万千瓦小时，占全部用电量74.53%；第三产业用电2655万千瓦小时，占全部用电量6.43%；城乡居民生活用电7040万千瓦小时，占全部用电量17.05%。

国内贸易

全年社会消费品零售总额123 179.4万元，增长16%。城镇81 871.3万元，增长16.5%；乡村41308.1万元，增长15%。

在限额以上批发和零售业零售额中，粮油食品、饮料、烟酒类增长12.07%，服装鞋帽、针、纺织类增长9.55%，化妆品类零售额增长15.81%，日用品类下降15.3%，汽车类增长21.06%，石油及制品类增长3.41%，文化办公用品类增长6.51%，书报杂志类下降4.89%，机电产品及设备类增长14.68%，建筑及装潢材料类下降9.13%，其他类下降38.52%。

交通、邮电和旅游

全县公路通车里程1511公里，全年交通运输、仓储和邮政业增加值3.6亿元，增长6.7%。

全县邮电业务总量9754万元，增长2.74%。其中，邮政业务总量1355万元，增长15.41%；电信业务总量8399万元，增长0.95%。全年新增移动电话用户5724户，年末达到137 914户，增长4.33%。全县宽带接入用户达到21 654户，增加5762户，增长36.25%。

年末全县有旅游企业16个，共接待旅游人数100.66万人次，增长66.38%，实现旅游总收入4.27亿元，增长49.3%。

金融保险业

年末全县金融机构各项存款余额673 927万元，比年初增加37 370万元，增长5.87%。其中：城乡居民储蓄存款余额400 186万元，比年初增加39 640万元，增长10.99%。各项贷款余额263 376万元，比年初增加99 145万元，增长60.37%。

全年全县保险费收入7050.27万元，增长0.2%。其中，财产险保费收入231.15万元，下降25.94%；人身险保费收入5033.99万元，下降4.53%；机动车辆险1725.95万元，增长18.92%。全年支付各类赔款1123.34万元，增长10.77%。其中，人身险给付支出332.97万元,增长30.52%;财产险赔款支出78.81万元,下降34.38%;机动车辆赔款支出689.36万元,增长7.89%。

教育科技

年末全县共有各级各类学校214所,其中:中学17所,小学145所,幼儿园和其他52所。有各级各类在校学生人数33 776人。全年高中招生数1901人,高中毕业生数1665人;初中招生数3212人,初中毕业生数3750人;职业高中招生数211人,职业高中毕业生数314人;小学招生数2590人,小学毕业生数3083人。在园幼儿5303人。年末全县教职工人数2978人,专任教师2565人。小学学龄儿童入学率99.98%,小学升学率99.99%。

全县科技三项经费支出550万元,完成年度目标的100%,比2011年增长21.41 %。完成各类科技项目91项(市级35项,县级56项)。

文化、卫生和体育

年末全县共有文化馆1个,公共图书馆1个,总藏书量3.2万册;博物馆1个。

年末全县共有各级医疗卫生机构459个,床位632张,卫生专业技术人员1325人,每千人拥有病床3.2张,每千人拥有医生数1.5人。新型农村合作医疗参合率98.74%。村卫生室覆盖率为100%。县、乡、村三级医疗机构达标率95%。儿童"七苗"全程接种率以乡镇为单位均达到95%。碘盐覆盖率达到100%,合格碘盐食用率达到99%,各种地方病得到有效控制。

年末全县有室内体育场馆1个,各级裁判员50人,举办运动会16次。

人民生活和社会保障

年末全县常住人口为232 838人,比2010年末增加650人,其中:城镇人口83127人,乡村人口149 711人。出生人口2296人,人口出生率为9.87‰;死亡人口1646人,死亡率为7.08‰;自然增长率为2.79‰。男女性别比为103.42(以女性人口为100)。

城镇居民人均可支配收入为12 978元,增长13.1%;城镇居民人均消费性支出9036元,增长2.7%。农村居民人均纯收入5421元,增长13.4%;农村居民人均生活消费支出4358元,增长13%。城镇占调查总户数20%的低收入家庭人均可支配收入4987元,增长3.1%;农村占人口20%的低收入者收入3011元,增长14.7%。城镇居民家庭恩格尔系数(即居民家庭食品消费支出占家庭消费支出的比重)22.2%,农村居民家庭恩格尔系数36%。县营以上单位在岗职工平均工资31 661元,增长19.13%。县营以上单位从业人员平均劳动报酬的增长率为18.91%。

年末全县企业养老保险参保10 427人,其中:在职职工参保7215人,基金征收完成4805

万元，分别占年任务的103.75%和111.74%。城镇居民养老保险参保3727人，基金征收完成95.29万元，分别占年任务的124.23%和317.63%。

机关事业养老保险参保7902人，基金征收完成8060万元，占年任务的100.03%和124%。全年为2090名机关事业离退休人员发放养老金7578万元，发放率为100%。

城镇职工医疗保险参保人数达到17 002人，城镇居民医疗保险参保人数达到11 169人，占年任务的100.01%和101.54%；基金征收完成2646万元，占年任务的132.3%。

失业保险参保11 120人，基金征收完成323.39万元，分别占年任务的100.18%和248.76%，为63名失业人员发放失业保险金29万元。工伤保险参保27 446人，基金征收完成367.15万元，分别占年任务的101.65%和244.77%，为97名工伤职工支付工伤保险待遇627万元，其中：为30名遗属人员发放抚恤金30万元、为8名工亡职工发放丧葬费362万元，支付率为100%。生育保险参保13 506人，基金征收完成160万元，分别占年任务的100.04%和160%。新型农村养老保险参保122 833人，基金征收完成1222.52万元，分别占年任务的109.48%和108.96%。

年末城镇低保人数4375人，减少172人；农村低保人数15 967人，增加134人；农村集中供养五保户348人，与2011年持平；农村定期救济71人，减少106人。

年末全县有各类收养性社会福利单位9个，床位450张，收养各类人员348人。享受伤残抚恤金人数449人，增加4人；享受定期补助人数1757人，增加260人。优待优抚对象户数311户，优待总金额209.8万元，共安置93个残疾人就业。县直接接收捐赠款5.2万元。

资源、环境和安全生产

年末耕地保有量为45.66万亩，与2011年持平。完成造林面积2.75万亩，占年度计划的121%。自然保护区面积21440公顷。

城市集中供热普及率达到63%，提高2个百分点；建成区绿化覆盖率达到33.4%，提高1.2个百分点。

县城环境空气质量二级以上天数达到364天(包含一级天67天)，比2011年增加2天。大气环境综合污染指数1.43，达到国家二级标准。化学需氧量控制在3627吨，下降0.22%；二氧化硫排放量5339吨，下降0.21%；氨氮排放量468吨，下降0.85%；氮氧化物排放控制在3478吨，下降-2.99%；烟尘排放量11 255吨，下降1.87%。

全年全县共发生各类事故88起，比2011年下降0.22%；死亡24人，比2011年下降0.25%，在市政府控制指标内。全县发生道路交通事故86起，比2011年下降3.37%；死亡23人，下降23.33%；工贸企业发生意外事故1起，死亡1人。

中共陵川县委书记:马四清(2012.1—2012.4)

(2012.4—2012.7缺)

石云峰(2012.7—2012.12)

县人大常委会主任:张江龙(2012.1—2012.12)

县人民政府县长:石云峰(2012.1—2012.7)

(2012.7—2012.12)(兼)

县 政 协 主 席:郎在陵(2012.1—2012.12)

(程跃新)

沁水县

沁水县位于晋城市西部。地理坐标为东经111°55′—112°47′，北纬35°24′—35°04′。东连高平市、泽州县，西接临汾市翼城县、运城市垣曲县，南邻阳城县，北靠长治市长子县，临汾市安泽县、浮山县。东西长约150公里，南北宽约55公里。总面积2676.6平方公里，辖7镇7乡，242个行政村，9个社区，共有1332个自然村，20.5万人。

境内自然资源丰富，其中煤炭和煤层气储量最大。全县含煤面积2421.9平方公里，占全县总面积的90.5%，煤炭地质总储量265.25亿吨，年产原煤1844.33万吨。煤层气资源地质储量5000亿立方米，煤层气抽采井2289口，是国内最大的煤层气开发利用基地和第一个国家级煤层气高技术产业化示范基地。全县森林面积193.04万亩，森林覆盖率48.4%，牧坡草地175.8万亩。有野生植物400余种，属国家重点保护的植物11种。野生动物220余种，属国家重点保护的珍稀动物26种。位于县城西南部的历山是国家级自然保护区，被誉为"山西动植物宝库"。

沁水历史悠久。历山脚下发掘有"下川遗址"，证明早在2.3万年到1.6万年前就有人类在这里繁衍生息。舜耕历山的动人传说源远流长。周文王第十六子被封于此，是为原伯，史称原伯故城。春秋战国时置端氏城，三家分晋时"徙晋君以端氏"。秦汉时置端氏县。东汉别置沁水县，沁水之名始于此。境内有武安村战国古寨、河头村汉墓群、柳氏民居、湘峪古城、窦庄夫人城等人文景观。

沁水县人杰地灵，文化底蕴深厚。古有著名的画家荆浩、散曲家常伦，今有人民作家赵树理、作曲家乔谷、儿童文学家靳兵煊。

沁水交通便利。晋（城）侯（马）高速公路穿越境内东西，侯（马）月（山）铁路西连同蒲线，东接太（原）焦（作）线。此外境内有省道3条，县道11条，乡道44条，通村水泥路235条。通信网络覆盖全境。

沁水是革命老区，抗日战争时期，晋豫区、太岳区党政机关和八路军20个正规团曾在此驻扎活动。刘少奇、朱德、彭德怀、邓小平、徐向前、陈赓、王震等老一辈革命家曾在这里生活战斗。上党战役最后一战的桃川战斗就发生在境内。

2011年概况

2011年,全县地区生产总值完成146亿元,同比增长15.4%,增幅全市第二;规模以上工业增加值完成56.9亿元,增长21.8%,增幅全市第三;财政总收入完成26.1亿元,增长17.3%,绝对额全市第三;农民人均纯收入完成6088.5元,增长20.4%,增幅全市第一;城镇居民人均可支配收入完成15 821元,增长18.4%,增幅全市第一;服务业增加值完成28亿元,增长11.5%,增幅全市第一;社会消费品零售总额完成12.9亿元,增长17.5%,增幅全市第二。在全省2011年度县域经济综合考评中,沁水县名列第9位,被评为“山西省县域经济发展先进县”。

农业

以农民增收为核心,以一村一品、一乡一业为主攻方向,以上海枫彩集团彩色苗木花卉基地项目、大象集团肉鸡加工项目、嘉沁食用菌工厂化生产项目为龙头的高端现代农业、畜禽生产加工、食用菌工厂化循环生产项目开工建设,畜牧、蔬菜、蚕桑、苗木花卉“四大基地”强力推进,干果经济林、畜牧养殖、商品蔬菜、食用菌、中药材“五大板块”格局正在形成,农民增收的“八条路径”进一步拓宽疏通。加大对“三农”的扶持,在落实国家各项惠农补贴政策的基础上,结合打好“农民增收”硬仗,制定扶持发展蔬菜、林果、蚕桑、畜牧等特色产业的优惠政策,出台以煤补农、以工促农、以城带乡、结对帮扶的实施办法,拓展农民培训、劳务输出、创业就业等增收渠道,构建起多元化农民增收新格局。把新农村建设与特色城镇化建设、扶贫攻坚、移民搬迁、新的“五个全覆盖”同规划、同实施,推动城乡均衡、协调发展。9月20日,全市扶贫攻坚推进会在沁水召开,沁水县《以工补农抓增收、以城带乡促统筹、高起点扶贫攻坚全方位转型跨越》经验在会上交流。

工业

按照“以煤为基、多元发展”的转型思路,全力构建“三园支撑、八业并举”的新型工业体系,不断推进产业结构调整,全面提升工业对县域经济的支撑和带动作用,非煤工业完成增加值14.7亿元,占二产比重比2010年提高3.7个百分点。继续做好煤炭企业兼并重组整合的后续工作,加快对整合后矿井的机械化改造,推进东大、郑庄等400万吨以上的大型矿井建设步伐。编制煤层气产业发展规划,合理布局产业项目,引导煤层气就地转化和利用,促进煤层气行业有序发展。通过改造传统产业,发展新兴产业,推进园区建设,搭建起以煤炭、煤层气两大产业为支柱,电力、新型建材、装备制造、农副产品加工等产业为主导的新型工业体系。

城乡建设

在县城建设上，坚持突出特色、规划先行，高标准建设“山水园林城”，加快推进“三河四园七网”（县河、杏河、梅河，碧峰、石楼、龙岗、玉皇4座生态森林公园，路、水、电、气、热、通讯、信息）工程。城市绿道、树理文化广场等十大城建工程完成年度任务，城市公交、街景亮化等十大城建惠民项目全部兑现。在“一带一圈”建设上，坚持以中心城镇为依托，工业化带动城镇化，精心打造沁河沿线特色城镇带和历山生态旅游城镇圈，重点抓了嘉峰示范镇的建设。

招商引资

出台《关于进一步加强招商引资和项目推进工作的实施意见》、《沁水县招商引资和项目推进工作考核奖惩办法（试行）》、《沁水县招商引资优惠政策》、《沁水县招商引资引荐人奖励办法（试行）》、《招商引资公务卡管理暂行办法（试行）》和《招商引资项目签约文本备案制度》、《招商引资信息报送制度》、《招商引资项目督查督办工作制度》、《招商引资费用公示制度》等13项工作制度，多次赴北京、上海、浙江、江苏等地进行考察和招商引资，积极参加中博会、农博会进行招商推介，促成大象肉鸡加工、嘉沁食用菌、枫彩彩色苗木等一大批龙头项目落地开工。全年共签约项目13个，引资298.5亿元；落地项目8个，到位资金77.29亿元。资金到位率全省第四，综合考评全市第一。此外，在引导全民创业、发展微型企业等方面出台一批优惠扶持政策，促进商贸、旅游和三产服务业健康发展。

重点工程

全县安排重点工程45项，概算总投资325亿元，当年安排投资28.2亿元，实际完成35.5亿元。基础设施建设项目20项，概算总投资12亿元，当年安排投资4.6亿元，实际完成4.7亿元。县城集中供暖，张峰水库至北湾公路，胡底集中供水，绿化4项工程投入使用；沁东线杏峪至张马段公路，石楼公园，教育园区，城市绿道，县城和特色城镇规划，第二水厂，梅园回迁楼，垃圾处理场，树理文化广场，北坛幼儿园，县医院综合住院楼及地下停车场，社会福利中心，公安局业务技术用房，嘉峰煤层气物流园区，固县河截潜流，张峰水库水源16项工程完成年度目标任务；生产性建设项目25项，概算总投资313亿元，当年安排投资23.6亿元，实际完成30.8亿元。沁城、胡底、郑庄、东大、鑫基、平山6个煤矿，山西能源控股煤层气开发利用示范项目，新奥二期、华凯煤层气液化，中电明秀120兆瓦瓦斯发电，湘峪三都古城，历山旅游，柳氏民居，嘉沁食用菌工厂化生产，佳诚建材15个项目完成年度目标任务；里必煤矿，龙港群矿煤炭加工综合利用配送中心，五里庙煤层气液化等10个项目完成前期工作。

生态建设

强力推进节能减排、造林绿化、蓝天碧水三大工程,继续加大对重点领域、重点行业、重点企业的监督检查和环境治理力度,节能减排完成市控指标。全县煤层气、沼气和秸秆气民用普及率达到57%。县城集中供热普及率达到60%以上。全年义务植树50.1万株,造林5.86万亩,森林覆盖率达到53.4%,荣获"山西省林业生态县"。县城空气质量二级以上天数达到363天,创历史新高,荣获"中国绿色环保百强县"。

社会事业

大力推进农村新的"五个全覆盖",除街巷硬化全覆盖按两年进度实施外,中等职业教育免费、新型农村社会养老保险、农村便民连锁店、农村文化体育场所等四个"全覆盖"提前一年实现。大规模实施校舍安全工程,加大向农村山区学校的倾斜力度,中小学标准化建设成效显著,推进城乡教育均衡发展。从2011年起每年增加专项资金1200万元,对高中阶段学生实行"两免一补",在全省率先实现"9+3"义务教育。在全市率先启动城镇居民养老保险国家级试点工作。10件为民办实事项目全部兑现。县财政用于城乡建设、新农村建设、扶贫攻坚、道路交通、五个全覆盖、旅游开发等基础设施方面的投入达到3.6亿元,户均5400元;用于教育、医疗、保障、就业等方面的投入达到3.5亿元,人均1600元。县乡卫生机构全达标,村级卫生所全覆盖,基本药物制度全覆盖。全县新农合参合率达到97.2%,补偿比例不断提高。爱国卫生运动深入开展,荣获"山西省十佳卫生县城"称号。社会保障得到加强,在全市率先启动城镇居民社会养老保险试点工作,城乡低保应保尽保。保障性住房建设、农村危房改造等取得效果。科技、统计、审计、计生、宗教、人武、人防、老龄、气象、档案、史志、妇女儿童、残疾人、救灾救助等各项社会事业全面进步。

民主法治

严格执行重大事项协调机制和常委会议事决策规则,坚持重大问题集体讨论、集体决定,人大及其常委会依法履行职能,加强法律监督和工作监督。人民政协积极履行职能,围绕中心协商讨论、献计献策。组织办理人大代表建议和政协委员提案254件。全面贯彻党的民族宗教政策和对台政策,巩固和发展爱国统一战线。坚持依法治县,扎实推进"法治沁水"建设,启动实施"六五"普法,基层民主法制建设进一步加强。高度重视老干部工作和涉老组织建设,充分发挥工会、共青团、妇联、科协、工商联、侨联等人民团体的优势,为其依照法律和各自章程开展工作创造良好条件。积极开展"双拥、双服务"活动,加强国防后备力量建设,荣获全省"双拥模范县"。

精神文明

持续引深文明和谐单位、行业、村镇创建工作，广泛开展群众性文体活动，群众精神文化生活不断丰富。引导广大群众用良好的道德风范和实际行动传播社会文明，加强未成年人思想道德建设，开展净化社会文化环境活动，全社会文明程度和群众文明素质进一步提高。强力推进农村文化体育场所全覆盖工程，县、乡、村三级公共文化体育服务体系基本形成。嘉峰镇永安村跨入“全国文明村”行列，填补沁水县国家级文明典型的空白。

中共沁水县委书记：常国荣（2011.1 — 2011.4）
秦建孝（2011.4 — 2011.12）
县人大常委会主任：潘庆云（2011.1 — 2011.6）
柴守瑛（2011.6 — 2011.12）
县人民政府县长：常广智（2011.1 — 2011.6）
范兆森（2011.6 — 2011.12）
县政协主席：马刘勤（2011.1 — 2011.6）
张桂春（2011.6 — 2011.12）

2012年概况

2012年，全县地区生产总值完成162.7亿元，同比增长12%；规模以上工业增加值完成61.4亿元，同比增长15.1%；财政总收入完成32.6亿元，同比增长25.2%；公共财政预算收入完成9.1亿元，同比增长25.2%；农民人均纯收入完成7051元，同比增长15.8%；城镇居民人均可支配收入完成18 371元，同比增长16.1%；服务业增加值完成33.2亿元，同比增长9.9%；社会消费品零售总额完成15亿元，同比增长16.4%；固定资产投资总额完成96.8亿元，同比增长33%。9项主要经济指标增幅均高于全市平均水平，其中社会消费品零售总额、城镇居民人均可支配收入和农民人均纯收入3项指标增幅全市排名第一，地区生产总值、规模以上工业增加值和服务业增加值3项指标增幅全市排名第二，财政总收入、公共财政预算收入两项指标增幅全市排名第三，固定资产投资总额增幅由2011年的全市第五位上升到第四位。

农业

实施十大“农民增收”工程，“三农”投入达到12.8亿元，同比增长34.7%，其中用于农业项目的投入达到4.3亿元，同比增长280.6%。以八条路径（发展种养抓增收、加大补贴抓增收、鼓励创业抓增收、输出劳务抓增收、以工补农抓增收、技能培训抓增收、移民并庄抓增收、扶贫帮困抓增收)和“五个三”(政策导向“三个集中”:资源集中利用、资金集中投放、基础设施集中配套;产业布局“三个集聚”:项目集聚、园区集聚、大户集聚;发展模式“三个多元”:经营体制多元、创业形式多元、扶贫开发多元;城乡统筹“三个优先”:优先发展大县城、优先发展小城镇、优先发展新农村;发展理念“三个突破”:思想解放上实现突破、体制机制上实现突破、干部作风上实现突破)战略为导向,大象肉鸡、枫彩彩色苗木、嘉沁食用菌等项目陆续投产运营,博大灵芝北虫草、华康现代农业示范园、中乡设施蔬菜示范园加速建设。畜牧、蚕桑、蔬菜、苗木花卉、小杂粮、中药材等优势特色产业扩规上档,成为全省20个养羊大县之一,蜂群存栏位居全省之首。以博大灵芝北虫草、嘉沁食用菌、大象肉鸡、枫彩彩色苗木四大龙头为带动,以畜牧、蚕桑、蔬菜、苗木花卉四大基地为支撑的农业产业化体系初步形成。全年新增设施蔬菜1200亩,新建肉鸡养殖大棚162栋,新培育苗木花卉1万亩。认真落实国家各项惠农补贴政策,不断加大扶贫攻坚力度,积极开展了产业扶贫、易地搬迁、领导干部包村增收、企业结对帮扶等活动,拓展农民培训、劳务输出、创业就业等增收渠道,构建起多元化农民增收新格局,农民人均纯收入达到7051元,增幅全市第一,被省委、省政府授予“2012年度增加农民收入先进县”称号。

工业

按照“以煤为基翻一番、多元发展再翻番”的转型思路,加快煤炭企业兼并重组整合后的复工复产和改造建设,大力实施十大“以煤为基”项目,积极推动东大煤矿、里必煤矿等400万吨以上的大型矿井建设,胡底煤矿、玉溪煤矿、坪上煤矿等矿井建设进展顺利。十大“以煤为基”项目中3个煤矿建成投产,新增产能140万吨。煤层气产业基本形成抽采、压缩、液化、输送、发电以及民用等循环产业链,中电明秀瓦斯发电、世行贷款煤层气开发利用、力宇燃气动力制造等十大“工业转型”项目加快推进,带动非煤产业完成增加值63.8亿元,占GDP的比重比2011年提高4个百分点。通过提升传统产业,发展新兴产业,推进园区建设,以煤炭、煤层气、瓦斯发电、装备制造为支撑的新型工业体系加快形成。

城市建设

按照“一城一带一圈”的特色城镇化思路,发挥县城的龙头带动作用,高标准建设“山水园林县城”,完成县城总规修编,加快推进“三河四园七网”(县河、杏河、梅河,碧峰、石娄、龙岗、玉皇4座生态森林公园,路、水、电、气、热、通讯、信息)工程,实施城市绿道、集中供暖、县河河道治理、沁水大酒店、城市综合展馆、梅园二期等十大城市建设项目,县城功能逐步完善。以端氏、嘉峰、郑村、中村等中心城镇为依托,精心打造沁河沿线特色城镇带和历山生态旅游城镇圈，实施一批旧村改造工程，加强乡村环境卫生综合整治，全县城乡面貌明显改善。

生态环境

持续推进节能减排、造林绿化、蓝天碧水三大工程，继续加大对重点领域、重点行业、重点企业的监督检查和环境治理力度，节能减排完成市控指标。累计投入资金2亿元，完成通道绿化71公里，村庄绿化43个，荒山绿化1.4万亩，植树造林6.5万亩，对3个乡镇18村进行环境连片整治，对县河4.5公里河道进行综合治理，对县城污水处理厂进行升级改造，对7个煤矿实施污水处理站建设。全年义务植树50万株，造林6.7万亩，全县森林覆盖率达48.6%。县城建成区绿化覆盖率达到43%，生活垃圾无害化处理率达到16%，县城燃气普及率达到80%以上，污水处理率达到88%。县城空气质量二级以上天数达到365天，创历史新高。

招商引资与项目建设

加强与县内外的产业互动和区域合作，积极参加中国中部投资贸易博览会、农业博览会和能博会进行招商推介。截至11月底，共签约项目14个，投资总额311.96亿元，引资总额310.76亿元，到位资金91.8亿元，超额完成年度目标任务。全力推进重点工程建设和重点项目落地工作，完成项目落地资金158亿元，提前四个月超额完成全年任务。实施省市县重点工程82项，完成投资123亿元，省级工程投资完成额、市级工程投资完成率均居全市第二。招商引资综合考评全市第二。

社会事业

始终把改善民生作为一切工作的出发点和落脚点，着力解决基本民生、保障底线民生、关注热点民生。坚持教育优先发展，加大对农村山区学校的投入力度，校舍安全工程成效明显，促进城乡教育均衡发展；稳步推进医药卫生体制综合改革，县医院综合住院楼即将投入使用，首次在全县开展孕前优生免费健康检查，实现乡镇卫生院全达标、村级卫生所全覆盖、基本药物制度全覆盖，新农合参合率达99.12%，连续24年获“省级卫生县城”称号；落实就业优惠政策，加大就业援助、就业培训力度，做好农村剩余劳动力转移工作。全县城镇新增就业岗位5082个，其中企业吸纳2327人，创业带动就业1258人。实施“社会保障一卡通”工程，养老、医疗、工伤、生育、失业等各项社会保险全面落实，社会保险覆盖率达97.6%；实现县城数字电视全覆盖。不断完善社会救助体系，县慈善总会成立运行，困难群众得到有效救助。全年用于民生改善的投入达到9.2亿元，同比增长29.6%，其中用于城市建设、新农村建设、扶贫攻坚、道路交通等基础设施方面的投入达到4.9亿元，户均7350元；用于教育、医疗、保障、就业、住房、取暖等方面的投入达到4.3亿元，人均2000元。科技、统计、审计、计生、宗教、人武、人防、老龄、气象、档案、史志、妇女儿童、残疾人等各项社会事业全面进步。

安全稳定

加强和创新社会管理，“平安沁水”建设成效显著。按照十八大期间实现“五个不发生”的要求，县委常委会多次召开会议，对不同时期、敏感节点的安全生产和信访稳定工作，及时进行研究部署。全面落实安全生产责任制，加强对重点行业、重点环节、重点部位和重点场所的安全监管，全县安全生产形势总体平稳。认真落实社会治安综合治理各项措施，扎实开展“十大平安创建”活动，推动建立网格化社会服务管理体系。加大信访稳定工作力度，县委常委班子带头接访下访，带头包案化解矛盾，在全国、省、市的重大会议、重大活动期间，实现非正常进京、赴省、到市“零上访、零登记”，“十八大”期间的维稳工作受到市委表彰。

民主法治

积极推进民主法治建设。自觉接受县人大、县政协监督，组织办理人大代表建议和政协委员提案258件。全面贯彻党的民族宗教政策和对台政策，深入开展“同心”品牌工程主题活动，巩固和发展爱国统一战线。坚持依法治县，扎实推进“法治沁水”建设，大力开展“六五”普法宣传，支持法院、检察院依法独立办案。加强村务公开民主管理，获“全国村务公开民主管理示范县”称号。高度重视老干部工作和涉老组织建设，充分发挥工会、共青团、妇联、科协、工商联、侨联等人民团体的优势，为其依照法律和各自章程开展工作创造良好条件。深入贯彻落实市委、市政府和晋城军分区《关于进一步加强党管武装工作的意见》，加强专武干部的教育管理，促进军民融合发展，提升民兵基层建设的质量。深入开展“双拥、双服务”活动，连续22年获得全省“双拥模范县”称号。

精神文明创建活动

持续引深文明和谐单位、行业、村镇创建工作，广泛开展群众性文体活动，群众精神文化生活不断丰富。积极推进社会主义核心价值观体系建设，发掘并培树霍文瑜等一批基层先进典型，在全县营造人人学先进、争先进、当先进的浓厚氛围。组织开展企业安全文化创建活动，继续推进“文化惠民”、“文化低保”、“文化下乡”工程，扶持发展公益性文化事业，县、乡、村三级公共文化体系基本形成。

党建工作

提出“建设三晋十强县、党建工作走在先”的目标，明确党建工作方向。一是创先争优、纯洁性教育、下基层“三项活动”成效明显。围绕“凝心聚力促发展，真抓实干当先锋”主题，开展创先争优活动，推行“党员公开承诺、领导层级点评、群众参与评议、团队集中考核”工作法，受到中组部肯定。开展保持党的纯洁性教育活动，促进广大党员干部思想纯洁、队伍纯洁、作风纯洁。结合领导干部下乡住村、扶贫帮困等工作，开展以“三包三带三促进”为载体的“下基层、变作风、入民心、惠民生”活动，全县各级干部走访群众1万多户，帮助群众解决各类生产生活问题2000余件。省委常委、组织部汤涛部长在全省干部下乡住村现场会上对沁水的做法给予肯定。二是领导班子和干部人才队伍建设切实加强。培训各级各类干部3万余人次，累计聘请各领域高级顾问8名，选拔各类优秀人才100名。在全县范围内进行竞争性公开选拔乡镇长的做法在中组部的《组工通讯》和《领导参阅》上刊登。三是基层党组织建设扎实推进。34个后进党组织实现转化，206个基层党组织实现晋位升级，组建非公经济党组织68个。大学生村官工作扎实有效，获“全省大学生村官工作先进县”称号。四是党风廉政建设和反腐败斗争取得新成效。认真落实党风廉政建设责任制，统筹推进教育、制度、监督并重的惩治和预防腐败体系建设各项工作。深入开展整治吃拿卡要、创优发展环境专项活动，着力打造数量最少、流程最优、时限最短、服务最好的“四最”政务环境。注重加强农村基层党风廉政建设，在农廉网升级运行、农村“三资管理”、“三务公开”等方面均取得成效。坚决查办违纪违法案件，全年查结党员干部违纪违法案件41件，其中大要案14件，给予党纪处分34人，行政处分16人。

学习宣传贯彻党的十八大精神

党的十八大闭幕后，县委、县政府把学习宣传贯彻十八大精神作为首要政治任务，立即召开全县领导干部大会进行安排部署，发出关于深入学习宣传贯彻党的十八大精神的《通知》。多次召开中心组会议、常委扩大会议进行专题学习，四大班子领导第一时间深入单位、机关、社区、农村、企业、学校宣讲辅导。精心举办学习十八大精神培训班，分期分批对全县589名领导干部、339名农村主干、159名大学生村官进行集中培训。组织开展为期一个多月的“学习十八大、发展大调研”活动，形成一批有分量、有质量、有价值的调研成果。各乡镇、各部门、各单位也都开展一系列丰富多彩的学习宣传活动，十八大精神家喻户晓、深入人心。

中共沁水县委书记：秦建孝（2012.1—2012.12）

县人大常委会主任：柴守瑛（2012.1—2012.12）

县人民政府县长：范兆森（2012.1—2012.12）

县 政 协 主 席：张桂春（2012.1—2012.12）

（张丽霞）

大事记

2011年

1月

4日，民进城区支部获“民进全国先进基层组织”称号。

6日，全市经济工作会议召开。传达贯彻中央、全省经济工作会议精神，回顾总结2010年的全市经济工作，安排部署2011年的经济工作。

11日，市慈善总会在泽州县南村镇举行慈善产业救助“千只羊”扶贫救助工程启动和慈善事业养殖基地挂牌仪式。

14日，皇城相府跻身国家5A级景区。

17日，市政府与兴业银行太原分行战略合作签约仪式暨晋城支行开业庆典在金辇大酒店举行。

18日，《晋城市国家森林城市建设总体规划》通过评审。

24日，儿童公园改造工程被中国风景园林学会授予最高奖——“优秀园林绿化工程”金奖。

27日，副省长刘维佳在晋城市走访慰问困难企业、困难群众和老劳模、老党员，看望慰问荣军康复医院的退伍伤残军人。

28日，全市党风廉政建设干部大会暨市纪委五届六次全会召开。

2月

16日，市委书记张茂才，市委副书记、代市长王清宪专程到深圳，会见富士康科技集团总裁郭台铭，双方就富士康工业园区A区建设以及多领域的进一步合作进行了洽谈。

28日，副省长任润厚在晋城市就项目建设、春耕备耕、抗旱减灾、安全稳定等工作进行检查调研。

3月

4日，市委召开全市换届工作会议。

7日至8日，省委常委、组织部长汤涛就做好换届工作、加强公务员管理、推进创先争优活动在晋城市调研。

16日，晋城市2011年“3·28慈善日”动员大会暨首届理事会第二次会议在金辇大酒店举行。

17日，浙江、河南等地不法商人到晋城市散布虚假消息，并大量收购、囤积超市食盐，导致晋城市出现食盐抢购现象。

19日，晋城市紧急召开全市畜产品质量安全暨“瘦肉精”监管工作会议，传达贯彻全省工作会议精神。

22日，全市农村工作会议在泽州会堂召开。回顾总结2010年度和“十一五”期间全市农业农村工作，安排部署2011年农业农村工作。同时对2010年度全市农业和农村工作先进集体和先进个人进行表彰。

22日，副省长刘维佳到张峰水库和沁水县、高平市等地，就水利基础设施建设工作进行调研。

28日，全市创优发展环境助推转型跨越大会召开。

28日，竞成食品有限公司举行2011年度营销大会暨产品形象代言人新闻发布会，著名歌手阿宝成为竞成食品有限公司产品形象代言人。

29日，晋城市召开“公民道德建设先进典型人物”表彰大会。对100名“公民道德建设先进典型人物”和80名“晋城好人”进行表彰，市劳动竞赛委员会为马建美等10位道德模范、丁婕等20位道德模范分别记个人一等功和二等功。

30日，富士康(晋城)科技工业园A区项目奠基开工。

4月

7日，晋城市第23届中小学生田径运动会在市体育场开幕。

8日至11日，政协第五届晋城市委员会第六次会议召开。

9日至12日，晋城市第五届人民代表大会第八次会议召开。

12日，王清宪当选为晋城市人民政府市长。

14日，省委常委、省委统战部长聂春玉在晋城市调研统战工作。

18日，全省煤炭基本建设暨重组整合矿井建设现场会在晋城市召开。副省长任润厚出席会议并讲话。

23日，由团市委、市青年创业就业服务中心等13家单位共同举办的“兴高能源”杯首届晋城市青年创业大赛落下帷幕。王云岗选送的泽州县纯原养殖专业合作社万只野兔驯养基地项目获大赛一等奖，并获得10 000元创业启动基金。

24日，市委书记张茂才、市长王清宪在京会见富士康总裁郭台铭，就进一步加快家乡发展，积极推进富士康晋城工业园区建设进行磋商。

25日，晋城市“五一”表彰大会在泽州会堂召开。全市各行各业的50个先进集体、180

名先进个人及60个“工人先锋号”班组(车间、队站)受到表彰。

27日,晋城市保险史上最大数额的个人保险单笔赔付在新华保险产生,理赔金额高达2 556 038.72元。

5月

1日起,晋城市居民可凭本地居民身份证优惠游览晋城市六大旅游景区。

4日,国务院南水北调办公室副主任于幼军在晋城市就水资源保护、开发、利用、节约和治污情况进行调研。

4日至7日,全市查获醉酒驾驶机动车案件6起,7名涉嫌醉酒驾驶者被刑拘。

5日,以省政协副主席李雁红为组长的省政协“一村一品”特色农业课题调研组在晋城市召开座谈会,听取“推进农业产业化、发展一村一品、促进农民增收”情况汇报。

6日,全省教育法制工作会议在晋城市召开。

10日,省委常委、省纪委书记李兆前在晋城市就经济社会发展情况和纪检监察工作进行调研。

12日,晋城市获山西省“‘十一五’时期经济社会发展先进市”称号。

14日,“晋城银行杯”全市少儿围棋大赛开赛。

19日,全市招商引资暨项目推进大会召开。

20日,在北京人民大会堂召开的第七次全国法制宣传教育工作会议上,晋城市荣获“全国法制宣传教育先进市”称号。

22日,“珏山杯”千名少儿书画现场大赛在珏山景区举行。

24日,全市创建全国文明城市和国家卫生城市攻坚工作会议召开。

25日,全省县域经济工作汇报会在晋城市召开。省委副书记、省政法委书记金道铭出席会议。副省长刘维佳主持会议。

26日,省委副书记、省政法委书记金道铭在晋城市就县域经济发展进行专题调研。

26日,晋城市第二届职工运动会在市体育场开幕。此次运动会由市总工会、市体育局主办,共设14个大项35个小项。6县(市、区)、开发区、晋煤集团、兰花集团及市直各单位3000多名职工参加比赛。

30日至31日,中国生产力学会会长王茂林一行在晋城市城市就发展建设、产业结构调整和城市转型跨越发展等工作进行调研。省政协副主席李雁红陪同调研。

6月

6日,首届“棋源杯”全国业余围棋赛在泽州宾馆开赛。

7日，市委书记张茂才，市委副书记、市长王清宪会见前来晋城考察的华润集团有限公司董事长宋林一行，双方就合作事宜进行会谈。

8日至12日，中国(晋城)太行山国际文化旅游节开幕。

9日，第三届中国(晋城)棋子山国际围棋文化节的重要活动之一——市“围棋进校园示范基地”、“围棋培训基地”授牌暨向围棋先贤箕子敬献花篮仪式在陵川县棋子山举行。

国家围棋领队、著名国手、职业七段华学明，棋圣、职业九段聂卫平，著名国手、职业九段芮乃伟、邵炜刚，加拿大著名棋手、职业五段何小任，韩国著名棋手、职业五段权孝贞、职业四段车敏洙，美国著名棋手、职业九段江铸久等中外围棋名手向围棋先贤箕子敬献花篮。

9日，第三届中国(晋城)投资贸易洽谈会在泽州大酒店举行。共有14个项目签约，投资总额达57.8亿元人民币。

10日，晋城市组团参加2011山西省(上海)招商推介会。

11日，晋城市启动全国第六个文化遗产日主题活动。

17日，晋城市组团参加2011年北京国际旅游博览会。

21日，由市工商联、市人才服务中心和市长江实业共同主办的第一届《创业智慧》研讨会在兰花大酒店开幕。

21日至22日，副省长张建欣在阳城县东冶镇晋圪坨村开展“下乡住村”活动。

22日，晋城市召开2011年全市农村科技特派员工作会议。

24日，高平市、阳城县、沁水县17个乡镇158个村遭受强降水和冰雹袭击。粮食、蔬菜、桑园、水果、经济林、畜牧养殖等受到严重损害，居民住房2.7万余间房屋玻璃瓦片损坏，部分地区田间道路冲毁，电力、通信设施设备损坏，造成农业损失1亿多元。

26日，太行风合唱团赴渝参加全国第二届红歌合唱赛。

7月

6日，全市县域经济工作会议在高平市召开。总结全市“十一五”期间和2010年县域经济发展情况，对2011年和“十一五”期间县域经济发展工作进行安排部署。

7日，国投晋城热电一期工程1号机组168小时满负荷试运一次成功。

8日，全市发展改革暨重点工程工作会议在市委市政府多功能会议厅召开。

10日，全省离退休干部党组织和党员创先争优活动经验交流会在晋城市召开。

11日，市委召开议军会议，专题研究新形势下全市国防后备力量建设问题。

13日，罗马尼亚驻华使馆经济参赞索林一行到晋城考察，了解晋城市经济发展情况、有关部门和企业对外合作意向，助推双方交流合作。

16日，2011世界旅游小姐中国山西赛区冠军总决赛在蟒河景区举行。

18日，全省加强和创新社会管理成果采访团莅临晋城市采访。

21日，中国工程院重大咨询项目“我国非常规天然气开发利用项目——煤层气开发利用战略研究”课题第二次全体会议在晋城市召开。

23日，上海招商代表考察团莅临晋城考察，市政府与招商代表签订招商引资战略合作框架协议。

24日，晋城市召开农村新“五个全覆盖”动员大会。

26日，全国爱卫办专家技术评估团莅临晋城，对晋城市创建国家卫生城市工作进行为期三天的验收评估。

29日，蟒河杯“影像中国·太行风情”摄影大展结果揭晓。评出太行风光、太行风情两大类32个奖项，王林的《太行胜景》、李前进的《天路》分获太行风光、太行风情一级收藏奖。

30日，华润集团与兰花集团战略合作协议暨亚美大宁香港公司与兰花科创股权转让协议签字仪式在金辇大酒店举行。

8月

3日，高平市人民剧团排演的上党梆子现代戏《西沟女儿》在省晋剧院上演。

5日，全省检察长座谈会在陵川县召开。

7日，市人民检察院预防职务犯罪警示教育基地暨晋城煤业集团党风廉政教育基地揭牌仪式在凤凰山矿举行。

7日，富士康集团总裁郭台铭到晋城就进一步深化合作项目、拓展合作领域进行实地考察。

11日，第四届王莽岭休闲旅游节开幕。

13日至14日，2011“陕汽杯”全国超级卡车大赛晋城分站赛暨晋城市第二届“晋城银行杯”全国摩托车场地越野邀请赛在水北赛车场举行。

15日，全市经济工作会议召开。对全市上半年经济运行情况进行分析总结，对下半年经济工作进行安排部署。

18日至21日，中国共产党晋城市第六次代表大会十八日召开。张茂才当选市委书记，王清宪、冯建平当选市委副书记。原国政、于若洁、冯征、康吉仁、范丽霞、朱晓东、刘爱军、常国荣当选市委常委。于若洁当选市纪委书记。

19日，晋城市荣获“2006—2010年全国法制宣传教育先进城市”称号。

20日，白马寺山森林公园太行明珠游乐城项目签约。该项目由上海任阳进出口有限公司和江苏沭阳闽顺游乐园有限公司共同投资建设,项目规划用地100亩,总投资3.5亿元。

23日,新增40台公交车正式运营。

24日,由晋城市政府主办、市信息中心承办的《晋城旅游网》开通。

25日至28日,政协晋城市六届一次会议召开。师建平当选市政协主席。申会、郭一峰、金德祥、马德和、陈改玲、王克平、郭跃峰、陈建国当选市政协副主席。

26日至29日,晋城市六届人大一次会议召开。孟福贵当选市人大常委会主任,任建宏、李章宏、廖军、孔庆鹏、李国继、韩淑君当选市人大常委会副主任。王清宪当选市人民政府市长,冯征(常务)、王树新、焦光善、王维平、茹栋梅当选副市长。

28日,晋城市汇仟小学项目奠基开工。

30日,晋煤金鼎煤机制造金匠园区奠基开工。该项目为省、市2011年重点工程项目,规划占地1000亩,总投资25亿元。

30日,市区人民广场改造暨兰花国际购物广场项目奠基开工。该项目总占地面积58.79亩,总投资约6亿元。

9月

3日,富士康晋城金匠科技工业园项目启动仪式举行。省委常委、副省长高建民出席启动仪式。

4日至6日,省委书记、省人大常委会主任袁纯清深入高平、陵川、阳城等地,就转型跨越、农民增收、改善民生进行调研。

5日,全省人大民族宗教侨务外事工作暨培训会议在晋城市召开。省人大常委会副主任杨安和出席会议并讲话。

15日至16日,省委常委、省委组织部长汤涛在陵川县就农村"两委"换届、创先争优工作进行调研。

15日,晋煤集团与中国矿业大学(北京)签署《战略联盟合作协议》,并就进一步加强校企合作深入交流。晋煤集团董事长、党委书记武太华被中国矿业大学(北京)聘为兼职教授。

17日,在新疆石河子市举行的全国举重冠军赛上,运动员伍超以342公斤的总成绩获得男子69公斤级的第一名,其中以挺举成绩188公斤获得第一名,抓举成绩154公斤获得第三名。

18日,上午10:00—10:09,晋城市进行防空警报试鸣。试鸣范围是市建成区范围内和高平市、阳城县、沁水县、陵川县城。

20日，全市扶贫攻坚推进会在沁水县召开。会议分析了扶贫工作面临的新形势和新任务，总结交流扶贫工作取得的成绩和经验，安排部署下一阶段扶贫工作。

20日，在物茂广场举行全市窗口单位和服务行业“为民服务创优环境，争当转型跨越排头兵”授牌暨签名仪式，为全市77个共产党员先锋号、先锋岗、先锋柜组进行命名和授牌。

20日，晋城市党员领导干部廉政教育基地挂牌仪式在晋煤集团凤凰山矿水上公园举行。

20日，崔旭艳荣获第三届全国道德模范提名奖。崔旭艳，女，汉族，1954年5月生，中共党员，泽州县二轻工业局退休干部。

21日，晋城市凤城中学奠基动工。

22日，晋城市与富士康科技集团在省城太原迎泽宾馆举行投资战略结盟项目建设合作协议签约仪式。省委副书记、省长王君，省委常委、常务副省长李小鹏，省委常委、副省长高建民，富士康科技集团总裁郭台铭等出席仪式。

25日，全国发展休闲农业与乡村旅游工作会议在阳城县皇城村召开。全国人大常委会副委员长周铁农出席会议并讲话。

27日，泽州县二十八宿影视公司、泽州县广播电视台共同推出的二十八宿动画片《大耳朵爷爷历险记》，获省原创动漫大赛最佳长片奖。

30日，全省首家公益性融资服务平台——晋城融资网开通。该网是集经济金融政策传导、金融产品宣传推介、银企项目对接、诚信企业展示、金融知识宣传、金融服务监督等功能于一体的公益性融资服务平台。

10月

1日至7日，黄金周期间，全市共接待游客80.06万人次，同比增长12.13%；旅游收入8.4亿元，同比增长21.38%，位列全省第三。

9日，市长王清宪应邀出席长三角现代服务业合作与发展论坛。

9日，晋城服务业上海项目恳谈会在上海国际会议中心举行。

13日，兰花集团和华润集团合作的兰花·华润药业项目奠基开工。该项目位于高平市河西镇仙井村，总投资30亿元，是集新型化药、基药品种、中药材种植、加工提取的新型项目。

15日，高平市举行中小学校舍安全工程竣工暨姬五女中学落成仪式。副省长张平出席仪式。高平市中小学校舍安全工程在全省率先实现全覆盖。

15日，晋城市职业技术学院举行建院10周年庆典。副省长张平出席庆典仪式。

16日,晋煤集团总医院外科大楼剪彩仪式暨山西医科大学附属医院揭牌仪式在晋煤总医院新落成的外科大楼前举行。

17日,河南省济源市市委书记赵素萍、市长何雄带领济源市党政领导考察团来晋城市参观考察,并召开合作发展座谈会,签订晋城·济源战略合作框架协议。

19日,市长王清宪出席中原经济区区域旅游合作交流会议,作了题为《融入中原、互推互送——促进区域旅游业共同繁荣》的主题发言。

21日,山西省城乡一体化晋城座谈会召开。省人大常委会副主任、省城镇协会会长杨安和出席会议。

21日,市长王清宪率团参加第十一届中国(北京)国际工程机械、建材机械及矿山机械展览与技术交流会,并应邀与日本矿研工业株式会社进行座谈交流。

22日,晋煤集团煤电油化运循环经济工业园百万吨油项目、煤炭物流贸易项目大东沟综合利用配送中心、科威矿用材料技改扩能等三大项目开工奠基。

25日,晋城市中级人民法院遵照最高人民法院院长签发的执行死刑命令,依法对放火犯汪宝胜执行死刑。

27日,晋城市组团参加中国(上海)创意产业博览会。

30日,2011济晋焦新旅游区域合作暨山东旅行社踏线活动晋城推介会召开。

11月

2日,30名新一届市政府组成人员宣誓就职。

3日,中国光大银行晋城分行开业。

3日,上海枫彩集团彩色苗木产业发展项目落户沁水县。

4日,全市第九届村民委员会换届选举工作会议召开。

5日至6日,中央农廉网建设调研组在晋城市调研。

7日,副省长郭迎光在晋城市调研农业工作。

9日,省委书记、省人大常委会主任袁纯清,省委副书记、省长王君带领省观摩检查组,对晋城市的重点工程和民生项目推进情况进行观摩检查。

14日,主城区城东景观水系、滨河南路工程开工奠基。

16日,阳城县成为全市首个省级园林县城。

18日,市长王清宪在京出席第五届亚洲制造业论坛峰会。

24日,晋城市现代服务业联合会成立。

24日,晋城市荣获国家卫生城市。

25日，晋城人才市场举办“2011年全国人力资源市场高校毕业生就业服务周晋城市招聘大会”。

26日，唐一新能源高平生产基地投产暨五大合作院校揭牌仪式举行。

27日，冯小刚执导的电影《温故一九四二》在晋城市开机拍摄。

12月

1日，首批县处级干部学员上海培训结束。

1日，晋城市人民政府与山西联通战略合作协议签字仪式暨“沃行天下”晋城站启动仪式在金辇大酒店举行。

5日，全市纪律作风集中教育整顿月动员大会召开。

7日，副市长王维平率团赴海南省三亚市参加首届金砖国家友好城市推介会。

7日，晋城汽车运输有限责任公司客运分公司二队的驾驶员郭文斌被评为“全国见义勇为英雄司机”。

9日，大型上党梆子新编历史剧《千秋长平》荣获中国戏曲学会奖，颁奖晚会在晋城影剧院举行。

15日，第九届《影像中国》全国摄影艺术大展评选活动在晋城市举行。

15日，泽州县川底乡和村发现距今5000多年仰韶文化遗址。

16日，晋城市体育总会正式成立。

18日，富士康科技集团总裁郭台铭带领富士康高层就“十二五”期间推动金匠中原计划与晋城市进行对接。省委常委、副省长高建民，富士康科技集团总裁郭台铭出席会议并讲话。

18日，由泽州籍台商郭台铭捐资3000万元兴建的晋城爱物学校开工奠基。

18日，市中等专业学校搬迁扩建项目开工奠基。

20日，晋城市中共党史学会暨太行太岳将帅研究会成立。

20日，高平市马村镇、城区北石店镇大张村、高平市永录乡东山村、阳城县凤城镇水村、陵川县秦家庄乡庞家川村、沁水县嘉峰镇永安村获全国文明村镇称号，城区农村信用合作联社、城区地方税务局、陵川县地方税务局、皇城相府风景旅游区获全国文明单位称号。

20日，在北京国家会议中心召开的国家卫生城镇命名表彰电视电话会议上，晋城市被评为2009—2011年度“国家卫生城市”。

25日，2011中国城市综合实力研究成果发布会暨《中国城市协调发展及综合实力研究报告》首发式在京举行。晋城市综合实力在全国251个不含省会城市的地级城市中排第25

位,在中部地级城市中排第5位,是山西省唯一进入全国地级城市综合实力50强的城市。

28日,在北京举办的第八届中国诚信企业家大会上,晋城市荣获“2011中国十大诚信城市”称号。

30日,晋城市召开创建国家卫生城市工作总结表彰大会,对在创建国家卫生城市工作中涌现出来的先进集体和先进个人进行表彰。

30日,市水务发展有限公司挂牌成立。

31日,市区空气质量二级以上天数达到354天。

2012年

1月

8日，市委召开全市领导干部大会。省委常委、省委组织部长汤涛出席会议并宣布省委对晋城市委主要领导调整的决定：张九萍任晋城市委委员、常委、书记，免去张茂才晋城市委书记、常委、委员职务。

12日，央视动画有限公司与泽州县二十八宿影视制作有限公司联合出品的大型国产原创大型动画片二十八宿传奇之《大耳朵爷爷历险记》首部52集，在央视少儿频道《动画乐翻天》栏目正式开播。

13日，晋城市推出十二条举措缓解市区交通拥堵。

16日，山西省首届大学生村官创业设计大赛表彰会在省城太原召开。会议对100个获奖创业项目进行表彰奖励，晋城市11名大学生村官受到表彰。

30日，晋城市第八届书市隆重开幕。展出图书6万余册，码洋合计100余万元。

2月

1日，反映乞讨儿童生活的电影《迷失的精灵》在晋城市开机拍摄。该片投资500万元，所有场景都在晋城拍摄。晋城市10岁女孩肖和若凡出演女一号。

2日，省委常委、纪委书记李兆前到企业联系点晋煤集团调研。市委书记张九萍、市长王清宪陪同调研。

6日，市长王清宪在郑州市索菲特国际大酒店会见富士康科技集团总裁郭台铭，双方就推进富士康金匠工业园区项目建设工作进行洽谈。

7日，晋城市启动2012年文化科技卫生“三下乡”活动。

8日，中共晋城市委六届二次全体会议暨全市经济工作、农村工作、扶贫开发工作会议在市政府会议厅举行。

9日，市委书记张九萍深入晋城经济开发区进行工作调研，并参加开发区2011年度目标责任考核测评大会。

9日，省转型综改试验督查组莅临晋城，就晋城市转型综改试验区先行先试工作进行调研督导，并召开座谈会听取相关情况汇报。

10日，市政府与太原海关举行合作座谈会，双方就进一步加强合作，促进地方经济发展进行深入交流。

17日,晋城市荣获全国文化体制改革工作先进地区。

18日至19日,中共中央政治局委员、中央书记处书记、中宣部部长刘云山莅临晋城,调研了解晋城文化体制改革和文化发展情况。省委书记袁纯清,省委常委、宣传部部长胡苏平,省委常委、秘书长杜善学,市委书记张九萍,市长王清宪等陪同。

19日,文化部副部长、国家文物局局长励小捷深入泽州县府城玉皇庙、青莲寺,就文物保护和修缮工作进行调研。

20日,全市保持党的纯洁性学习教育活动动员部署大会召开。

23日,市长王清宪在金辇大酒店松林阁会见考察合作项目的亚洲制造业协会首席执行官罗军一行。

24日,晋城市召开创建国家级创业型城市攻坚动员会。

25日,晋豫边界207国道晋城境内发生特大交通事故,一辆车牌号为豫M08666的金龙大客车翻入山沟。事故当场造成15人死亡,19人受伤。

28日,省政协社会法制委员会2012年工作会议在晋城市召开。省政协副主席张茂才出席会议并讲话。市委书记张九萍出席并致辞。市政协主席师建平,省政协社法委主任李连琪主持会议。

29日,晋城市政协六届二次会议在泽州会堂召开。

29日,晋城市人民政府与中国建设银行山西省分行正式签订《银政战略合作协议》。根据协议,省建设银行将向晋城市城市建设、三农、民生等领域项目及小微型企业共56个项目,提供约440亿元的信贷金融支持。

29日,国务院参事室调研组莅临晋城,就煤炭资源整合、煤矿兼并重组及开发区建设进行调研。

3月

1日,晋城市第六届人民代表大会第二次会议在泽州会堂开幕。

1日,全省目标责任考核总结表彰大会在太原召开。晋城市排名第二,获2011年度目标责任考核优秀市。市委书记张九萍代表晋城市领奖。

1日,晋城市的全国人大代表马巧珍、李章宏、张家胜启程赴京,参加十一届全国人大五次会议。

4日,召开全市综改试验区推进、发展改革工作、项目落地年动员和重点工程表彰大会。

4日,召开全市招商引资工作会议。

10日，2012年全省旅游景区开发建设与管理工作培训班在皇城相府开班。

13日，高平市、沁水县、泽州县、城区获全省县域经济发展先进县（市、区）。

14日，山西省社会科学院全省首家园区经济研究基地在晋城经济开发区成立。

20日，市委书记张九萍会见香港华润集团战略管理部总经理陈鹰一行，双方就进一步加快推进“千亿投资计划”进行深入友好会谈。

21日，省人大常委会副主任李政文率领省人大常委会《山西循环经济促进条例（草案）》、《山西省突发事件应对条例（草案）》立法调研组莅临晋城，对晋城市循环经济和突发事件应对处置情况进行立法调研。

24日，市长王清宪应邀在上海出席《中国经济50人》上海研讨会。

29日，第三届晋城煤炭工业技术装备展览会在市阳电广场举行。

30日，上党梆子现代戏《西沟女儿》研讨会在并召开。

4月

1日，晋煤集团凤凰山矿职工李建贵被评为“同煤杯·第二届感动中国的矿工”十大杰出人物。

5日，晋城市城市旅游推介暨招商会在北京国际饭店举行。

5日，晋城职业技术学院排演的民族歌剧《小二黑结婚》在国家大剧院首演。

7日，中国红十字会工作调研组就红十字会体制、机制现状，捐款资金“两公开、两透明”以及红十字会重点工作开展等情况在晋城市调研。

7日，全市项目落地年启动仪式暨兰花年产20万吨己内酰胺项目奠基仪式举行。

13日，市诗词学会举行珏山采风创作基地揭牌暨《南太行》创刊号首发仪式。

13日，晋城市获山西省高新技术产业化工作先进市称号。

13日至15日，市委书记张九萍赴港考察华润集团。

19日，省政协副主席李潭生为组长的全省重点项目落地情况视察组莅临晋城，对晋城市重点项目落地情况进行专题视察。

23日，晋城市第24届中小学生田径运动会开幕。

24日，市委书记张九萍在金辇大酒店会见一至十一届全国人大代表、全国著名劳动模范、长治市人大常委会副主任、平顺县西沟村党总支副书记申纪兰。

25日，市政府与山西农业大学“特色现代农业产业发展科技合作协议”签约仪式在金辇大酒店举行。

27日，晋城市在泽州会堂召开“五一”表彰大会，共表彰43个先进集体、166名先进个人以及60个“工人先锋号”班组（科室、队站）。

本月，晋城市7人荣登“中国好人榜”。分别是：助人为乐好人张茂银、王怀政，见义勇为好人李峰、苏金松，诚实守信好人乔香平，敬业奉献好人崔有法，敬老爱亲好人栗红艳。

5月

2日，皇城相府景区入围“2011中国旅游百强景区”。

6日，晋城大医院暨晋煤集团总医院改扩建工程开工奠基。

8日，晋城市与新加坡国际企业发展局商务合作座谈会在京举行。

18日至20日，晋城市组团参加在深圳会展中心举行的第八届中国（深圳）国际文化产业博览交易会。签约2个项目，合同金额共计11.3亿元。

19日，在湖南省长沙市举行的第七届中博会晋城招商推介暨招商引资项目签约仪式上，晋城市共签约项目40个，总投资167亿元，引资152.1亿元。

20日，中共中央政治局委员、全国人大常委会副委员长、中华全国总工会主席王兆国到皇城相府考察。

25日，市长王清宪代表市政府与太原海关签署合作备忘录。

27日，第七届中央新闻媒体总编室主任论坛阳城县相府庄园酒店举行。

30日，副省长张建欣在晋城调研。

31日，市区凤台街改造提升工程全面铺开。

6月

6日，晋城市文学艺术工作者联合会第三次代表大会开幕。

6日至7日，省委常委、省委政法委书记王建明在晋城市就政法工作进行专题调研。

8日，邯郸、安阳、新乡、焦作、濮阳、济源、鹤壁、长治、晋城等9市党员干部现代远程教育协作区第八次会议在阳城县相府庄园酒店召开。

9日，上党二黄入选国家非物质文化遗产名录。

10日，晋城市召开创建全国文明城市动员大会。

20日，第四届中国高平炎帝农耕文化节开幕。

26日，全省离退休干部、老干部工作“双先”表彰电视电话会议召开，晋城市16名“双先”典型受到省委、省政府表彰。

27日，潜航员叶聪、刘开周、杨波驾驶“蛟龙”号载人潜水器到达马里亚纳海沟7062米深的海底，创世界同类型载人潜水器的最大下潜深度。刘开周为本市泽州县人。

28日至30日，省政协副主席李雁红率调研组莅临晋城，就扶贫开发、城镇化建设工作进行调研。

30日，全国人大常委会原副委员长、民建中央原主席成思危就推进旅游业发展在晋城市调研。

7月

3日，焦作市——晋城市旅游战略合作框架协议签约仪式在焦作市举行。

19日，上党梆子名家张爱珍个人专场演唱会在台湾举行。

19日，2012年山西省青少年蹦床比赛暨第十四届省运会阶段赛在太原结束。晋城市代表队获2枚金牌。

25日，全市加强和创新社会管理推进大会召开。

24日，山西晋城（新乡）旅游推介会暨两市旅游战略合作框架协议签约仪式在河南省新乡市举行。

28日至31日，在天津举行的首届“银杏杯”中国青少年宫文化艺术节上，晋城市青少年活动中心参赛的《红梅赞》和《戏妞妞》两个舞蹈夺魁。

30日，晚11时至31日凌晨6时，晋城市遭遇特大暴雨袭击。全市5个雨量点降雨超过200毫米，分别是：市区221毫米、泽州县金村263.7毫米、城区北石店203.9毫米、陵川马圪当200.7毫米、阳城桑林236.5毫米，17个乡镇超过100毫米，51个乡镇超过50毫米，是晋城市有气象记录以来的最大降水。

8月

2日，市政府2012年“方便晋城”十大工程之一——首批76辆校车正式交付使用，是中国首次以政府名义公开招标采购配备校车。

9日，山西粮食（小杂粮）交易合作洽谈会在晋城市召开。

9日，副省长张平深入晋城市部分企业，就晋城市科技创新促发展工作进行调研。

9日，首届世界晋商大会招商引资项目晋城市签约仪式在金辇大酒店举行，共签约各类招商引资项目98个。

13日，全省加强乡镇纪检组织建设工作推进会议在晋城市召开。

20日，晋城爱物学校正式招生。

24日，2012世界旅游小姐中国年度冠军总决赛颁奖盛典在阳城县凤西生态公园举行。山西刘彦君夺得冠军，江西徐瑶瑶获得亚军，北京袁佳怡获得季军。

28日，全市初中小学新生首次实现均衡编班。

29日，高（平）陵（川）高速（高新高速山西段）正式通车。

30日,晋城市组团参加上海嘉定科技博览会。共签约招商引资项目16个,项目总投资83.78亿元,拟引资76.93亿元。

30日,山西省创业就业表彰大会在省城太原召开,本市兰花科创荣获山西省三晋创业就业奖。

9月

2日,晋城市组团参加在新疆乌鲁木齐举办的第二届亚欧博览会。

3日,市委书记张九萍主持召开全市县(市、区)委书记履行基层党建工作责任专项述职会议。

6日,全国人大常委会委员、全国人大农业与农村委员会主任委员王云龙带领全国人大常委会《农业法》执法检查组莅临晋城,就《农业法》贯彻实施情况进行执法检查。

6日,由市委宣传部、市教育局、晋城广播电视台主办的"点燃希望·播种未来"2012年晋城市"十佳教书育人楷模"颁奖盛典在市广播电视台演播大厅举行。

7日,晋城市被列为全省工矿废弃地复垦利用试点市。

9日,在第四届中国国际能源产业博览会晋城市招商引资项目签约仪式上,共签订招商引资项目75个,总投资1236.55亿元,拟引资1214.56亿元。

13日,全省生猪产业发展现场会在高平召开。

21日,第五届"晋城五一新闻奖"评比揭晓。共有24件各类作品分获一、二、三等奖。

24日,晋城市被评为全省治超工作先进市。

25日,AAA景区天官王府开业。

25日,长晋高速公路高平路段发生一起大巴侧翻事故,2人死亡,37人受伤。

25日,湖滨股份在天津股权交易所挂牌上市。湖滨餐饮股份公司是集餐饮、住宿、现代农业和专业后勤服务于一体的现代餐饮服务企业。是山西省服务行业首家在天津股权交易所挂牌交易的企业。

28日,第十四届中国太行山(陵川)金秋红叶节暨凤凰欢乐谷摩天岭红叶季开幕,为期两个月。

本月,由中国人民对外友好协会、中国国际友好城市联合会主办的"2012中国国际友好城市大会"在成都召开,晋城市获"国际友好城市交流合作奖"。

10月

3日,市委书记张九萍带领相关部门负责人先后到高平、开发区、阳城、泽州等地实地察看高新技术、新兴产业、循环经济、现代农业等重点项目建设推进情况。

10日，省委书记、省人大常委会主任袁纯清，省委副书记、省长王君带领省观摩检查组，对晋城市重点工作和项目推进情况进行观摩检查。省政协主席薛延忠，省委副书记金道铭，省领导李小鹏、高建民、陈川平、杜善学、牛仁亮以及省直有关部门负责同志参加。

15日，全国政协副主席、中国人口文化促进会会长李金华带领中国人口文化促进会、中国人口计生委相关成员在晋城市调研人口文化工作。

16日，全市领导干部大会在市多功能会议厅召开。会议传达了中共中央政治局常委、中央书记处书记、国家副主席习近平关于学习弘扬“右玉精神”的重要批示和全省观摩检查晋城汇报点评会议精神，宣布省委关于调整晋城市委领导班子的决定。于若洁任中共晋城市委副书记，张志仁任中共晋城市委常委、宣传部长，康吉仁任中共晋城市委纪律检查委员会书记。

18日，国家人力资源和社会保障部副部长胡晓义一行到晋城市调研，并召开座谈会听取晋城市人力资源和社会保障工作情况汇报。

18日，省人大信访工作会议在晋城市召开。传达贯彻中央和省有关信访工作要求，安排部署全省人大信访工作。省人大常委会副主任王雅安出席会议并讲话。

19日，市委召开换届工作领导组会议，安排省人大代表、政协委员推选工作。

23日，全省干部监督工作研讨暨培训会在晋城市开班。省委常委、组织部部长汤涛出席开班仪式并作动员讲话。

23日至24日，省委常委、组织部部长汤涛到晋城开发区、晋煤集团、沁水县、泽州县等地，就推进基层党组织建设工作进行调研。

25日，晋城市创建国际花园城市万人签名活动在白马寺山森林公园举行。

25日，晋城市第三届全民健身展示大会开幕式在市阳电广场举行。

29日至30日，2012中原经济区城市旅游联盟年会暨高峰论坛在河南开封市举行，晋城市当选2013年中原经济区城市旅游联盟轮值主席城市，开封市和渭南市当选轮值副主席城市。

29日，市直机关“创环境、促转型，喜迎十八大”主题活动在文体宫广场正式启动。

29日，晋城市特邀中冶（北京）投资集团公司总裁汪晓明、中华文化促进会传媒中心主任林平等十多名投资专家、企业家召开产业投资座谈会，就全市产业投资等方面进行探讨与交流。

30日，晋城市2012年城建十项工程竣工，文化艺术中心奠基。

30日，市区新增70台公交车投入使用。

31日至11月1日,全省推进用地新机制经验交流会在晋城市召开。

11月

1日,市委书记张九萍主持召开市委常委(扩大)会议。会议传达全省重点工作观摩检查10月24日总结会议精神,安排部署当前工作。市领导王清宪、于若洁、师建平、原国政、冯征、张志仁、康吉仁、范丽霞、刘爱军、常国荣、郝崇福等参加会议。

2日,全市创建国家级创业型城市表彰大会召开。对在创建国家级创业型城市工作中涌现出的先进集体和先进个人进行表彰,授予城区人民政府等15个单位"创业型城市创建工作突出贡献奖";授予开发区管委会等30个单位"创业型城市创建工作先进集体"称号;授予晋晓马等90人"创业型城市创建工作先进个人"称号;授予司永胜等50人"创业先进个人"称号。

5日,市委书记张九萍、晋煤集团董事长、党委书记武华太、高平市寺庄镇伯方村党员毕腊英三位全国人大代表,赴京参加中国共产党第十八次全国代表大会。

14日,晋城市"十八大精神千人万场大宣讲"活动启动。

16日,市区14条公交线路调整。

19日,市委召开学习宣传贯彻党的十八大精神安排部署大会。十八大代表、市委书记张九萍出席会议并讲话。

20日至23日,皇城相府、王莽岭、蟒河、珏山、凤凰欢乐谷五大景区和太行国旅、东方、皇城、春秋等旅行社,在上海、杭州、南京分别举行旅游推介会。

27日,在阿联酋阿爱恩市举行的第16届国际花园城市总决赛中,晋城市荣膺国际花园城市综合金奖,白马寺山森林公园获自然类单项金奖,同时,晋城市还被大赛组委会评为国际花园城市景观改善类特别金奖,成为本届大赛唯一同时荣获三项金奖的城市。

27日至28日,省委常委、省纪委书记李兆前到晋城市就重大项目建设和党风廉政建设进行调研。

28日,市政府与省民政厅在金辇大酒店签署《合作共建民政事业综合改革发展示范区协议》。

29日,皇城相府入选"山西十大景区"。

12月

2日,由中国会展经济研究会会展承办工作委员会、中国旅游发展联盟和晋城市旅游文物局主办的第三届中国旅游合作大会暨2013晋城会展旅游推介大会在皇城相府召开。

3日,晋城市被确定为第二批国家低碳试点城市。

5日，凤展新时代广场开业。

6日，市、县两级医院远程医疗会诊系统投入使用。

6日，山西省贯彻落实教育规划纲要、推进区域内教育协调发展现场会在高平召开。副省长张平出席会议并讲话。

8日，晋城市柳宗元文化研究会成立。

9日，晋城市融入中原经济区发展战略规划对接会召开。

11日，副省长任润厚就安全生产工作在晋城市调研。

12日，全市基层党组织晋位升级工作现场会在陵川县召开。

12日，省人大常委会党组书记、常务副主任申联彬在晋城市进行调研。

13日，晋城市首届“最美乡村”评选揭晓。分别是：阳城县皇城村、泽州县东四义村、陵川县凤凰村、高平市侯家庄村、沁水县湘峪村、阳城县蔡节村、陵川县丈河村、城区洞头村、高平市果则沟村、泽州县土岭村、阳城县孤堆底村和陵川县锡崖沟村。

16日，2012“感动山西”十大人物揭晓。蛟龙号泽州籍潜航员刘开周获得特别奖，阳城县残疾小伙刘谦获得感动山西十大人物。

19日，“晋城好人”表彰大会召开。刘开周被授予“晋城好人优秀代表”称号。203名“晋城好人”受到表彰。

19日，市委召开全市领导干部大会，学习中共中央总书记习近平重要讲话精神和中央政治局关于改进工作作风、密切联系群众的八项规定。

20日，全市140万人用上社保“一卡通”。

24日，高平市仙井村入选全国首批“一村一品”示范村。

25日，晋城市13个村列入国家首批传统村落名录。

26日，晋城无烟煤入选全国首批特殊和稀缺煤类。

28日，市政府出台《晋城市煤炭管理暂行办法》。《办法》共分为十章，分别从安全、生产、建设、经营管理，以及教育培训、应急救援、环境保护等方面对全市煤炭管理提出了要求。

（市地方志办）

目录

CAIYESUOYING

彩页索引

晋城年鉴

目录

MULUSUOYING